为教育寻找思想

——"教育思想学"初探

林惠生◎著

中国言实出版社

图书在版编目（CIP）数据

　　为教育寻找思想："教育思想学"初探 / 林惠生著
. -- 北京：中国言实出版社，2017.3
　　ISBN 978-7-5171-2305-7

　　Ⅰ.①为⋯Ⅱ.①林⋯Ⅲ.①教育思想—研究 Ⅳ.
① G40

　　中国版本图书馆 CIP 数据核字 (2017) 第 068938 号

责任编辑：郭江妮

出版发行　中国言实出版社
　　　地　　址：北京市朝阳区北苑路 180 号加利大厦 5 号楼 105 室
　　　邮　　编：100101
　　　编辑部：北京市海淀区北太平庄路甲 1 号
　　　邮　　编：100088
　　　电　　话：64924853（总编室）64924716（发行部）
　　　网　　址：www.zgyscbs.cn
　　　E-mail：zgyscbs@263.net
经　　销　新华书店
印　　刷　北京市金星印务有限公司
版　　次　2017 年 5 月第 1 版　2017 年 5 月第 1 次印刷
规　　格　710 毫米 ×1000 毫米　1/16　28.75 印张
字　　数　531 千字
定　　价　86.00 元　ISBN 978-7-5171-2305-7

序言一

　　思想乃人的本质。或者说，人是思想的动物。我们说人人都有思想，但并不是说人人都会思想。因此，面对新的形势与任务，我们每个人都有学会思想的客观要求与主观愿望。尤其对于以传播正确的世界观、人生观与价值观为己任的教育工作者，学会思想，善于思想和运用正确的思想指导教育实践活动，乃是从事教育事业的第一位的任务。

　　"为教育寻找思想"，首先我们需要追问的是，人的正确思想是从哪里来的呢？对此，早在半个世纪以前，毛泽东曾经有过精辟的论述。他指出，人的正确思想，只能从社会实践中来。人们的社会存在，决定人们的思想。无数客观外界现象通过人的感官反映到自己的头脑中来，形成感性认识。这种感性认识的材料积累多了，就会产生认识的飞跃，变成了理性认识，这就是思想。这是一个认识过程。这是整个认识过程的第一个阶段，即由客观物质到主观精神的阶段，由存在到思想的阶段。这时候的精神、思想（包括理论、政策、计划、办法）是否正确地反映了客观外界的规律，还是没有证明的，还不能确定是否正确，然后又有认识过程的第二个阶段，即由精神到物质的阶段，有思想到存在的阶段，这就是把第一个阶段得到的认识放到社会实践中去，看这些理论、政策、计划、办法等是否能得到预期的成功。一般说来，成功了就是正确的，失败了就是错误的，特别是人类对自然界的斗争是如此。人们的认识经过实践的考验，又会产生一个飞跃。这次飞跃，比起前一次飞跃来，意义更加伟大。因为只有这一次飞跃，才能证明认识的第一次飞跃，即从客观外界的反映过程中得到的思想、理论、政策、计划、办法等，究竟是正确的还是错误的，此外再无别的检验真理的办法。这种由实践到认识，再实践、再认识的循环往返的认识论的思想，就是马克思主义辩证唯物论的认识论。他还指出，正确思想一旦被群众掌握，就会变成改造社会、改造世界的物质力量。

　　实践出真知。实践是检验真理的唯一标准。惠生先生一辈子从事教育工作，先后担任过中学语文教师、中学校长和地级市教研室的语文教研员、主任，还曾被聘任为广东省教育厅教学指导委员会专家组成员、广东省高中水平评估专家等，他拥有坚实的实践基础与丰富的实践经验，并且善于思，敏于行，在教育教学管理的实践中不断地发现问题，分析问题，解决问题，在实践中不断地获得新思想、创造新方法，达到新水准。

譬如，他在实践中发现一个令人迷惘的现象，不少中小学校校长、教师，每天都是忙忙碌碌的，既敬业，也辛苦，工作虽有成绩却无成就感，经验总结不出来，即使总结了也不见特色。针对这种现象，他在经过反复思考之后，对教育提出了一连串的问题：

当今的教育到底缺少什么？

当今的学校和老师到底需要什么？

当今学校和老师还有什么没有跟上去，教师的专业发展是否还有缺陷、还有什么新的突破口？

……

带着强烈的忧患意识与深沉的时代责任感，重新认识教育和学校，并且由点及面地推及到一个区域乃至国内各地，在大量的调查研究之后，他发现这些存在的问题原本是一种普遍现象，以至于造成校长教师厌教、倦教现象愈演愈烈，于是，他大声疾呼，希望引起我们每个教育人的思想风暴，他说：

当今教育到底缺失什么，缺失也许很多，但有一种东西是最不应该缺乏的，那就是思想，是先进的、科学的、创新发展的理念；

当今学校和老师到底有什么没有跟上去，那就是符合自己个性化的教育理念、教学主张和教学方法。

他为此进行了多方面的调查研究，讨论分析，进而引发了深刻地反思，生发出许多改革的设想，提出了许多具有创新意义的观点，并且经过一系列的创新实践，收获了一串串沉甸甸的果实。

数十年的教育生涯，他的工作单位、职务不少变动，但是有一条却没有改变，那就是他始终带着思想去做每一项工作，带着研究的心态去把每一件事情弄明白，他要求自己与同事每一项工作都要有发展的理念、系统化的顶层设计和操作程序，并且力求做出质量，做出特色和品位。这些想法在《为教育寻找思想》里都有充分的体现。

教育实践产生新的教育思想和教育实践需要新的教育思想指导。在对教育的不断拷问、思辨和形成新看法、新见解、新主张的过程中，他萌发了要专门对"教育思想"进行研究的念头，相继提出了"教育思想学""再认识"论等观点，并且产生了一系列相应的多元化、多角度的教育科研成果。《为教育寻找思想》正是教育思想学对教育再认识研究方面的初步成果的展示。

　　《为教育寻找思想》是一本文集。全书由 80 余篇研究论文、案例报告和专题讲稿构成。作者按照"总论＋分述"的结构方式将文章进行编排组合，全书形式虽然看似有点零散，但是经过"单元化"与"章序化"处理之后内容已经成为具有一定逻辑特色的理论体系。

　　第一单元，总论——初探篇，即第一章，主要是对教育再思考，也就是对教育的反思。

　　第二单元，分述——发展篇，即第二至第十章，主要是以教育、教学为对象，以教师教育为主题，以教育思想为主线，抓住九个"发展点"展开了系列化、项目化的发展性研究。例如："教育再认识"→"现代基础教育"→"素质教育及德育"→"教学理念"→"教学意义"→"课程建设"→"教学方式"→"教学方法"→"教学智慧"等。

　　全书是关于教育再认识论的探索与实践。这些"再认识"即是对基础教育、素质教育、德育、教育文化、课程建设、教材探讨、教学概念、教学方法和模式等展开的一系列"再认识"的独特思考。

　　作者思想深沉，妙笔生花。书中自有不少的新理念、新观点和新主张。譬如，作者对教育本质的发问：教育到底是什么、到底为什么办、到底怎样办的问题；认为教育研究应着眼于思想理念、实践策略和方法措施三大问题展开的问题，应着力于回答制约目前教育发展且普遍认为难以解决的如应试教育指挥棒、教育畸形发展、教学形式主义、教育过于功利化等问题，以及由此引发的思考，作者对于这些问题的看法和思考已经进入到哲学层面，具有普遍性的指导意义和价值。

　　细细地品味《为教育寻找思想》，你一定会感受到浓郁的春天般的信息，它的出版无疑是一件值得称道的事情。

　　是为序。

周德义

2016 年 3 月写于湖南长沙崇文阁

（作者系湖南省教育科学研究院哲学教授、博士生导师、博士后指导教授）

序言二

我校《德胜文丛》又传喜讯：林惠生老师的专著《为教育寻找思想》将由中国言实出版社正式出版，我特为之点赞。

林惠生是一位在国内有较高知名度的特级教师，广东省首批中学正高级教师，在数十年从教经历中做过教师、校长，又担任过地级市教研室主任和语文教研员，现为我校顾问和督导员，可以说是一位集教学、教研、教管和教督于一身的全科型教育工作者，而且在每一板块都有他独特的思考与主张，以至产生了不俗的业绩成果。据统计，他已开展课题研究20余项，发表论文100余篇，出书（含合著）20余册，作专题讲座及学术报告上百场（次），其成果在全国和省、市获奖50余项次，还获得过省政府设立的教育教学成果奖3次。《为教育寻找思想》一书，就是他的系列成果之一。

从2012年开始来校的这几年工作中，他在我们学校做的最多的是教学督导和课题策划与指导，谈的最多的就是教育思想、教师专业发展。在交谈中，他常与我谈及一个重要话题，就是大家都忙于事务，疲于实务，只埋头拉车，不抬头看路，有了成绩也少总结，即使总结也往往停留于陈列现象和堆砌事例，说不出个所以然，出不了独到的见解或可值得推广的经验。为什么呢？他说：主要是缺乏研究，尤其是缺少深度思考，缺少系统思维，缺少科学思辨。也就是我们常说的，缺乏一种深层次的东西——思想。

《为教育寻找思想》一书，就是他积几十年来研究的心血之作，其选题新颖，观点独特，论述清晰、科学；提出或总结的做法颇具特色和实效，获得广泛好评，在国内已产生影响。本书采用文选集形式，却又以基于"教育思想学"的内在逻辑性而形成系列化研究成果体系，所以也变成了关于"教育思想学"的初探成果。书中所产生的一系列新认识、新观点和新主张，确是在目前国内同类领域中处于领先与创新的地位，所以才多次获得奖励、发表、转载以及被评介与引用。

这本书的出版，对促进教师专业发展，加强学术研究，提升专业品位，提高教育的再认识水平，从而引发改革和创新，优化教育思想，将产生深远的影响，也将对我们具有重要的启发价值与指导作用。

在祝贺本书出版之际，我也衷心期待有更多的老师成为研究型教师，有更多的著作走进《德胜文丛》。

在这里，权为序，既为欣喜，更为期待。

胡华生

2016 年 3 月

（作者系广东顺德德胜学校校长、高级教师）

序言三

当今的教育，概言之，就是术多道少，或者是术与道脱离。缺乏道的教育，是往往大逆不道的，违背天地良心，违背自然规律，违背人的成长常态，也就是违背了教育的本真、本义、本源。为教育寻找思想，就是为教育寻找道，寻找久违了的道。为教育寻找思想，也就是为改革发展与创新的中国教育，精准地找到恰当的思想，而不让教育失去正确的思想。

目前，人们无不感叹：中国教育怎么了？变得如此急功近利，如此工具化，如此怪象百出，学校变成了工厂，学生变成了机器。于是不少志士仁人在努力：为中国教育寻变，为中国教育创新。其实，是在寻找一种变好、变正的良方，这良方就是思想，就是道。

我想：寻变也罢，创新也罢，最根本的是不要"变"掉其基因，不要"创"出新问题，要让教育永葆健康生命，回归正常生态，那么最关键的是让教育不要失去灵魂，不要失去自己的思想。而当今教育改革和发展的现实已经表明：教育缺了思想或者在错误思想的道路上渐行渐远，或者说是"离经叛道"。看来为教育寻找思想，就是求经问道，求真悟道，这将成为一件当务之急的大事。如果再不为教育寻找思想，那就会让教育失去灵魂，让教育失去真面貌。

然而，教育思想不仅要有，不仅要找到，而且不能因某种改革、发展的变化而产生许多不确定因素，导致变为失常、失真。所以要开展研究并形成一门学问即"教育思想学"很有必要。那样，教育生命才能健康，教育生态才能正常化。为此，为教育寻找思想，便成为教育者的神圣使命。只有寻找到了真正有助于教育正确地改革发展与创新的思想，那么，教育寻变、求新也才有可能，也才不会在"变"中又出新问题，又出新错误。

教育，本是一项富有思想的事业。因为它是由思想者在传播与培育新思想。但是现实的教育告诉我们：它没有了思想，准确地说，是没有了自己的独特思想和正确的思想；或者说是失去了正确的思想，失去了本该属于教育应有的思想；或者说，教育因急功近利的实践而让思想被边缘化了，被异化了，有的坐了冷板凳，有的成了摆设品。而且，不免看到：教育越热闹的地方，是越没有了思想的地方。因为他们都在抛出思想，制造概念，于是"多思想"而变成"无思想"——无所适从的思想，"多"概念即"泛"概念，变成概念打架，最后人云亦云者有之，盲目困惑者有之，麻木者更有之，险些把自己的灵魂弄丢了，让自己的思想冷漠了。

寻找，其释义为"寻觅、找寻"；而寻觅的释义是"寻求、探索"。所以，寻找就是做学问，搞探究。于是，寻找就是一种态度，一种精神，一种行动。

那么，为教育寻找思想，不仅是找回思想，而且要找寻让教育成长与发展的正确思想，寻求与探索更独到新颖、更具有哲学意义与创新实践价值的教育思想即教学理念及教学主张。

现在，教育界经常爆出一些"雷人"的教育观点口号，诱人的教育模式方法，但仔细一琢磨就会发现其中有不少是失当、偏激的，甚至违背常识，不合学理逻辑，不能自圆其说，经不起推敲。另外，还有一种现象，就是所提出的一些口号、做法，或者所介绍的经验和模式，有失贴切和偏激，只浮于表面，疏于粗放，未能系统化、深入化、全构化，感性成分多，理性概括少，缺乏哲学高度和科学解释。这些现象暴露了一个重要的本质问题，就是要么"缺思想"，要么"浅思想"，要么"乱思想"。所以，我们就需要用"寻找"的精神和方法，探析这些教育现象的正误，给这些口号、经验、模式等"寻找"到更为合理、规范、严谨、正确和更深层次的思想（即理论支撑），让其再上一个档次，走向一个高度，发挥更大作用。这样，为教育找到正确思想，从而让教育以新的面貌姿态、新的概念解释、新的行为方式和效果出现。这就是为教育"寻找"思想的一种思想。

为教育寻找思想，实际上是在为教育寻找一种信仰，寻找一种哲学，寻找我们的理想，也就是在教育遭遇人们的不满意和非议的现实中，为教育教学寻找意义，寻找最有价值的解决问题的策略及思维方式，寻找最正确的主张、理念、做法及效果。

为教育寻找思想，是在特定的教育环境中，为教育找到"知识与思想"的统一，"术"与"道"的结合的最佳通道。

对教育正确思想的寻求与探索，要把它从一般的思考和实践中走向成为一种做学问、搞研究的专业行为，那就是"教育思想学"的构建初衷和本质属性。所以，"教育思想"再加上一个"学"字，便成为一门学问。教育是有灵魂的，这个灵魂就体现在思想上。当教育有了灵魂，教育就有了思想，教师就找到了教育的引擎，教育从此有了希望而如同遇到了春天。

"教育思想学"的一大重要方法，便是对教育的"再认识"。对教育的"再认识"，是一种哲学思维，也是让教育思想走进"教育思想学"的一条重要途径，也是为教育寻找思想的一种科学方法。

为教育寻找思想，还在于用思想去发现思想、改进思想、建立思想、发展思想，在于把学生培育成为更优秀的人和思想者，形成更深、更广、更高的思想，就在于让教师不再是知识简单再现式的重复劳动者，而成为富有学理、哲理、伦理的"思辨＋实证"的研究型教育家，且有个性化特色的思想家。

这才是当今每个教育者或关心教育的人所不可忽略的头等大事，才是当下教育改革发展的一个深层次问题。教育不仅是一种"传道、授业、解惑"，更是一种对激情和兴趣的点燃，对个性和特长的呵护，对麻木与错误的唤醒。而这一切的背后，是你的教育思想在支配、在支撑。如果没有相应的思想，你就难以有相应的科学、恰当、合理的教育行为及其效果。

教育需要思想，教师需要思想。为教育寻找思想，让教育不要缺失思想，让教师成为一个思想者。让教育再放思想的光辉，让教育与思想同行，让思想不再寂寞。

——"教育思想学"宣言

自序者　林惠生
2016 年 3 月

目　录

总探篇

　　世界著名思想家，法国人布莱士·帕斯卡，著有《思想录》等书。他说："思想形成人的伟大"，他还说："人因为思想而伟大：人显然是为思想而生的。我们的全部尊严就在于思想。宇宙的空间囊括并吞没了我，由于思想我却囊括了整个宇宙。思想的本性是多么伟大，思想的缺陷又多么卑微啊！"这些话让我明白：人是因为有思想才成其为人，也因为思想，造就了人，发展了人。教育，本应冲着人的"思想"而来，是为人的思想而存在。可以说，教育是关乎人的思想的事业。所以，教育是人对于人的影响，是人对人思想的传递与发展。

　　在古希腊哲学中有这样一个观念：如果不对我们的人生进行反思，那么我们的人生就是没有意义的。在西方知识界还有这样一个词："心灵的深度"——即用它来表述追求智慧的思想。

　　这让我悟懂：世间事物，说到底是一种哲学的体现、思想的力量。

　　我们的教育，靠的是一门门课程、一堂堂课、一项项活动。这里，首先给人呈现的是知识、技能，但最终给人的却是超越这些"知识、技能"的思想、方法、智慧与道德，而这些"思想、方法、智慧与道德"说到底都是哲学。所以，凡事不看哲学的只是事务主义者；只就事看事，而不就事看思想、方法、智慧与道德，那是一种不完整的事物观。也就是"缺德""缺智""缺想法""缺主张"的"盲"人之举。

　　比如数学，源自于古希腊语的 μθημα（máthēma），其有学习、学问、科学之意。古希腊学者视其为哲学之起点，"学问的基础"。人们（当然首先是数学家们）则把它定义为数学知识、数学技能、数学思想、数学方法，最后还是数学哲学。所以数学才比任何一门学科都要走得远，走得深，纵在古今，横走世界。中国的数学教育之所以能影响世界，在国际上有较高地位，其原因主要是它把数学由知识的技能的数学教成了哲学的数学。

又如语文，虽以语言为载体，但作为一门课程、一个科目，也无不体现着语文的"术道统一""知行合一"的哲学思想。

所以说，我们的教育如果缺乏思想，或者没有正确的科学的思想，那么就既不符合学科自身规律，也不符合学生认知特征和发展规律。

基于上述，本人特以"为教育寻找思想"为主线，提出了构建"教育思想学"的命题，并由此而围绕"教育思想学"展开初探性研究，即对教育思想及其"教育思想学"的建构进行了初探，为突破国内目前同类研究现状而走出了新的一步，发出了新的声音。

所谓"初探"，主要是对建立一门"教育思想学"进行一种初期的创建性的"思考探求"，即指对经过考虑所发现的教育教学问题，从哲学的角度和"认识论"上进行再反思与再求新。这些探究，可以称得上是一种教育战略思维与方法，在结构上是先总后分的"总论"部分，属于上位思考，属于理论构建。

第一章 教育思想寻"变"

唯物辩证法的哲学观告诉我们：世间万事万物都在发展变化。变化是事物数量的增减和性质的改变，由一种状态到另一种状态，这种运动变化所包含的是前进和上升，是新事物的产生和旧事物的灭亡，即新事物代替旧事物。

为教育寻找思想，就是为教育寻"变"，让教育插上思想的翅膀，产生越来越好的变化；也是让教育成为一门有思想的育人事业。教育具有科学性和创造性，是让教育发展变化而产生新状态、新台阶、新境界和新品质的"寻变"之旨。

为教育寻找思想，从某种意义上说，就是为人寻找思想，因为人随着认知水平的提高，对宇宙、对自然、对人的自身又会产生许多新的认知，于是人的思想在发生变化，甚至产生革命性或颠覆性的思想变化，教育就是帮助其产生变化的助推器，也是随之变化而变化的精神产物，所以也务必为"寻变"而形成新的更为正确的思想，即更有思想的思想。因为教育是一种"因变而思，因思而变"的思想事业，以"变化"为基本特征的"寻变"事业。

"教育思想学"初探
——教育：需要思想需要研究

教育需要思想，教育更需要对教育思想的研究。因为教育不仅需要思想，还需要更先进、更科学、更正确的思想，还需要让教育和教育者在发展变化中有更具个性化、体系化的教育思想。而这一切，就在于为教育开辟一个研究的新突破口，在于让"教育思想"成为一门学问：教育思想学。所以，教育思想学，就是一门在思想过程中通过研究而寻求发展变化、进而形成教育新思想的新学科。

一、关于"教育思想学"的概念形成

（一）缘起：教育思想的研究与"教育思想学"的提出

1. 缘起一：教育思想的研究初念

记得我小时候在村里放牛，走到一个山坡上，我牵不动它，它要往另一边走，我硬拉它往这一边陡坡上冲，结果人牛都滚到山沟里。旁边一位曾读过蒙书的也是放牛的老伯爷走过来，一边扶起我和牛，一边喃喃地说："你不要硬牵它走，只跟着就行了，牛是很聪明的，它会选路走的，因为它知道山顶上水草丰富，是我们常带它去的地方。你看，牛虽然走得慢，但它走得稳，因为是它自己在走；别看它有时候走三步退了两步，但还是向前进了一步啊，如果不走就永远没有进步，只要肯向前走，总会走到山顶的……"

此情此景，以及老伯爷的那段话，从此就一直铭刻在我心里，时时给我启发与感悟：

● 放牛不等于牵牛，要让它自主地走，自己能走的路要由它自己走，自己走出的路才最稳当、最好；

● 只要坚持不懈地向前走就好了，即使有时候走了退路也无妨，因为退是为了进，最终还是前进了，总量发生了变化；

● 前进的路不只有一条，选择很重要，选对更重要；

● 人只要有目标，有吸引力，再陡峭的山顶也能爬上，再困难的路径也会走过去；

● 任何人和事，如果一旦有一位哲人相伴与指导，那就会哲思飞扬，智慧无穷，而这位哲人始终就是自己。

……

这种种启发和感悟，终于伴随我一路走来，无论读书求学、工作、生活，都让我从中获得帮助，无论遇到多大的困难和坎坷，只要想起此情此景和老伯爷的话，我马上就振作起来，产生无穷无尽的力量，就会找到前进的方向和解决问题的办法，从此也越加喜欢思考琢磨老伯爷的那段话。于是，我渐渐地感觉到：老伯爷的那段话好有思想，好有哲学味呀。从此让我感受到了一种特别奇怪的力量——哲学的魅力，于是爱上了哲学，爱上了思考，使我变成了一个特别能陷于沉思和发呆的人。虽然老伯爷没学过哲学，但是他却成了我人生的第一位哲学老师，老伯爷的那段话是给我人生上的第一堂哲学课。

后来，一个特别的机会让我走进了教育工作岗位。当走进学校初为人师的第一天，慈善而深情的校长对我说："林老师，我知道你很会写文章，现在来搞教育就不一定会呀。对你来说，搞教育又成了一件很陌生的事情，还得要重新思考、再次认识哟！"

于是，我点点头，深深体会到其中的语重心长。从此，带着"重新思考、再次认识"的心态，像构思写文章一样，对教育开始了构思，进行不懈的思考与认识，而且一路走来，无论是从教的岗位发生变化，还是工作地域发生变化，都一直坚持思考与认识，永远保持"常教常思，常思常新"，做一名有思想有作为且为教育寻找思想的教育工作者。于是，我不仅喜欢上了思考，养成了思考的习惯，还产生了更大胆的新构想：要研究思想。

本人在从事教育的数十年中，当了语文教师、语文教研员、16年的班主任、5年的中学校长、5年的市教研室主任和10余年的市教育科研办主任，其间不仅获得了经历，更重要的是搞了贯穿于数十年教育经历、近20个项目的教育课题研究工作，为立志做一名有思想有作为的研究型教育者而不懈努力，为教育充满思考和思辨，进而专门研究"教育思想学"。

2.缘起二：教育思想在发展性研究中寻"变"

从2012年6月开始，我被广东顺德德胜学校聘为学校顾问及督导员。在这几年工作中，本人主要通过听课评课、校本教研、校本培训、校本课程及课题研究等一系列"校本督导"活动，发现这样一种现象，就是领导和老师都在忙手头的工作，很敬业，很辛苦，效果也不错，但他们都很累，也有不少纠结。比如，有成绩却无成就感，经验总结不出来，总结了也不见特色，难以上水平，往往热衷于陈列现象和事例，说其然而说不出所以然，更说不出独到的见解或经验。所以，忙过了该快乐时却最终快乐不起来，这因为与他们原来心中所追求的深层次东西还有明显的距离。他们也为此引发了许多改革和创新，但是大多离不开就是论事的、碎片化的、随意的和感性的。

我每每都在沉思：老师心中的深层次追求，到底是什么？我想：应该是幸福感，应该是思想的收获和精神的愉悦。

我也由此及彼地想到了整个教育，不免发出一些追问：当今的学校和老师到底在忙什么？为什么忙了还不开心、幸福？是不是还有什么东西没有跟上去？当今的教育到底缺少了什么？当今的学校和老师到底需要什么？……也许回答是这样或者那样。本人就此开展反思，并由此及彼地推及一个区域乃至国内各地而做了有关调查和咨询，发现这竟然是一种普遍现象，而且越来越严重，必需引起全民反思。

（1）当今学校和老师到底有什么跟不上去？可能有很多说法，但其中有一种东西没有跟上去，那就是战略思考。也就是没有基于教育思想而找到自己的教育理念、教学主张，而且是能够创造并产生更新、更好的特色鲜明且无限适用的正确的教育理念及教学主张。

（2）当今教育到底缺什么？答案也许不一样，有的缺这样，有的缺那样，但有一种是越来越趋向严重的缺失，那就是思想，而且是带着先进的、科学的、创新发展的正确思想，去从事教育教学工作，开展顶层设计、科学实施，改变旧习，获得优质效果。

（3）当今教育者，有不少人不是没有思想，而只有就事论事的思想，只有跟着别人思想而思想或单一的形象性思维，缺的是哲学思想，如"整体思维、发展性思维、辩证思维、三元思维、联系思维等。

（4）当今还有一些人，不是没有思想，而是满脑子假思想，说一套做一套，言不由衷，既不认可别人先进的思想，也未形成自己能让人家认可的思想，当"表演式"的教师，当"急功近利型"教师，当没有自己思想的教师。

由此看来，对教育这个本不该缺思想的事业来一场猛烈的"思想化"。希望让教育来一场专门的、专业的思考与探究，以形成一门关于"教育思想"的学问，会不会使教育更加健壮地成长和发展呢？于是，我又陷入了沉思，并开始琢磨与追问：

● 教育有没有思想？教育有什么样的思想？教育思想包含什么？

● 教育需不需要思想？教育需要什么样的思想？

● 教育的思想是怎样体现与运用的？

……

带着这些问题，我开始了艰难的研究。国内外有关研究成果诚然不少，但发现对"教育思想"做一些静态思考和现象描述的较多，对它展开专门的深度的研究且产生成果者少，而提出"教育思想学"并将其作为一门学科来开展研究的则还是一块"处女地"。为此，本人抓住这个"缝隙"，瞄准这个"空档"，对"教育思想"敲开了研究之门，直至斗胆地提出"教育思想学"这一概念，为此探个究竟而不懈努力前行。

于是我又重新认识教育，认识学校，越来越清楚深刻地发现：教师苦教、蛮教、糊教，最后厌教、倦教的问题，已经严重困扰着他们，而且恶性循环。我按捺不住激动的心情，为此疾呼，希望引起我们每个教育人产生思想风暴：

● 当今教育应该有思想，要把已经缺失的思想找回来。而且要给教育找到最不应该缺失的那种思想，即先进的、科学的、创新发展的正确思想。

● 当今学校和老师最应该跟上去而不能没有的，也就是思想，而且不仅有先进的、科学的、创新发展的正确思想，还要具有完全符合自己个性化的教育理念、教学主张和教学方法以及教学行为的变化状态。

基于此，我便把"为教育寻找思想"作为一个教研主张，来开展关于"教育思想"这一门学问的探索。通过多方面的调查研究、讨论分析和反思，然后生发出许多改革的设想，提出了许多具有创新意义的观点，并且经过一系列的创新实践，终于确立了作为一门学科的"教育思想学"的概念及其研究方向。

（二）构思：教育思想的运行关键

关于"教育思想学"的构思，是借助文学创作中的构思，而形成一个新的"构思"含义。"构"的释义是"结成，组合，造"等。"思"即思想，既是名词也是动词。"构"与"思"相加而产生的"构思"，就是构建思想，为构建一个呈现系统性、有意义、有层次的、物化的整体性思维活动。构思是运用思想于教育活动中介于策划与行动之间的一个环节，是物化的整体性思维活动。关于教育思想的构思，是指在教育策划和行动的过程中所进行的思维活动。这种思维活动是在教育者思维中形成并贯穿着一定主观意识的关于教育的内容和形式的总观念。又称教育构想，包含理念和主张、布局和策略方法等。

构，在这里不仅指结构，而且包含整体之意。思，是以抽象思维为主导、包括形象思维、潜意识思维（包涵基因编码程序和生平感知等意识）和抽象思维等的心理活动。教育构思，是作者在观察体验的基础上，提炼教育的主题意蕴，并选择最佳表现方式，以指导教育实践的创造性总体思维过程。

构思是一种立意，更是一种创意。只有产生一种冲动的构思，才有可能最先萌发创造的意念。可以说，构思这种心理现象的生命活动是导致人们产生创见和新解的根源。构思后每一个新的阶段都由一种"思想"而生发出来。不管是用什么方式表现还是发表，都是因为构思的表现和观照。教育完全如此：如果没有教育构思和教育立意，教育就有可能缺乏主张、缺乏思想、缺乏导向，自然也就没有了灵魂，没有了定海神针。

其实，人类一切活动都需要构思，这是一种生命的光华，思维的火花。各自的叫法不同，但都表达或体现一种思想：有的叫意念，有的叫运思，有的叫创意，有的叫创思，还有的叫立意、策划、计谋等。表面看去似都有其单面性，但对于教育来说，其实都体现了个体性的独特思考，形成了富有特色不同、角度不一、程度不等的教育思想，当然也体现了各自的教育职业特点或语言表达习惯及方式。由此可见，教育思想的有关运行构思，则是一种关于富有教育意义的教育概念确立与界定，以及其间的一切教育创造性活动的思想历练过程。

教育构思，不仅有冲动性的生命思维活动，还更加注重系统思维、科学思维、有序思维即整体思考，尽可能创造出抽象思维的成果——教育立意（在教学上称"教学立意"）。这种立意也就是"教育主张"的意蕴与表达。正如灵感的高低决定着文学作品的水平高低一样，教育主题意蕴的高低也往往决定着教育思想水平的高低。

构思的表达之意，既有内容上的真言妙语，意蕴深远，又有形式上的恰切、脱俗与悦目，这往往靠灵感的促发，讲究一些技巧，如修辞等。教育构思，一般应是在抽象思维的主导下进行，每个人的教育思考与实际操作，肯定有许多想法、主意、点子，这就是"思想"，完全是构思所得。

要充分认识主题意蕴在教育构思表述中具有核心的地位。它需要符合以下几个要求与原则：

一是创造性原则。这是教育构思的灵魂所在及基本属性。现代教育论表明：教育的一个最基本要求就是创新。缺乏创造的教育是没有生命力的，而创新则是创造的主要标志。无论你或大或小的创造，都是一种创意，都体现在构思的创造性上。当然也体现在其"主题意蕴"上。

二是客观性原则。这是教育构思的基本前提。一切构思都必须来源于和对接于教育现实，所以务必通过观察、调查、发现，形成对教育的真评判与新主张，让构思充分建立在对教育的客观而又全面的坚实基础之上。

三是统合性原则。这是教育构思的关键所在。这里牵涉教育构思的质量和水平，如果让构思始终处于一个"整体优化、系列操作"的总体性思维过程之中，正确对待和科学处理教育中大和小、整体和部分的关系，那么，教育的理念、主张等，将不仅是前瞻性的，也是科学的合理的。同时，还要注意将教育放在中国和世界的宏观背景下，以统合思维为主导，逐步去掉一时、一事、一地、一人的局部思维、经验思维或感性思维，让教育真正走进统合性的系统意识。

四是指导性原则。这是教育构思的功效所在。构思的作用是对处于实际运行中的教育过程及教育活动能起到指导、引领、统摄的作用，让教育构思的成果成为整个活动的核心，并不断得到发散、推行与发展。

教育构思的表达，还要学会抓核心元素、抓关键词，尽可能是有创意的个性化表达，写出文质兼美的"主题句"。如果透过这些现象而抓住能统摄的关键词、主题句，那就无形之中变成了"思想"的代名词，所以，要学会通过"写主题句"的方式，来表达教育思想，以完整体现教育构思或教学立意，以最终形成一种"教育话语"，并取得"话语权"。

（三）再认识：教育思想发展的核心

再认识，是使教育走向深度、走向成熟的重要思想方法。只有在一定的深度中才能让教育思想产生更大的力量。德国哲学家尼采也说过："没有可怕的深度，就没有美丽的水面。"可见，教育的美丽，也常常来自于对教育认识的深度与精妙。

教育思想只有发展才有生命力。那么其发展的核心是什么？就在于展开一系列的"认识→实践→再认识→再实践"，尤其是抓住"再认识"这个关键环节，对教育展开再认识，并形成再认识。前者是动词，指再认识活动；后者是名词，创造了再认识理论，这也就是教育的"再认识论"。后来就一直为这一命题而展开了"再认识"研究，提出了"教育思想学"及其教育的"再认识"论等观点，形成了一批对教育的"再认识"性的教育新看法、新见解、新主张，从而产生了相应的多元化、多角度的教育思想的发展成果。

教育的再认识有一个三维现象：一是因接受新的理论而产生的再认识；二是经自己内化而墨守且直接运用和指导自己的再认识；三是将以上二者结合后所形成的更新认识即复合型认识。这种三维现象也是三阶现象。

（四）反思：教育思想形成的主要手段

中国当代著名哲学家、教育家冯友兰在《中国哲学简史》中指出：我所说的哲学，就是对于人生的有系统的反思的思想。

基于此，我认为："教育思想学"最终是在做一门哲学——关于教育的哲学。这样，为教育寻找思想而进行哲学研究，为哲学走进教育而进行"教育思想学"研究，将成为一项二者融合且相得益彰的有意义的事业。

通过反思，获得对教育的重新思考，那么就会去其糟粕和乱象，发现并建立更为先进的科学的系统的教育思想、个性化特色鲜明且适用的教育理念及教学主张，以及由此产生的教育大智慧、教育大战略而不是小聪明、小手段。

终于，我收获了汗水和喜悦，更收获了许多特别的感悟。

教育也像一部作品，有观点、有故事，充满情节、情趣和情理。观点就是思想，乃至思想的灵魂；故事就在于行动，变成有思想的事实和案例。而教育的观点，更是一种教育的思想和主张的宣言；而教育的故事，更让教育思想在教育实践中焕发出人性、德性、智慧和哲理的光芒。

教育是一个思想活，它不只是教知识、教技能，还要教方法、教素养，更是教贯穿在知识、技能、方法、素养之中的思维，也就是思想。你说，知识、技能、方法、素养这一切又有谁能离得开思想？又有谁不是因思想而支撑起来的？没有思想的知识是没有灵魂的知识，没有灵魂的知识学习则是失态教育和失败教育。目前不知有多少"高分低能"者、"高学历"、"高技能而无文化、无品德"的人，对社会及个人造成危害的例子还少吗？所以从某种意义上说，教思想比教知识更重要。

教育既然是作品，是思想活，那么也需要构思，需要教育者用教育思想来观察教育、开展教育、反思教育、创造教育，让学生也在学习知识技能的同时，树立正确思想，并不断建立相应思想体系，培养创立新思想的品质与能力。

二、"教育思想学"的基本概念及其内涵

（一）什么是"思想"及教育思想

什么是"思想"？《辞海》中有这样的几个解释义项：①作名词，指人脑对客观现实进行加工制作的结果，属于理性认识。②作名词，表想法、见解。③作动词，表考虑、思忖。由此可见，思想对于人至关重要，既指人们对客观事物和人类活动的理性认识或形成的想法与见解，也指人无论谈话、做事，都会有思想，都会在思忖、思考后才会去说与做。试问，假如缺乏思想的言行将是怎样的结果？由此，我想到教育。

教育，不仅是一项既有言又有行而且言行高度统一的客观实践活动，那么其中必定有一样东西在起"统一"的作用，这就是思想。为什么？因为思想是人的灵魂，更是人的另一种生命方式，它是促进人的成长、发展与进步而走向高尚，使生命更有意义的动力基础乃至锐利武器。因此它与科学成果相连，与事业相伴。凡是伟大的科学成果或成功的事业，都必定有伟大的思想在支撑，并产生着伟大的思想乃至思想家。有人说：爱因斯坦是百年的科学家，千年的思想家、哲学家。这就说明：思想产生科学，科学需要思想。毛泽东是伟大的政治家、军事家，但谁也无法否认他也是一个伟大的思想家。孔子是一个伟大的教育家，但也是一个具有世界影响的思想家和文化名人。孔子的教育是有思想的，称孔子教育思想，其核心是儒家思想。这里表明，事业与思想是紧密相连的。由此可见，教育需要思想，思想产生教育。与其说思想是人的灵魂，不如说也是教育的灵魂，因为教育是一种有思想的事业。但是，现在的教育往往不尽如人意，要么缺乏思想，要么思想太多，要么思想水平不高，能真正称得上有意义的、有体系的且产生影响的教育思想太少了，充其量只是一些粗浅、零散的教育想法或者教育经验、教育体会。有些人还美其名曰：我是搞实际工作的，不懂理论，也不要思想……于是，他们的教育便陷入一种"只埋头拉车，不抬头看路"的行动误区和理论盲点。

本来，思想离不开客观存在，因为"存在决定意识"，但是也不能不承认思想在指挥客观实践活动。也就是人们常说的"大脑指挥行动"。如果有人做事做

不好、做错了，人家戏说他"脑子进了水""没脑筋"等，这明说的是"脑子"，实指的是"思想"。为什么？因为他缺乏了思想，或者发生思想错误缺乏正确思想。主要是作为"存在"中的人已在"存在"中生活久了，也生活习惯了，感性的东西往往太多，理性的东西往往太少，或者产生思维惰性、思维倦怠或思维落后，让理性被感性所掩盖或者淹没。人们面对或身处生活实际，不可能不产生对生活的认知与感受。这些认知与感受，一旦进入大脑便形成比较稳定的"意识"即思想，而这些意识（思想）又往往成为人们指挥新的客观实践活动的东西，从而产生新的言行，这些新的言行实际上在受一种思想所支配。如果这些被支配的感受是非正确思想所导致的，那就会产生相应的错误行为和结果。现在，由于人们天天忙碌于活动之中，似乎忽视受思想所支配的感受，于是便产生"我是一个实践工作者，不需要理论也不要懂理论"的误区。这是被纷繁复杂的"存在"而扰乱了意识或忽略了意识，使这种表"存在"的行动往往过于浮躁、粗放和浅薄，缺乏思想意识上的深刻性、完整性和合理性，最终导致人的言行得不到正确思想的指导。

（二）什么是"教育思想学"

1. "教育思想学"的概念

"教育思想学"是指人们对人类特有的教育活动现象及其问题加以专门而合理的理解和认识，且形成教育规律与正确行为的一门学科。这种理解和认识一般概括为教育思想，这种教育规律与正确行为则是哲理性、体系性和实效性。所以，"教育思想学"就是促进形成"教育思想"体系之学问。

从广义上说，人们对教育现象的各种认识，无论是零散的、个别的、肤浅的，还是系统的、普遍的、深刻的，都属于教育思想的范畴。在狭义上，教育思想主要是指经过理论加工而形成的，具有思维深刻性、抽象概括性、逻辑系统性和现实普遍性的教育认识。在这里所指基于"教育思想学"的教育思想，无疑是取其狭义，即先进、合理、深刻、系统而实用的教育认识。

用对教育的理解和认识而形成的教育思想，一般以教育某种方式或载体活动组织所表达出来，不是"想"当然的凭空臆造或空穴来风。

2. 教育思想的主旨

为教育寻找逻辑（规律），为教育激活灵魂；对教育实践产生影响，丰富教育内涵，提升教育品质；让教育者和受教育者都成为有思想的人——教有所思，学有所想。

3. 教育思想的特征

（1）教育思想具有实践性和多样性；（2）教育思想具有历史性和社会性；

（3）教育思想具有可行性和可借鉴性；（4）教育思想具有预见性和前瞻性。

4. 教育思想的结构

对于教育思想的结构，我们根据我国教育思想与实践的关系状况，将教育思想划分成理论型的教育思想、政策型的教育思想和实践型的教育思想三个部分。也就是融学术性、行政性、实务性于三位一体的综合型教育思想体系。

5. 教育思想的类型

对教育思想的类型可分为教育理论、教育学说、教育经验、教育信念、教育信条、教育建议、教育主张、教育言论、教育理想等。但是，并不等于其中某一种就代表你的教育思想的全部，一个真正成功的教育工作者必须有上述完善的教育思想，而不能局限于其中某一类。

6. 教育思想的功能

我们把教育思想适应人们的教育需要而对教育实践和发展所发挥的作用称作教育思想的功能。具体说，教育思想具有认识功能、预见功能、导向功能、调控功能、评价功能、反思功能。概括地说，就是指教育思想对教育实践具有理论指导功能，同时还要创造发展新思想的再生激化功能。

7. 教育思想的价值

（1）有助于人们理智把握教育现实，使人们依据一定的教育思想从事教育实践；（2）有助于人们认清教育工作的成绩和弊端，使教育工作更有起色；（3）有助于人们合理预测未来，勾画教育发展的蓝图。

8. 教育与思想

教育与思想是什么关系？是人类的人体与灵魂之间的关系，是大地上万物与太阳的关系，犹如江河里鱼与水的关系。

教育依靠思想，思想也托存于教育。也就是说，教育需要思想，教育本来就有思想，教育从来就是一项属于思想者的伟大事业，所以，教育需要有思想的人在为教育献出思想、发展思想乃至创造新的思想，从而让教育更加焕发出思想的灿烂光辉。

（三）关于教育思想的形成：意识

1. 人类生理学告诉我们：生命的本质，在于它的"意识"。这种生命意识，简单来说就是人的"自我"意识和"思维"意识。

2. 人的意识，因为其物理感知系统的特殊性，使其有能力掌握语言和文字。这就意味人们的经验和科学可以通过语言和文字得到传承，并积累到社会意识中去。在这样的积累之下，人类的科学进步日益发达，从而使人的意识极大程度地领先于地球上的其他生命体——我们通常把人类特有的意识称之为思想。

3. 根据人的意识感知行为结果，可分为"原意识"和"显层意识"。"显层意识"即我们通常所称的"思想"，而思想（显层意识）则是人的意识的个性。

4. 只有受过群体环境教育的个体人，才拥有思想（就狭义的"思想"概念而言，下同）。拥有思想的人，我们可以称之为社会人。几乎所有的人都是社会人，因为没有人可以完全孤立于社会而存在。

5. 只有思想才能主导人的行为。思想通常分为经验、思想方法和行为意志。这三个内容构成了个体人的个性化思想。

6. 教师从事教育工作自然会产生相应的教育意识，那么就要树立强烈的正确的教育意识，也就是形成其教育思想。

7. 教育认识产生于教育实践，教育实践是教育认识的基础。但从另外的角度说，教育实践也需要教育认识的指导，教育认识是教育实践的向导。因为教育思想能够把握教育与人的发展及社会发展的关系，揭示教育与人及社会之间相互作用的规律性，从而为评价教育活动的结果提供理论的依据和尺度。

（四）想法：从感性走向理性的初期思想的成果

想法，作名词用时释义为"意见与看法"。常常是指人们一些感性的念头。如果我们只停留于一些局部的、散乱的或者随意的甚至片面的、经验型的想法，那就难以让我们思维缜密，思想深刻。

我们说：想法大家都会有，但思想却不一定都有。其区别点就在于"想"得是否有体系，是否全面、深刻、正确和流畅。当然，有想法也不错，说明他已经动脑了，因为想法是成为思想的基础与雏形，有想法才能成就思想。

实践证明：教育事业的成就在于必须冲破那些感性而零散的想法，让想法成为思想，将零散走向体系。因为真正称得上思想的，也往往是那些经过深思熟虑的、且经过实践和时间检验的完整的体系性的东西。只有经过由感性走向理性，经过不断升华而成熟的想法才能成其为思想。基于此，教育需要将若干个"想法"编织成"思想"，再通过"思想"（主张）产生教育的具体行为。

三、教育思想基于的理论背景：教育哲学

（一）教育哲学从来就是产生教育思想的必然理论基础

有人说：形象大于思想——文学的特征；思想高于形象——哲学的特征。由此可见，哲学对于思想的关系何等重要。那么，教育思想之所以能成为教育的思想，主要是教育哲学起了支撑作用——这既是其主要特征，又是其重要的理论背景。

教育哲学，是指用哲学的观点和方法研究教育基本问题的一门学科。它也

综合教育学、教育史、心理学及其他教育学科的知识，对教育中的基本问题，用哲学观点给以理论上的阐明与解释。

从古至今，国内外许多思想家曾根据各自的哲学思想论述教育的基本问题，提出许多教育理念、观点和见解，形成了许多教育哲学观点，产生了一批教育哲学流派，为自己建立教育思想、理念提供依据。于是，事实充分证明：教育哲学从来就是产生教育思想的必然理论基础。

附：教育哲学的产生与发展

1832 年，美国纽约市立大学为培养公立学校教师开设教育哲学讲座，最早使用"教育哲学"一词。

1848 年，德国哲学家罗森克兰茨（Karl Rosenkranz）著《教育学体系》，1894 年由美国教育学家布莱克特（Anna Callender Brackett）译为英文，取名《教育哲学》，使该词正式成为学科和著作名称。

20 世纪起，欧美关于教育哲学研究成果丰富，出现众多教育哲学流派，也影响着世界教育发展。在中国，过去也有一批对教育哲学以介绍、评价为主的专家。在当代中国，又有一批专家，以马克思主义哲学为指导，继承中国传统哲学的优秀遗产，坚持中西结合，也提出并创立了属于中国特色的教育哲学，形成独特流派。

1919 年，五四运动前夕，杜威来中国讲学，讲授实用主义教育哲学，对中国教育界的影响较大，为我国教育实践活动、教育思想研究起了促进作用。

教育哲学：影响和指导教育思想与主张的形成

从教育哲学的产生和发展来看，大致可以分为两种不同的体系，因此也为不同的教育思想与主张的形成打下了基础。

1. 以研究教育基本问题为主的教育哲学体系。从教育的本质、作用到教材、教法以及知识、道德等问题都做了全面的论述。

2. 以研究教育流派为主的教育哲学体系。以当代美国教育哲学家 G.F. 尼勒的《教育哲学导论》作为代表，全书讲述了实用主义、进步主义、要素主义、永恒主义、改造主义、存在主义、分析哲学等几个主要教育哲学流派。有的教育哲学论著，兼有上述两种体系的内容，如当代美国教育哲学家 J.S. 布鲁巴克的《现代教育哲学》。在该书中除分别论述了学校与社会、教育目标、课程、方法论、职业权利与义务等问题外，还对当代各个教育哲学流派作了介绍和分析。

（二）从两个案例来看教学中的教育思想

案例 1：两组不同的提问

老师：有人说，把猪变成火腿肠——是技术，把火腿肠变成猪——是魔术。

那么，请问：

第一组：

（1）技术和魔术同为"术"，工人和魔术师各用了什么术？

（2）这两种术是怎样不同的术？

第二组：

（1）技术和魔术，虽同为"术"却术而不同，你能把它们之间的区别说清楚吗？

（2）同学们，想一想，你也能用什么"术"把它们变成别的东西吗？

讨论：两组不同的提问，体现不同的教学思想

这是两位教师在各自班级所进行的两组不同的提问，其教学结果截然不同，体现了两种完全不同的教学思想和主张——

前者纯知识传授式提问甚至无意义提问，是一种简单、重复的知识再现式教学，是一种灌输式的"师授型"教学思想，缺乏先进的教学理念；

后者是鼓励学生动手动脑的能力培养式提问，富有启发性、探究性与参与性，体现了一种让学生自主创造性学习的"学本型"教学思想。

（1999年12月）

案例2：一位教师教"两次画苹果"的故事

学生尤里卡在图画课上画了一个像梨一样的苹果，结果受到图画老师米哈朵夫的否定并要求重画。尤里卡申辩说，他在西伯利亚的大森林里，看到过一棵苹果树和一棵梨树被雷劈后紧紧靠在一起，长成了一棵树，他曾吃过这棵树上结的像梨一样的苹果。

听完申辩后，米哈朵夫感觉受到了嘲弄，咆哮着撕掉了尤里卡画的梨苹果，把他赶出了教室，还逼着尤里卡照他画的样子画好苹果后才能回到教室。

第二天，尤里卡只好按照老师的要求画好了苹果带回教室，但在画上洒满了斑斑点点的泪渍。

米哈朵夫通过明察暗访了解到尤里卡是一个诚实的孩子后，决定弄清楚究竟有没有像梨一样的苹果。米哈朵夫开始了漫长、锲而不舍的求证。他多方打听并千里迢迢去莫斯科登门求教著名的园林学家米丘林。经过三年的努力、等待，终于收到了米丘林在尤里卡的启发下通过嫁接技术培养出来梨苹果的消息。

最后，米哈朵夫又要求同学们再画一次苹果，而尤里卡务必再画一次梨苹果。尤里卡画好的梨苹果再一次洒满了泪渍，不过这一次是米哈朵夫老师不小心弄上去的。

（摘自《中国教育报》2007年3月27日8版）

讨论：这位教师关于教育的整个过程，诠释着教育者的思想变化，展示其教育思想的不断进步与成熟。

教师教学行为的粗暴，直接伤害学生幼小的心灵，其实体现了许多不正确的教育思想。如：静止的生物观、"奴化教育"等；中间马上反省，并采取调查、分析、请教专家、等待等方法，来促使自己改正做法，最后以再教画苹果来弥补自己的教学过失，抚慰学生受到创伤的心灵。尤以其中由学生伤痛之泪到老师悔痛之泪，更能体现这位老师教育良知的自我追问、教育思想的深刻变化和高尚师德的历练过程。

四、"教育思想学"的研究意义

（一）教育思想：让教育生命无限，让教师力量无边

当教育具有思想的时候，教学就显得格外有意义。教学有意义，在于首先有"教学立意"。教学立意，就是一种教育思想的体现或者呈现。有什么样的教学立意，就有什么样的教学成果。

当教学有了崇高的思想，教学就有高度：登高而望远，不为眼前短利而忙碌，因为崇高思想孕育远大理想，让教学具有前瞻性和高雅性；

当教学有了科学的思想，教学就有纯度：去伪求真，无杂质水分，让教学尽显其本质规律特点，体现学理性、逻辑性和正确性；

当教学有了发展性思想，教学就有深度：不会说人云亦云的"普通话"，也不会说过分强调自我经验的"老话"，充分展示其思想的深刻性、独特性和可持续性。

可以说，教育思想，让教育生命无限，让教育力量无边。古今中外的名人事例都无不证明了这一点。

请问，孔子为什么能从古走到今，走向全世界？

我们说，孔子是世界名人，是伟大的教育家，不是因为他上的课，也不是他当时所说、所干，而是因为他的上课和所说、所干等形成的伟大教育思想。至于他的课、他的话和干的事，也许还流传的已不多了，但因《论语》《礼记·学记》中所揭示出来的关于教育的本质规律和所体现的教育精神，却作为宝贵财富流传至今，还走向全世界，这就是他的教育思想。如果没有这些教育思想的总结与传承，也许我们现在谁也记不住孔子，或者根本就不知道这世上曾有过孔子。

现在，与其说我们记住孔子，不如说记住了他为教育所做出的揭示教育规

律且能给后人有启发、借鉴乃至发扬光大的东西，这东西就是教育思想，以及教学主张或经典案例。

爱因斯坦：百年科学家，千年思想家

有一名言："爱因斯坦是一位百年的科学家，更是一位千年的思想家"。

我从中懂得：这句名言揭示了思想与科学实践的特别关系，也表明了人的思想比其成果及其方法走得更远。也就是说，教育教学的理念和思想，永远比教学方式方法更重要。只有给教书赋予敏锐的眼光、独特的思维，不断地发现和创立新的也更具有实效的教学理念，才会因思想而产生先进教学理念和教学主张，然后产生与之相适应的教学方式方法。

这句名言还让我明白：教育与科学一样，需要思想，需要思考，需要思辨。一个教师，既当教书匠又当教育家，不仅要有思想，还在于要有创新的思想，要构建专业的学术思想体系。于是我提倡：用思想教书，教出思想，这才是真正的教师。

（二）开展"教育思想学"的研究

把教育思想作为一个永远的重要课题来研究，让教育思想与研究同行，与课题相伴，与实践相连。那么，"教育思想学"就完全可以成为教育发展与进步的重要理论武器，也使目前盛行的校本教研真正成其为有价值的教研，教育科研课题真正成其为人们有效解决问题的课题。

因"教育思想学"而产生的研究，不仅会显现出其科学性和专业学术价值，用以解决教育的实用和局部问题甚至老大难问题，也同样能为教育解决宏观的方向性问题和普适价值取向问题而提供直接支持。所以，当"教育思想学"这个命题一旦成为研究的必然载体、平台和途径，就会让教研因思想而展翅，让思想因教研而出彩。

目前，基于"教育思想学"而开展的研究活动主要有以下五个方面：

1. 理智地厘清教育情况，清醒地把握教育现实，发现教育问题，为教育寻找合理的教育思想和教育主张，以及解决问题的方案，这是基于"解决问题"的实用主义思维，不管它对不对，也不问会产生什么样的后果和发展趋势。当然，这种思维也是不可缺少的，但如果只满足于此，那就会让人停滞不前，落入俗套，产生思维定势。

2. 科学地开展教育反思，正确总结和对待教育工作中的成绩，认清教育工作中的弊端和失误及其困惑，使教育工作者再从教育原点起步，重拾教育自信，重振教育创新思维，以获取更多更好的教育对策、教育智慧，做更有志趣和品位的教育明白人。学会反思，坚持反思，这是人才有的思维能力。著名哲学家苏格拉底说过"未经反思的生活是不值得过的"。教育思想学的研究，应在"教育反思"

上有的发展。

3. 大胆地走出事务忙碌的苦圈，解开"乱象教育"的枷锁，树立"思辨+实证"的学术研究精神，走思想理论与实际操作相结合的教育新发展之路，让每一位教育人都在有思考的教育行动中，教有思想的书，育有思想的人，让更有思想的人从事更有品质的教育实践。

4. 合理地构思教育的未来，勾画教育发展蓝图，将让教育的上位思考和顶层设计，直接化为每一位教育人的自觉行为，从而取得更为优质的业绩成果。

5. 构建教育思想学的五个层次：（1）教育常态的实用性思维式（就事论事式）；（2）教育问题的解决性思维（发现问题，寻找短板与缺陷等）；（3）教育发展的超越性思维（为了发展创新而进行超越现状、打破平衡的进取思维）；（4）教育价值追求的批判性思维（为了教育的真善美价值而进行对概念怀疑、对经验批判、对常识质疑等一系列的反思活动）；（5）教育本真的哲理性思维（基于教育的理想和应该模式而进行符合哲理的科学思维），如：教育到底是什么，教育是干什么的，教育从哪里来、到哪里去，教育的最根本点是什么，怎样构建最为理想的教育体系和操作模式等。

以上五个层次，概括起来就是：事务性思维、问题性思维、创新性思维、反思性思维、系统性思维等五种类型。

（三）目前有关影响教育思想的一些误区

1. 有碍教育思想发展的"三有三缺"现象

目前，在教师专业发展中普遍存在着"三有三缺"现象：一是有教学经验或有丰富的教学经验，但缺乏对经验的理性化系统化的总结与提质；二是有许多成功与失败的教学案例，但缺乏对教育教学现象和问题的反思、整改及突破性解决；三是有一些教学改革的冲动和零散的成果，但缺乏提炼教育观点乃至教育思想的能力和敏锐性。

2. 产生"三有三缺"问题的原因

总体来说，有学科知识而并非有综合的教育文化，有专业技能而并非有完整、正确的教育思想。

（1）思维方式单调，思维活动肤浅，思维水平上不到高度，尤其缺乏教育职业的敏感性、教育专业的自觉性、教育思维的上进性。

（2）教学理论欠缺，不系统，较陈旧，尤其是缺乏理论感觉和教育发展意识，很少有对教育进行上位思考和哲学思维的教育自觉、教研自觉。

（3）技术主义严重，把功夫只下在一些操作环节上，看书、听专家报告是为了应付，或者只关注其中的叙事案例以及"怎样做"，即一些操作实例及其步骤，而很少在意"为什么要这样做""凭什么要这样做"和"做了后会怎样"等一些理论层面的内容，甚至忽略乃至讨厌理念，特别是对理念产生背景的论述过程及其内在逻辑不感兴趣，也不问究竟，得不到学术的熏陶与浸染，无法获得学术感悟或学术共鸣。

3. 如何走出误区

（1）要敢于面对研究和解决的主要问题之一，是把思想问题列为教师专业发展的首要问题。

（2）开展反思，寻找对策，从源头上克服教育思想的"缺失、杂乱、落后"，从而让教育不仅需要思想，更需要我们具有鲜活、科学、先进的思想。

（3）树立新的观念，即为教育寻找思想，不是寻找与运用那些一味坚守现有的思想，而更在于寻求鲜活的即不断扬弃和发展的活思想，或者在对那些原有思想进行"再认识"后进行科学加工或改造后的先进思想。

（四）教育思想，让教育不仅有所作为，还要"大有作为、大有可为"

事实表明，教育，作为一种培养人的事业，将"人"由自然性走向社会性、由无知或少知走向有知识和高素质，这都是首先决定于为师者的想法和行为。而想法和行为就是指有思想、有作为。因为想法是思想的前提，行为是作为的基础。

教育不仅有思想，也创造与发展思想，越来越渴望新的思想出现，需要为师者首先成为有思想的"人师"，且有远大、高尚、系统的教育思想。教育思想，让教育不仅有所作为，还要"大有作为、大有可为"。

是的，教育是要追求成果的，但更需要思想的支撑和指引。因为思想比教育成果走得更远，所以，要用思想教书，教有思想的书，只有教出了思想，才能教出真正的教育成果和教学质量。事实表明，当教育有了思想，那么教育再也不会成为鼠目寸光的实务主义者的牺牲品，再也不会是那些急功近利者彼此追逐的打拼场。一旦散发思想光芒的教育，则必然会成为产生思想火花的教育，成为产生思想者的教育——这思想者不仅是教师更是学生。

五、开展"教育思想学"研究已取得的初步成果

（一）建立基本概念及研究体系

1. "教育思想学"的提出与研究

"教育思想学"的提出与研究，在教育、教学中具有鲜明的创造性和指导作用，它可以实现"三个有助于"的教育改革发展问题：有助于人们理智把握

教育现实，使人们依据一定的教育思想从事教育实践；有助于人们认清教育工作的成绩和弊端，使教育工作更有起色；有助于人们合理预测未来，勾画教育发展的蓝图。

加强对"教育思想"的研究，目前大多处于只从正面做一些静态思考和现象描述，或者只做问题的查摆分析性探讨，却很少有人将其作为一门学科来开展研究。开展基于"教育思想学"有关的教育再认识论的探究，才会是一种具有突破性价值的发展性研究。于是，本人提出"教育思想学"这一学科概念，开展了基于"教育思想学"的教育再认识论的探索与践行。

建立"教育思想学"和提出教育的"再认识论"，超越并突破了国内目前同类研究现状及成果水平。据了解，社会上对"教育思想"作专门探索的同类书籍还不是很多，作为"教育思想学"而出版的专著迄今尚未发现；用"再认识"作为论文标题的不少，但形成并提出"再认识论"的还是罕见的。

2.围绕"教育思想学"开展初步研究

（1）提出了一门创建新学科即"教育思想学"的有关概念。"教育思想学"的定义拟定为"教育思想学"，是指人们对人类特有的教育活动现象及其问题加以专门而合理的理解和认识的一门学科。这种理解和认识一般概括为教育思想，于是把关于"教育思想"的学问称之为"教育思想学"；

（2）不仅是关于其概念和意义的初步性研究、碎片化和零散型研究，更要对教育思想做出其更有深度、广度的专业化、体系性研究；

（3）要做出如何树立教育思想意识的研究（实践者自以为所从事的工作是没有思想的，是不需要思想的，其实他所说的每一句话、所走的每一步，都是受某种思想支配或指引的，只是他用感觉来判断，以为在做事情的时候不需要思想，或者说思想没在起作用，于是还发出了"理论没用"的常识性错误的言论）；

（4）要做出关于影响教育思想应用于实践、遭遇实践工作者反对或排弃的问题研究及对策研究；

（5）做出如何在一个个教育教学问题或项目中应用或发展、体现先进、科学、合理的教育思想的研究；

（6）如何在实践中运用、发现、总结与创新具有独特视角与价值意义的好思想。

3.提出了一种新观点即教育"再认识论"

"再认识论"源于毛泽东《实践论》中关于"实践、认识、再实践、再认识，这种形式循环往复以至无穷，而实践和认识之每一循环的内容，都比较地进到了高一级的程度"的论述，然后把"再认识"作为对一种专门的认知学理论来加以研究。即指由一种思想行为方式——"再认识",到形成一种思想行为的思想理论成果——"再认识论"。包括以下三个层面:一是认识主体必须引起再认识(即现在人们常说的"提高认识""形成新认识");二是双方彼此走近而融合的再认识(也就是人们常说的"达成共识""统一思想");三是再认识自身的一次完善与飞跃,虽然经过双方自我的再认识和互动互融的再认识,但还要将这种再认识结合外部环境因素和内部条件因素而进行一种可能性与可行性最优化的再次思考、论证和探究,以求更完整、完善和科学合理,也就是对再认识又该如何认识的问题。

概言之,即指通过对已有的"实践—认识—再实践"的既成事实或经验,积极进行新的或反复的再认识活动,以形成一种新的认识,并不断使这种认识趋向更为深刻、更加完整和更高层次。包含以下三个层面:①在原有认识上的第二次认识(反复认识,深入性与提质型);②在实践之后所进行并产生的新认识(从感性化走向理性化);③在理论与实践相结合之后再进行的认识和产生的更有综合性、先进性、科学性的新认识(较高层次的思维与创新认识)。

这种"再认识"以不断提高与创新为特征,以追求与适应发展为目标,以用总结、反思、拓展与再认为手段,努力发现并形成更为合理、更有意义、更加成熟的新认识。这里的"再认识",不能只机械地理解为"第二次认识",也可以是多次的、多样的、多维的、多元化甚至反复的认识(即认知活动)。再认识的方法很多,其中"反思"与"再建"是最为典型的。这是一种关于教育的创新认识。当教育不断有了再认识,才会让教育产生新发展、新成就。这里立于本义又超于本义,让教育在"又一次认识"或"再一次认识"中产生或爆发新认识(新观念、新感悟、新主张)。

(二)形成一些核心观点

1.本书主题

本书主要针对当今教育越来越缺乏先进思想、失去自我灵魂、丧失正确主张的教育乱象,努力呼吁和探究:为教育寻找思想,寻找更自信的灵魂、更先进的思想、更正确的主张,以至从教育思想的"缺失、杂乱、落后"中走出来,让当今这种有病的教育再度健康成长和发展。

2.本书的一些核心观点

(1)教育没有思想,就等于教育失去生命;教育思想尚未走进"教育思想学",就会让教育思想失去体系和科学性;"教育思想学"缺乏再认识,就会让教育失去深度和创新性。

(2)让教育找回思想,关键在于要给教育多点"再认识",教育的"再认识"与教育的新思想、新主张是成正比例的。

（3）为教育寻找思想，在于纠正教师普遍存在"只埋头拉车而不抬头看路""只注重实务技术主义而缺乏科学思想理论的修养及引领""只热衷于个体经验和感性认识而不愿做提升专业水平的理性概括和哲学思考"等问题。

（4）通过对那些原有思想的"再认识"，从感性走向理性，以解决教育思想的"缺失"问题；由片言只语走向系统建构，以解决教育思想的"杂乱"问题；用不断总结反思与创新，以解决教育思想的"落后"问题。

（5）成功的教育在于用思想发现思想、用思想引导和发展思想——因为是思想影响教育实践，丰富教育内涵，提升教育品质。让教育者和受教育者都成为有思想的人——教有所思，学有所想；教有所成，学有所进。用思想教出思想，才是教育的最高境界。

（6）教育是一份思想者的事业，让有思想的人做高品质的教育，让思想在思想中更进步、更深刻，让教育在思想中更有智慧、更有思想。让教师成为具有更为科学、先进、鲜活和系统思想的思想者，成为更能解决实际问题且与时俱进的研究型教师，为构建让教育与思想同行，让教育在思想中前行的教育新体系。

（7）为教育寻找思想，让教育多一点再认识；请思想走进教育，请思想走进课堂。教育，少点乱象，多点逻辑（规律）；少凭感觉，多作思考；少搞"人为"的教育，多办"为人"的教育。

（8）为教育寻找思想，最终是为教育寻找灵魂，为教育寻找真面貌，找回一份宁静的心，只有走进了宁静才会有致远的教育。

（9）为教育寻找思想，就可以为教育找到新的意义，找到新的正确的价值观，不仅让教育教会学生知识技能，还会让教育把一个个学生培养成有高品德、人格、伦理、情感态度价值观的优秀公民。

（10）为教育寻找思想，更在于让本身有思想的人从此不慵懒，改变不愿思想，不会思想的"无思"之状，走上勤思、善思、乐思的思想者。

（三）关于"教育思想学"的新论点

●教育本来是有思想的，但在实践过程中却失去了思想，变成了一种盲目的实践、跟风的实践、缺乏思考和创意的实践。所以，为教育寻找思想，就是找回本属于教育的那种教育思想，不要让教育异化、退化。

●教育是一项发现与发展的事业，它更需要随时改变原有的思想，更新观念，产生新理念、新主张，所以需要我们解放思想，为教育寻找与发现思想，解放的是不适应发展的束缚教育进步的旧思想，寻找的是更先进、更有意义的好思想，发现更适合教育发展的新思想。

●在目前思想往往被淡化、实践常常被曲化的特定时期，教育思想越来越处于混乱、浮躁、浅薄、功利化的尴尬局面。因此，为教育寻找思想，就是要重建教育思想的精神家园，让教育思想更深刻些、更正确些。

●在当今快餐式、散状型、碎片化思想盛行的这个时代，如何为教育找到一种有沉淀、体系化和建构性高的思想，则是教育思想建设的新内容。

●当广大实践者以实惠者、实务者自称，教育思想便成了一种"当不了饭吃""不能直接解决分数问题"的灰色产物时，也碰到了纠结。他们一边时不时地不屑地对理论投以鄙夷、厌弃的眼光：理论是没用的；一边又在拿它来喊喊口号、遮遮面子，很不情愿地做着违背教育思想的事情；但是一旦到了总结工作、撰写论文的时候就无奈地说：唉，我这个人只会做不会说，更不会写。其实他是缺乏教育思想意识和完整的思想观，便采取排弃思考、不愿意改变现状而去接受更新更正确的思想。

●当下，运用思想和接受思想的不多，而研究教育思想的则更少，有研究也只是一些常规性研究、散状性研究，而很少有关于教育思想问题的研究、更少有关于系统建构的专业化、深层次的教育思想的科学研究。

在目前思想茫然、灵魂游弋、信仰缺失的时候，人们都在呼吁：办有思想的学校，做有信仰的教育。我们的教育思想学，就在于为此而努力。有思想就是不要让教育失去主张、失去理想、失去目标；有信仰就是对已认定的教育主张、理想和目标要充满信奉和尊敬，要拿来作为自己行动的指南或榜样，成为前进的方向，并且要下决心，以实际行动去实现它。

（四）关于"教育思想学"的研究

我的数十年的教育生涯，尽管工作单位、工作职务有不少变动，但是有一条却没有改变，那就是始终带着思想去做每一项工作，带着研究的心态去把每一件事情办好，办到极致。同时，在工作中要求自己对每一项工作都要有体现发展的理念和自己独特的主张，有系统化的顶层设计和操作程序，并且力求做出质量，做出特色和品位。这也许就是多年关于"教育思想学"的研究带给我的品质和收获，这种研究又引发着新的发展性研究。直至今天，我在所担负的工作里都充分体现思考，焕发思想的火花，终于让我收获一串串沉甸甸的果实，以至形成了现在的《为教育寻找思想》一书。

在数十年研究中，我深深体会到：教育没有思想，就等于教育失去生命；教育思想尚未走进"教育思想学"，就等于教育失去灵魂。对教育的再认识，就是让教育具有更新颖、更正确和更具有哲学意义的教育思想、理念及主张。让有思想的教育成为我们在教育追求过程中的永恒；让有思想的人做教育工作，做出教育思想来。

附："教育思想学"的研究提纲

第一章 绪论

第一节 教育思想的形成与教育思想学的产生

第二节 教育思想学的概念和意义

第三节 教育思想学的研究对象及研究任务

第二章 教育思想

第一节 教育思想与社会发展

第二节 教育思想与人的发展

第三节 教育思想与认知心理规律

第二节 影响人的身心发展的因素

第三节 教育在促进人的发展中的地位

第三章 教育法制思想

第一节 教育法概述

第二节 教育法基本知识

第三节 关于教师和学生的法律制度

第四章 教育制度思想

第一节 教育制度概述

第二节 我国现代学制的历史沿革

第三节 各国学制改革趋势和我国的学制改革

第五章 教育管理思想

第一节 教育管理概述

第二节 我国教育管理的历史沿革

第三节 各国管理改革趋势和我国的管理改革

第六章 课程思想

第一节 课程概述

第二节 课程编制

第三节 课程改革

第七章 教学思想

第一节 教学概述

第二节 教学过程和组织

第三节 教学原则与方法

（本文初稿于 2001 年 8 月，改写于 2013 年 5 月，系学术讲座稿）

教育需要思想

一、教育需要思想，首先要让教育具有 "思想"

国际著名教育学者内尔·诺丁斯说过：我们更需要哲学上的变革，而不是方法上的创新。这句话给我的启发，方法固然重要，但支撑方法的哲学思想更重要。教育改革与发展，对于学生的影响，更需要的是道德、人文关怀，是明白因果的方法、知识和能力的教育，是给予学生以思想的教育。

教育需要思想，就是要让教育有思想，让教育者办有思想的学校，做有思想内涵的高品质教育，教有思想的书，育有思想的人。

我国有 "三思而后行" 的古训。这里的 "三思"，其实是指反复地思考、深刻地思辨，以及反思等。这种 "三思"，说到底就是 "多想"，不仅是反复地想，而且是不断地往深处想，以产生更正确更成熟的思想。为什么能"三思"而"后行"？因为"三思"后的思想，往往会形成许多全新的理想和主张，它已将外在的东西内化为自己的意识，并作为"思想者"者的一种特有的思想素质在体现。

从某种意义上说，你能否成为名教师、成为教育家，就在于你是否有思想，且有先进的、管用的、系统化了的思想。有一句话说得好：当有思想的老师，做有信仰的人。教学的确如此。我们发现，凡是有成就的名学校、名教师，往往都是有思想的，都对自己的教育有想法，有思路，有主张，而且是富有创意、有个性化的一整套教学主张。我常说：为师者乃思想者。教学理念、教学主张就是名学校、名教师的一张不朽的名片。因为它是对教育教学深刻思考后所形成的一种见解、一种期待，不仅表达了从职业走向事业的一种职业追求上的自愿，也表达了一种教学理智上的自觉。这种自愿与自觉，正是一种思想所表现出来的教育自觉和教育智慧直至成为教育素养。

二、在教育的过程中，教育才能有思想，才能永远"思想"，让教育获得"思想"，以造就让思想比教育成果走得更远、更具有意义的教育

我曾经说过：要把教育当一回事，当成一件天天去想而且有想头的事，当成一件有思想的人在干有意义的事，而且干成了越来越具有意义的事。

教学是有意义的。有意义的教学追求更趋合理、更有价值的发展型教学，即完全区别于这样的"有效教学"：不是教你 A 和 B，而是教你如何从 A 到 B。那么，为教学寻找意义，让教学充满哲学，则是我们的追求……

我曾经多次说过：让思想超越知识，让思想比教育成果走得更远。事实也是如此：教育是离不开分数的，但更离不开思想，因为有什么样的思想才会有什么样的分数。如果思想歪了，再高的分数也是没有意义的，反而害了学生，害了教育。所以，我们要用思想教书，要教出思想，让有思想的教育成为我们一切教育的追求与可能。这样，就有可能让教育在于人，让人也在于教育。只有让人走进教育，走进有意义的教育，走进"为人"的教育，而不是"人为"的教育。那么也就能让教育走进人，走进人的心里，走进人的灵魂。这样也才能走出"应试教育"的怪圈和阴影，走出"分数至上"所带给人的伤害心理。

我们深深体会道：教育思想的核心常常是思考。因此，我不停地呼吁：让教学与思考同行。教育成于思考。从某种意义上说，思考是一种文化，思考能增长智慧。有人说：磨刀不误砍柴工——那么磨刀实际上就是一种思考，一种锻炼性的思考、历炼性的思考。一位教育人只有带着思考，善于思考的教学才会是理

智的、富有活力的和尽可能减少到遗憾的教学。

我用多年的"思考"而懂得：教学是有意义的。为教学寻找意义，追求意义，使教学具有意义，则是使教育具有思想和形成正确思想的关键。教学意义之于教学要有意义，则在于首先具有"教学立意"。有什么样的教学立意，就会产生什么样的教学意义；有什么样的教学意义，就会产生什么样的教学成果。

于是，我用多个课题"研究"找到了一个答案：教学是有特殊意义的。

有特殊意义的教学，在于从深刻思考和科学实践探索中获得。其教学意义的特殊性，不在于有了教学理念、教学立意和策略，而更多在于的是更先进、更科学和更鲜活的教学理念、教学立意和策略，更具有创造性和实效性的教学模式和操作方法。比如：我所构建的以学导型教学为主线的"学习型"课堂教学模式，即"教在学中，在学中教"。这种课堂教学模式，表达着一种"为学""有学""让学"并"适学"的"学导型"教学状态和形式，让学生在"有教的学"中由教学生"学懂"走向教学生"懂学"，在"有学的教"中教学生"学会"走向教学生"会学"。

同时，教育还需要的是有科学思维且形成体系的思想。体系，既体现思想的完整与完美，也体现着思想过程与方法的正确与严谨，还体现着思想效益的完美与创新。也就是人们常说"一套一套的"。说到底，体系化，就是将复杂的简约化，将零乱的程序化，将经验理性化，将行为效益最大化。

思想是经得起时间实践检验的成熟的体系。大家知道，想法，往往是一些初步的思想和不成型的思想，或者是局部的、散乱的或者随意的甚至片面的、经验型的东西，是人们感知或者随感而发的东西。我们说：想法大家都会有，但思想却不一定都有。其区别点就在于"想"得是否有体系，是否深刻和流畅。当然，有想法也不错，说明他已经动脑了，因为想法是成为思想的基础与雏形。有想法才能成就思想。但也不能只满足于想法而不要思想。只有经过由感性走向理性，经过不断升华而成熟的想法才能成其为思想。基于此，教育需要将若干"想法"编织成"思想"，再通过"思想"（主张）产生教育的具体行为。

三、教育不仅需要思想，更在于追求鲜活、科学、先进的思想

教育需要思想，还不要只一味坚守现有的思想，应该寻求鲜活的新思想，即不断扬弃和发展活思想，对那些进行科学加工或改造后的先进思想。为此，我们就需要科学而恰当"进行思想"，这也叫建设思想。建设思想还得要进行思想建设，加强思想建设。我们认为，从科学发展观出发来锤炼思想，使思想不断趋

向科学和成熟，是思想建设的前提。因为先进的科学的思想，不是凭空想像，也不是纸上谈兵，而是从实践中走出来且被实践证明的正确思想，并可以复制或推广于再实践之中的拓展型和创造性的教育思想。

本人曾在几十年如一日的教育教学改革中，坚持有思想教书，用思想教书，还要在敢于和勇于"解放思想"的行动中教出有特色、有风格、有效果的书。因此也常常冒出一些新观点和新做法，这也许是不懈地追求思想解放的结果。比如：我在八九十年代就创造了"课堂预习法""目录教学法""学导法教学"，以"学法指导的开拓者和成功者"入选为《当代中国语文教育改革名家评介》中的"十位名家"之一，后来又发展为"以学为本，为学而教"和"将教育学习化"的观点，从而形成"学习型教育"的教学体系，实现从"教语文"教学走向"学语文"教学。

实践证明：关于"学"的教学，既是一种敢于解放思想、创新思路的教学，也体现着一种新的教学理论，叫"三思教学"：有思想、有思考、有思辨的教学。因为它在教学中不断贯穿着"思想"，贯穿着"解放"，贯穿着对教育的不断求真、求美、求善、求新的探究。我这种经过思想后的教"学"体现了：既"学会"，又"会学"；既"学懂"，又"懂学"。因为我们感到，让学生只懂得"学"还很不够。"懂"在《现代汉语词典》中释义为"了解、明白"。顾名思义，"懂得学"，就是"了解学、明确学"，也就是了解和明确所学之内容，就是所谓的"知道"。但是，学习光是"知道"还远远不够，还要怎样"知道"即"学会学习"才是学习效果的终极目标。看来让学生会不会学习，也应引起"教之思"，否则便是"思之惰"。现在，老师在课堂上总是问学生："懂了吗？"看来师生都是以"懂了"为教与学的目的。我们认为：教懂了只是教了一半；教会了才是教好了、教成功了。所以我们说，你教了书，不等于教好了书。教了不算有功，只算有劳。如果没教好，那还有罪！只有把学生教好了才算成功，才对得起学生！当然这种"教好"可不容易，它首先得有思想，有主张，而且要让"思想"具有科学性和先进性。教师，如果是"人师"而不是"经师"，那么就不是教"书"，而是教"人"，教人读书。也就是说，教学不是教"学科"、教"课程"，而是教学生通过"学科"来学课程，通过"课程"来学做人，提高做人的素养。

我从教学实践中懂得：好的思想比成果及其方法走得更远。也就是说，教育教学的理念和思想，永远比教学方式方法更重要。只有好的思想才会有好的方法、好的成果；只有给教书赋予敏锐的眼光、独特的思维，不断地发现和创立新的更具有实效的教学理念，才会因思想而产生理念，产生教学主张，然后才会产生与之相适应的教学方式方法及其成果。

四、教研：使教育思想更先进、更科学、更成熟

关于思想的研究，特别是与"教育"连接以后的教育思想的研究，已越来越被"教研"所接受和成为现实，实际上就是为教育"寻找"思想的必需手段和过程之一。"寻找"思想，先是发现与探究，再是实践、论证，最后是解释和概括。其中解释最为重要。

对教育思想的解释风格和解释水平，决定了你对教育思想的认知程度和理解水平，决定了你对教育思想的运用能力和创造发展深度等。凡是对教育思想有恰当、合理的解释，就会使教育更为真、善、美，更趋向本来面貌和内在品质，更加接近真理，也会促进自身对教育充满信心，促进人们对教育充满期待。

大家知道，教育本来是有思想的，教师也是思想者。但是由于种种原因却失去了思想，或者思想出了偏差。其中一个重要原因就是解释风格出了问题，就是陷进了单一解释、消极解释、个体经验解释和悲观解释等。所以，为教育所应有的思想而找回思想——寻找一种更为先进、科学和成熟的教育思想，便成为教研的永恒主题，也就是要为教育思想和行为，积极地做出多元化、深层次、哲理性的解释。

我们目前所面对的"教"，可以说是一个大概念，它充满了无限的未知和不确定性，也是为了尽可能摆脱未知、减少不确定性而积极追求和寻找一种完整的系统概念与科学行为。现在我们所说的"教"既包含"教育、教学"，也包含因教育、教学而伴生的"教研"。所以，我们强调"教研"，实际上是在强调"教育、教学"，而并非消弱它、忽略它。许多学校领导和老师往往把"教研"与"教育、教学"对立起来，是没有形成大"教"的系统思想，没有认清"教研"是关于对"教育、教学"的研究这一本质内涵的正确认识。事实也告诉我们：教研搞得好的，教育教学也就很好；教育教学好的也肯定是教研搞得好的。我们还认为，对教育教学进行研究很重要，但对教研进行研究也同样重要。只有研究"教研"，教研才能改革与创新，教研的发展才能提速，教研的水平才能提升，教研的质量才能提高，教研者才会与教研共享共进、互利多赢。

我深深体会到：教研，是让教师走向教育家的重要途径。我还体会到：有思想的教研，才会成为有意义的教研、高水平的教研，也才会产生具有含金量高的教研成果。可以说，一个只会埋头教书的教师，那只是一个疲于应付于实用主义的事务之中的瞎忙者。只有既埋头教书、又抬头看路、投身于教学改革，创造

研究成果，形成教学思想的人，才有成为好教师乃至成为教育家的可能。

要开展教研，首先在于树立教研意识，强化"研在教中，教在研中"的新理念，将教研贯彻于教育教学的全过程，把每一堂课都上成研究性的课，把每一项教育教学活动都赋予较高的科技含量和艺术水平，这是促进教师专业发展，提高专业能力和教学质量的重要措施，也是当今教师从职业属性走向专业化特征的重要出路。

我们现在所面临的教育，随着时代发展与科技进步，碰到许多新问题，而且教育本来是与问题相伴相生，存在于问题与矛盾之中的。须知没有问题就没有了教育，世界上是不可能存在没有问题的教育。从某种意义上说，教育就是教问题。而对问题的发现、提出、分析和解决，就要通过研究和有效实施，以形成不断更新、不断成熟的教育思想和良策。最终让教育获得发展与进步，并推动着教育永远置于"思想"之中。实践证明：成功总是青睐于那些勇于思考、善于思想，时刻在思考的人；成功总是来源于将思想与行动紧密联系起来，将创新与发现有机统一的新思维与活思想；成功总是有缘于那些常在想中干、在干中想的人。

以上是本人对教育需要思想并创造思想的若干思考。有一位企业界名人说过：一个企业不仅具有经济属性，还有社会属性；不仅要接受思想，建设企业文化，还要创造思想，创造文化。同理可见，教育需要思想，不仅因为需要思想而接受思想和运用思想，还要在创造思想、发挥思想作用的实践中，让教育因思想而创新，因思想而更有效益，也在创新和发挥教育效益中期待有更具创造性、更新鲜、更先进的思想。只有这样，我们才会获得更具创造性、更新鲜、更先进的教育成果。

（本文原载佛山市顺德一中德胜学校《教研通讯》2012年第3期，有改动；曾在省内外作专题讲座3次。）

让教育成为有思想的人的事业

——教师应该成为思想者

教育，作为一种培养人的事业，将"人"由自然性走向社会性、由无知或少知走向有知和高素质，这都是首先决定于为师者的想法——即思想。也就是说，教育不仅充满思想，也创造与发展思想，越来越渴望着新的思想出现，需要为师者首先成为有思想的"人师"，成为有教学主张的思想者。

一、教育需要思想，需要由教育思想者来办教育

（一）教育应该由具有教育思想的人来办

无数实践证明：教育与具有相应的思想紧密相关。教育需要思想，思想也产生教育。与其说思想是人的灵魂，不如说也是教育的灵魂，因为教育是一种有思想的事业，是思想与思想的对话和交流。这就需要具有思想的人来办教育，才会让教育具有，让教育成为有思想的事业。

华东师范大学张华教授点评江苏如皋的"活动教学"时撰文《教育有了思想，社会就有了希望》——

在我看来，如皋"活动教学"实验最迷人的地方在于把"活动学习"与"小组合作学习"化为一体，由此把课堂教学转变为教师与学生之间、学生彼此之间、教师彼此之间的合作性探究。这种"转变"体现了我国教育改革的根本方向和时代精神的发展趋势。

60年以来，我国的课堂教学，从理论到实践，仅满足于对"现成知识"的"系统讲授"，教学由此成为输送知识的管道，学生的心灵沦为装填知识的容器。这样，教学不仅与知识创造绝缘，而且成为阻碍知识创造的力量。唯有把教学与研究化为一体，让教学成为"合作性探究"，让课程建基于教师和学生自己的思想，才能使我国课堂教学从根本上摆脱困境。如皋的探索显然体现了这一方向。

"活动教学"最早的倡导者之一、美国教育家杜威曾指出：单纯活动，并不构成经验；这样的活动可能只是分散的、有离心作用的、消耗性的活动。因此活动的实质是思维与体验——解决问题并追求意义。没有深刻的思维和

对意义的体验，这样的"活动"很可能流于形式和表面的肢体运动。因此，把课堂教学中的活动提升为以解决问题为核心的探究活动和以追求意义为宗旨的体验活动，并把这两种活动有机结合起来，是我国新时期"活动教学"的发展方向……

当置身如皋中小学课堂上欣赏学生和老师热火朝天地探究知识的时候，我在被这种合作探究的氛围深深感染的同时，也真切认识到：只有让学生们在课堂上动起来，他们就容易产生自己的思想；当教育有了思想，社会就有了希望。

（二）为师者本应成为思想者

我们发现，大凡有成就的教师，一般都是有思想的教师，也就是对自己的教学有想法、有思路，有主张，且富有创意、有个性化，特别是形成了一整套教学主张、教学方案、教学策略和教学措施等。从教育价值取向层面来说，你能否成为名教师、成为教育家，就在于你是否具有思想，而且具有先进的、管用的、系统化和个性化风格的伟大思想。

有一句话说得好：专家就是思想，专家就是体系。专家就是为"专干一件事"而干得十分成功和特别专业的人。

从某种意义上说，专家水平的高低就在于学术思想是否成了体系，在于你的思想是否形成套路，即顶层设计的系统化。系统化，既是一种行动方法，更是一种思想体系，也就是人们常说的"一套一套的"。为要系统化，先要体系化。体系化，就是将复杂的简约化，将零散的程序化，将实践经验理性化，将即兴理论成熟成型化。

由此可见，教育需要思想，更需要的是形成体系的思想。体系，既体现思想的完整与深刻以及成熟，也体现着思想过程与方法的正确与逻辑的严谨，还体现着思想效益的最大化和创新性。

但是，现在的教育常常被人们描述为不尽如人意，教育圈内外都对教育充满"教育渐愧""教育无奈"或"教育无聊"，究其原因之一，恐怕与缺乏思想有关，尤其与缺乏正确的、自主的、系统化了的教育思想有很大关系。目前，广大教育工作者也不是说没有思想，而是由于种种原因干扰和功利驱使，变得思想麻木、思维混乱、无思施教、不想而教，结果思想水平不高，能真正称得上有意义的、有体系的且产生影响的教育思想太少了。有些人也时常抛出新思想，制造了许多新概念，推出了许多新口号，但大多是一时冲动的即兴之作、感性之作、权宜之作，充其量只是一些教育想法或者教育经验、教育体会。可以说，当今的一大教育危机，就是教育越来越陷入一种"只顾埋头拉车，不愿抬头看路"的行动误区和理论盲点。

看来，我们现在强调：教育需要有思想，要给教育以科学恰当地"进行思想"，来一场轰轰烈烈的"思想建设"运动，为今后实现"教育思想的常态化"很有必要。这就需要从教育规律和教育实际出发，用哲学论指导，用系统科学指引，使每个教育工作者"进行思想"，在充满思想的活动中，变得思想飞扬、思维活跃，不断产生思想的火花和思维的智慧，让教育不再失去应有的思想，获得更加正确而丰富的教育教学成果。

北京大学文学院教授钱理群在《中小学教师应该是思想者》"摘要"中说道：

中小学教师应该是"思想者"。是要强调必须有自己的自由、独立的思想。我们通常讲，教师不是教书匠，区别就在于教师是有自己的独立思想、信念，有自己的教育理念和追求的。而对于教书匠，教书就是为了"混饭吃"，因此，他无须有自己的思想与追求，无非是按给自己饭吃的教育当局的要求去耍嘴皮子，充当教书机器。

当然，所谓"思想者"就不是"思想家"，不能要求所有的中小学教师都有理论兴趣、理论修养和理论创造。但要用自己的脑子去思考，对一切事情都有自己的独立判断，这却是中小学教师必须具备的素质和品格。

二、教师在教育中怎样才能做到"具有"思想

（一）教师具有思想，教育才有思想

无数实践证明：教师有了教育思想，就自然而然站得高，看得远，想得透，就会头脑清醒、思路清晰，当明明白白的教师，明明白白地教书，教明明白白的书。有了思想的高度、深度和清晰度的老师，就不会为眼前的"应试教育"而过度辛苦和厌恶，而会采取更理智的反思行为，站在未来学生的发展需要而重新设计和实施"为学而教"的以下三大行为措施。

一是树立崇高的教育理想，坚持让思想先行、让先进的理念为教育教学领航；

二是用恰当的教育理念对教育教学进行立意，形成科学的、流畅的、高效的、适合的教育教学思路；

三是运用思想开展教育教学活动，反思并创造新的思想，以形成更新更好的教学主张。

一句话，在科技发达和现代文明越来越高的今天，教师更依赖于用一种更先进、更富有创造性的思想在教育教学中发挥作用——求异意，挖深意，找创

意，有新意。这就是我们经常倡导的"四意联动"的教师思想建设工程。

（二）哲学思维：让我们为教学寻找意义，形成思想

我们提出：为教学寻找意义，追求意义，那么，就要运用哲学方法，积极发现意义，从无意义、非意义和伪意义的误区中走出来，寻找教学的真意义与本意义，才能产生先进的教学主张和科学的教学立意，也才会使教学成果富有意义。只有找到教学的真正意义，才能形成正确的教育思想。

为教学寻找意义，并非是一种理论行为，是空泛的理想的设计和憧憬，而是在充满具体矛盾和问题的教学实践中，在教学全过程中坚持有意义地教，教得有意义，教出意义。也就是让教学成为有意义的事业，使每个学生都获得有意义的教育，成长为一个对社会有意义的高素质人。为教学寻找意义，就是追求更趋合理、更有价值的发展型教学，即完全区别于这样的"教学"：教育是在于人，在于人的成长、发展和进步，使每个人成为更好的人，更有价值和尊严的人。

为教学寻找意义，当务之急就是少搞或不搞"人为"的教育，多搞且搞好"为人"的教育；少搞或不搞缺乏素质培养、缺乏育人文化、缺乏人的道德发展、缺乏多元能力和智慧的"纯分数"教育，多搞且搞好为每一位学子准备未来，让孩子们自信地走向未来的"终身教育"而不是短暂的急功近利的"眼前教育"。

为教学寻找意义，就是要让教学充满哲学。需要站在哲学的高度，充分挖掘学科知识中的哲学因素，以形成知识的哲学智慧，并通过有哲学智慧的教学设计、教学过程与方法，让学生领悟哲学、领悟智慧，成为超越"自然人"的优秀社会人，成为大智大德的学者、领袖和优秀公民。这因为哲学不仅教你 A 和 B，而且是教你为什么 A 和 B，教你如何从 A 到 B。

（三）科学反思：用思想教书，才能教出思想

要用思想教书，才能教出思想，才能教出效果。这是我们对教育新的追求。

让教学与反思同行，在反思教书，才会形成和凝练出有特色的教育思想，也才有可能产生有思想高度、深度和广度的教师。

我早在 20 世纪 80 年代初，就形成了一种写"教后感"的习惯，即在备课教案本的每一篇课文或每一节课后都留有一页空白页，用来写所教之后的体会，感想或者对一些存在不足和缺憾的分析及整改措施，短则一段两段，长则一篇两篇，以至最后论文发表。这种做法，我当时叫"课堂三思，课后三想"，也叫磨刀不误砍柴工。磨刀就是一种思考，一种历练。用现在的说法就叫"教学反思"，实践证明：善于反思的教学富有活力，能把教学失误和遗憾减到最少。

反思一：课堂应是教育哲学与学习科学相融的有机体

实践表明：我们的教学是以基于教育哲学为主。教育哲学在教学中有不可替代的地位并发挥着重要作用，但目前教师"教"与学生"学"，基于"教育哲学"的却很少，所以普遍缺少教育哲学的元素。这主要是教师目前普遍对教育哲学学习、理解与推广运用不够，导致当前的课堂哲学缺失现象十分严重。由于急功近利的实用主义、事务主义盛行，在大多数的教师的教和学生的学之中，都无法让哲学到位，让思想回家，让一些缺乏品质、深度和发展潜力的"短平快"式的知识传授和应试方法的训练充斥课堂，又哪里能够理性面对学生的学习？更无法使教学既更好更快，又更有质量，更能发展与创新。另外，学生的学习还必须拥有一个"学习哲学"的问题。"学习哲学"，可以概括为是关于"学习现象、学习问题和学习行为等方面的哲学认识、哲学解释和哲学指导"等学习方面的哲学观及哲学理论。但遗憾的是，目前还看不到这方面的专门成果。在此呼吁：建立一门"学习哲学"，与"教育哲学"一起共同为教育事业服务，为学生的学习服务。基于此，有思想的教师务必基于"两个哲学"：一是教育哲学，二是学习哲学。同时，有了哲学的教师还要掌握"学习科学"理论，构建基于"学习科学"的教学新视角，学会用"学习科学"来进行教育教学，且将其"三学"融为一体，才可能让教与学均具有"三学一体"的科学规律和哲学味道。所以，我们认为，课堂应是教育哲学和"学习哲学"与学习科学三者相融的有机体，课堂教学应基于教育哲学、"学习哲学"和"学习科学"的共同导航。

基于以上"三学"统筹的教育教学，才是真正意义上的教学，才让课堂教学有了灵魂。这样的课堂，才真正变为学生想学了，学会了，会学了。教师不再只盯着书而是更看重人——人的未来成长和深度发展。

反思二：课堂教学本应成为一种"研究的"教学

教学，是一种面对一个个复杂生命的育人活动，本身具有很大的不可确定性以及所带来的探索性和创造性，所以最忌讳的是把学生当容器进行灌输而变成一种简单劳动和知识再现式的重复劳动，使学生终生只会接受式学习。真正的教育需要的是让学生自主性、发展性和创造性地学习。所以，教学应基于学生的学，让学生既有接受，更有研究，特别是自主、发展和创造地学习，那么教学也就自然而然成为一种发展的、创新的教学——研究性的教学。

我们提倡"研究性"的教学，并非排弃教师的主导性，并非排弃必要且正确的接受式学习，但反对在学生毫无知情、毫无意愿、毫无基础的一厢情愿的情况下进行填鸭式的"灌输"教学。如果不让学生产生对知识的学习兴趣，对未知问题的探索欲望，不让学生掌握学习的方法技巧，一味地蛮讲硬灌，这无疑是费力不得好的教学。当然，如果用一些流于形式而做秀式的"小组合作""自主学习"等，并未引发学生内化的学习兴趣，效果并非理想，可以说，那是一种扭曲的探究与合作学习。

现在，国家课程中有一门"研究性学习"的综合实践活动课，这是一种课程意志。我想，除此之外，哪一门课程又何尝不可以上成研究性呢？事实证明：没有研究就没有学习，没有研究也就难以把一门课程开得更好更有价值。可以说，这是一种现代课程观和教学观。

我本人一直倡导和坚守"教师即研究者""课堂教学即研究的教学"这些观点。陕西师大《中学语文教学参考》2000年第6期"封面人物"专栏评介《林惠生小传》中曾这样评价——

几十年来，他的人生信条是：世上没有不会成功的事，只怕不去努力的人；哪怕这件事只有一个人成功，这个成功者就应该是我……林惠生在教学上的成功之处，就在于他把每一堂课都上成以人为本的"研究性"的课……

我认为：提"高效课堂"是一个伪命题。第一，因为国家每一门课程的研发和实施标准，本就经过审查而认定为"有效"的（否则不予开设），而课堂是对每门课程的具体实施和完成的场所，所以课堂无所谓高低效之分。第二，事实表明，世上没有哪一位教师走进课堂上课是有心打算上不高效的课，没人傻乎乎地说：我去上一堂不是高效的课（只是事成之后的上课结果有可能不太理想而已）。第三，课堂是一个载体，是一种静态的中性的教学平台，关键是作为课堂的主体人是否用了有效性的内容、策略、手段和方法等，来使课堂高效。从课堂的教学操作层面说，提"绿色课堂""大气课堂""诗意课堂"等倒是可以成立的。

反思三：课堂教学原本是人与人的"对话教学"

对话教学是对话的时代精神在教育领域的回应。对话教学中的对话，不限于纯粹的言语形式，而是师生双方精神敞开的互动交流。对话教学的内涵包括：民主的、平等的教学，沟通的、合作的教学，互动的、交往的教学，创造的、生成的教学，以人为本的教学。虽然对话教学成为普遍的教育现实为时尚早，但作为现代教学改革的方向和新的教学精神应是无可争议的。

对话教学是一种教学状态。一是相对以往所说的教学过程和教学方法而言——对话教学用一种"状态"将教学的各因素能动地整合在一起，形成一种特定的教学现象；二是参照"课堂是一个生态，是一个生命体"的现代教育理论而言——在对话教学的课堂里，学生是主体，教师也是主体，人人平等，每个生命都在为延伸与发展自己的生命价值而交流、沟通，甚至发生思想的碰撞，实现知识的升华，人人都有展示自己思想、感受、观点和学习收获与问题的机会。

可以说，课堂教学原本是人与人的"对话教学"，是明白之人与渴望明白的人之间的"心心相通"的"零"距离对话。

——《我看对话教学》（《广东教育》2003 年 09 期）

反思四：高效课堂，要基于教育哲学的思考

目前，打着高效课堂牌子的越来越多，但真能自圆其说者不多，能让人学习推广者更不多。为什么？我认为：主要是缺乏基于教育哲学的学理支撑和学术指引，缺乏"高效课堂"的内涵概念界定和相应操作标准，只用了一两个成功的案例及一些工作经验，而牵强附合地贴上标签，使高效无高度、无深度、无实度。结果变成一句笑话："高，实在是高，高家庄的高"。于是笑话之后，便让高效课堂成为一种"运动"，成为一场闹剧。目前，国内盛行的高效课堂的九种模式，其实还是从操作层面来描述，如果避开"高效课堂"名称或换成其他的也照样存在。所以也就成为事实上的伪命题。

以前，我也总结并创立一些这样的说法，如"绿色课堂""学习型课堂"等，但是我也一直在思考并坚持另一种说法，即"课堂效益"。就是强调和追求课堂的教学状态、教学过程、方法和效益。因为课堂本身就是一个平台，在这个平台上如何"演戏"，"演"出什么样效果的戏，则才是所要真正关注的。比如："京剧"，只有京剧的流派，有"四大流派"之说（梅派、程派、荀派、尚派），却从未听见有"××京剧"和"××京剧"等说。

那么，基于"课堂效益"的课堂教学，无疑会产生许多不同的"增效"手段、途径。所以对"课堂效益"的研究，则是一种更有意义的更接近于教学本质的行为。什么叫"课堂效益"？"课堂效益"，即指课堂教学效益和课堂发展效益。它是一种评价指标，是一种价值取向，是一种课堂观察，由此可以推出以下四个方面的课堂效益追求：

一是"三最"。即学生学习能力和综合素质最大值地得到提升，教师和学校都得到最大空间和最大程度的发展。着力于教学不仅减负而且提质，不仅低耗而且高效。

二是"三提"。即三个提高：提高课堂过程展开的流畅率，提高学习问题的发现与解决的周转率，提高多元、多样、多维、多层面学习的有效率；

三是"三减"。即三个减少：减少师生精力流失率，减少学生学习困惑率，减少学习结果出错率；

四是"三自"。即三自学习：自主学习、自能学习、自觉学习。

所以说，课堂效益，来自于哲学的高度。否则，再怎么好的课堂也只是河滩上的一座高楼。如果是缺乏教育哲学高度和效益的课堂，再好的"××

课堂"的命名，都是没有意义的，都有可能成为一个伪命题。

三、实践：让教育思想使你变得更有所作为

（一）用综合、系统的方法来构建教学思想

1. 既有理论研究，也有实践探索，用理论与实际相统一、思辨与实证相结合的综合型方法来发现乃至发展教学主张。

（1）将教学内容和教学方法融为一体而提出教学主张，将教书与育人相统一、将教与学的关系相整合提出具有教学主张。让人一看这主张就有广度、深度，涵盖面也宽。

（2）对课程改革的主张确立，就要从对课程标准、教材呈现、教学目标与内容、教学策略、教学方法与模式、教学评价与质量监测、校本课程开发等，都应有所思考，都应有一整套切实可行的不断走向成熟的教学主张及其操作行为。

2. 一线教师并不只是实践研究者的代名词，也许搞点错位研究会更好，即实践工作者研究理论，理论工作者研究实践，这将是一种优劣势互补，更能促进教师专业的快速成长和优质发展。全能型的系统研究，这样才会逼着自己多学、勤思、善研，才会提出真正有超越自我和现实的伟大主张。

例析：如何使教学思想和主张形成综合性与系统性的研究成果

1. 提出了心智美育型语文教学。让语文教学充满艺术→让语文教学在科学中走向艺术→让语文教学在实践中成为艺术→让语文教学因精彩而艺术→让语文教学因创新而艺术。

2. 预习：不在于"曾经拥有"而在于实际效益。课前预习（效益仍然不够好缺乏规范管理和具体指导）→把预习"请"进课堂（取名为"课堂预习法"指导）→目录教学法→渗透式学法指导→学导法教学→语文学习学（与语文教育学形成姐妹学科）。

3. 阅读教学：需要的是真正属于"阅读"的教学，提倡有"维度"的循序推进型阅读教学新思路。比如：课文教学不等于阅读教学→学会阅读是阅读教学的终极目标→教学生读书是语文教学之本→精读课与略读课的教学方法→三点阅读教学法→三点阅读法教学→题导法教学→读写结合→读写一体→读写一体法→读写一体化→一体化语文教学→读开放书、写开心文→全语文教学。

4. 作文教学：提倡有"维度"的循序推进型写作教学新思路。比如：作文"三练法"教学（练胆、练型、练韵）→一题多练法与多题一练法→作文评改与

评改式作文教学→只有放开才能开放的开放式作文教学→作文单元化教学→写作教育的全程指导。

（二）用教学过程与方法来实施教学思想

1. 要认真学习和接受先进的教育思想和教学主张，进一步树立"教学主张先行"的意识。

2. 注意从自己的教学经验与教训中总结与凝练教育思想和教学主张，善于从周边的教学现象和案例中发现捕捉与新的教育思想和教学主张。

3. 在进行教学设计时一定要明白：教什么，为什么教，然后怎么教。这就是所谓"做明白人，教明白书"的教学主张实施的生动体现和逻辑使然。

4. 以教学主张为主线串起教学全过程。就是在教学全过程中务必做到：备课时要想好教学主张，上课时要贯彻教学主张，结课时要坚守教学主张，评课时要发展教学主张。

例析：以"教学方法"为对象来实施教学思想

教学主张：课堂要运用恰当的教学方法

实施过程：

1. 用纵向推进法使教学主张逐步深入、科学，指向越来越准确。如：

（1）教学有"法"；

（2）教学有法，但教无定法；

（3）教学有法，教无定法，但贵在得法。

2. 用多维推进法使教学主张逐步具体、完善，指向越来越明确。如：

（1）单元教学法；

（2）文体型单元教学法；

（3）主题型单元教学法；

（4）反刍式单元教学法。

3. 作文教学也要单元化：

（1）阅读教学单元化，作文教学也可以实现单元化；

（2）作文序列化，是作文教学单元化的重要平台；

（3）克服作文非单元化的"四化"现象：作文的泛化、老化、激化、滞化现象的系列化指导教学。

附录：我的影响较大的教学思想及做法

1.《中国教育报》2000年7月21日第3版"特级教师特色"专栏报道《林惠生：学法指导有"法"》；

2. 山西师大《语文教学通讯》1990年第10期"封面人物"通讯《词源倒倾

三江水，笔阵独扫千人军——记湖南省优秀教师林惠生》；

3. 陕西师大《中学语文教学参考》2000年第6期"封面人物"专栏评介《林惠生小传》；

4. 成都出版社1993年11月出版《当代中国语文教育改革名家评介》专文评介：《学法指导的开拓者与成功者——林惠生语文教育改革评介》；

5. 湖北大学《中学语文》2005年1期"名师风采"专栏报道《林惠生：一位特具个性的教育改革家》；

6.《课程·教材·教法》1996年第11期《试论语文教育改革的突破口》评述：辽宁魏书生的"培养学生自学能力"，湖南林惠生的"语文学法指导"等都是"学导"法；

7. 华南师大《语文月刊》2011年3期"语文名师"发表简介及陶波老师专文《能追无尽景，始是不凡人——感悟林惠生老师》；

8. 广东教育出版社《课程教学研究》2012年1期（创刊号）"发现名师"专栏以《"课题专家"林惠生》为题发了简介、访谈和论文。

例析：我曾经尝试与总结的"目录教学法"

《当代语文教法学法辞典》（广西教育出版社1993年9月出版，吴发衍主编），第83-84页收入"目录教学法"。原文是：目录教学法，指湖南省武冈七中教师林惠生总结出的通过读课本目录进行学法指导，培养学生阅读能力的一种教学方法。

其教学步骤是：1. 教师简介新教材，引导学生阅读目录，浏览全册学习材料，在头脑中形成新的知识框架，唤起学生的新奇感和求知欲。2. 教师逐单元、逐篇目简析目录，并结合教学大纲讲述自己的教学，讲解语文教材的编写思路，讲解运用教材的教学思路，进而使学生形成一条与之相应的学习思路。3. 运用目录内容，指导学生总结上期学习情况，拟定新教材学习计划，明确本册教材的学习（如时间、资料、文具等）。4. 组织学生讨论和消化目录，使目录成为知识迁移的桥梁，成为学生交流经验、进行信息传播和反馈的主要措施。

学生读目录的步骤是：

1. 浏览，了解书的大概内容，激起学习兴趣。2. 细研，推敲"部件"，即揣摩编者（或作者）的写作意图、成书思路、过程内容容量及知识体系，以弥补学习中的缺陷，避免盲目性。3. 根据自己的实际情况，从目录中窥探出自己相宜的学习内容，从而对正文决定采取何种读书方法。4. 读目录的时间既可在学期初读，拿到一本新书时读，期中期末复习时读，又可在一本书学完后再回过头来读。5. 比较分析同类书本的不同目录，从中琢磨目录。6. 自编目录（一是选编自己的习作集或别人的范文集，拟写该集的目录；二是故意将某书的目录打乱次序，重新整编）。

此法是融学法指导于教学活动之中的一种"渗透式"的新形式。运用得好，可以打破教师"重教不重学"的局面，使学生养成良好的学习习惯和学习能力，并掌握科学的学习方法。

（三）用教学案例体现与诠释教学思想

1. 教学案例是对教学过程中的一个实际情境的描述。它讲述的是一个故事，即教学故事的产生、发展的历程，是对教学现象的动态性的把握。所反映的是真实发生的事件，是教学事件的真实再现。教师在这里有事实可说，有道理可讲，能给读者带来一定的启示和体会。有人说：教学案例是个人的教学档案和教学史，有独特的保存和研究价值。

2. 这样的教学案例必须具备以下三条：（1）是一个含有问题的事件，必须包含有问题或疑难情境在内，并且也可能包含有解决问题的方法在内；（2）具有典型意义。并不是所有的教学事件都可以成为案例；（3）能够成为案例的事件，必然是一种独特的研究成果的表现。

3. 从某种意义上说，教学案例之所以能成为一种研究成果，是因为它已经有了教育思想和教学主张，超越了一般的教育叙事。与其说教学案例在述说教学故事，不如说是在表达一种观点，在润物细无声中体现与诠释了教学主张。所以，案例不仅叙述教学行为，也记录了伴随行为而产生的思想、情感及灵感。

4. 教学案例成为促进教师教学反思的助推器。教师撰写教学案例，先要对教学进行真切的回顾，如同"照镜子""过电影"，让其再现，再用先进的教育理论观点进行审视与客观评价以及分析。那么其教学的是非对错，都能由模糊变得清晰，使教师把某些问题认识得更深刻，解决得更好。撰写教学案例的过程，就是重新认识的过程，反思的过程，研究的过程，也是凝练教育思想的过程。这样通过反思，提炼并明确有效的教学行为及其理论依据，从而更有效地指导今后的实践。

5. 教学案例成为促进教师专业发展的理论学习的加油站。由于撰写教学案例需要运用教学理论进行分析，才能使其案例有足够充分的教学理论来支撑，以使案例更有学术性，这样就促使教师带着教学案例的实际问题，深入地学习有关理论，寻找与自己本案例相恰当的观点，并由此碰撞而发现乃至形成自己的教学思想。这是用非常有用的思想和方法，帮助教师内化其教学理论，并用教学理论来指导教学案例产生质的飞跃。

总之，为师者，尤其是成名师者，需要一个不断历练、不断有所作为的思想成长与发展过程，需要亮出自己的教育思想和教育主张，并用自己的教育思想创造出相应的业绩与成果，成就为一代"有思想"的人民教师。

（写于 2014 年 3 月，系专题讲座稿）

让教育在解放思想中获得思想

现在，各行各业都在开展解放思想的大讨论，我认为，教育也是如此。教育既需要思想，也要解放思想。下面特做出一些再认识。

教育要解放思想，就是要我们不仅因对教育现象的反映并进行加工制作的结果而获得思想，也要获得其"反映"与"加工制作"思想的过程与方法，以从"思想的过程与方法"中获得"在思想着"的思想过程。只有明确其"思想"所形成的背景、条件、程序、方法等诸种活的因素，才会由结果推知原因，由结论反思过程，从而检验其思想的正确可否，学会如何思想的方法。孔子说："学而不思则罔，思而不学则殆。"这句话就说明了学习与思想之间的关系以及思想对于学习（实际上是教育）的重要性。古人还说过：思焉而得，故言其深；感焉而得，故言其切。这里的"言"，借为教育之用则可认作为"言传"，也就是教师的教育。这句话更加完整而辩证地表明思想对于教育的重要意义，也体现了将作用于教育的思想（思考、意识、理想、理念等）、情感（感悟、情绪、意志）、体验（接触、实践）等三大要素有机统一而进行的科学阐述。这就是一种具有思想以及思想过程的完整的教育教学（即言深"其"而得益于"思"）。这里的"思"就是指思考、思索、思辨，属于"过程与方法"范围；"言其深"的"言"既有动态的"教育教学"，还表明是观点、想法、立意乃至思路等。从某种意义上说，这里"言其深"的"言"不仅是教育思想，更是一种教育理想。这种教育理想是靠教育立意和教育策划而形成的，它在实践中同样还要得到创造性行动和创新性的总结反思与升华，最后，才会转化成教育思想。

由此想到教学改革。如果有了思想或者说有思想的教学，肯定会是一种这样的追求与境界：①要激情，更有理智；即凡事要激情投入，也要理想思考和理智操作。②要理念，更要问题（课题）；即既要设计或整合一些符合语文教学需要及规律的教育教学理念，也要在理念指导下发现与归纳所要解读的语文教学问题。③要描述，更要思辨；④要特点，更要特色；⑤要想象，更要实证；⑥要单项，更要整体（综合）；⑦要重点，更要多元；⑧要如何做，更要为何做与做得如何。于是，将这些全面地体现在学科课程教学中应该称之为"教学立意"，它是融过去的"教学目标"和后来不少教育家所提出的"教育理想"而结合的一种新的教学思考与教学设想（或叫教学设计）。"教学立意"，既包括教育者对教学结果（目标）的思想，也体现着教育者对教学过程与方法的思考，因此，我们必须看重而提倡它。

教育需要解放思想，表现在其方法与过程上的另外一种标志，则还往往反映在思想状态和思想程度上。无可置疑，当大家面对教育或从事教育时肯定会有些思想，而目前急需的是使在教育教学时到底有多少思想和有过多少思想且思想得怎么样，以及这些思想在促进"反映"与"加工"中效果如何。这些对于当今教育来说显得尤为需要。因为目前，"拿思想"的人太多，"能思想"的人或"在思想"的人太少，而"出思想"的人更不多。"拿思想"而"无思想"或"没思想"的则往往拿错或者"拿不彻底"，结果用于自己的教育教学时效果往往不好。因此，光"拿思想"还不行，还需学会"用思想"。因此，教学中"教思想"和"用思想教书"，是我从事教育30余年来的一贯的主张。这就是追求一种思想状态与思想程度的表现。有了"用思想教书"的理念，就会首先树立"教育需要思想"的意识，然后"为思想"而教，为思想的教而努力学习、钻研和探索，培养学生掌握正确的思想方法之外，培养学生良好的思想（思维）状态，将"过程、状态、方法"再相融之后便形成一些很有价值的模式。比如，用思想教书就构建了这样一个模式（即"立→用→知→创"全程思想介入法）。

（1）确立思想（立意），即用寻找、了解、认识的方法，为相应的教育教学内容而进行"教"的立意；

（2）运用思想（用意），即为我所用，但切忌照搬，需在活动中贯彻体现相应的思想；

（3）总结思想（知意），即指明白知道用了什么思想和这些思想用得怎样，包括效果检测与总结评价；

（4）创造思想（创意），即先反思：还有没有更好更新的思想，反思后再积极创新，制造新的概念，产生更好的思想。

教学需要解放思想，还在于整合不同的"思素"，使之趋向更加科学与先进。思素即思想活动的各种有机要素。如：以下的"教育五思法"。

思维。相对于"存在"而言，特指教育思维的整个认识活动，这种教育思维充分体现着教育意识和教育精神。

思考。指对教育教学为达成一种意见或得出一种结论而进行仔细地考虑。这种仔细地考虑，是教育思考的良好状态，也是为产生教育思想而必需的积极思想方法。

思索。对经过考虑所发现的教育教学问题进行长时间的和系统的思考探索。这种教育教学的思索，是一种基于解决问题的探究性思想行为和思想方法，值得倡导。

思辨。对教育教学现象和问题，运用逻辑的推导，作出理论思考和辩证分析，以使对教育的思考及其看法更趋合理和成熟乃至深刻。这种教育思辨，是一种教育思想深刻的表现，是促进教育思想不断趋向成熟、发展乃至产生新思想的重要思想过程与方法。

思路。即指对教育经过上述四种思素活动之后，所形成思想的路子、线索。这种教学思路是教育教学思想的生动体现。

教育的解放思想不仅因为需要思想而接受思想和运用思想，还要在创造思想、发挥思想作用中让教育因思想而创新，因思想而更有效益；也愿在创新和发挥教育效益中思想更新，更有创造性。

（原载《广东教育》2008 年 6 期）

谈教育思想的形成及其提炼

当下教育界都在鼓励教师成名成家，也有人这样评价名教师：名教师主要"名"在有成名之课、成名之作、成名之绩。这些诚然不错，但是真正能留下印象和富有启发与借鉴意义的名师，还远远不是这些，那是什么？是思想。其中所体现或反映出来的教育立场、观点和方法，尤其是从内涵品质上所形成及其提炼出来的教育理念与主张、教学艺术与智慧等，这才是最为根本的，也才能形成有其教育独特风格且自成体系、产生较大辐射作用的教育思想。因为教育思想反过来又影响与指导着自己和别人以后的教学主张、教学行为，产生更好的教学效果、经验乃至新的教育思想。看来，名师之名还在于要有著名的教育思想。

教育思想哪里来？其中一个重要功夫就是提炼。所以提炼教育思想，则是名师成长的一个重要内容或者说是一条重要途径。

下面就有关涉及教育教学思想的形成及其提炼的问题，谈一些个人思考和观点及其经验体会，谨与各位交流分享，以求抛砖引玉。

一、教育思想：先要形成才能提炼

这是一个基本道理：教育思想先要形成，然后才可能提炼。这也告诉我们：先是有思想者的教育人，对教育的确作出了思考，投入了思想，对教育产生了强烈的理想追求，且充满把教育做好的意识和若干想法或者主张等。

具有教育思想的书，有多种多样。归纳起来可以有以下几类：一是直接冠以教育思想名称陈述教育思想的专著或论文，如中国特级教师教育思想录；二是系统介绍某一位有影响力的思想家的成长经历和主要思想的内容介绍与评介等的文章及著作，从中发现和认识思想家成长及其思想的形成轨迹；三是目前国内外报刊及学术会议中有关介绍最新思想的文章及信息，以了解教育思想的发展状态，以免放马后炮，让自己说一些自以为很好但早被人家说过的话（思想）。

教育思想的先进性与独特性，就在于它具有"这一个"的鲜明特色，既具有引领性价值，又具有个性化价值，不可复制，不可替代，当然可以借鉴，能够让人获得启发和受到教益，以便由一个思想辐射而产生另一个或很多的思想，或者由此思想而产生或者形成更为完善、更加深刻的思想。

比如，语文与生活的关系：语文首先是生活的，然后才是语文的；语文是源于生活而又高于生活；语文虽然高于生活但又服务于生活；生活因语文而美丽，语文因生活而精彩。让语文成为学生生活中的一部分（而且是必须的组成部分），使学生因语文而把生活过得更加高尚和美好。

二、教育思想的提炼：是一个不断优化、强化、深化的历练过程

（一）教育思想提炼的一个基本标准及其功夫就是"凝练"

"凝练"一词的释义是"紧凑简练，言简意赅"。"凝"，本义是结冰，引申为凝聚，凝结，集中。"练"，本义是指将丝麻织品煮熟，使变得柔软洁白；后引申为多次操作，反复练习，再引申为老练、精熟。那么，教育教学思想的提炼，则是指让教师对自己的教育教学进行一种有"思想"的历练、打磨、提纯、重构与发现，不断形成对教育教学的新认识与再认识，形成一种清醒、明白、有价值的教育意识和教学风格，最终走向一种"教育自觉"和"教学自动化"，成为一名智慧之师、有为之师和明白之师，以实现教明明白白的书、明明白白地教书的

最高境界。

教育思想的提炼与形成，在凝练过程中既是一个不断优化不断强化不断深化的历练过程，也是一个常常被认识、被实践、被反思、被重构，乃至被拓展与应用的发展过程。在这个过程中，往往会产生许多"思想"的火花、念头，淹盖了本人真正的思想特质，想法一多就看不到自己到底有哪些最能表明和体现自己教学成功的真正理念和主张，所以总结出来的一些观点和看法，不一定准确地表达了自己的教学思想，所以提炼就显得很重要。这里最为关键的是，主线思维十分重要。用主线思维来构建教育思想，从若干零散碎片化思想中提炼出具有代表性意义的、具有个人名片标签价值的基本思想、核心思想、主体思想或主题思想，乃至最具个性化特色的创造性思想。

教育思想的形成，还要通过读有思想的书来获取营养，获得借鉴，以帮助我们借鸡生蛋，提升思想格调，产生顿悟和灵感，从灵感和顿悟中捕捉有关教育思想的闪光点，形成或者概括出有理性、有悟性的精彩的哲理语句。

（二）教育思想的基本提炼策略与要求

教育思想提炼的四个关键词：一是积累，二是发现，三是概括，四是展示。

教育思想的提炼：一是经验之谈，是经验的沉淀；二是见解看法，是见解和看法不断成熟、成型的清晰化学理化的层次性梯度性过程；三是要看到思想提炼过程的成果链条和发展以致成为学术思想体系；四是突出前瞻性、学科性、科学性、个体性和可指导性。

教育思想提炼的四步曲：即时零散思想（思想火花、灵感等）→学科基本思想（常识性、规范性）→个人核心思想（独创的个性化的最能代表本人思想内核与特质的标志性思想）→系统成型思想（形成风格的成型、成套的整体综合的体系性思想）。建立在自己一系列的业绩成果基础上和自己成功成长的土壤和全部经历及看法观点的核心主张。

教育思想提炼的七大转型：由职业型、经验型走向更加专业化、更加学理化，由粗放型、肤浅型走向更加集约化、更加哲理化，由胡思型、瞎说型走向更加规范化、更加公理化，由随感型、碎片型走向更加理性化、更加体系化，由隐含型、模糊型走向更加凸显化、更加清晰化，由学科型、个案型走向更加普适化、更加公众化，由平庸型、跟风型走向更加个性化、更加前沿化。

例如，我所指导的广州市百千万人才工程名教师培养语文第二工作室，在一次关于教育思想提炼的研讨会上，组长欧阳缚龙老师发文说：在此，我受托就"汇报教学思想"的有关问题，向其他各位学员转达导师（林惠生老师）的几点意见和几点建议：（1）专家有专家的思想，草根有草根的思想，我们大可不必妄自菲薄，要敢于亮出自己的教学思想；（2）教学思想的凝练要经过积累、发现、概括和展示四个环节；（3）教学思想有其特点——语言简练、内涵丰富、有学科特征、有个性特色。（4）汇报建议（或者说要求）：一要观点鲜明，二要具体阐述，具体阐述本人教学思想的沉淀过程、理论支撑、实践操作、反馈评价等。

另外，还要特别注意的是，树立"科学而恰当"地表达教育思想的意识，特别不可过分和偏激，或者用一些哗众取悦于人的"热词"来替代教育思想的准确表述。在表达与展示教育思想时，我们常常看到不少抢眼球、震耳膜的雷人的话。这些话，似乎表达着创新与另类，当然也有一定的合理性和启示作用，但是，我们可以被一些雷人的话或观点所雷醒，千万不要被雷晕或雷倒。

三、教育思想提炼：是一种教师专业化行为

（一）教育教学思想的凝练与教师专业化的关系

从某种意义上说，目前我们所进行的"百千万"名师工程，其实就是一种促进教师专业化的重要活动，所以，现在我们进行教育教学思想的凝练，就是为了提高教师专业化的水平而努力。

首先，要明确教师专业是什么？它体现教育教学思想的核心标志是什么？

我们认为，教师专业既包括学科专业性，也包括教育专业性，即国家对教师任职既有规定的学历标准，也有必要的教育知识、教育能力和职业道德的要求。同时，教师专业是一个持续不断的发展过程和一种不断深化专业的状态，即教师专业化。不仅具有较高的专业知识、技能和修养，还要实现从经验化到专业化，使教育越来越具有专业科技含金量和先进的教育思想。

可以说，体现教育教学思想的核心标志是教育学术。教育教学思想的凝练，实质上就是在发展教师的教育学术，促进教师的教育学术成长。

什么是教育学术？指关于教育教学工作的专业系统理论，统称教育教学知识（即"教育学""心理学""教学论"），也有人叫"教理学"。包括对教育教学理念的把握，对教育教学技能的掌握及对教育教学经验的总结与应用等方面的理性知识。

作为一名合格乃至名教师，其专业学术内涵至少包括三个方面：一是职业道德修养，二是学科专业知识，三是教育教学理论。实践证明：三个方面缺一不可，而且要融为一体，才能促进和保证教师的教育教学思想的凝练与发展。

目前，教师专业结构中最缺的就是教育学术即教育教学理论，一是不系统，二是用不好，三是厌弃理论。所以今后教师专业发展的一大重心，就是教师的教

育学术成长。所以，教师作为专业人员，不仅在专业知识、专业能力等方面要不断完善与提升，也要在专业思想、专业风格特色和专业创新上有所作为和更新发展，以至成为一个真正的优秀专业人员乃至专家型教师。

（二）教育教学思想的凝练：靠"养"——素养、学养与修养

1. "三养"可以"养"出教育教学思想

有人把教师分成"三六九等"，如：百世师、大师、名师、良师、匠师、庸师、劣师、毁人不倦之师——可见教育教学思想的凝练显得太重要了。其区分的一个重要标准（标志），就看是不是有教育教学思想，是不是有更先进、更正确、更成体系和产生更有影响的教育教学思想，这些"三六九等"的区分，主要靠以上"三养"。

教育教学思想，尤其是更先进、更正确、更成体系和产生更有影响的教育教学思想的形成，要靠其素养、学养与修养。许多人说：一堂课、一项活动、一个案例、一篇论文或教学设计，乃至一席话、一个眼神，都无不充分体现着某种或几种教育教学思想。这也就是你的一种素质修养、你的品格，自然地散发在里面。还有人说：课堂就是你思想的作品，课堂就是你思想的影子。这就是"养"的结果。

什么是素养，即指由训练和实践而获得的技巧或能力。

什么是学养，即指体现在一个人身上的整体气质，一种非常自然的能够传递生命信息的书卷气。它体现在人格上，是宽阔的心胸，丰厚的学识，温文尔雅的气质。发现可尚可学的东西，一定要分析整理，因为它是弥补我们的珍贵养分，是促进攀登的台阶；并且要分析出一个所以然，再整理出一个 ABC。现在不少老师看到一篇文章、一本书，只粗略地扫一眼，不关注其深层含义和透射出来的学养、素质乃至教育教学思想，这样，你即使读了一百本书，也同样获取不了或体会不到教育思想。

什么是修养，培养高尚的品质和正确的待人处世的态度，求取学识品德之充实完美。古代儒家多指按照其学说的要求培养完善的人格，使言行合乎规矩。

关于修养，是讲述在课堂之内之外的人性修行，是反省体察的过程，是通过现象由一拓三、由三反一、由十知百的融化、实践行为，也是将知识转化为智慧、将现象归纳而升华为理性。它需要修识、证理、行道三个阶段的系统化历练。

因为人的修养有一定的深刻程度，其思想才可能有一定的深刻程度。不可能内心很浅薄的人，一上课就上得很深刻、很精彩。

2. 从"修识、证理、行道"中"炼"出教育教学思想

什么是修识？是指剖析现象而化融的过程，要静静地悟化，找内涵，问

规律。

什么是证理？是指发现规律后继续修持直到得理，也叫做理证，指对那些问题或现象通过自己的智慧分析而得出合理的结论。

什么是行道？是指实践自己的主张或所学，即践理后的内化，最终目的是树立自己的思想主张或学术之见。

3. 怎样获得"三养"，让教育思想有可"凝练之处"

（1）一定要从阅读经典中吸取滋养自己需要的学养与本领，并得到一个统一完整的世界观，建立一套博大宏深之思维的认识事物的能力；

（2）一定要从哲学中吸取滋养自己需要的修养与智慧，并在学习哲学的过程中不断形成一种严谨的逻辑思维，充实思维内容，懂得科学哲理；

（3）一定要从阅读有思想的课堂课例、教学体会与教研论文著作中获得营养与灵感；

（4）一定要从自我表达有思想的教学体会与教研论文及著作中获得更深的素养历练。你思想得有多深，那么你的表达才能有多深。因为我们不是为了表达而表达，而是要通过写作强迫我们更深地理解与思考。

四、如何提炼教育思想

（一）学习：为获得教育思想创造条件

1. 学习能获得教育思想

（1）了解、掌握人家已有的教育思想及其思想的成因；与人家的思想进行碰撞后而产生的一些主观感受，有的是共鸣后的认可，有的是带批判性的驳论，有的是带建议性的补充、完善，由此拓展、引申或受启发而创造出属于自己的新论。

（2）在学习中领悟教育思想

包括进修培训研修、自我读书、听报告、学术研讨会、读书心得交流与分享、参观考察等，其中读书是最主要，也是最直接获得教育思想的途径。

（3）怎样才能通过学习获得教育思想

一是从书名、文章标题、内容摘要、前言（含序言）、目录、后记、封面（底）提示语等可以读出其重要思想及观点；二是从文章的导语或结论及案例或教育叙事中有关议论抒情的文字中领悟到其重要思想及观点；三是要学会批注、摘录捕捉或发现其重要思想及观点；四是用卡片及时记录因即时灵感而得的思想观点等。

2.读书：在教育思想的海洋中吸取营养

（1）要读一些关于教育思想的经典原著，如《中国教育通史》《西方教育思想史》等；

（2）要多读有关描述教育思想的书籍，如《世界教育思想地图·50位现当代教育思想大师探访》；

（3）要读有关能对教育起思想指导作用的教育哲学和学习科学等方面的理论书籍，如《教育哲学》（石中英、张楚廷等不同作者版本有5种以上），吴俊升的《教育哲学大纲》（二十世纪中国教育名著丛编），《认知科学哲学导论》，高文等编著的《学习科学的关键词》；

（4）要读由具有教育思想的人（老师）写的书和文章——其中不乏闪烁教育思想的光辉，呈现其追求教育思想的心路历程和奋斗轨迹，对我们获得教育思想将有直接启发与借鉴作用。

（二）思考：为你孕育并充满着对教育的思想

1.思考，指针对某一个或多个对象进行分析、综合、推理、判断等思维的活动。人之思考往往是自己心智对意向——信息内容的加工过程。所以，它对教育思想形成起着生产前"孕育"的直接作用。

2.用以下两种思维方式来思考而产生思想观点和教学主张

（1）归纳法，即指由个别到一般的论证方法。它通过许多个别的事例或分论点，然后归纳出它们所共有的特性，从而得出一个一般性的结论。归纳法可以先举事例再归纳结论。

（2）演绎法，即指从普遍性结论或一般性事理推导出个别性结论的论证方法。在演绎论证中，普遍性结论是依据，而个别性结论是论点。

3.抓住思考的初始化产物——"初念"，用思辨、求证和反思等方法，再将初念提升与完善成为一个具有真正意义上的教育思想和教学观点或理念。

4.反思：促进教学思想不断升华与成熟的武器

（1）教学反思：促进教师成长与进步。

反思，原为唯心主义哲学概念，指对思想本身进行反复思索。后来泛指对某些事物或过程的重新回顾和认识，其本身就已经成为一种思想方法。华东师大叶澜教授说："一个教师写一辈子教案，不一定成为名师；如果一个教师写三年反思，有可能成为名师。"此话一来道明了反思对于教师成长的重要意义，二来暗示了反思是教师成长的一种重要方法。

（2）教学反思：为教学发展而进行。

从教育哲学层面来看，"教学反思"是为了"教学发展"，而且是使教学更加"科学发展"。所以，教学反思与教学发展是一种互相统一的关系即相辅相成的。为了教学发展而进行教学反思，也才有意义，也才有方向和思路，否则教学反思也是盲目的，最终缺乏长效性和常态化。

具有教学发展特征的教学反思，应该最终走向"反思性教学"，否则便使教学反思失去意义。

基于教学发展的反思，要从学生学的角度来反思教师的教。

分享：本人关于教学反思的一些做法

（1）要教学生树立反思意识，运用反思的理念与方法来对自己的学习经验（即学习过程、行为及其结果等）进行反思，并从反思中产生新的更趋合理性的学习设想和学习行为。从某种意义上说，这一点十分重要，因为我们教师的反思性教学的终极目标是指向学生学会学习。

（2）反思性教学的"五用五看"反思策略：①用理想的眼光看现实的教学；②用发展的眼光看过去的情况；③用遗憾的眼光看成功的结果；④用辩证的眼光看失误的问题；⑤用陌生的眼光看熟悉的经验。

（3）20世纪80年代中期，我在教学中总结创立了一种"课前三思课后三想"反思方法：①课前三思即在每次上课前要进行三思：本堂课学生要学什么，我怎样去教，学生怎样去学；②课后三想即在上完课后又展开三想：我的学生到底学得了什么，是怎样学到的，我还能让他们学得更多、更好和更快吗？

（三）坚持：让教育思想脱颖而出和水到渠成

我深深体会到：教育思想不是想要就要、想喊就来的。需要长期的坚持，坚持用思想教书才会有思想，坚持教了有思想的书也才会有思想。有时候，思想就在你成功的一言一行之中，一不小心就悟出了一个道理、一个观点，这就是思想，这哪还要提炼？呼之即出，踏雪无痕更得趣，水到渠成竟真知。

本人曾几十年如一日，坚持追求用发展的思想看待教育和从事教育，追求更鲜活、科学、先进的思想，因此也常常冒出一些新观点和新做法，这也许是不懈地追求思想和进行教育教学思想提炼的结果。那么，怎样坚持呢？

1. 坚持读书、研究一辈子，而不是一阵子；

2. 坚持想好每一节课、上好每一节课，才会让思想贯穿于教学的每一个环节、每一个要素；

3. 坚持动笔写"教后感"，记录自己的酸甜苦辣，记录自己的所见所感，别看那三言两语，也许就是闪亮的思想火花，然后构成了惊人的思想；

4. 坚持从事务主义圈子里解放出来，忙中偷闲，来一点务虚的想象，从想象中找到梦想、编织理想，化为自觉行动，再产生思想；

5.坚持"十年磨一剑"。好思想是长期刻苦磨出来的，是与人家交流中碰撞出来的，是自己跟自己过不去而较真出来的，是在扬弃昨天、想好明天、干好今天的良性循环与整体优化中获得的。

综上所述，教育思想的凝练（提炼），离不开教师的悟性和丰富的教育教学经验，也离不开社会所给予的支撑、鼓励和扶持，更离不开教师本人对教育理想的追求，对教育思想的不断地再认识。诚如此，我们就可以实现一种全新的教育追求：当有思想的老师，做有信仰的教育。

（本文写于 2014 年 5 月，在广州市中学名教师培养工作室等地做过讲座）

分探篇

分探篇，相对于总探篇而言，即关于教育思想的发展性研究；相对于总论而言是分述部分，即第二至第十章，是基于"教育思想学"而开展关于教育再认识论的探索与教育教学的践行。

此篇主要是抓住涉及教师专业发展的九个"发展点"，立足于"为教育寻找思想"这一主题，展开了系列化、项目化的发展性研究。依次为："教育再认识"→"现代基础教育"→"素质教育及德育"→"教学理念"→"教学意义"→"课程建设"→"教学方式"→"教学方法"→"教学智慧"等。

这里的发展，就是对当前的基础教育、素质教育、德育、教育文化、课程建设、教材探讨、教学概念、教学方法和模式等，进行了一系列具有展性价值的"再认识"，表现为一些颇具独特新颖、深度的思考或探索，即教育新理念、新想法、新体会和教学新主张、新模式、新方法。尤其是"教学智慧"将提升到了特殊的高度，充分体现了"教育思想学"的特别关注。

这些文章，有一个重要特点就是思辨。思辨本指"思考辨析"，更是指哲学上运用逻辑思维推导而进行理论与概念的思考。我们把对教育的思辨命名为"教育思辨"，即运用逻辑的推导与作出理论思考和辩证分析的方法，对目前教育现象和问题，进行具有哲学意义的科学性研究，以便为教育寻找到更好的思想，也使人们对教育的思考及其看法更趋先进、合理、成熟乃至深刻。

这种教育思辨，是一种教育思想深刻的表现，是促进教育思想不断趋向成熟、发展乃至产生新思想的重要思想过程与方法。这里的教育思辨，突出了再认识和再构建，这就是在"寻找"思想，"发展"教师，在全面、全程、全纳式的思辨中实现：既有做法又有想法，既埋头拉车又抬头看路。

第二章　教育再认识之于"再"

教育是一种即古老又年轻的永恒的社会现象，当然也是一项发展性的事业，因为教育要与社会同步发展，要在时代变化中追求自己变化而发展，所以在寻"变"中发展教育。实践表明：教育寻变，无非就是让教育在"实践、认识、再实践、再认识"这样一种科学系统性活动中发展与进步。而其中的"再认识"，当显得十分重要，因为处于实践层面上的教育工作者太缺乏它了，处于理论层面上的教育工作者，也往往固守既有的认识，而未能发展与变化，也缺乏了再认识。所以，中国的教育现实总是在忽左忽右、浮躁、粗放，易受伤害中常常发生钟摆现象，主要原因就在于缺乏"再认识"，结果用"一次认识"决定未来的教育，决定了教育的不变思路与做法，同时，因为处于教育的周边环境及其人们也太缺乏再认识。目前尤其缺乏一种反复的、深度的、多元的、成熟的正确的"再认识"。为此，只有在不断产生"再"认识中，才能让教育不再无奈、无聊，不再幼稚、粗放，不再畸形与困惑。

教育应该走进"再认识"
——对教育"再认识论"的初探

一、关于"再认识"理论的产生背景

生活这本教科书告诉我们：如果当你享受了一顿美食以后，你常常会在回味中即刻想到：它到底美在哪里？为什么有如此之美？还可以更美些吗？还有比这更美的东西吗……于是陷入一场没完没了的思索之中。这种思索，与其说是"思索"，不如说是"再认识"。教学也是如此。假如你是老师，你上完一堂课还在享受成功之时，突然下意识地感到：还有一个地方没讲好，还有一个问题没有处理好，还有一些缺陷和遗憾，于是又在思绪不断：到底不足在哪里？为什么

产生这些不足？怎样才能改正这些不足？还可以这样进一步发挥地想：我的学生到底是来学什么？到底学到了什么？他们是怎样学到的？还有哪些没学到？我是怎样教他们学会的？我还有没有可以用更好的办法让他们学得更好、更快、更轻松呢……一直可以这样"想"下去。这许许多多的"想"，与其说是"想"，不如说是"再认识"，对教育的重新审视、思考，尽可能形成新的认识。于是，我们便一件一件事地不断地去认知、理解、分析、感悟、判断，循此反复。后来，我终于明白，人类之所以进步，事物之所以发展，就在于这样一种循此反复的再认识。人之所以是人，其特征就是思想。而人的一种思想本质就是再认识，凡事都会有不断的再认识，都在再认识中不断前进与发展，否则社会就不会前进了，时代就不会发展了。教育的再认识也如此。所以，教育也需要再认识，也必须走进再认识，只有树立"再认识"的教育意识，才能把教育做得更大更强、精致和理性，使教育最终走向成熟和高尚或者完美。看来，教育"再认识论"的提出也是理所当然的。

毛泽东同志在《实践论》中写道："实践、认识、再实践、再认识，这种形式，循环往复以至无穷，而实践和认识之每一循环的内容，都比较地进到了高一级的程度。这就是辩证唯物论的全部认识论，这就是辩证唯物论的知行统一观。"［见《毛泽东选集》（合订一卷本）第273页，人民出版社1964年4月版］这段话给了我无尽的启发与思考。

可以说，一代伟人毛泽东同志既是"再认识"的倡导者，也是"再认识"的模范实施者。他在《实践论》中是这样说的，也在几十年的革命生涯中是这样做到的。他之所以能成为当代最伟大的政治家、革命家、军事家、思想家甚至诗人等，完全与他敏于"再认识"、善于"再认识"、勤于"再认识"不无关系。他是一位"再认识"理论的首创者，为我们人类的思想建设和哲学发展做出了榜样。

回顾我国改革开放初期，开展"实践是检验真理的唯一标准"的大讨论，这实际上也是在开展一场"再认识"运动（"大讨论"就是一种"再认识"），最后形成了许多再认识（新的理念、新的观点、新的主张）。这里的再认识就是大讨论、大思考、大反思等。当时，我国通过这样的"再认识"来统一思想、统一行动，使全党全国人民拨乱反正，轻装上阵，昂首阔步走进了以改革开放为主题、以经济建设为核心的社会主义现代化之路。这是"再认识"的一个成功范例，为思想理论建设和行动方向形成新的启示和丰富了内涵，提供了重要武器及其科学保证。

这就是我最初提出的也较为朴素的"再认识"论，即由一种思想行为方式——"再认识"，到形成一种思想行为的思想理论成果——"再认识论"。这就是一项新的思维活动产生乃至发展的全部，也是为我们的生活、学习乃至干任何事业、做任何工作，都提供了"可持续发展"的可能性条件。"再认识论"将成为时代与社会"可持续发展"的重要思想观念和哲学方法。

教育也是如此。它在"实践、认识、再实践、再认识"的"循环往复以至无穷"的发展过程中得到"可持续发展"。所以，教育离不开再认识，的确需要"再认识"和形成更为科学、合理（规律）的"再认识论"；同时，教育还要通过再认识，不但发展自己，而且发展受教育者和与教育有关的所有人，让人为提升再认识的思维品质而修炼。

由于教育思想本是一种"教育认识"，那么就更需要我们去走进教育而进行认识，才可能对教育产生或者获得"认识"。许多人之所以能谈教育、做教育，一般都是出于此时此地的此种认识，但是，此种认识往往是初始化的、简单的、个体感性的，也被人称之为"第一印象""第一感觉"，即初级认识，这种认识也是认识过程之中产生的，是认识的一部分，但并不代表是全部和全面的认识，这里就出现了一个非常的问题：还要不要再认识？我回答：要。主要是：一是认识论表明，人的认识过程是一个无止境的动态过程；二是被认识的事物自身也是在发展变化的，需要一次又一次的"跟上去"的认识（也就是再认识）；三是教育由于是一个"有思想的人与另外也有思想的人进行对话与交流"的特殊事业，也就是"认识"与"认识"发生碰撞而产生或融或峙的情境，那么此时此地的教育，就更需要双方来一次再认识。

二、对"再认识"形成的概念理解

1. 对"再认识"的初步理解

我认为，其本义是指又一次认识或再一次认识。从一种认知学理论来研究，再认识可定义为：通过对已有的"实践—认识—再实践"的既成事实或经验，积极进行新的或反复的认识活动，以形成一种新的认识，并不断使这种认识趋向更为深刻、更加完整和更高层次。这种"再认识"，以不断提高与创新为特征，以追求与适应发展为目标，以用总结与反思为手段。这里的"再认识"，不能只机械理解为"第二次认识"，也可以是多次的、多样的、多维的、多元化甚至反复的认识（即认知活动）。再认识的方法很多，其中"反思"就是最为典型的。

2. 作为哲学上的"再认识"，首先是一种认识活动。具体有以下四个层次：

（1）在认识意识上比前一次（有些还是"原认识"，"初认识"）更具有自主性和自觉性。它是指对"元理论（原理论）"进行学习、解读、探究并内化为自己的新认识，或者在原有实践和认识的基础上进行补充性、发展性的认识活动及所产生的新认识、新看法。我们也把它称为"亚理论""次理论"。本人曾在2003年第6期的《广东教育》发表《对反思性教学的再认识》一文中，对"亚理论"有过专段论述。事实上，人类思想的理论，大多数是一种亚理论或次生理论，都在原理论（元理论）上发展，延伸或完善，提升过的学习的认知与看法、观点等。毛泽东思想就是马克思主义中国化的理论产物，中国式的教育学理论，大多数也是借鉴西方教育理论而成，当今许多成功的教学模式及主张，也无不是建立在古今中外优秀传统理论基础之上的派生理论。这些亚理论、次理论，一是表现为"解读"；二是表现为"拓展"与发展的新认识、新主张；三是对中外既有理论运用后的再创造、再建构；四是反思各种理论后的再生性观点。

有人说：亚理论是一种不太成熟还不被人公认的理论的理论。此话从表面上看去似有道理，其实深究一下，也未必妥当。任何新的理论一出现，人们都会因为陌生而认为不太成熟，当然也谈不上得到公认，这就等于这种理论就"亚"在这里，实际上就是创新理论。

（2）在认识内容上比前一次认识有了更新更广的空间，即更具开放性和新颖性。也就是使认识更加深入（深刻）、更加完整、更加全面或更上了一个高度，可以叫深化、提高了认识。

（3）在认识形式上比第一次认识更具有多维性和多元性。第一次认识，往往有被强加或被驱动，属"无意识认识"或"有迫性认识"。如新课程培训的"通识培训"，这种"通识"即为教师第一次认识，多少带有施加与灌输而有可能只形成初步认识或感性认识，往往是模糊而欠清晰、认识而欠自悟。"再认识"是已经在"元认识"或者说在相对完整的"理论与实践"相统一的活动基础上所开展的"再认识"活动，以及由此获得的"再认识"（理性知识等）。无疑，这种基于"有理论、有实践"作为经验基础的"再认识"，绝对是出于"再认识者"个人的自主能动和自觉感悟即思考、分析、概括、提升的结果。

（4）在认识成果上，比第一次认识更具有发展性和针对性（实效性和可操作性）。无疑，认识会产生成果。而第一次认识的成果，往往是学习时所记下的笔记，最多还加有一点体会、感想乃至形成一种"方案""规划"之类的成果。这些"元认识"成果，往往是主观的（虚拟的）、粗浅（粗放的）、短暂（初步的），只有拿去在下一个重要环节"实践"中，要么被检验、要么被尝试等，再在一定要求与条件及形式下进行"再认识"，才能使之更加科学，更趋合理（即合规律性）、更被人容易接受、理解与操作，变成更多人自觉的行为。为什么？

因为"再认识"时，就会总结、反思：哪些元认识与实践是对的，哪些是错的？为什么对和为什么错？还有哪些地方可以整改与发展？还有哪些方式方法及手段值得改进与整合？等等。这些既是"再认识"的具体内容，也是"再认识"之所以比"原认识"的可贵之处和创造的独特性成果。

3. 作为认知活动上"再认识"，不仅是认识过程，还有认知结果，即所形成的结论或答案，即再认识论。具体说来也同样有以下四个方面：

一是指更高层面、更深层次的独特思考及其判断或创意；二是指更完整、更全面、也更辩证的成熟思考及其结论或概念；三是指在原有认识的基础上所形成更具前瞻性和理性智慧的"新认识"即新观点、新理念、新看法、新主张、新建议等；四是指超出原有认识而产生出的更广阔、更多元化、更富挑战性也更有价值意义的设计项目和课题选题等，这些东西又往往会引发新的再实践和再认识。

综上所述，关于教育的"再认识"，就是指对教育学和教学论的"元理论"（原理论）进行再学习、再解读，并结合自己已有的实践经验进行再探究与科学内化，以形成比先前的认识更深刻、更完整、也更具价值的新认识，也就是在原有实践和认识的基础上进行再思考，进一步开展一种补充性、发展性、构建性和突破性的认识活动，以产生更加正确而成熟的教育思想和科学的教学主张。

4. 再认识的活动方式。作为有思想的人类，在再认识活动的过程中，一般有以下主要活动方式：（1）再观察，以获得感知，产生认识；（2）再发现，以获得问题，诱发认识；（3）再理解，以获得体会，深化认识；（4）再分析，以获得结论，明辨认识；（5）再感悟，以获得见得，发展认识；（6）再构建，以获得新知，创新认识。

5. 我们所追求的再认识，包括三个层面：

一是认识主体必须引起再认识（即现在人们常说的"提高认识""形成新认识"）；二是双方彼此走近而融合的再认识（也就是人们常说的"达成共识""统一思想"）；三是再认识自身的一次完善与飞跃，虽然经过双方自我的再认识和互动互融的再认识，但还要将这种再认识结合外部环境因素和内部条件因素而进行一种可能性与可行性最优化的再次思考、论证和探究，以求更完整、完善和科学合理。

6. 再认识还有一个三维现象：一是因接受的理论所形成的再认识；二是自己内化而坚守且直接运用和产生指导作用的再认识；三是将以上二者结合后所形成的新认识即复合型认识。

由上述可见，"再认识"应该是人类认知过程中不断优化的可持续发展的思想特征及其认知表现。

三、人与哲学而产生的哲学"再认识"

（一）哲学与"难得糊涂"

哲学本是一门聪明之学，但有人说哲学让我"最终走向糊涂"。为什么会有这种感觉？其实，这是一些哲人通过哲学认知与哲学体验以后所获得的一种最高境界——这就是古人所说的"难得糊涂"。"难得糊涂"，历来被推崇为高明的处世之道，实际上是所追求的"糊涂"智慧和境界，就是老子所言"大智若愚"，表面糊涂，实则清醒，是一种待人处事的人生态度，是大悟大彻之感、之得、之言。教育现实也常常有此种情况：有时糊涂，有时清醒，也有时从糊涂走向不糊涂，最终还是"难得糊涂"。这里的糊涂有三种情况：第一种糊涂是问题、困惑，需要认识与解决的问题；第二种是不糊涂，即获得了清醒的认识（再认识），产生的不糊涂感到遗憾；第三种"还是糊涂"是超越糊涂后又碰到新的糊涂，产生新的教学使命，获得新的教育感觉，新的认识。其实，这是一种特殊的哲学观。

我认为，基于辩证哲学观的再认识论告诉我们，"糊涂"与"模糊"是不等同的。从某种哲学定义上说，难得糊涂可取，但真的模糊则不可行。因为模糊是一种现象，糊涂是一种境界；模糊是一种状态，糊涂是一种姿态。我们待人处事，应该反对模糊，因为它是一种不辨清晰的现象、状态，是一种不弄清楚、明白的表现。我们人生之过程，有时的确进入"难得糊涂"，因为弄清楚、看明白之后所得到的一种新解和深悟：乃高见也。但这时的高见往往是道不明说不白，言犹未尽，又未能让外人所接受，于是就犯"糊涂"了。晚年的"钱学森之问"不就是钱学森作为大科学家、大哲学家穷尽"聪明之学"后所发出的似是糊涂而真清醒的发问吗？

（二）人与辩证思维

人是有思维的，自然也可以产生辩证思维，具有反思意识。正是人类对自己的不断反思和认识，才促进了人类的自身成长与发展。人一旦有了辩证思维，就表明开始更加走向多元、多维和成熟了，看问题作评价也就更为完整和系统性了，当然也更为深刻和严谨了，也更具有理智和内涵了，所展示出来强大的力量也就不言而喻了。

比如，有人提出："无用"知识的有用性。我赞同这一说法，也就是说，有些知识看去无用但实则有用，或者暂时无用却以后有用，或者直接无用却间接有用，或者经过再认识后化无用为有用等。当然，也反过来说，"有用"知识的无用性。有些知识看起来有用，其实是无用的，尤其在目前以"分数至上""题海训练"为标志的应试教育中，教师所传授的并不是学生今后发展所需要的知识，可以说，这些知识只是为当时的升学考试服务的，对学生的素质发展用处并不大。也就是说，当今中国教育在教了许多正确的但没有用的没有意义的知识。

（三）人与三维理论体系

每个人之所以存在，不仅只有实际生命及其生活，还时常通过说话来表达观点和意愿，体现生命和生活。人所持言论实际上都成为他的理论，而且随着年龄的增长和经历的增多，其认知层面、认知领域、认知价值取向也不一样，那么其言论即理论也随之更加丰富、完整和深刻。所以，从某种意义上说，世界上每一个人都是一个理论家——都有一套一套成型的和颇具确指性的思想观点即理论体系（实为固定和特定特征的）。当然人类也随着其不断地再认识、再实践，使各自的理论认识而更趋向于成熟和深度（也就是常说的正确性、合理性、可复制性等）。

如果再进一步细究人的理论体系，我们还可以发现一个有趣的现象：每个人的理论竟可以一分为三，也就是说，人的理论可以分成三类即一般具有三维理论。哪三维呢？一是正在使用的属于自我常构的主体理论；二是学习、接受或被影响而获得的理论；三是并不拿来运用只供装饰甚至并不认可的理论（即如人体上的"自由基""无益菌"或者是短信中的"垃圾信息"一样，那也是理论，只不过不是正确的或者所不需要的理论而已）。人之所以思维复杂、思想灵活，就因为是一个"三维理论"体系的人。人一旦有了三维理论，在社会上往往就会说出三种话，也就是有人描述的"逢人说人话，逢鬼说鬼话"。有时候说自己的话，有时候拿别人的话来说，还有许多深藏内心深处的不愿说的话。所说出的这些不同的话，其实其后面都有不同的理论在支撑和指导着。

比如，一位老师教学，他的理论也分三类：一类是常用性理论，包括所学专业知识和必需的教育教学理论等；二类是闲置性理论，包括已学习但不常用的专业知识和教育教学及人文自然学科理论等；三类是废弃性理论，包括已陈旧过时或影响自己成长发展的学科知识及教育教学理论等。事实表明：优秀教师都会将这三种理论合理利用和科学整合起来，并不排弃其中某一种，即多元、多维度的"合三为一"的教育理论。对"常用"的继续发挥，强化运用；对"闲置"的唤醒开发，合理启用；对"废弃"的变废为宝，化腐朽为传奇，起再发作用。

四、关于"再认识"理论的运用

目前，我们的社会以及人们在工作、学习、生活中，由于对"再认识"缺乏认识，尤其是经过"实践"与"再认识"后所形成的"再认识论"，不仅是太少了，同时也没有引起人们的重视。因此，很多人之所以整天忙碌，忙而无效，甚至越干越错，大凡与缺乏"再认识"意识和"再认识"能力是分不开的，更无从谈起用"再认识"的成果即"再认识论"，来指导下一循环段的"实践"与"认识"。

现实告诉我们，任何一项工作人们都回避不了"认识"与"实践"这两大基本活动要素。但是不少人却做了消极的、静态的理解，以为两大要素就只止于"两次活动"（即一次认识、一次实践）就完事，缺乏对任何事物都具有可持续发展的长期性、反复性、阶段性、多元性和周期性等特点的再认识，其结果就往往浅尝辄止，有始而无终，最后什么都没有；或者还由于初次"认识"与"实践"的肤浅、粗放而积累了不少错误、失败和烦恼以及资源的浪费，如果又拒绝于"再认识"而失去不断成熟、深入的"可持续发展"，那么，任何成功都只能与你擦肩而过。

我们的教育事业，由于"十年树木、百年树人"的特定需要，更体现着教书育人的可持续发展的长期性、反复性、阶段性、多元性和周期性等特点，也就更加需要和离不开"再认识"，从而使教育在"再认识"中真正获得可持续发展。

由于"再认识"是人类在认知过程中不断优化的一种可持续发展的思想行为，那么完全可以将它运用于以认知活动为主要特征的教育事业之中。现在，对教育进行"再认识"，不仅是一种自身不断科学发展的需要，也是教育越来越让人不堪满意而需要反思、改进、改革的现实的需要和选择。教育，目前如何走出误区，解决矛盾，追求优质，更趋公平，也只能走"再认识"之路了。可以说，教育已经到了非要进行再认识、发展"再认识"不可的时候了。因为——

1. 教育，是一个需要反复认识、反复实践、不断发展与进步的综合性系统工程，所以它本身就是一个再认识的载体与平台。

2. 教育，在前进的过程中经常碰到新情况、新问题，也需要我们为之进行再认识，以至形成更加科学、合理、完整的新认识（也叫再认识）。

3. 再认识，是认知过程中的重要环节和步骤，更是一种思维方法和思维策略，更体现了一种思维品质和精神。教育思维，尤其需要这种品质、精神、方法和策略。

对教育的再认识，实际上是让教育者在更高层面、更深层次上进行再思考、再认知，以获得更完整、更全面、也更辨证的成熟思考，从而产生有长远意义而并非短期效应的思路、决策及其行为，尤其要在一些判断、创意、结论或概念形成的全过程中进行严格的再认识，决不可凭感觉作简单、重复或头脑发热式的

"意气型思维"。

让教育获得再认识，就要让教育者在原有认识的基础上进行再思考、再认知，用理性的原则、智慧的策略来发现原认识的优势即值得肯定之处，以作为能够与产生"新认识"的联系点即诱发物，再形成颇具前瞻性和现实可能性相统一的新观点、新理念、新看法、新主张、新建议等。

基于此，我们要使教育成为永远的再认识载体和平台，要让教育者具有可持续发展意识，自觉地把教育永远作为"再认识"的基地，让教育尤其是教育的问题经常地置于再认识之中，用更有价值取向的课题研究和项目设计等来开展新的再实践和再认识，使教育在不断地超出原有认识而形成的更广阔、更有意义、更有实效的环境中健康地优质地发展。

基于"再认识论"的教育探讨

一、让教育多点"再认识"

无数实践表明，当把"教育需要思想"这个命题，一旦列入"再认识"的研究视野，就等于把一个个教育的"新问题"变成了研究课题。什么叫"新问题"？哲学论认为："新问题"是经过实践、认识之后又新发现或新产生的问题，以及还没有得到解决的问题。如果对这些"新问题"进行再次认识或重新认识，则可称之为"再认识"。

另外，对一些已得到解决的问题，又发现新的认识角度和领域、又获得新的认识方法而展开的重新认识，也叫"再认识"。

教育需要思想，不是说过去乃至现在的教育没有思想，而是说，教育不仅的确需要思想，而且需要解放思想，不断形成新思想、活思想和真思想。而需要这样的思想，就必须有对教育的再认识，让再认识成为产生思想的过程，让再认识成为人的思维品质修炼的平台。其实，对教育产生的再认识，正是教育所需要的思想。所以，教育需要思想的过程也是对教育再认识的过程。

为教育寻找"再认识"，是我在学科教研以外，对教育、教学的综合性、多元性的研究课题。

对教育的"再认识"，即在原有实践和认识的基础上进行再思考，进一步开展一种补充性、发展性、构建性和突破性的认识活动，以产生更加正确而成熟的教育思想和科学的教学主张——教育新认识；也指对教育学和教学论的"元理论"（原理论）进行再学习、再解读，并结合自己已有的实践经验进行再探究与科学内化，以形成比先前的认识更深刻、更完整、也更具价值的新认识。

——这就是我们所要探究和寻找的一种再认识。

二、置于"再认识"的教育才会更有意义

教育需要思想，但更需要正确的创新的活思想；教育需要结果，但更需要过程，只有科学恰当的过程才能引出理想的结果；教育需要价值，但更需要意义，当教育失去了意义，还有价值可言吗？缺乏意义的价值已经变为一种功利。这就是我们对教育产生的更为科学、进步的再认识。

在教学中，如果我们带着思想，带着对教学的再认识，就会让教学与意义联通起来。

当教学与意义相通，教学就不再是目前的教学，意义也不再是原有的意义。那么，教学就不再只是 XX 式教学、XX 课堂，而成为属于以学为本、为学而教的学导型教学，即"让学生学"的教学，指导学生自学、自悟、自能、自觉的教"学"。这样的教"学"，便成了一种有真正本质上的意义，所以，此时的教学因意义而生辉，意义也因这样的教"学"而回到了本来的位置和内涵。

基于此，本人常在疾呼：为教学寻找意义。

此其意，不在于标新立异，而在于表明：教学本来是有意义的，而现在却把本是"为人"的教学，被"人为"地搞得没有意义的教学，即成为一种形式化、应试型、乱象性的伪意义教学和非意义教学。

那么，进而产生的是一种新的"复合物"，是对第一、第二者或杂糅或超越以后即形成的"第三者"的教育：有思想的教育、思想者的教育，也进而让思想有了更新颖、更宽广、更深刻的内涵和意义。这时候，教育因思想而愈加精彩，思想也因教育越放光芒。

三、基于"再认识"的教育新问题探讨

（一）关于建构教育的"上下位对接"体系

上下位对接的思想，实际上是教育所需要的重要思想之一。其核心在于：既是战略与战术相结合的重要思想，又是务虚与务实相结合的虚实兼备的重要思

想，也就是顶层设计和系统策略与下层操作和局部突破相结合的重要思想。

要科学处理上下位对接的关系：（1）背景与现实的一致性；（2）理论与实践的统一性；（3）上下位之间的适切性和可行性；（4）上位目标的导向性、统摄性、明确性与下位目标的深拓性、精细性、可行性之间的对接。

目前着重体现为：（1）国家教育方针这一上位目标与学校办学愿景这一下位目标相对接；（2）国家课程标准这一上位标准与学校学科教学这一下位行为相对接；（3）国家教育评价系统这一上位导向与学校开展有效评价活动这一下位结果相对接。

（二）关于建构"教育"与"教学"的辩证关系

哲学有一个重要观点，即"事物的二点论"，即世间事物均具有二重性，于是产生了唯物辩证法。由此也让人类认识务必实现主观与客观统一，理论与实际的统一，现象与本质的统一，便成为人们最重要的世界观之一，也成为我们待人处事的基本方法之一。由此来看教育和教学的关系也是如此。

1."教育"与"教学"：本就是一个有机的整体

（1）教育和教学的关系是融合的相辅相成的关系，也就是无法分开，即你中有我、我中有你。我们说教育就自然想到是教学，说教学当然想到的也是教育。

这里还有一个习惯性用语的问题，一般情况，说教育就是宏观的，是广义的，涵盖了教学的，或者是替代教学的说法。但是一旦将教育和教学并列起来说，那就将教育偏义理解为人文道德教育、思想教育等。其实教育还有第三种理解，既不太广义到包罗万象，泛义无边，也不太狭义，只是微观层面上专指思想道德教育，而是居于中观层次上且跨越德、智、体、美、劳五育兼备的特定教育范畴的内容。

在一般情况下，教育涵盖了"教学"。教育是一种广义上的教育事业，相区别于社会上如文化、体育、政治、经济等事业、概念上的一种事业概念，其基本义为培养人的事业，使一个自然人变为一个社会人，它是指培养新生一代准备从事社会生活的整个过程，主要是指学校对儿童、少年、青年进行培养的过程（即有道德、有文化、有纪律、有理想的人）。而"教学"呢，由于广义上的"教育"概念的确立，那么它就成其为一个子概念，即成为"教育"中的一部分，专指"教师对学生施行'教书'的事"，即"教师把知识、技能传授给学生的过程"，而这个过程一般表现在"课堂"上，所以凡说教学，也就往往是指"课堂教学"了（当然这里的课堂也可包括课外的实践活动课，俗称"第二课堂"）。由此可见，"教学"是教育的一部分，也不足以为怪了。

在特定情况下，"教育"也成为"教学"中的一部分，特别是当"教育"成为狭义上的只起"教导、启发"义或与传授知识（教书）相区别时的"育人"即人文精神教育、思想品质教育、情感审美教育等这一类特定教育时，那么"教育"只成为教学过程或教学活动中的一部分。对此，一般的教育理论和专家学者们是未能论述的，这全然是教学第一线的广大教师所敢于探索的成果。比如说：有不少在一堂课里确立"教学目标"，有三个：①认知目标；②情感目标；③教育目标。有不少教学计划制订者。就要求教师在教学过程中"教导、启发"学生去学习知识、学习做人、学习提高品行水平等。

（2）还在一种说不清楚的特定情况下，"教育"与"教学"变成了相等概念而往往被并列起来。如经常可以在口头或书面上听到、见到的"教育教学工作"等，甚至还有的把"教育教学工作"与"教学研究"分成两个并列概念而出现在不少官方文件及领导讲话之中，还作了对它们各自不同含义的阐述等，于是还出现了"教科研"与"教研"等两个新名词。

2. 让"有教学的教育"也成为一个最基本的教育概念

有专家说：要进行有教育的教学。这话从某种意义上说，是有道理的，但说到底这是一个伪命题。

第一，它违背了一个基本的逻辑前提：因为任何教学都是基于教育意义和教育功能而存在的。也就是说，从制订教学目标和计划、确立教学理念和内容，到拟订教学策略、方法等，都是因教育而产生、从为学生发生教育而出发的，开设的每一门课程，所教的每节课、每个知识点，都无不因"教育"而进行。所以，从一进入教学的时空开始，就已经在"为教育、做教育"，从而产生教育的意义了。只不过遗憾的是，在实践中有些教育却被做得不伦不类，甚至失去了教育，所以才被专家们呼吁要进行"有教育的教学"。

教育本就是以教学为核心、为己任的教育，教育一旦离开了教学那就不成其为教育了，不是虚幻的，也是架空的。因为教学已经成为学校教育的具体活动载体和基本途径，是事实上的学校教育工作的中心，这是不争的现实。为什么还要提这个问题呢？无非是认识上出了偏差：总把教育与教学分开来看。

第二，教育本身就是一个大概念，因而也变成一个泛概念，它往往渗透或体现于教学之中，把教育变为教学的一个目标来追求，只不过是在教学过程中涉及所进行的教育是否正确、是否清晰明白、是否对路到位的问题。也就是说，教学中的教育不是"有没有"的浅层面，而是"好不好"的深层次。

现在，由此让我产生了另一种想法：开展"有教学"的教育，倒应成为一个真命题，成为目前教育发展的一个基本概念。既强调"有教育的教学"，也强调"有教学的教育"。因为目前一度过分强调"教育"反过来把"教学"也做得大大缺失了，使教学的本来面貌也弄得面目全非。从教学中走向教育，在教学中成就教育，让教学成为教育。

事实表明：这种没有或者缺少教学的教育也同样是危险的，也越来越令人担忧，务必引起我们充分关注。因为教学是一种教育的平台、载体，连平台和载体都没有了，还哪有"教育"之言？其实从某种角度而言，教学活动呈现教育、体现教育、渗透教育。当然，缺乏"教育"的教学也是失去意义、失去价值的。为此，做有教学的教育，让教育充满于教学之中，充分表达教育的元素和价值，才会使教育找到平台和载体，也才会让有教育的教学成为可能，也能让具有教育价值的教学更加有了存在的可能，全面履行它应有的使命。

著名教育家第斯多惠在《德国教师培养指南》中说过：追求真正的教育是为了人类自身的发展。谁不是为了人类自身的缘故去探求教育事业，谁就不会找到这种教育事业。为真理而奋斗是一种快乐无穷的事业，这事业明明赐给了人们，让人们去探求全部的真理，并献身于这种纯洁的事业。谁认识到这一点，真理就会为他打开大门。

那么，我们应该努力"认识到这一点"，这种"认识"，就是探求真理的过程，探实真理的活动，让我们多一点这样的认识，这也许是我们所追求与获得的"再认识"，也相信为此发生或正在产生一批又一批有关教育的再认识。

教育永远充满"再认识"
——我对教育的十点再认识

一、要读懂"教育不是什么"，才知道"教育是什么"

教育是什么？教育又不是什么？我一直为之百思而不得其解。

后来我才明白：教育可以"是什么"，也可以"不是什么"。只有读懂"教育不是什么"，才知道"教育是什么"。

如果我们对教育的这两个"什么"都明白了，就可能使我们对教育有更完整、更正确、更清醒的认识，这种认识也是一种教育的再认识。

为了让教育少走弯路，少出差错，少付代价，要把教育真正做大做强，使它又好又快地发展。那么，首先要弄懂"教育不是什么"。因为教育"是什么"

的东西大家讲得太多了，甚至太滥了，导致教育"到底是什么"已经变为司空见惯的东西，于是，也不知道"教育到底是什么"了。结果竟做了许多"不是教育"的事情，出现了越来越多的"伪教育""乱象教育""畸形教育"，把本来"是教育"的"真教育"也弄丢了，失去了教育的本来面目。

当今，发生在教育身上太多离奇古怪的事情，如自杀、跳楼、放毒、逃课、舞弊，以及题海战术、分数挂帅、按堂上课、"合桌"学习等，让我们不免发出思索：这是教育吗？

到底有哪些不是教育呢？当然，由于现在还没有一个科学的公认的权威的标准来评判，也导致"仁者见仁，智者见智"。那么，当务之急就是开展讨论、反思，也就是开展再认识，把教育可以"是什么"和可以"不是什么"的问题弄清楚，以形成正确的教育观和教育再认识，为产生更为科学的公认的权威的教育标准打下基础和创造条件。这样才让教育有成为"真教育"的可能。

教育到底不是什么？可以有多方面、多角度、多层次的理解和现象分析。比如：理念上，教育不是应试教育，把学生当成分数教学的牺牲品，当成知识灌输的容器；内容上，教育不是过去经验的单一再现，不是书本知识的胡乱堆积，不是齐步走和千人一面的个性化特色的缺失；方法上，教育也不是包办式、填鸭式、拔苗式、单一训练式和书院式。在评价上，教育不是只有一把尺子，不是只看结果而不看过程，不是只看现状而不看发展等。

当我们把"教育不是什么"弄清楚了，那么"教育是什么"也就自然显露出来了。要问"教育是什么"？最本质的就是两点：一是把一个自然人培育成一个社会人，其方式就是关爱；二是把一个不懂事的人教化成一个高素质的人，其方式就是引导。

教育，是一种人类特殊的关爱形式。不是只要懂得知识的人就能对未懂事的人给予教育的，也不是所有的大人能够对小孩可以教育的。因为有了关爱才能进行教育，有关爱的教育才是真正的教育、完整的教育、成功的教育。关爱，从本质上说，在很大程度上是一种心智成分，是一种人文精神的启迪，是一种情感的流淌，是人的心与心的沟通和交流。那么，这样的教育又为什么不能艺术些呢？板着面孔的教案、逻辑、训练……只能让学生越来越丧失灵感、灵性和灵气，最终落入木讷、呆滞、较真的毫无色彩的生命状态。

教育，可以成为一种人类特殊的关爱形式——是"人"对"人"的关爱、关注与关联，是懂得知识且学会教育、具有关爱素质和能力的人对未知、未懂、未能的"自然人"的关爱。于是，关爱便成了师生间的桥梁，有了关爱就有了教育。实践证明：有关爱的教育才是真正的教育、完整的教育、成功的教育。

所以"教育不是什么"的真正含义，就是"关爱缺失"。对学生缺少关爱，再好的知识，技能教学，再高的考试分数和科技能力，也会让一个人变得不是一个人———一个正常的人，一个高尚品质的人，一个对社会具有责任，对未来充满希望和信心的人。

由此可见，教育"是什么"和"不是什么"是一对永恒的对立统一的矛盾体，需要通过辩证分析和科学比较与理智把握。这里关键在于你对教育的认识正确与否、深刻与否。既要有自己不断的再认识和感悟，还要有基于哲学的教育行动。

二、教育是科学？还是使教育科学？

教育本身并不是科学，而需在教育的实施过程中要尽力体现科学性，使之符合科学规则与客观规律。现在流行的"教育科学"，实际上是关于教育的科学，是"使教育科学"，这是一种特定的学科专业术语概念。至少它不是自然科学，是一种泛化了的社会科学。严格地说，"教育研究"比"教育科学研究"要更为妥当些。

当然，就教育对象者及其功能来说，它也属于一种科学，即关于人的教育的科学，涉及教育学、心理学、教育哲学、教育技术学和教育美学以及学习科学等，包含多维、多元化成分。它不只是一种关于"学科专业"知识的传授，而是基于人的发展用"学科专业"知识而进行的教学。所以，这里的"教学"不等于"传授"。什么是教学？是"教学生学"，不是"教学科"，更不是"教师讲学生听"的"填鸭式"的传授。如果人们即使用惯了"传授"一词，也要让"传授"赋予新的内涵，要讲究关于"传授"的策略、方法和艺术，而不是机械、呆板、单调的"填鸭式"的传授。

就教育内涵来说，它更多的是属于一种人文科学，含人文成分多。首先它注重人文精神的关怀与延伸，学会与社会和谐相处；同时也教会人如何生存，提高生活质量，掌握自然科学与技术，学会与自然和谐相处。可以说，它表面上看去是对人类文明与文化科技知识的传播与发展的教育，其实是对人生即人的生长、生存、生活乃至整个生命的关注、关怀和实施理想性行为的"人生"教育。因此，教育的本质概念应该是关于"人生"的教育，是发展生命，提高生命力和生命质量的教育。这种教育是人生教育的核心部分或者是主体部分。而与人生有关的必备的其他社会样，有关人的"素情"教育也自然列入其中（"素情"即素质与情商）。可以说，素情知识、科技知识和文化知识等多种知识或专业本领，也当然是构成和促进人生发展，提高生命能力与活力的重要组成部分。所以，以提高生命能力和活力、促进生命发展的教育，绝对是愉悦的教育，是有情趣的教育，使身心和谐达到高度轻松的教育状态，以充分体现学生学习过程的人文性、创造性和绩效性。

三、教育不仅是为了培养人才，而更在于培养人

教育一旦成为"引导"，就会出现一种和谐、自然、真实的教学生态。当学生未看清方向，还没上路的时候，教师就给予指引；当学生发生问题、困惑、疑虑的时候，教师就给以指导、点拨；当学生有所得时，教师就及时鼓励；当学生学得无助、无奈时，教师就准时帮助；当学生需要有更大发展追求时，教师就适时指明等，要么提供方法，要么提供手段，要么提供经验，要么提供建议，让学生享受的是引而不牵，导而不压的教育。

人才，《现代汉语词典》上释义为：德才具备的人，有某种特长的人。当然，"人才学"说它的结实会更高、更丰满。诚然，人才是引以为自豪的，也可以是一切教育部门所可以追求培养的，而且不少的学校也确实培养了不少这样的人才。

但是，我们必须明确一个基本理念：作为真正意义上的基础教育，首先不是以人才培养为目标，而是为培养和造就"不仅有某种特长的人而且是德才兼备的人"而奠定基础，是以培养高素质的现代人和未来建设者为基本目标。所以，中小学教育不是在培养人才，而是在培养人，培养立志成才、厚德好学的发展中的人。因为中小学是基础教育，幼儿园毕业进小学，小学毕业上初中，初中毕业上高中，高中毕业才上属于专业人才培养的大学，这一路都是成才的过程，即使考上大学或者大学毕业的人就是人才了吗？未必是。而未考上大学的就不能成为人才了吗？也未必是。因为这些都只是他们各自走上人才成才之路上的一个个阶梯、平台和机会，更何况实践中涌现了许多未考上大学而自学成才、岗位历练成才的人呢？

人才，从另一层意义上说，仅是一种被社会评价、认可或赞许时而存在的泛称，即指达到某种程度或某种境界的特别优秀者，只有赋予某种专业、行业、岗位的实体之后才有其确指意义，形成一种实际特征和具体内涵。如：数学人才、中医学人才、大学教授、航天研究员、水稻专家等。我们说某某是人才，往往首先从整体印象上去感觉到他不错，有才华，比一般人突出，然后再从微观上举一些具体或者带标志性的一些现象。如：当了官、评模范、获过奖、甚至能挣钱等之类，特别是把一个单位搞活，把一个项目做好，把一个难题解决，有了业绩效益，甚至有了发明创造，产生专利成果，出了书，出了经验等，这就是

人才。这些人才都是靠教育直接培养不了的，但又得益于教育对这些"人"的培养，使他们能成其为人之才（"人才"）。

但是，有些学校和社会人士把考上大学的、得过学科奖励的就称为人才，就以为中小学教育就是在培养人才，这是一种认识误区。这些考上大学和竞赛获奖的人，以后通过学校教育有可能培养成人才，但是并不等于他们现在就是人才。事实表明，这些人中的大多数从高校出来或获奖以后所成就的专业才能、产生特别优秀业绩成果的，却并不是当时所描述的人才水平，也就是从教育走出来的并非都是这样的人才。

这个现实告诉我们，教育的使命就是"成人"，再引向"成才"，为人的成才打下基础，提供发展助力。过去人们对教育有一个曲解，说"人人成功，个个成才"。这只说对了一半，成功人人有可能，因为这是一种过程、一种状态的评价甚至是一种感觉；而成才则未必，如果硬说成了才，那也是成未来之才，为未来之才打开了通途，或者给予成功的条件。严格地说，所有的学校教育，都是在培养人，培养高素质的德才兼备的人，促进这些人更好地成长、发展、进步与提升。成长，指生命成长；发展，指知识、能力在发展；进步，指思想、意识、品格在进步；提升，指人的综合素质在提升。

事实一再告诉我们：人才不是单靠课堂教出来的，而是作为一个主体的人在长期、复杂、多元的实践探索和自我修炼中造就的。学校教育不是人才的教育，而是人的教育。教育者的基本职责是教人，是教人去成才。学校教育为他们夯实基础，提供条件；学校教育为社会输送的是一批批富有知识、能力，有创造精神，有责任心，有高尚品德、情操和素养的现代人，这些人由于不是"一般"的人，一旦获得机会、环境等客观条件，则可成为人才，甚至在任何地方、任何时候、任何岗位上都有可能成才。

四、教育有哪些是"必需的"
——从教育的消极需要走向积极需要

需要，《现代汉语词典》释义为：①应该有或必须有；②对事物的欲望或要求。由此可以对教育需要作出如下解释，即将上述两个义项相加而产生。教育需要，可以包含以下意义和概念：首先是"教育欲望"，也指教育愿景和教学追求。具体地说，包含教育理想（或叫教育思想），包含教育宗旨（或教育目标），也就是对教育者实现教的价值取向的"欲望或要求"，而且这种"欲望或要求"是"应该有或必须有"的。这就是"教育需要"。按照教育要求构成教育的必要因素则叫做教育教学需要。它包括在对教育对象、教育环境、教育资源、教学内容、教学形式和教学活动等方面构成的必然规律和必需条件。因此，教育需要是教育理想与教育教学条件在教育规律和教育功能价值体现上的具体化和可操作化。它既体现着一种教育的客观规律，也是办好教育实现最佳教育的底线（基础）。

教育需要，从功能上看有两种类型，一是积极需要，二是消极需要。积极需要，即为实现人的发展和素质的提高而追求有价值的教育教学需求，它往往是以远大理想和高尚目标为依托，能够走出短视性效果的误区。教育的积极需要又分成两种层次，一是"应该有"，包含合理的教育层次的追求需要，目标或理想性的需要，这是一种对教育理想的规律性和方向性追求，如果没有这种为"应该有"而追求的教育需要，那么教育就没有发展，就没有创新，这样的教育是"短视型""缺钙型"，这也是我们平常所说的"优质教育""高效教学"；二是"必须有"，即指最一般的不能缺少的基本需要，也是教育的常规需要。

以上两者的区别就是在于解决"有书读"和"读好书"两种层次的教育需要。解决"有书读"的问题是实现教学"必须有"的需要（基本需要），解决"读好书"的问题是实现教学"应该有"的需要（优化需要）。这两个层次的教学需要，是我们每个教育工作者都必须懂得和努力达到的。与其说按教学规律办事，不如说按教学需要办事，前者太抽象，不容易把握，让人有空口说空话的机会，后者则实在，可视性强，也可量化操作，依需要办事。

以前，我们也在办学时提出过一些指标和条件，并按这些指标进行过各类不一的评价。但是并未提到是在体现教育规律的"教育需要"的高度来认识，也就是没有用"科学发展观"来看待和处理这一非常重要的教育现象问题，只把这种当成办学条件资源等来对待而形成一些"规则"，并未把它当成"教学需要"来对待而认识到这是一种"规律"，规则是人为的，主观的，规律是自然的，客观的。一旦把"教学条件（指标）"上升到"教育需要"，则我们的教育视野更加开阔，教育理想更加崇高，教育准备也更加到位，教育行为也更加完善，教育活动也更加流畅与精彩。

有了教育需要及其明确化、规范化，就会使其在我们国家的教育方针、政策、法规以及社会发展规划中得到体现和有所保障；就会避免一些领导和机构想当然或大概地为教育提供条件，要么这些条件未达到"应该有"或"必须有"的标准，要么就胡乱地、无计划地提供，不符合教育需要，造成浪费与损失，甚至由于没有"教育需要"，导致在给教育以充足或必备条件时还认为是对的或者心安理得，不去脸红，不去反思，还每每理直气壮地说："我们又给教育投入了多少？"有些县（区）领导还说："我们的财政收入的百分之九十都拿来用于教育了，还不重视教育吗？"殊不知，如果按照"教育需要"还欠一大笔债呢！现在，据说有 60% 以上都在"负债运行"，不少教师被拖欠工资，不少学校的师生仍在简陋、阴暗的危房里教与学，连课桌椅都残缺不齐等，有些地方"大班制、两部制"，有些地方仍是"一本书，一张嘴，一支粉笔"的"三个一"教学，闻不到一点现代化教育技术手段的味道。

五、为构建学习型社会而构建"学习型教育"

为构建"学习型社会"，就必须培育现代高素质的社会人的"教育"，也要成其为"学习型"的，也就是说，构建与实施"学习型教育"，是构建与实施"学习型社会"的重要内容之一，也是教育促进自身回归育人本质、提升学习能力和学习素质的改革发展的需要。否则，要开展与实现"学习型社会"的建设目标，将失去"基础性"保障条件。因为：

1. "学习型社会"，是一种以体现"学习"为社会形态特征和功能特征的社会发展理念，那么，在体现"学习型社会"这一重要理念的时候，首先要弄清楚"学习型社会"的内涵，尤其要明白什么样的"学习""学习"什么内容、怎样"学习"等。这里就有必要对"学习"进行研究，以建立一门学习学，让人们把学习也看成是有学问的学习，并且是有规律、有策略、有方法、有程序、有技巧和科学手段的学习。建立"科学学习论"可以说也是学习实践"科学发展观"的重要内容之一。当然作为教育者来说，还要懂得与从事怎样给学生以学习指导即"学习的教育"，于是关于"学习的教育"也就是"学习型教育"便应运而生了。教育者，如果不适应这种"学习型社会"需要而进行"学习型教育"，那么受过教育的学生就难以用"学习的眼光"和"学习"的意识、学习的行为投向和参与"学习型社会"的构建及其实践活动。

2. 教育是培养人才，尤其是以培养具有现代高素质的社会人为己任，如果还是按过去以"学科型"教育为中心，忽略以人为本的新教育体系，不迅速构建以学生学习与发展为主题的"学习型教育"的科学体系，就会使教育自然滞后于"学习型社会"的构建。

六、按照规律，构建一种理想的现代教育模式——教育园区

21 世纪之初，广东省及汕尾市都在大搞教育园区建设。本人还专门考察过茂名市、顺德市和陆河县的教育园区的一些具体情况，对此内容颇有感慨，特为

此展开了一番思考与研究。

园区，释义为"政府集中统一规划指定区域，区域内专门设置某类特定行业、形态的企业、公司等，进行统一管理"。目前中国的园区大致有以下几种：工业园区、农业园区、科技园区（软件园区、高新园区等）、物流园区（港口园区、交易园区等）、文化创意产业园区等，但唯独没有教育园区。

基于此，我建议借鉴这些园区经验和操作规律，构建一种符合教育规律的现代基础教育模式——教育园区。

1. 教育园区的基本内涵

这里的教育"园区"，是取"园＋区"之义而合成新义。"园"，指"种植蔬果花木的地方"，也指"别墅游息之所，现指供人游玩、娱乐的公共场所，如公园、圆明园"。区，指"区域、地区"，也指"小屋"。那么，"教育园区"就是指"培植人的自由园地"。

基于此，完整的"教育园区"概念可以定义为：在新时代背景下，以先进的教育教学理念和管理理念为指导，借鉴市场经济经营管理规律而创建为学习者全面发展提供专业化、个性化、多样化和集约化教育服务的现代教育园地，这是"现代基础教育"的新模式。

我们所说的"教育园区"，包含两层意义：一是园区式的学校建设，主要是学校硬件实力；二是园区式的教育管理，主要是学校办学机制及教育教学模式等。前者主要是指，以学校为主体，兼设一批学工、学农、经营、军训等实体单位（场地），形成专业式的园区，作为学生的社会实践基地，让他们课外直接参与实训活动或课程体验。后者主要是指建立一种社区式、集团式的教育管理机制、园区培育式的教育教学模式。当然，如果能把一批学校集中起来，用一种"园区"理念和方法，把一个个学校都打造成一个个实实在在的"教育园区"，即"园区式的教育""园区式的学校"，也不妨是一种全新的尝试。

2. "教育园区"的构建意义

"教育园区"是对构建现代学校制度的一种有益探索：确立以学习者和其他"赏园者"为中心的服务理念；确立"以人为本"的人文理念；确立开放办学的理念；确立教育经营理念。

"教育园区"的核心理念：向学习者提供优质的专业服务。在这样的"园区式学校"里有"园区式课程""园区式课堂""园区式教育""园区式教学"，也有"园区式管理"。

在这样的"园区式学校"里，"开园式"是其主要标志，它不全同于超市型的过度"开架式"，也不全同于草原上的"放羊式"。"开园式"的教育教学，既有轻松活泼的状态，也有紧张严肃的瞬间，还有慷慨激昂的情境。教学过程的"开园式"，在于让学生成为学习的主人；教学内容的"开园式"，在于让每个孩子品尝到成功的喜悦；教学方法的"开园式"，在于让课堂充满着生命的气息。

构建"教育园区"，让教育和谐均衡发展。"教育园区"是和谐社会终身教育体系提供专业化服务的学习中心，能极大地满足现代人就业、创业和终身学习的需要。通过构建"教育园区"，教育正在切切实实为社会转型服务，为构建和谐社会服务，让人们共享经济、科技、教育、文化等多领域的文明成果及其相关的各种教育服务。

3. 构建"教育园区学校"：让校园成为生命成长的精神家园

我们把能够提供优质教育的各级各类学校，可以称之为"教育园区"，或者叫"教育园区学校"，让这样的园区能够成为在这里的所有生命，都可以茁壮成长与卓越发展。

（1）在这样的"教育园区"里，为学生身心发展提供更为优质的服务——学校管理、办学条件、校园文化、后勤资源、课程教学等全方位的专业化、个性化、特色化、信息化和人性化服务。将突破学校组织制度上的障碍，进行组织创新；

（2）在这样的"教育园区"里，将突破学校组织制度上的障碍，实行新架构的组织创新。比如，学校撤并重组了原有的教导处、政教处、总务处、教科室和办公室等，成立校务部（含行政、后勤）、学生发展部、课程教学部、人力资源部、教育资源技术部和督导部，等等。

（3）在这样的"教育园区"里，教育经营意识和教育服务行为已成为一种新的规范。比如，把一切教育资源最大限度地转化为优质的、丰富的教育产品，包括"学校文化、校园环境、教育理念、教学主张、管理制度、校本课程、特色课堂"等都是教育产品。然后，把所有的教育产品都置于正确的教育思想和培养目标指导下，并且由教育工作者创造出来恰当的方式，有效地影响到被服务对象（学生）的成长与发展之中。

（4）在这样的"教育园区"里，有最适合学生的课程环境和学习条件。比如，教育理念、教学思想、校本课程、学校文化、校园环境……都是教育产品；一批颇具地方文化底蕴和特色的乡土教材实现了"三进"——进社区、进校园、进课堂。

七、由"三次把姑娘比作花"来看教育创新

人们常说：第一个把姑娘比作花的人是天才；第二个把姑娘比作花的人是

庸才；第三个把姑娘比作花的人是蠢材。这是从创造学（文学创作）的角度来说，不错。第一个人是一个创造者，第二、三个人是非创造者，是鹦鹉学舌，是人云亦云的无主见、缺乏个性化独特思维的人。

教育也是如此。当一个教师把一个同样的教学知识点，重复三次以后，学生们就讨厌了，不听了。还有老师埋怨学生说：我都讲三遍了，怎么你们还没懂？我想这也是与第二、三个把姑娘比作花的人是同样的蠢货。既然讲几次还不懂，为什么不换一种方式方法呢？是不是要另外打一个比方？把姑娘比作水、把姑娘比作玉呢？教学有法，教不定法，贵在得法呀。

但是，如果从求异思维来说，我们还可以产生许多观点。比如，从辩证发展观的角度来说，第二、三个把姑娘比作花的人未必是庸才蠢材。从创新的角度来说，对真理的追求，对未知的发现，将一种结论或概念再作出一种求证、验证的研究，也是对客观规律的掌握，在做"实事求是"的工作。第二、三种人还能继续接着说同样的观点，可能是在经过探究后所作出的一种呼应的话语，这样又何尝不可以说呢？因此，第一个被誉为"天才"者，诚然可敬、可学，但是第二、三个人就未必是"庸才""蠢材"，甚至可能是"大器晚成""后来者居上"的"超天才"或"异天才"。这里有三种情况：

第一，为了求证（验证）第一个人说的话对否，而有意识地去观察、体验（研究的方法与手段），然后得出了结论：姑娘确实像一朵花。这是科学家的行为，是实事求是的求真探究行为，是对第一个人作出关于事实上的信任，也就是对第一个人的支持和声援！

第二，并不知晓第一个人的研究成果或关于此种观察体会而作出结论的话语，自己也在其各自的生活体验或科学观察中得到了同样的结论，只不过是异地异时异人而已，这又为何不可？

第三，由于多种原因也难辨谁是第一个了。这里又有几种情况：一是随着现在资讯越来越发达、传媒形式越来越复杂的情况，有的在纸本上表达，有的在网络上表述，有的在会议上说等，这到底算谁为第一也确实不好评价；二是由于中国官本位沿袭几千年，总以官大压死人作为评价标准，往往许多口号、结论和重要观点，都是下级、平民、一般研究人员先提出却因为人微言轻而未被重视或认可，如果一旦被官们或专家权威而采纳被说出来、写出来，便成为金科玉律而奉为重要指示或学术成果等。

所以说，教育创新不等于"第一个说""第一个做"，还有很多对现状的突破、对原有结论的求证与拓展、补充、完善等，这也是一种创新。甚至把几种事物或方法经过组合而构建出一个新的东西、得出一个新的结论，诚然也不失为一种创新。总之，教育创新，不仅看形式，还要看实质、看内涵、看效果。

八、关注教育状态，坚持状态教育——教育状态论

当教育真正实施的时候，我们往往感到教育是一个看不见、摸不着的东西，原来它是要借助于一种载体、平台，形成一种状态，才能让受教育者可感、可触、可视、可闻，获得体验、感悟、收获，于是许多教师就创造了丰富多彩的教学模式。比如：绿色课堂、情境课堂、快乐课堂等。看来，具有形态的课堂教学，可以说是一种课堂状态，所以也就产生了"课堂生态"一词。本人认为，这就是教育状态论的体现。教育状态论包含教育的状态与有状态的教育。

1. 状态，《现代汉语词典》释义为：人或事物表现出来的形态。（生态，即生物的生理特征和生活习性）。它的详细释义有以下两方面：

（1）表"情况；状况"。状：形容，样子，状貌；态：形状，态度。状态：姿态，形态，神态，动态，静态，事态，情态，常态，变态。

（2）指"物质系统所处的状况，对不同的物质运动形式，可用不同的一组物理量来描述相应物质系统的状态"。如：质点作机械运动时，可用质点的位置、动量等来描述其机械运动状态；由一定质量理想气体组成的系统，可用温度、压强、体积等来描述其热学状态。状态也指物质的各种聚集态，如固态、液态、气态等。状态与过程。当系统的温度、压力、体积、物态、物质的量、相、各种能量等一定时，我们就说系统处于一个状态（state）。系统从一个状态（始态）变成另一个状态（终态），我们就说发生了一个过程（process）。始态和终态的温度相等的过程叫做等温过程。始态和终态的压力相等的过程叫做等压过程。始态和终态的体积相等的过程叫做等容过程。理想化是一种重要的科学方法。研究实际气体时，可以借助于理想气体。

2. 教育状态，包括教育管理状态、教育行政状态、教育发展状态和学生学习状态、教师教学状态以及一所学校和一个地区的办学状态等。教学状态不容忽视，现在是该拿出来专门研究，重新认识和充分应用的时候了。

（1）是将过程与结果整合的最佳体现（既表现结果，又反映过程）；

（2）是多种教学资源发挥作用，多种要素配套展示的最后体现；

（3）是教学理想、教学设计和教学活动及其效果的最优体现；

（4）是教学评价（含教学反思、教学总结）与教学创新的最真体现。

3. 什么是状态教育呢？就是让孩子记住其喜欢人物和可能人物的生命状态，最好能够认识她，感受自己喜欢人物的精气神，即在一种良好的状态榜样

的力量下产生潜移默化的巨大影响，然后形成一种新的认知状态，产生相应的最佳学习心态。这种状态所给予的影响往往是一生的，行不言之教的巨大效果就会真正凸现。

为什么还要注重状态教育的研究呢？因为当今对教育的状态普遍不满，也忽略不计，只停留在一些关于教育状态乃至教育者心态的要求与评价上，往往看不到或不重视状态教育。

这里介绍一个故事。有一天，一位影视界名人特地带着孩子去看朋友许晴，其实是让孩子与她说话、聊天、合影，让孩子感受她是怎么说话，怎么走路，让孩子去观察她喜欢的人的全身感觉，这样的教育就会让孩子产生自豪感和优越感，关键是能够建立方向感。

这就是所谓的"状态教育"。是的，人生都是由无数精彩的镜头和瞬间组成，出现许多状态就是一种教育资源，如果能用好这些状态，让孩子们从小就进入一种适宜的成长状态，就会让孩子的世界更加丰富和多彩，这种现场体验与状态感悟的教育效果，绝非是孩子枯燥、呵呵地背几首诗和记几个单词所能够比拟的。因为，这都是一个个精彩动人的生命状态，让孩子把做人的精神、生命的灵气和天趣给全部挖掘出来了。

这就是状态教育的特质：一种无痕的和谐的正能量教育。

九、教育转型：切莫"转基因"

目前，关于教育的各种转型，随着深化综合改革的全面展开，正在风生水起，这的确为教育注入了无穷活力，让教育充满了生机，又让教育找到了新的发展方向及增长点，而且这种教育转型会越来越深入发展下去。

但是，在转型之路上，我们有过一时的兴奋、冲动乃至欣喜，收获了许多高大上的理念、模式、效果，一转型就发现许多雷人的口号、名人、故事、案例向我们"轰"来，难免有点眼花缭乱，让我们雾蒙蒙的一片。其实，对这些东西只要认真一过滤，就知道不少是"教育垃圾"，从而导致了许多"教育雾霾区"，让人陷入并苦于教育乱象及负效应之中，甚至迷失了前进的方向，这样，使本来已经充满了变数和挑战的教育，被转型而转得越来越面目全非，更让我们越来越看不到教育的本真。

我感叹地说，这样的教育转型，是不是连基因都转了？在此，我呼吁：教育转型，切莫"转基因"。留住教育的根，保住教育的本。

所谓转型，是指事物的结构形态、运转模型和人们观念的根本性转变过程。不同转型主体的状态及其与客观环境的适应程度，决定了转型内容和方向的多样性。转型是主动求新求变的过程，是一个创新的过程。例如：一个企业的成功转型，就是决策层按照外部环境的变化，对企业的体制机制、运行模式和发展战略大范围地进行动态调整和创新，将旧的发展模式转变为符合当前时代要求的新模式。教育也是如此，主要是对教育的结构形态、运转模型和观念更新的具体转变过程。

所谓转基因，是将人工分离和修饰过的优质基因，导入到生物体基因组中，从而达到改造生物的目的。由于导入基因的表达，引起生物体的性状，可遗传的修饰改变等。从人类教育的自身发展来看，教育是人的教育，是促进人的发展与成长的重要途径、载体和手段，而且有延续发展数千年的历史，有着丰富、成熟、完整的优良传统和成功经验，只是随着时代的发展与进步，有必要改革与创新而进行转型，而不需要改变教育的本质、功能，把教育注入别的物质基因并重组产生"转基因"教育，让教育变得不伦不类。

十、教育选择：为最终"消灭选择"而选择

教育选择，目前是一时髦的话题，但是，产生了曲解和偏见。主要是鼓励过分，事事有选择，处处讲选择，让学生感到世上除了选择再无其他了，于是导致学生今天换志向、明天换理想；今天选择这门课，明天又换那门课；今天换这种学习方法，明天又变另一种学习方法等，结果最后一事无成，毫无个人主见。

什么是教育选择？我认为有以下几层意思：一是教育具有选择性，这样才能因材施教，不拘一格育人才，让各种人才脱颖而出；二是培养学生具有选择意识，形成选择能力，学会选择；三是通过选择，让社会、学生、教育三者之间产生更加和谐自然的关系，减少矛盾，减少负面影响，最大限度地发挥教育功能作用，搞好资源配置。

我完全同意清华大学李稻葵教授的观点：教育选择，在于最终"消灭选择"。消灭选择，不是没有选择和不需要选择，而是在五花八门的若干选择面前学会选择，认准对象，认准他人，认准自己，认准未来，尽早认准大方向，不要犹豫，不要让选择而耽误大事。因为所有的选择都为了成长与发展，而正确的选择促进了成长与发展。

如果你一旦成功了，不是你选择对了，而是你站对了地方，找到了你成长和发展的地方，发现了你的潜质，发现了能助于你成长和发展的平台与环境。不是你"选择"的功劳，而是你有了"发现"的能力。能从那么多的"选项"中发现自己的努力方向，确定自己成长和发展的目标。

　　所以，教育的选择性，就在于最终寻找确定性。教育选择，是在选择未来。为孩子们的未来而让孩子去选择、学会选择乃至消灭选择。"学会选择"只是一种过程能力，只是一种阶段性目标，如果只单一地提"学会选择"，那就误导学生永远停留在"选择"的路上，而永无确定的坚定的"未来之梦"以及由此所付出的一切努力（行动）。

　　因为教育的本质是面对未来的——未来的人、未来人的成长与发展，而未来是不确定的，而教育则通过对传统文化和前人经验的组织，再加上对未来这一不确定现象的预测和设计而形成若干"选项"，让你从自己角度去选择，其实你是在把你不需要的选择给"消灭"了（即舍弃了），选择的本质就是为未来找到确定性，最终消灭选择，按照既定目标（"选项"）去努力，义无反顾，坚持到底，以成就一个伟大的"未来之我"，从而适应未来、占领未来、发展未来。

　　所以，我认为，教育选择是为最终"消灭选择"而选择。这才是教育选择的最高境界。

基于"一分为三论"的教育再感悟

　　我国著名哲学家周德义先生，对"一分为三论"有十分显著的研究成果，在哲学界产生重大影响，给我启发很大，让我也对此发生了浓厚的研究兴趣，于是形成了许多基于"一分为三论"的教育再感悟。

一、"一分为三论"：我国从古至今早已形成并且应用

（一）古代《道德经》中的"一分为三"观

　　1.老子《道德经》第四十二章："道生一，一生二，二生三，三生万物。万物负阴而抱阳，冲气以为和。人之所恶，唯孤、寡、不谷，而王公以为称。故物或损之而益，或益之而损。人之所教，我亦教之。强梁者不得其死，吾将以为教父。"

　　这是老子对宇宙起源的一种探索和认识，其含义是说宇宙最初有道。他认为：一是混沌状态，二是阴阳，三是天地人。

　　"有物混成，先天地生。寂兮寥兮，独立而不改，周行而不殆，可以为天地母。吾不知其名，强字之曰道，强为之名曰大。""道之为物，惟恍惟惚。惚兮恍

兮，其中有象；恍兮惚兮，其中有物；窈兮冥兮，其中有精，其精甚真，其中有信，自今之古，其名不去，以阅众甫。吾何以知众甫之状哉？"

"道生一，一生二，二生三，三生万物。"

老子认为道生成天地万物的过程是："道生一，一生二，二生三，三生万物"。道生成万物之后，又作为天地万物存在的根据而蕴涵于天地万物自身之中。道是普遍存在的，无间不入，无所不包。道虽存在于天地万物之中，但它不同于可感觉的具体事物，它是视之不见、听之不闻、搏之不得的，是构成天地万物共同本质的东西。所以，"道"存在于人类语言及图文之外，心灵可以感知而无法言传和图示。不能靠感觉器官去体认，也难以用普通字词去表示，只能近似地用比喻和描述来说明它的存在。

（二）老子的道论，对于后世产生极其深远的影响

有专家研究成果表明，老子的"道"论将呈现这样一个程序："道"生"无"，"无"生"有"，"有"生"万物"。在这种情况下，道即是无，也就是谁也不知道，谁也不能够定性，也就是未知的神秘的。因为道的未知特性，所以越是给道下一个结论，那么就越是错误的。在"道"代指未知事物的情况下，"道生一，一生二"这句话，常被人认为"一"即指本源，这个"本源"，被许多人当作了已知的、可解释的、可定性的"道"。所以，这个"一"所代指的道，就成为阴阳家关于道的学说，它是许许多多的道学说中的一种。

道产生了"一"，这个"一"是万物之母，阴阳混成的东西，宇宙大爆炸最初的混沌蛋。之后产生了"二"，阴和阳两种物质，波和粒子。由这个阴阳物质，按照不同组合方式，形成了五种基本属性的物质，这就是老子所说的"三"，由几种基本属性的物质再相互组合排列，构成了宇宙万物。

（三）现代"一分为三论"的正式提出

我国现代哲学家庞朴、周德义等专家学者，先后于20世纪八九十年代以来，提出了"一分为三论"，并为此展开了丰富多彩而深入的系统性研究，出了一批专著和论文。如周德义的《我在何方：一分为三论》，书中表示，一分为三是一个哲学命题，并明确指出：一是统一，二是对立，三是系统。这为我们展示了这一门学科的无穷魅力和学术价值。

这种"一分为三"论，既对老子"道生一，一生二，三生万物"的哲学论断的一种继承性发展，对当今越来越纷繁复杂的社会事物如何认知、如何处理，又提供了一种新的视角，一种有效的方法，实践表明，它是哲学的发展。

二、"一分为三论"：让我们获得新的哲学认识

（一）关于"一分为三论"的哲学认知

当代哲学家们对"一分为三论"作了这样的解释：这里的"一"，既是指总体，也是指出发点和原点，以及平行线。"天地合一"便是对事物认识的一种崇高境界。

这里的"二"，实际上是指一种相对的平衡和对立的统一，对立不等于对立，表明事物往往都具有二重性，会产生两种结果，当然也揭示：如果不处理好也会走向两个极端而产生负能量。

这里的"三"，是从"一"出发，既基于"一"，不忽略于"二"，但又超越"一"和"三"而着力于可持续、更合理更完善的系统性建设的正能量。

目前，不少人从各自不同的认识角度，作出了自己的理解或初步判断：中庸之道、中间路线、第三条道路、一分为三论等，从中可以看到对于这个问题认识或研究的进步，已经发展到越来越清晰的准确的水平。

由此，我对"一分为三"产生一种新的认识，即世间物都离不开"三元辩证化"。什么叫"三元辩证化"？用一个公式表示，叫"1+1=3"（或多于3，而不是大于3），也就是说，"一"指一个事物、一个问题（一个项目），由此分发为"三"或者更多（即多于"3"）。这样，让一个事物以至许多新状态、新内涵、新结构上的复合元的第三种、第三类，而不是原有数量意义上的"1、2、3"，这是运用哲学上的一分为三论所产生的"三元辩证化"，因为我们走的是二者的相加并整合而生发出一个比第一个、第二个更好的事物或形成第三种方式：1+1=3，而不是2。为什么？因为这里的等于已经不是数学上的等同，而是变化状态及其结果，即形成了第三种状态或第三种事物，甚至是更多的状态或事物，这就是"一生二，二生三，三生万物"的现象（哲学现象），而这里的"三"，当然也就是原来数学上3的数字概念意义了。

比如说，理论＋实际，则指既不是单一的理论，也不是单一的实际，而将二者相加后便变成了第三种情况（状态、现象、结果），即既有理论又有实际（理论与实际的统一者）、有理论的实践者、有实践经验的理论工作者等。但都不是简约、准确的表述，关键在于对这种二者相加后所产生的第三种事物还认识不深刻、不准确、不到位，只知然，还未必能够道其所以然。可以说，这里的"第三"，大多数在刚出现的时候只可意会还不能言传（说），仍然找不出一个恰当的词语来做明白的表述，但它的确是另一种事物状态现象，而且随着人们思想的进步和哲学的深入发展，已经让人们越来越感觉到它的存在和已经越来越多地出现

在我们的生活、生产之中，并且以不可抗拒的力量发挥其特殊作用。

基于此，我提出：感性投入，理性介于，是人类在学习、生活、工作中的一项思想方法乃至行为准则。现在，只有前者的太多、太严重，给社会及个人都带来许多思想偏差或现实问题；只有后者的虽然不多，但也不可取，缺乏生气和情感。

（二）"一分为三"是对"一分为二"的发展

在人们的生活中，一说到哲学就难免要说到"一分为二"。看来在我们的社会里，一分为二，作为一种哲学理论，已成为一个常识性概念，在人们脑海里几乎是形成了一种伦理。

现在有人说到一分为三，我们不但不熟悉，而且产生惊讶：怎么还有这样的说法？我也是 20 世纪 80 年代末与我的好友、哲学家周德义的一次交谈中才第一次听到的。记得当初在谈及对一件事情的看法时，我用了一分为二的理念来进行分析，他突然冒出一句：我们难道不可以用一分为三来探讨吗？于是他为此高谈阔论了一分为三，这的确让我心里豁然开朗许多，对那件事情的看法也更加全面、深刻了。我认为，一分为三，既是人类所创造全部精神财富中的最精彩之处，也是让人类未来最值得探索与应用的一项重要哲学内容。

就说孔孟以及他们的"中庸"思想吧，从古至今一直代代相承，在我们思想深处不断地起着影响作用，仍然在指导引领着我们对于人生、价值以及世界的认知和评价。

（三）从某种意义上说，"一分为三"论具有一种流行的"中阶"思想

"中阶"，原指"明堂前居中的台阶"，亦指"泰阶"居中的一级。这里引申为"一分为三"之中者。简单地讲，世间事物，凡有上、有下、必有中，凡有左、有右、必有中，凡有前、有后、必有中，凡有好、有坏、也有中，等等。就如数学中的正数、负数还有零，一架天平，达到平衡的看起来是在两端，但必定离不开处于它们之间的那一个中点。当然，这里说的"中"，并非纯粹儒家理论的中庸之"中"，它是独立存在的，而且是居于"一分为二"以后而务必存在的。现在，越来越盛行的第三方服务、第三产业、中介机构、代理人制度等，都充分体现或有效运用了这种"一分为三"论的哲学思想。

亚里士多德在他的伦理学著作中，也以中道为德性，以过度与不及为恶，曾试图为情感和行为的种种德性、过度、不及都找出相应的名字。譬如，鲁莽与怯懦之间是勇敢，挥霍与吝啬之间是慷慨，奉承与慢待之间是好客，等等，反映出了他对人情事理的高度关怀和深度洞察……它们的中间品质受欢迎，然而，却难以给它一个名称，也许称为通融最为合适。他注意到了中间和两端为三，但他

所注意的只是三者的互相对立的一面，而没有形成一种统合意识而给"中间品质"以合理的说法（名称）。

（四）"一分为三论"的提出，是时代发展的必然产物

由我国古今流行的"中阶"思想和国外亚里士多德的伦理学"中道"言论而让我们想到：为什么就不可以树立一种"一分为三"的事物整体观呢？为什么不可以成为一种新的哲学状态即"和谐"呢？值得庆幸的是，我国学者庞朴、周德义等先生大胆地提出了"一分为三论"的新观点。

从日常生活中，我们不难发现"一分为三"的思想无处不在，尤其是用这种思想方法所建构新的事物，处理新的问题，而且已成为一种发展方向。从此，我便有意识地在学习、工作和生活中，自觉和不自觉地接触、理解和运用着一分为三这一哲学观点。后来还真让我认真地思考了一分为三的哲理实质与实践价值。我深深地体会到：教育，因"三"而生大智大德。

三、用"一分为三论"看教育：让我们获得一种关于"三的教育观"

如果我们对教育有了一种"一分为三论"的哲学认知，那么就不会让教育产生不必要的"两两相对"的认识及其做法，不会出现让教育忽左忽右的极端现象。一旦发现教育有走向两个极端的危险和问题，便可运用"三的教育观"，就要想到还有"第三条路"可走，还有"第三种办法""第三种方式"可用，从而将教育调整方向，及时作出新的对策，构建新的状态，收到新的效果。

（一）要走出既传承又创新的第三条教育之路，要办好更具包容和大气精神的教育

过去，我们的教育，大家都认为，虽然有成绩，但问题也不少，比如，应试教育愈演愈烈，为考分而教而学已经成为全社会的共同言语和行动，导致学生学得苦、教师教得累、家长陪得烦，使教育失去本质；教育产业化和功利驱使化也愈演愈烈，导致教育成为价值观变味的重灾区之一，使教育道德逐渐沦丧，使一向崇尚真善美的伟大教育失去本真。究其原因，主要是失去了关于对教育的哲学追求，失去了为教育而应该有的哲学形态及哲学行动。

（二）要搞好既科学又艺术的科艺整合的第三种教学方式

有人说：教育是科学，教育是艺术。这句话当然不错，但操作起来不容易。我们用"一分为三论"来分析，那么就可以把教育看成是一项以将自然人培育为社会人的科学性与艺术性相整合的综合型育人活动，为此，它必须具有人本性、专业性、发展性，必须既讲求学科知识的严谨性和遵循科学规律，又注重生动形象幽默有趣的恰当手段，使其成为高品质、优效益的质效教育。那么，这样的教育无疑既需要较高层面的专业支撑，也需要相应的哲学乃至哲学方法论的支持，那么，基于"一分为三论"的统合综效集成法便可派上用场。

统合综效集成法，即以统合综效的观念源自一种自然现象：全体大于部分的总和（"1+1等于3"，甚至更多）为理念，采取换位思考的方法，首先理解对方，认可对方，最后使对方也理解自己并认可自己，发掘别人的长处以弥补自己的不足，找到一个新平衡点，把双方的利益都体现出来，使双方的观点做法在高度互信中互补互载，产生创造性合作，以寻找第三种可能性，寻求第三条道路，大胆的开辟第三变通方案，实现双赢。统合综效强调，即使在最不顺利的情况下，也依然进行内心的整合。于是科艺整合的第三种教学方式应运而生。

科艺整合的第三种教学方式在于：教学既有科学，又有艺术，而且二者能够统合并产生综效乃至更大更新的效果的第三种方式——科艺型教学法。这样，把教学变成一种有智慧的引领式，而不是简单的迎合式；把教学变成让学生在追求成长与幸福，把教学变成让学生和教师的共同发展。

（三）要让教育不可因个性化而少了共性化：复合性教育的期待

教育，其实是将一个个自然人转化为社会人。那么，居于社会的人无疑要有相应的社会关系组成，这种社会关系必须有其秩序组成。我认为其间需要有三大秩序：一是道，即自然之序；二是德，即道德伦理之序；三是法，即法制、规则。而这三大秩序都是在体现一种共性而不是个性。

教育，还在于将人类文明及科技进步的成果传承给后人，也就是说，这是需要教育者给受教育者以人类共认的或共享的经验、文化、科学技术等的教育。这里的共认与共享，也同样是一种以体现共性化为主要特征和价值取向的。

教育，当然也是着眼于培养面向未来和现代化的创新之才。这里的创新性，无疑体现着个性化，但创新离不开以人类共同文明及科技成果为基础，遵循其认知规律，发现其特点，再形成其新生事物或新概念、新规律、新产品等，这也同样是属于共性化基础之上的个性化和创造性，或者是共性化过程中的个性化、特异化。

另外，个性化其实也应该是一个"双刃词"。个性，按照人们的说法惯例，既有好的个性，也有不好的个性，即是不符合社会关系的秩序和共性标准，不符合人类伦理道德，损害他人及社会利益的个人行为，那么，教育如果对这样的个性还要去"化"，则让教育的功能被扭曲，让教育的正能量无法正常发挥。目前，我国学校中自由主义泛滥，各种违纪、犯罪的人及行为不断发生，道德沦丧，风气不正，这除了其他原因外，与那种一味强调个性化的教育主张不无关系。

（四）以 "精品化" 为主题的学校品牌建设也要突出 "三"

现在，许多学校都在创建特色品牌学校建设，那么你就要逐项给以 "一分为三" 的科学分析，然后形成相应的理念及对策。比如，"特色" 则要形成 "三特" 观：学生有特长、教师有特点，学校才有特色（特别之处）；"精品化" 则要分解和形成一个 "三精化" 整体构建思路：精品化的目标、精细化的过程、精益化的效果，并分别给予具体内涵和指标要求，这样就形成了一个相对完整的工作系统。

总之，由于哲学理论的多元性和价值取向不一样，也让人在涉及用什么样的哲学理论，如何用哲学理论来认识与解决教育现象或问题上，成为目前教育改革发展不可忽略的关键之一。经过反思，我们深深地再次感悟到：哲学中的新兴理论 "一分为三论"，对教育认识和行为的偏激、片面、散乱等，有独到的功能和特别针对性的指导作用，对事物、对工作，不能只看成一，那样太笼统，浮于表面和肤浅；如果看成二，虽然有两点论，但往往走向两极或对立；如果看成三，则可以多维、多元地看而形成更趋于客观、辩证、理性的看法和思维的正确性、系统化。这样，便有可能形成或创造出一些关于 "三" 的独特主张与理念。

（本文写于 2009 年 6 月，在有关学术会议交流）

试论教师的教育观念再建性转变

我们常听到的一句语，是叫 "转变教师观念"。然而到底怎样转变？是不是 "转过来" 就算转变？还是又 "转回去" 也算转变？结果弄得只要是改变了一种说法，制造了一个新观念，就叫做 "转变观念"，导致目前的确往往让人莫衷一是。我以为："转变教师观念"，关键在于 "再变"，即 "再建性" 转变，是一种注重内涵发展建设的转变，而不仅仅是口号、形式上的 "转过来转过去" 的转变。什么是 "再建性转变"？就是通过调整、改进、补充、完善、升级、转型等方式使原有的教育观念发生由形到神、由量到质的真正变化，以形成在新的教育思想指导下更趋科学、合理、实用的新的教育观念。下面则以 "五观" 齐全的具体内涵来谈谈如何再变观念。

一、教师职业观的再建性转变

我们不能把"教师"看成只是教书的人（教书先生），不能把教书只当一种谋生的职业，而应该看成既是人类谋生（生存）的一大职业，也是人们实现人生价值、为人类进步与发展作出贡献的事业。也就是说，教育不仅仅是职业，更是一份实现人生价值的神圣的事业。

1. 教师要从教育的职业者（教书先生），变为教书育人的教育"人师"，这将是每个教师所终生追求的伟大理想。教育是有理想的，没有理想的教育是失败的教育，甚至是误人子弟的危险的负能量教育。有了理想的教育，才有教育的理想，也才会产生教育的激情以及对教育的信念、执着和责任。

2. 新型的现代教师要由他人成果消费者（书本知识掌握者）变为教育者自身成果的创造者。也就是说，从知识的简单再现式劳动变为引发学生自我创造型劳动，由表现知识到发现真理，由填鸭式的灌输者到培植花草的园丁。

3. 教师要由阶段性获得从教的资格，变为拥有实力和发展创新的终身教育者。要明白：弱者等待机会，无能；强者抓住机会，太苦；智者创造机会，伟大！聪明的教师应是：一边为学生创造成长的机会，一边为自己发展与成就提供平台。

4. 由"传道、授业、解惑"而功成的名师，如同坐在神坛上等待人人烧香问卦的经师；都不能成为帮助学生发展、成长的"教书育人"的"人师"。经师者，着眼于经的通畅；人师者，着力于人的培养。

二、教师育人观的再建性转变

1. 教师要五观齐全，"五育"并举。即德、智、体、美、劳五项育人观全面，五育全面发展，注重创新与实践，注重个性发展是育人的根本宗旨。

2. 把德育附属于国家政治的行为转变为以人为本，促进人的发展，使每个学生主体通过法育得到发展，德育不是政治思想教育，而是人的思想发展的教育，品格法修养的教育，人的健康成长的教育。所以，变灌输式为主动参与式。

3. 将培养肯听话，乖孩子的驯服式教育变为鼓励创新、鼓励提问、实践、争辩、讨论的所谓"有问题"的孩子的教育。

4. 没有教不会的孩子，只有不会教的教师。相信孩子，鼓励孩子，让学生尽力想学、愿学、乐学、会学，不要厌学、苦学、不会学。

三、教师课程观的再建性转变

随着新课程改革的兴起与推进，教师的教育观又受到新的挑战，学校以"课程"为主要平台的教学改革，将需要教师首先树立一种课程意识，然后加强课程开发、开设的综合能力的提高。以前，教师只要围绕既成的国家传统课程，依样画葫芦，照本宣科、按章上课，而现在不同了，务必领会国家课程改革方案和各学科课程标准，明确其课程理念，了解并掌握其设计意图、方式、内容及教学安排等。务必需要教师站在课程的高度来教学，走进新课程理念下的课堂，履行一个新课程执行者的角色。同时，还要在"三级课程"体系中，认真领会和学习"校本课程"理论和操作方法，积极参与由学校教师自主开发、实施的"校本课程"活动。要明确：教师不仅只是上课者，也是一个新课程设计者，为学生开发富有个性特色的校本课程，是教师课程观转变的具体行为。

四、教师教学观的再建性转变

1.课堂是一个生命体，是一种蓬勃向上的生态。

课堂的实践规律在反复表明：课堂是一群活生生的人在生活，是一群生命在呼吸，在成长，所以，课堂的确是一个生命体，呈现了一种蓬勃向上的课堂生态。这种课堂生态，是教师和学生都同时在生活着，都同时产生着各自的需要，同时张扬和展示着各自的个性。因此，课堂教学是基于人的生命成长，关于人的生命成长，成于人的生命成长。

2.课堂生态，还不仅是课堂"生态"，更需要形成一种良好的"生态"。这种良好的"生态"，应该是充满生气、充满活力、充满人性化的，是一种"愿"学态、"乐"学态，而不是过去那种被动的"厌"学态、"苦"学态。

3.课堂生态，自然而然地促进课堂教学的状态也应是一种良好的"生态"，促进教师教学也变为"乐"教态，以替代过去一厢情愿的"恶贯满盈"的"累"教态。这样，达到了教师与学生交流的高度融合，上出的课才是入心、入情、入理的最好的育人课，即人的成长需要不断在满足，个性不断在发展，师生之间的互动、对话、关爱等，都在课堂生态中得到创造性表现。

4.课堂生态的主体，不是学生，也不是教师，而是学生＋教师。有人将其说成是"双主体"，有一定道理，但我觉得不太妥。我认为，学生和教师是一个主体，即复合型课堂主体，具有课堂生态主体中的二元因素。当在某个环节和要素上，是谁在起主体作用，谁则为主体，另一方则为非主体。所以，课堂教学中的师生"主体二元论"，才是一种客观的科学的反映。不是有"多中心即无中心"之说吗？那么多主体也就无主体了。

5. 教学手段的现代化远不如教学生观念的现代化，（1）教师是教"人"，不是教"书"，是教育去读"书"，教师是帮手，主导。（2）要关注每一个学生，将每一个学生都放在你的视野之中。（3）教师的主导在于，教知识，更教知识发生的过程和学习的方法；（4）由灌输式→告诉式→启发式→激发式，由师授式→师生互动讨论式。

五、教师评价观的再建性转变

1. 由单一的分数评价变为综合性的素质评价。

为什么不能只单看分数，因为分数受外界条件制约太多了（命题、阅卷、考旨、判分、应试心理等），不可能客观、公正、完整地表现一名学生的整体素质的评价。有些素质的东西也是用分数无法表达出来的，只可意会而不可言传，我们说他素质高，也无法说明他在素质的哪些方面究竟高出多少分。

2. 由绝对式评价和终结性评价变为发展性评价和多元化评价。

大家知道，中小学生是处于发展变化最快的，今天的他到了明天就刮目相看了，如果不站在发展变化的角度，不用发展变化的眼光来看学生，往往就会看偏、看不全面、看不客观公正。所以一定要以对一个学生成长过程负责的态度，注重其阶段性评价或者期待性评价。

3. 变审判式评价为探讨性评价。

在开展评价的具体活动中，要讲究评价技巧方法，少点简单、粗暴的审判式的一言堂，多一些商量、讨论、互动的评价方法，尽可能与学生沟通，在沟通中让学生明白所评价的内容、目的、方法等。尽力化消极性评价为积极性评价。

4. 变教师个人主观评价为师生共同评价、学生自我评价。

这是一种民主的、更为客观公正的"多维主体型"大评价体系，让学生尽力得到更为广泛、正确的评价，也通过这种"大评价"体系获得更广泛的帮助、鞭策和进步。

当然，教师的教育观的转变，是涉及方方面面的，是一个整体的系统工程。教育观的转变，还要做到主观与客观的有机统一，内在环境与外在环境的有机统一，还要建立在教师对教育的充分认识、正确把握的基础之上，还需要教师对教育的热爱和忠诚，需要教师富有较高的教育专业知识、技能和艺术，更需要教师有完整而科学的教育理念、教育悟性和智慧，方可成就对教育观的再建性转变，否则转不了，即使转了也是形式上的口号上的，其效果是轻微低效的、非质变性的。

论中小学"校本督导"机制的构建

一、什么是中小学"校本督导"

"督导"一词，据说最早来源于家电行业。顾名思义，督导就是监督与指导，能组织活动进行培训。它本是专业训练的一种方法，即由机构内资深的工作者对机构内新进入的工作人员、一线初级工作人员、实习学生及志愿者，通过一种定期和持续的督导程序，传授专业服务知识与技术，以增进其专业技巧，进而促进他们成长并确保其工作质量的活动。一般用于上级部门对下级单位的一种检查督促活动。督导的内容以检查为出发点，重在导引、推动下级单位及个人的检查活动或自查自纠，以推动为目标，以督导活动推动下级单位及个人的定期检查、日常例行检查及过程检查。现在，我们力求通过引进企业中的"督导"，来形成一个教育专业概念，即"校本督导"。

什么叫校本督导？作为一个教育专业概念，其概念初步界定为：基于学校发展而进行由学校自主督导的校本督导，通过督导活动的开展而使教学更加规范化和高效化。其核心是以校为本，强调围绕学校自身遇到的问题开展校本督导，促进师生共同发展是校本督导的直接目的。其基本特征是"为了校本而督导""在校本中督导""通过校本来督导"。

我们认为，开展中小学的校本督导，应该从中小学的校情出发，既要依法施教，遵从教育科学的规律，又要最大限度地提升学校教育教学实效，以提高学校教育教学实效为目的。目前，我校的校本教育督导及其研究，拟以动态的教育科学为主要对象，对其教育教学及实施过程、教学执行力和教学质量进行监控、诊断、咨询、指导，并使这种学校的校本教育督导尽可能成为一种权威的、科学的、有效的专业行为。

二、为什么在中小学基层学校设立"校本督导"

第一，对在我国目前所常见的教育督导两种机制的补充与延伸，以丰富我国现行教育督导内涵与职能，在中小学进行校本督导上作出填补空白的贡献。

目前，我国现行的两种教育督导机制，一是从国家到省、市、县各级人民政府的督管机构即教育督导室，简称"政府督导"；二是在一些高等学校及部分中专学校引入督导制度而成立的以教学为任务的督导，称之为"大中专院校教学督导"。上述两种督导形式及操作机制，对教育的改革和发展都产生了重要作用。但是，经调查与反思后，我们发现了在督导的实践中的确还存在许多弊端，有待整改或者完善，甚至还有不少空白点有待弥补或者开发。比如，多年来的"政府督导"已存在以下不足：

1. 当前一般只对办学条件、教学管理或教学水平等方面的督导与评估，多以宏观性、整体性、行政性的督导为主，多以开展"上等级学校""教育创强""规范化达标""教学水平评估"等项目性督导为主。而且近几年我省已停止了对义务教育阶段的学校即初中、小学的"等级评估"，更让这一大批基层学校失去督导与评估（后来有"规范化达标"评估，但珠三角及教育发达地区早已规范化而仍然缺失进一步的督导评估）。

2. 由于项目性督导而产生了运动性评估型督导，也导致只对结果进行"评估"，或者就用"评估"代替督导，而很少有对教育教学活动全过程的督导，很少有对中小学学校内部进行微观的动态的教学发展的可持续性督导。

3. 作为"政府督导"，由于是面对所辖各级政府和所有中小学校，线长、面广、人少，往往力所不能及，只好通过一些项目评估活动来进行运动型督导。但一旦评估项目结束，督导也就完了。假如因没有条件而一直尚未申报参与项目评估而"被督导"的学校，那就永远得不到督导，而这一大批本应该是更需要得到督导的弱小学校，因为缺少督导或者督导旁移而使办学条件越来越差、教学质量越来越低。所以，学校之间的差距也就越拉越大，教育的不公平现象也就越来越严重。

以上问题表明，要真正实现国家关于教育督导的目的与功能，有必要增添别于"政府督导""大中专院校教学督导"的第三种督导形式与操作机制，即"中小学校本督导"，以更加完善我国的教育督导体系，将教育督导机制再一次直接拓展到学校，从而构建国家、省、市、县、校"五级督导网络"，以改变在县一级政府督导室之后造成断线悬空而无法让督导扎根基层学校的现象。从"五级督导网络"的角度来说，"校本督导"也可以称之为"校级督导"。现在，我们试图用"校本督导"来回答并解决在上级开展评估督导之外（或之后），学校还要不要将督导常态化和长效性的问题。

第二，在中小学校构建"校本督导"的形式和操作机制，可以在解决过去督导工作上"只督不导"的问题上作出具体尝试。

过去，督导工作上"只督不导"的情况较为严重，特别是"导"的成分很不够，将督导变成了"督评"，以致督导的目的和意义发生了"旁移"现象。可以说，我国过去在中小学校构建"校本督导"的形式和操作机制，的确还是一片空白，无人问津。现在，将在基层学校增加督导这一要素，并使之常态化和持效性，那么也就使学校管理有了全新的含义即增加了"督教督学"的因素，可以为继续解决目前中小学校教育教学依然存在着依法施教执行不力、新课程教育教学理念落实不力，学校教育教学管理中存在急功近利的倾向等问题，尤其是可以督促教师在教学过程中进一步依法（法律及规章制度）执教，依"标"（课程标准）施教，切实解决因受社会评价机制的影响，对"课标"执行不力，素质教育难以到位和效益不高，轻视对学生的人文素养的培育等问题。

第三，可以进一步提升学校管理上的科学化、专业化水平，以充分体现"教导"的职能。

过去，学校教学管理的传统操作机构是"教导处"，后来随着改革与发展，将"教导处"一分为二（教务处、德育处）或一分为三（教务处、德育处、教研室或教科室）。这种机构的设置已经实现许多职能的强化，但不可否认，有些职能却也被弱化或者被边缘化，比如，过去那"教导处"中的"导"又被分到哪一块里，其职能如何发挥，至今则无法明了，很有可能遭遇缺失或者被边缘化了（在这里要申明："教"不等于教务工作，"导"不等于德育工作）。现在，如果在学校增设"督导室"，将重新找回过去"教导处"中那种"导"的职能，为学校在管理上增加督导这一要素，这样也就使学校管理又有了全新的含义，又多了一种管理手段或者武器。

同时，随着时代发展和科技进步，学校管理也同样需要改革和发展，那么通过引进企业中的"督导"来改变目前纯行政性的教育教学管理状况，让具有德高望重的专家或优秀教师介入教育教学督导，增加其专业学术性成分，将行政管理与学术管理相结合，最终使学校教育教学管理更具科学性和实效性，达到提高学校教育教学管理的水平和教学质量的目的。

第四，"校本督导"是中小学教学改革与发展走向深入和成熟的重要平台及有效措施。

一是当前校本教研活动将听课评课发展为"课堂观察""教学视导""质量监测"等，这就意味着教育教学督导也将成为学校教研的"助推器"；

二是将在教学督导中发现的经验和问题，让教师分别总结推广与反思整改，对于促进教师专业发展、提高专业能力和教学水平，也起到了重要作用（所以学校将教师培训工作让督导室来承担不无道理）；

三是由于学校工作的出发点和最终目标都是为了学生，那么，学校督导工作的一大重心也就自然要关注学生，督导学生的学习及其发展与进步。所以，校本教育督导也完全可以在"督学""导学"上发挥作用。

综上所述，目前中小学校虽然都处于基层的一线单位，但它是五脏俱全、功能齐备的"麻雀"，是教育教学实施的主阵地，其涉及面广，渗透到社会各个单元，直接影响到祖国未来人才的培养。因此，在中小学开展"校本督导"，从直接意义上可以解决上述"督导缺位和督导缺失"的问题，从实效意义上可以督促落实国家有关教育政策，监测学校教育教学的具体行为过程，发现执行、实施行为中存在的问题，以形成良性的过程监测反馈与问题解决的机制，促进教师专业发展和教学质量的提高，促进学生的健康成长和整体发展。经过初步尝试和科学论证，我们认为：这不仅很有必要，也完全可行。基于此，我们特关注和开展了关于中小学"校本教育督导"的研究与实践。

三、在中小学设立"校本督导"的理论基础（依据）

1. 马克思主义的辩证法和系统科学理论

马克思主义的辩证法，其对立统一规律是唯物辩证法的实质核心。这条规律是揭示事物发展源泉和动力的规律。矛盾既对立又统一，矛盾的同一性与斗争性的相互结合，由此推断事物的转化和发展。基于此，我们可以运用发展的、联系的观点，辩证地看待和处理事物之间相辅相成的关系，即督导工作与其他工作的关系。系统科学中有四大重要理论，即为整体论、结构论、有序论和最优化论。实践表明，它对人们开展工作、展开思维活动起到了重要的指导作用。

以上两项理论，对我们所开展的本项课题研究也同样具有理论支撑和指导作用。比如，教育督导工作也必须形成一种整体操作机制，对教育督导的研究，也同样需要运用整体优化的思想和方法，尤其是在"校本教育督导"这一新领域中如何真正做到校本化，如何处理督导与行政管理、督导与教研视导、督导与教师专业发展、校本督导与上级督导等之间的辩证关系，将会让我们做出系统的辩证的研究，并提供科学的答案。

2. 教育督导科学理论

20 世纪 80 年代以来，我国教育督导作为一门教育学科研究取得了显著的成果，到 2010 年已出版教育督导著作 60 余本。如北京师范大学顾明远教授主编的督学培训教材（包括《中国教育督导史》《外国教育督导史》）、中山大学黄崴教授撰写的《现代教育督导引论》（1998 年）、原国家教育督导团办公室主任郭振有主编的《现代教育督导原理》（2003 年）等。这些著作的出版均初步构成了教育督导科学理论，为我国教育督导的研究和实际工作都起到了非常重要的指导作用。这为我们的"校本教育督导"研究提供了直接的专业支撑和理论基础。

3. 国家的有关教育督导、教学质量监测等政策文件

《中华人民共和国教育督导条例》在"第六条，教育督导机构的基本职责"中分别指出：（五）督导素质教育实施；（六）督导教育教学质量提高；（七）监测教育发展状况……

教育部《普通中小学校督导评估工作指导纲要（修订稿）》在"督导评估的内容要点"中指出：

（一）办学方向

全面贯彻教育必须为社会主义现代化服务，必须同生产劳动相结合，培养德、智、体全面发展的建设者和接班人的教育方针，实现教育目标。面向全体学生，统一要求，因材施教。

（二）学校管理

……

教学工作：教学计划与教学大纲的执行情况；教学的组织、实施与检查；教研与教改。教材和复习资料的管理；学生课业负担及其控制。执行招生计划情况；班额控制；学籍管理；流失率；留级率。劳动教育、劳动技术教育与社会实践。体育、卫生制度；课余体育训练与竞赛；健康教育与卫生监督；公共卫生。课外活动。

以上文件充分表明，国家已经为教学督导工作提供了政策法规依据，并对督导内容也作出了具体规定，这为我们如何在学校开展"校本督导"以及研究指明了方向，给予了政策支撑。

四、怎样开展中小学的"校本督导"

基于上述，在中小学开展"校本督导"，的确显得既很重要，也完全可行。那么，我们怎样开展中小学"校本督导"呢？

1. 可以开展什么样的校本督导？这里以"课堂教学督导"为例，可以涵盖以下四个方面：

（1）开展各类听课评课活动，对各种听课评课的形式及具体做法进行尝试性操作，以积累各种听课评课的经验。

（2）开展对各类听课评课活动和各种听课评课形式的专题研讨，举行一些研讨会（如"一堂好课的标准到底是什么""到底怎样评价一堂好课""听课评课到底有哪些方式和方法""怎样听课评课才更加有效和有意义""在督导背景下的听课评课操作机制的构建"等）。

（3）开展对其他教学督导形式及督导活动的探讨。如："如何进行课堂观察""怎样进行教师专业发展的引导""怎样实现以学督教""怎样实现全程督导、全局督导、全员督导"等。

（4）开展对有关"课堂教学督导"的校本性的理论探究，形成较为完备的中小学"校本督导"的理论体系和实践操作体系。

2. 对以上督导又将怎样开展？主要有以下三种督导方式：

（1）常规督导。一是对常规教学及教学全过程进行督导；二是根据上级有关标准进行合乎教学规范化及达标的督导。比如，根据新课改理念和各学科课程标准而采取怎样的课堂教学主张（教学思想、见解和创意）、措施（教学内容及过程与方法），实施情况如何，达到怎样的效果等。

（2）重点督导。主要是对一些带全局性、前瞻性或倾向性的重大问题的重点督导。比如：目前以"如何提高课堂教学效益"为目标而开展的教学督导，即将一堂好课如何上得更精致、更有效、更有意义，充分体现以学生为本，体现高效益、新思维、重发展等。

（3）专题督导。主要是指对某种涉及学校教学改革与创新的探索或某种教学特色形成的专项主题活动的督导及其促成等。比如：学校可以致力于"规范＋优质"教育、"导师制教学""质效课堂"的创设与推行、"学生多元化学业评价""名师培养及评价"及"学科组建设"等方面的督导性研究。

3. 这些督导又将体现在哪些督导活动中？我们认为至少有以下五种：

（1）听课评课（随堂听课、预约听课、推门听课，研究性听课、检查性听课等；点评性评课、系统性评课，一对一评课、集体评课，研讨性评课、评估性评课等）。

（2）课堂观察（课堂状态观察、教案及作业察看等）。

（3）调查与访谈（问卷调查、召开座谈会、个别访谈、论证会等）。

（4）咨询指导（教学问题的答疑指导、提高教学质量的视导、教师专业发展的引导等）。

（5）监控检测（领导交办的必要的教学质量抽查、教学质量检测，发放督导整改意见书及回收督导整改情况反馈表等）。

4. 要积极开展对中小学"校本督导"的研究。

（1）关于对构建"校本督导"制度的研究。对教学督导制度进行构建研究，即为"教育监督、检查、调研与指导的制度"（分别从督导定位、督导职能、督导工作要求、督导人员配备等方面都做出了规定，实践表明已有明显效果）。

（2）开展对有关"校本督导"的理论探究，形成较为完备的中小学"校本教育督导"的理论体系和实践操作体系。

（3）关于对开展"校本督导"活动的研究（即督导内容与方法等）。

（4）关于对开展"校本督导"工作及其经验的研究。

（5）各门学科、各类课型的课堂教学督导的做法及经验的总结。

（6）各门学科、各类课型在课堂教学督导下所取得的成效及不足的分析总结。

（7）不同类型和层次的学生发展的多元评价机制、质量及效果的探究。

（8）对"校本督导"这一新生事物自身发展的探索（包括完善与提升等）。比如，对督导工作经验的总结与推广，对督导后续问题的整改等。

近几年，广东德胜学校为此进行了较为成功的尝试。三年前专门成立"学校督导部"，在对德育、教学、教师培训以及包括"校本课程"在内的学校课程进行了有效督导，尤其是对配合学校改革发展与创新的顶层设计、实施等方面起到了强而力的监督、引导和保障作用。由此看来，构建更为完善、可行的学校教育督导机制，加强对学校改革发展与创新的全面督导、全程督导，已经显得越来越重要和可行。

（本文写于2012年12月，修改于2014年6月，系根据德胜学校有关"校本督导"工作情况而写的研究报告）

关于教育评价的再分析

一、关于教育评价的哲学发展观

（一）"发展的"评价与"发展性"评价

发展性评价不等于发展的评价。现在，不少人将二者混为一谈。发展的评价，目前公认的是指关于以学生的发展的评价（即学生的发展是评价的对象，发展得如何是评价目标），这是一种推进素质教育，体现新课程改革，坚持以人为本，关注学生的发展与进步的"素质型评价"，与过去的以学科知识的评价对象，以学科知识在学生学习中的掌握和展开为评价主题的"学科知识型"评价是不相同的。发展性评价，既有包括有关于"发展"的评价，更包括有评价的发展性，不仅有评价的内容，也有评价的形式与方法。它的基本理念就是评价与学生的发展因素同步，与教学过程并行，即渗透与作用于学生发展全过程的动态性评价与积极性评价。

（二）关注评价的多元和多元的评价

不仅要关注学生的学科能力的培养与评价，更要关注学生的学习能力的培养与评价；

不仅要关注学生的学业能力的培养与评价，更要关注学生的非学业能力的培养与评价；

不仅关注学生知识的教育与评价，更要关注学生知识的培养与评价。

（三）"自我评价"与"评价自我"

自我评价，它是一种评价方式与途径；就是由学生作出评价。但评价什么，并非清楚。而"评价自我"，就不仅是一种形式，更说明了是从评价内容上来界定其评价的行为。即对"自我"进行评价，包括对自己（这个人）和自己的某些方面、某些项目进行评价，而且是由自己来进行评价。

（四）教育评价与教育批评、教育视导、教育督导的辩证关系

它们之间是一种协同关系与异同关系、相辅与相成关系。要将教育督导、教育评价和教育批评等三位一体，融成一种机制与行为，融成一种合力，共同为教育发展服务。

1. 教育评价。是对教育作出一种价值判断。具体地说，即指按照一定的评价标准与方法，对教育的相应的若干既定现象与事实做出一种是否达到某种指标的价值、动机，以实现达标性（达成性）评估的结果。

2. 教育督导。在上述二者的基础上，对教育提出和实施建议、指导、督促或在某种特殊情况下所进行的督查、处理等服务。教育督导也是教育批评中的一个部分，它是经过"教育批评"后所产生的一种教育行为，试想，如果不经过教育批评后，督导往往是盲目的、被动的、虚无的、随机性的，往往会片面、过时、欠科学性和针对性，有时还会产生副作用。所以，教育督导只能成为教育批评机制中的一种后续行为。

3. 教育批评。是对教育做出是否合乎规律性，是否实现理想，是否符合科学的程度上与水平上的评议或认定。

"教育批评"应该是与"教育评价"有相通也有相别之处：①教育评价是按照事先制订的教育目标和管理体系进行价值上的评判；②教育批评是按照教育原理，按照教育实践检验真理的唯一标准和马克思主义唯物辩证法以及一切教育法课等，以对教育的一些现象和教育行为以及教育结果等进行进步与落后、科学与反动、优与劣等方面的评议、判断、肯定和否定，以及如何使其更加符合社会发展的实践需要和教育本身发展的规律；③教育批评是广义的泛化的，教育评价是定义、定性、定量的，应该说教育批评包括教育评价，教育评价是教育批评中的一部分。建立"教育批评"机制等，是现代教育发展的一种必然。

教育法制，既是教育批评的重要产物，又是教育批评的重要武器，同时也同样作为一种教育现象而应受到教育批评，使其立法更科学完整，更有力度和效果。

在教育实践中，教育批评作为一种教育现象并非不存在。但作为一种有科学性、有质量、有促进教育发展和建设的教育批评还不常见，往往是一些只言片语，或发愤之语，或对政府、学校和社会所开展的教育工作与所承担的教育责任等给予评议和批评。当然，尽管这种教育批评往往是自发的、局部的，包括本能的和欠妥的等等，但已经成为了一种"教育批评"的现象和现实需要，成为了一种新的教育活动方式，于是也为构成与建立"教育批评"机制而提供了实践条件和必要性、可行性的依据，也为建立一门"教育批评学"提供了土壤和机会。

要建立"教育批评学"，研究探讨教育批评的概念、性质、特点、功能、内涵和形式手段、方法及操作步骤，以最大限度地发挥教育批评的作用，为建立一种具有"教育批评"的"教育评价"制度，可组建教育批评队伍，强化教育批评职能，开展教育批评活动（定期、不定期；广泛、专题；广告语（口头），书面

（撰文）批评……

二、对教学评价应该树立一种再认识

（一）教学评价的功能是发展的，因此教学评价的过程与行为也是发展的，教学评价的方法和效果也是多元化的

教学评价，不仅是关于教学结果的评价，也应是关于教学过程的评价。

教学评价，不仅有对教学过程的评价，也应有包括教学的一切要素及组成内容的评价，如教学目标、教学内容（包括教材、教科书、教辅资料等）、教学资源（图书资料、设备、资源等）、教学方法与模式、手段的评价。

教学评价，不仅是对教的评价，更是对学的评价（在对学的评价中，不只是对学习结果的评价，同样是对学习过程、学习目标、方法的评价）。

将教学评价贯穿于（渗透于、分散于）教学活动过程之中，既树立评价意识，又通过反思与修改，减少失误。

（二）对课堂教学评价改革的探索，不仅突出评价效应，还要体现研究价值，把评价作为一种教学研究手段和行为，让评价在课堂教学的改进与发展或者创新中成为一种重要武器

1. 从"听"课到"看"课。即指不仅听教师的讲课，还看教师如何上课；既看教师的教，还看学生的学；不仅看学生如何学习，还看学生学习的状态与效果。这是一场课堂教学评价观念的变革，也是教学评价方式方法的改进与发展或者创新。

2. 从评"课"到评"人"。即指不仅就一堂课而评课，而是由课及人，以此"传"为案例，推及对所上课的老师的教学基本功、教学设计理念和教学行为等进行全方位的评议、讨论，还对课堂上的学生如何学的态度、策略、手段和方法等，做出一种评议和讨论，提出相应改进的建议等，而不只是一种"评判"的评课，更接近于"评议"的评课。这样，不仅只评"课"怎么样，而且评课堂上的人怎么样，即看学生学得怎么样，看教师教得怎么样。

3. 从静态评价到动态评价。我们不是对课的指不仅听教师的讲课，还看教师如何上课；评价，而是对教师上课的动态评价。如：对教学目标是确立而不是陈述，对教学内容安排和教材处理而不是照搬，对教法学法恰当选择与科学运用而不是乱拿，对教学过程的展开、教学语言的运用以及教学手段、教学设备采用等，是否作出了一种全方位的即整体、有效、流畅而不是盲从、低俗、粗放的安排。

我们不仅是对"教"的评价，而更是要突出对"教师"的评价。如：

①教师的综合素质（知识、能力、语言、书写等）；

②教学基本功（教材处理、教学与应变、课堂节奏与气氛等）；

③教学改革（有改革意识、有创意、有新思路、新理念等）；

④教学效果（课堂反映、学生学习状态、听课者的整体印象及作业检测）。

我们不仅是对"教师的教"进行评价，还要对"学生的学"进行评价。如：

①学生的学习动机、学习态度、学习习惯和学习兴趣如何；

②学生的学习进步与发展在哪里，其成功经验和方法有哪些；

③学生的学习问题、学习缺陷有无，反思与整改了没有；

④学生的发展空间和潜力如何，教师应如何引导和帮助。

总之，要注意从单项评价到综合、整体评价，从印象评价到实证评价，从"物评"到"人评"，从静态评价到动态评价等。

三、对听课评课应该多一点思辨

（一）在听课评课上怎样才能实现教学观念的转变

过去，我们听课、评课，习惯于看教师如何讲课，讲得怎样，学生听得如何……这样听课评课固然也需要，但是从素质教育"以人为本，以学生的发展为本"的学生主体论出发，我们认为仅此这样还不够，还有必要变革在听课、评课上的教学观念。

我认为，在听课时，既看教师如何上课，也要看学生如何学习，特别要看学生是不是都在有效地学习；在评课时，既要评价、讨论教师的教学情况和教学效果，也要评价、讨论学生学习的情况和学习的效果；既要研究教师的教学如何改进，如何教出风格和特色，也要研究学生的学习如何全面发展，如何学有所得，学有特长。还要学会一种评课的语言表达方式，即可以用一种商量的语气，用"假如我来上"的语句，以展开进一步讨论，设身处地换一种角度、呈现一些具体的可操作程序乃至细节等，尽可能具体地谈出自己的见解、操作模式、方法，这样既可推动评课的进一步发展，又可丰富评课的单调的内容，还可以通过多种"教课形式"的参与讨论、交流，使大家对所评课有更高层次、更全面、更科学的认识，从而促进课堂教学评价的科学性，促进教师教学水平和教研能力的提高。

比如，在让学生思考问题或回答问题还未结束的时候，有很多教师就马上打断学生的学习活动而作出武断的评价，或为了赶进度而由教师急于表达意愿或马上转入下一个教学环节，这些其实都是剥夺学生学习权力的表现，仍然是教师在忽视学生"主体"地位的存在，仍然只把学生作为"配合"自己完成教学任务的"应声虫"或陪教者，丝毫不去关注学生的真实表现和感受，甚至影响了学生的"学习尊严"。

由此可见，教育观念变革的进一步科学化，在课堂教学评价的改革上也同样显得十分重要。目前，由于素质教育的不断推进，各地对教学评价如何适应素质教育的需要进行改革也列入了议事日程，有的地方还出了不少措施和经验，但是，基本上还是从"教"的角度出发，只是对"教"的评价，而"学"的内容只在其中做些点缀而已。因此，我们呼吁：教学评价观念变革的科学化，在于坚持"以人为本，以学生的学习和发展为本"，重新构建符合素质教育特点与要求的教学评价理念、评价标准和评价方法等，不能只局限于从"百分制"改为"等级制"，从"通知单"改为"报告单"等之类换汤不换药的形式主义的缺乏真正科学价值的评价思想和评价行为。也不能把社会的舆论、领导的讲话就当作是教学评价的结论，他们可以参与评价，但是他们遵循教学评价的规律，按照评价的标准和方法所给予的舆论和讲话，才算是教学评价，否则，站在各自的既得利益和评判标准的立场上，对教育横加指责或故意夸张，都不能算是教学评价。我们也不能随意接受这样的评价而自我陶醉或自我否定。

（二）让听课不再只是一种"听课"，让评课不再只是一种"评课"

我们说，让听课评课不再只是一种"听课评课"。那么，听课评课应该成为什么？

1. 到底什么是听课？

听课，本是学习者的一种最基本的学习方式，后来发展到为了教师之间互相观摩与交流或探讨而听别人讲课，后来还发展到对教师教学水平、教学质量进行检查或评价的形式；现在，它又成为校本教研的一种活动形式和教师专业发展的一种重要进修渠道。

作为教学研究意义上的听课，我认为，与其说听课，不如说"看课"。因为现在许多地方都把它视为"课堂观察"。课堂观察即视察、观摩和探究，这又有哪里不体现着"观"和"思"呢？"听"，那是传统意义上的说法和行为，现在光听教师讲课已经不能与当今教研活动中的"听"相提并论了。现在的确是在看教师上课，而不仅是听老师在讲课，将讲字换成上字，这才是传统教学观念与现代教学观念与所不同的分水岭。

2. 到底什么是评课？

评课，本是教学评价、教学检查的重要形式，而现在也成为一种教研活动形式。作为教研活动中的评课，已经不仅是评价，而且是议论、研讨和探究；是一种教学反思与相互交流、共同发展和提升教学水平以及教研能力了。这种评课可以包括以下几种：

（1）综评（综合评价和研讨）；

（2）点评（重点评价或就某些问题展开集中评述、点拨或专题研讨等）；

（3）纵评（有层递性的呈纵向发展的评价与研讨）；

（4）横评（用比较的方法，呈横向的多维度、多元化的评议和研讨）。

现在，在评课中又派生出一种新的方式叫"说课"。说课，本来是指上课者在上课前对自己所要上的课作一种述说或介绍，而引入教研的评课活动之中，则成为评课的第一个环节，即由执教者先自我说课：说自己的教学设想和已经教学后的感受，也叫教学反思等。所以，将课前的说课又增加了一种新形式——课后说课。

3. 对课堂教学评课的思辨

（1）评课到底评什么？

①是评教师的课，还是评教师上课？

②是评教师，还是评教师的课，还是评教师教课？

我认为，应该评教师教课。因为教师教课才是一个完整而且系统的动态过程，是将人和物、人与事有机结合的活动行为。

如果评教师，则是单纯的评人，与具体的教学活动不相联系，这无疑与评价活动宗旨不符；

如果评教师的课，则是见物不见人，见事不见做事的人，也自然失妥，往往会产生用一堂课判定其人的片面做法。

基于此，只有评教师教课，才是科学、完整的教学评课观。因为这样才既见人又见物，既见做事（教课），又见做事的人（教师），才会看到一种和谐的动态的评课文化。

（2）评价的切入点是什么？

首先看：是"什么样的教师"在上课——外形；文化；气质；即教师教学基本功和教师素养。

然后看："在怎样"上课——教学活动过程及方法，看课堂上教与学的流程是否流畅、合理与和谐，看教学状态是否良好等。在这里特别要注意看待课堂气氛。那么要追求课堂良好的气氛要注意哪些？

①课堂是活跃，而不是杂乱；

②课堂是和谐，而不是沉闷；

③课堂是生态体（生命体），而不是教师的"产品加工场"，即单个的生命（教师或学生）在活动。

最后看："上得怎么样"——教学效果与教学特色。如：这是上了一堂什么样的课；学生的学习收获如何；学生的学生感受如何；教师的期待得到实现没有等。

以上是对一种新型的"听课评课"作了探讨。可以说是对传统的听课评课做了改进，赋予了更全面的内涵发展和功能拓展，更加符合新课程改革的理念，更加贴近教研活动的真实性，更能促进教师的专业成长和专业化发展。

（本文写于 2005 年 4 月，曾在汕尾市内外作过多次讲座）

我对教育有话说

一、我说教育人生

1. 我的人生基准：顺其自然，自然而然。既在乎其然，更在意其所以然。低调做人，高调做事。

2. 我的人生追求：人贵有志，学贵有恒。世上没有不会成功的事，只怕没有不去努力的人；哪怕这件事只有一个人成功，这个人就应该首先是我。

3. 我的人生励志：走路看路，干事成事；做人像人，创业懂业。我们要看人家走过的路，但不要再沿着人家的路去走。看人家走路是一种借鉴，走自己的路才是一种创造。

4. 我的人生感悟：人，活着即使不为自己，也要体现"自我"。这个"自我"，就是个性，就是尊严，就是风格，就是特长与成就。

5. 我的人生感受：人生并非苦短，而是苦无——无自己的思想，无奋斗的足迹；无给人奉献，无人生特色……那才是苦！

6. 我的人生方法：再烦恼的时候，也只能痛苦一阵子—— 一律看开；再兴奋的事情，也只需激动五分钟—— 一笑了之。

7. 我的人生主张：人生之路的通畅在于：学业事业，永不言弃；小事大事，都要干好。人生之事的成功在于：既要朝最好处努力，但也要往最坏处着想。能动能静，虚实兼攻。

8. 我的人生秘诀：人生有作为，在于有所为而有所不为；人生有快乐，在于乐其不乐而自觉乐。人要做到：想事有创见，做事有主见，凡事有远见。

9. 我的人生原则：人不可没有傲骨，但不能有傲气；大事不糊涂，小事不计较；大丈夫能屈能伸，小人物也能想大干好。

10. 我的人生风景：无心于喧嚣与浮躁，只专注于扮演属于自己的角色。尽管有点寂寞，被人遗弃，然而一旦喷出热情的火焰、冒出几分执着的傻气，最终还是会得到一份热闹和一份敬仰。

二、我说教育事业

1. 我的求学理念：闻道有先后，术业有专攻；仕途一时荣，文章千古在；埋头做学问甘坐冷板凳，伏案求真理岂能朝三暮四？

2. 我的工作态度：我做我的，你说你的，让最终的业绩成果告诉你：还是多做少说好！我干我的，你看你的，让最终的社会口碑告诉你：还是干比看好！事在于干，业成于勤。

3. 我的学术风格：抓住一点，再成一面，点面结合，遂成学术领域；抓住课题，形成思想，突出成果，终成学术体系。什么是专家？专家就是思想，专家就是体系。也就是说，要产生思想的人才能称专家，要出了一套一套形成体系了的学术成果才能成为专家。

4. 我的教育观：教书育人不如育人教书，更不如创新育人；创新教育还得教育创新，更要注重教育转型。在教育上既"五育并举"，也要"五育和谐""五观齐全"（五育即德、智、体、美、劳，五观即人才观、质量观、学生观、发展观、效益观）。

5. 我的教学观：教书不能只看教过多少年，而要看教好了多少年。教过并不等于教好！什么叫教好？就是学生学到了，学会了，还会学了，学了他们终生有用的，教得学生个个都成为好人，成为幸福者。如果不是这样的教不算教好，反而是误人子弟！

我一直认为：我当老师不是在教书，而是教人读书。如果教书不育人，那不是完整的教育，更不是好教育。切不可做"见书不见人"的"教书先生"，而要在教人中让学生自己去读书，这才是"人"的教育而不是"书"的教育。

6. 我的教研观：教在研中，研在教中；以学研教，因教而研。课题研讨，课堂探索，课程实践——三课到位。把每一堂课都作为研究性的课来上，做一名研究型的教师。教学无底洞，教研无止境。用教研育人，靠教研创新。

7. 我对事业有个约定：不当教育家，也要走教育家成长之路——当教师，研究型；当校长，学者型；当教研员，专家型。因此，从教近40年，读书写作不懈，思辨教研且勤；

8. 我对社会有个信念：本分正派，不做小人；坦然处世，诚恳待人；真情实感，彼此为人。

9. 我对自己有个规定：自学、自励，书读天天，苦攀学问高峰；自信、自为，笔耕年年，敢闯学术前沿。

10. 我对教育有个期待：多搞"为人"的教育，少干"人为"的教育。让我们每一位教育工作者，再多一点学习和研究，都在一种"实证＋思辨"中寻求教育教学更有规律，使教育教学从"有效"走向更有意义。

加强"普九"后的初中教学质量管理是巩固"普九"成果的关键
（汕尾市"普九"专项调研报告）

一、调研背景与目的

我国九年义务教育的实施是在原来普及小学初等教育的基础上进行的，因此，近年来的"普九"给初中教育阶段和初中学校无论是师生人数的剧增、办学规模与形式的繁杂、办学条件的准备不足和心理适应的滞后、教学秩序的重建以及教学质量全面提高的难度加大等方面，都带来了一种特殊的压力。对这种压力怎么去认识、把握与适应，对"普九"后初中教育管理怎样加强才有效等。这将已经成为一个不可回避的研究课题，即如何巩固"普九"成果，深化教学改革，探索新型的初中教学管理模式与教学方法，进一步提高初中教学质量，可以说是当务之急。于是，我们带着如何加强"普九"后初中教学质量管理的问题，对汕尾市的初中教学情况做了一些初步调查与思考。

二、调查情况综述

从本课题调研的制订到具体实施，已经历一年。我们曾对全市中学经行扫描性的"面查"和对20余所初中学校进行"点查"。现将有关调查情况综述如下。

（一）"普九"，给初中教育带来了喜人的变化和蓬勃生机。

1. 由于"普九"，全市比"普九"前的1995年增加初中学生5.1万人，也随之增加中小学教师0.8万人。这些学生与教师的增加，无疑给初中学校增加了活力，也为巩固与发展"普九"成果提出了新的要求。

2. 所有的学校在教学条件上都得到了改善。有50%左右的学校还在图书资料、仪器实验设备和其他有关教学设施等方面，进行了较大幅度的充实和添置；还有20%的学校设施比较齐全配套，并且使用率也比较高。

3. 由于各级党政重教兴教意识不断加强，学校领导与师生为巩固"普九"成果而勤教勤学的良好氛围已初步形成，绝大多数学校的教学秩序正常，为进一步提高教学质量打下了基础。此间涌现出了一大批先进单位与优秀个人。尤其是海丰县莲花中学、小漠中学、龙津中学、陆丰市东海二中、甲子三中、陆河县水唇三中、城区新城中学和红海湾东洲中学等学校都是近几年"普九"后办学水平高、教学质量好的新典型。例如陆河县水唇三中，1995年8月创办，可以说是"普九"的产物。三年来苦于创办、勤于管理、精于教研，使教学质量"一年初见成效，二年稳定发展，三年大见成效"。据统计，该校连续三年六个学期的参加市、县学科或学科竞赛中均名列全县十四所中学的第一，学校首届毕业生107人参加广东省初中毕业会考，人平均达到671.3分，超县平均分92.4分，700分以上的学生47人，平均分、及格率、优秀率均列全县第一，另有10多名学生参加各种竞赛获得国二、三等奖和省、市一、二等奖。

（二）"普九"也给初中教学提出了许多新的课题，使初中教学质量的管理由于思想准备的不足、综合实力不够而产生了不少不可回避的问题。

1. 生源问题

由于"普九"要求98%以上的小学毕业生都要升入初中阶段学习（近几年一般不搞升学考试，则一律就近升入初中学校），这样就给初中学校带来三个问题。

第一，学生知识水平不一，高低差别太大，在目前的班级教学形式下，给教师教学造成比较大的困难与麻烦，教深了有些学生接受不了，教浅了有些学生吃不饱，而不深不浅的教材与方法还没有找到。

第二，有些地方由于"普九"当时的教学条件和设施并没有完全跟上来，结果出现了"大班制"和"肿校制"，一个班级多达70人、80人甚至更多的人，一个学校不足 20 亩地，却有 2000 名学生，等等。这种现象不仅更增加了班主任和学校领导的工作负担以及教师教学的压力，也不利于学生的正常学习与健康成长（例如，人一多使用课堂拥挤，学生听课吃力，回答问题机会少，体育课与实验室动手机会也相对减少等）。

第三，学生流失率高。据统计，全市 1997 年入学的初一新生 43574 人，到了 1998 年（初二）实有学生 36005 人，流失 7569 人，流失率为 18%。有的山区学校竟以每年高达 20% 的速度递增，到了初中三年级只剩下 50% 左右的学生参加省的中考。这就说明，学生实际没有读满九年就离开了学校，使国家实际上没有达到"普九"的目的，失去了"普九"的意义。

2. 师资问题

由于学生的急剧增加，教师数量也必须相应随之急增。这也给初中学校师资建设带来不少问题。

（1）从个人上看，新增加教师有三分之一的未到达学历标准，有些即使达到了学历但实际能力没有跟上去，尤其还有 30% 的教师是有民办代课转正或新分配工作的，他们缺乏系统而成熟的教学理论和教学经验，还不能独立而出色地完成教学任务。靠"教学参考资料"过日子的占有一大半，能在教学上进行改革，探索，积极投入教研活动并取得成果的还不到 10%。还有一些教师不仅文化业务素质差，爱岗敬业的工作态度和职业道德品质也不行，这也给"普九"后的初中教学质量的提高带来负面影响。

（2）从整体上看，我市目前师资情况可用三句话概括：一是队伍不齐，数量上不够；二是学科不配套，尤其是"五小科"仍然小看，被兼教、搭教的现象严重；三是整体水平偏低，骨干教师不断老化或者退休，青黄不接现象已经越来越严重地影响着教学质量的进一步提高，能形成一套套循环教学班子的不多，有 50% 的学校目前未能拿出一套满意的循环教学班子。

3. 教学设施问题

尽管"普九"使初中的教学条件有了明显的改善，但由于许多项目匆匆上马，修一座教学楼就开学的情况较多，致使目前尚有 80% 的学校均存在教学设施不配套的问题，有 50% 的学校被列入"薄弱学校"改造范畴。总的来说，学校规范化程度不高。这里特别需要指出的问题有三点。

一是通过"普九"，学校教学设备如仪器、图书、体育器材等的增添。从整体上来，这几年看确实是已经添置不少了，但由于教育发展的要求提高了，学生人数增多了（按人均占有量计算，实际上反而少了），这就给教学带来许多新的困难和新的挑战，这无形之中使学生受教育的实际条件变得差了。

二是有些学校未能充分利用现有的教学条件与教学设施，使用率普遍不高。我们发现，还有极少数学校的仪器室、实验室尘封不动，仪器从买回来到现在几个月或者一两年了还未拆封，静静地睡在保管室。据反映，有的不配套不好用，有的是没有专业的老师操作与管理，就是使用也是使用不正常，实验教学走过场，或者只停留在教师的演示教学上，而很少让学生去分组动手操作。

三是大多学校只满足于当初"普九"时和实验室达标建设时的教学设施，一过几年有的破损，有的陈旧老化，有的上了就让它躺在保管室里，大批量配套添置的不多，尤其是学生的课外图书资料和教师用书添置不配套，只是一些"应试类"的非工具化的临时短效书籍。

4. 教学管理问题

教学管理，是提高教学质量的重要前提。"普九"后初中教学质量的提高，由于各种原因和特定形式，更需要加强教学管理。目前存在的问题主要有如下三个方面：

①对教学管理在认识上缺乏全面的理解与创新。我们发现有为数不少的学校和教师，一提到教学管理，就以为是学校行政领导的事，是各级教育行政部门事，还认为教学管理，就是搞一些宏观性的指导意见，或者制订一些规章制度，采用一批行政手段。诚然，这些是人人都看得到的教学管理，而另外一种微观的、经常性的、涉及学校全体教师都务必参与的学科教学管理和课堂教学管理，却往往被轻视，没有将它放在同等重要位置。也就是说，不少学校没有充分加强教学微管理等方面的工作，导致不少教师往往只教书不育人，只盯住书本而不管理学生。

②对教学管理在操作上也缺乏力度与实效。我们发现，有为数不少的学校对教学管理有计划、有安排，规章制度也立了一大堆，但就是不作为，落实不下去，收效甚微。有些领导一味忙于搞建设、跑外交，忽略教师的教学微管理，导致教师没有多大的积极性来投入教学工作。还有的领导和老师会教书，就是不善于做人的工作，不会搞教学管理。这叫善教不善管。

③对教学管理本来就不懂、不通，还固步自封，自以为是，往往随意、盲目。如：①任意砍掉课程或者有开足课时的还大有存在；②排课随意而违背教学规律和学生身心特征的也不少，一周五课做两天集中连排，或者主、副科和文、理科未能交叉配套，同一个学校的同一个年级教学计划和进度不相统一；③乱放假、乱调课、乱安排教师的教学工作，等等。

5. 教改教研问题

这里，较突出的问题有以下三个：

（1）教改意识淡薄，教学观念陈旧、老化。有相当多的学校只有几句教改口号，而没有教改的行动，也不知道从何"改"起。更有不少学校的领导和教师怕麻烦，怕担风险，无心教改，还有的认为教改是苦差事，没油水，还不如多去兼课或回家做生意划得来等。

（2）教研活动流于形式，只满足于一些日常的听听课、开开会、搞搞学科竞赛等一般性层次的活动，而真正针对学生实际采取的计划、有主题、有要求、有步骤、有成果总结的课程研究项目少得可怜。有些学校列了一堆课题名称，却没有真正开展过实验与研究活动，有些学校只是简单行事，以为上了一二堂试教课就等于搞好了课题研究。

（3）对教研重心缺乏了解，对教研成果未能消化与推广。有50％以上的学校和教师，对以课堂教学为研究中心，以改进教法、指导学法为研究关键等这些教研策略未能理解与掌握，也不会对外地已经产生的教研成果拿来学习运用，化为自己的教学行为。

6. 教学质量评价问题

由于受"应试教育"的影响，目前对学校的办学、对教师的教学和对学生的学习所展开的质量评价，还不是十分科学与公正。所以，怎样看待和评价"普九"后的初中教学质量，并使今后的教学质量朝着什么样的方向发展，至今还有相当一部分领导和教师是模糊不清的。

一般还是以统考、中考的分数作为评价教学质量的基本依据，使很多的面上中学丧失了积极性，使慢班的学生和教师失去了信心。同时，有的教师还在评分中渗透了"人情"与"关心"，也导致不能给学生以正确评价，结果影响了教师与学生的正常关系，影响了学生的学习积极性。

以上调查情况表明，"普九"后的初中教育虽有喜人的发展态势但存在的问题也不少，如果不及时纠正，或者不妥善解决，那么将直接威胁并影响着"普九"成果的巩固与发展，将直接制约着初中教学质量的进一步提高。

三、对策与建议

1. 要从巩固和发展"普九"成果的高度，为进一步提高初中教学质量而正确理解好以下几个关系：

（1）数量与质量的关系。即由于"普九"而新增大批的学校、学生和教师，这些数量上的增加与教学质量上的提高应该成正比，不能因"量"而影响"质"。

（2）提高"普九"后初中教学质量，既是一种学校内部的业务技术行为，也是一种政府的行政职能行为和社会的执法行为，只有在良好的社会氛围和教育整体优势下才能从根本上提高教学质量。

（3）在教学管理上，要将规章制度和措施的制订与贯彻执行的到位结合起来，凡是与提高教学质量有关的人，都要给予一种责任，都要给予一种管理职能，都要有努力拼搏的实践和被检查约束的机制。

（4）在教学质量目标上，坚持"面向全体、面向发展"的新的人才质量关，注意"基础与提高、合格与特色"相结合的质量标准。

（5）在教学活动过程中，坚持传授基础知识和培养技能、开发智力以及加强创新教育结合起来，坚持将"教"与"管"有机结合，坚持"教"与"学"并重，"继承"与"创新"并重。

2. 加快改造"薄弱学校"的步伐，加大建设规范化学校的力度，迅速掀起真正意义上的"普九"的"查漏补缺"高潮，切实从教学设施的全面配套、档次提高和有效使用等方面为提高"普九"质量而创造更好的条件。要把"办好规范化学校"与"当好规范化的教师，上好规范化的课，规范化地教好每一个学生"等整合起来，形成一种新的教学质量管理氛围与机制。

3. 加强师资队伍建设，为全面提高初中教学质量打下基础。首先，要建立好一支能吃苦的精干的校长队伍。"一名好校长就是一所好学校"。要建立校长任期教学质量目标责任制，真正落实考核、奖惩机制。其次，要搞好教师的三个层段的"三级培训"：①教学基本功过关培训；②教学技能攻关培训；③教学智慧冲关培训。通过以上"三级培训"，争取产生一大批骨干教师或学科带头人，以此来解决教师队伍整体水平不高和青黄不接的问题。为了避免走过场，流于形式，以上三个层次的教师培训工作，均要建设以课堂教学为载体，以教研为手段，以人事考核（职评、评先等）为契机，以强化训练过程为主线的"大师训"网络。

4. 强化以课堂教学为中心主题的学科教学管理机制，努力做到在规章制度上的全员、全程与全方位到位。首先，学科课程到位。所有学校都要按国家课程计划开齐课程，让每一个学生都受到完整的学科知识教育和素质培养，再不能像"两部制""大班制"那样给学生带来终生难以弥补的教育缺陷。其次，学科内容到位。即每一学科中所规定要教的知识，要全部教给学生，不要考什么教什么，不考的就不教，再不能给学生造成终身的知识缺陷和技能缺陷。再次，学科育人到位。即一定要按照课堂教学进度育人目标，结合学科具体内容，选择恰当的机会，给学生以学科素养的培育，并要有完整计划，形成教学常规，保证"教书育人"在教学全过程中的完整性、流畅性和实效性。

5. 进一步优化课堂教学结构，提高课堂教学效率。

第一，要优化教学目标。教学目标的制定要将教学质量的总目标与每个具体学科、每个具体学习阶段，甚至与每个不同的具体学生的具体实际情况相结合。教学目标要充分体现"知识、能力和思想教育"等全面的整体目标，一定要体现可操作性和可测量性，要能起到课堂教学的导向作用，要与培养和发展学生的特长、爱好相结合。设置目标还要注意层次性，实施分层次目标教学。

第二，要优化教学过程。在教学过程中，要始终学会用最好的方法即最适合学生的去教学生，要用一个"导"字来贯穿学生的学习全过程：导读、导思、导议、导练；要最大限度地调动学生的学习积极性，唤起他们的求知欲望，促进他们主动活泼地和轻松愉快地学到知识，增长才干，提升素质。

第三，要优化教学原则。目前应坚持以学生为主体、教师为主导、导学为主线的"三主"教学原则为教学原则的主要优化内容。特别值得一提的是，在强调教师的教学方法的同时，要下大气力来研究学生的"学"，以开展对学生的学习指导，包括学习理想、学习态度、学习方法、学习心理和学习习惯等全方位的指导，尤其是学习方法指导，这是现代教育发展的一个重要标志，是现代教学方法改革的一大发展趋势。要帮助与指导学生掌握他们最为需要的个体学习方法，从而真正提高学习效率。

第四，要优化教学手段。改变过去"黑板加粉笔"的传统教学形式，积极引进现代化教学手段，这是当今教学改革的一大趋势。我们要想方设法创造条件，努力做到：巩固与加强电化教学，引进与发展计算机辅助教育，进一步建立健全和充分使用各种实验室。

第五，要优化教学评价。不能再用"应试教育"的观念和单一标准去进行教学质量评价，而要积极探寻与建立以人的素质发展为中心的全新的综合教学质量体系，包括评价标准、评价手段与评价方法，等等。

6. 分类推进，分层教学；控流补课，完成学业。

第一，要分别办好三类不同的初中学校，使每一类初中学校的教学质量在原有的基础上都有提高。①每个市县都有一至两所优质初中；②每个城镇将一般性初中都办成规范化学校；③山区薄弱学校都要彻底改变面貌，打好"翻身"改造仗。为此，对他们要提出相应不同的教学质量标准，并开展针对性指导，限期实现。

第二，要抓好初中三个不同年级的重点指导。一年级：抓基础，注意抓好与小学衔接的教育；二年级：抓分化，防止流失，救差生，补弱生，培优生，促进整体优化；三年级：抓巩固与提高，既要抓住全员合格，又要抓分流，个性化与多元化发展，促进特异学生和特长人才的培养。

第三，要积极做好劝学补课工作。对已经流失的辍学学生，要采取各种有效的途径与方法，让其返校补课补学，以获得再学习的机会，使其读完九年或达到"九年"的学习要求。如：①迅速编制校外辍学学生的助学补学计划。②建议编写一套适合校外回流学生学习的"普九"教材。这种教材坚持一个大纲不变，但知识难度可以降低，学习内容可以适当减少，并尽力结合社会生活实际。③组织校外辍学学生的教学点（如农村院落、厂场等），可以利用下午或双休日等。有学校负责包片巡教或请回学校上课等。④全面发放教材，鼓励自学，定期举行"九年"学业达标考试（可一年一次，也可像自考一样，一年开考几门或一门课中的哪几个部分）。⑤注重特长人才的培养与认定，辍学学生在校外务工、务农等社会活动中做出贡献或有一技之长，其实际学业知识和能力已经达到九年义务教育的标准，可集中给其一段文化课补课以后，给予"九年义务教育证书"的同等学力。⑥鼓励辍学学生经过校外自学，参加国家举办的成人高中、中专自学考试或招生考试，以获得更高层次的学历。

1998 年 8 月 15 日

（本文系受汕尾市教育局委托于 1998 年开展的"普九"教育专项调查而写成的调研报告，曾得到有关方面高度重视并采纳。参加本课题调研活动的有林惠生、程俊雄、张木枝、李毓波、彭顺荣、宋海戊、庄铣等。）

高校招生应当注重"合格＋特色"

一、为什么高校招生要选拔"合格＋特色"的人才

第一，高考是在全面推行高中毕业会考制度后的一种选拔考试，既然考生的学识水平（学业成绩）已经达到"合格"，那么，从某种意义上说，高校所选拔的人才标准就应该着重考虑"特色"了。同时，高等院校是以"专业"来培养学生的，也应该充分体现自己的"特色"。然而我们现在高考的考试内容和方法，在很大程度上仍是毕业会考的深化与重复，如加大题量，加深难度，加广宽度等等，没有形成高考特色。这样的高考对于抑制"高分低能"，选择真正有用的优秀人才是没有意义的。如果再不充分增加有关"特色"的内容，那么现行高考反

而会成为一种阻碍，难以达到选拔高校合格新生的目的，对中学教育也将产生不良影响。

因此，高校招生只有注重从选拔"合格＋特色"的人才出发，同时在中学强调"合格＋特色"教育，才能为高校输送有相应特长、技能且富有创造意识的优秀新生，为社会输送既有合格的文化基础知识、又有一技之长的谋生手段或创造才能的人，也才能真正体现和实施"素质教育"。

第二，高校新生强调"分数面前人人平等"，但随之而来的问题是：这种分数是否真正能体现出学生的全部知识与才能，是否与中学和大学教育紧密结合并促进两者发展？如果为"否"，那么这种分数就只会成为某些考生的机遇与侥幸。二是这种分数不能反映考生的全部思想品德表现和各种适应社会需要的生产生活能力等，但这些东西正好是祖国建设对当代大学生的需要。大多数学生日夜泡在"题海"里，至于他周围发生了什么事、国家新科技建设的项目与进展等在高考中是不计分的，当然不要去了解。如此学习与考试，导致大学毕业后一走向社会便寸步难行。稍一调整工种便惊呼"专业不对口"的现象是屡见不鲜的。

第三，近几年，高校和中学都看到了这个问题，也采取了急救办法，以缓解"高分低能"现象。但都只是一种抑制，谈不上根本性的"改变"，因为高考这根"指挥棒"仍然发挥着巨大的威力。如果高考制度原则与方法不改变，就不可能"指挥"中学培养出既有知识又有能力的人才，更不可能使高校收到既有知识又有特色的人才。

基于此，我认为新高考应该从注意选拔"合格＋特色"的人才出发，并为此建立与完善相应的考试制度、考试内容和考试方法，尤其是要合理调整设置好高考科目与高考的分数结构。

二、怎样选拔"合格＋特色"的人才

（一）通过中学教育教学使学生都成为"合格＋特色"的人才

在中学教育中，通过常规教育教学继续狠抓德、智、体三个"合格"，在此基础上积极发现与培养学生的个性特长，随时检测鉴定学生的各种"特色"知识与能力，使高校招生能够有"合格＋特色"的人才资源。我经过多年的尝试探索，认为在以下十个方面可以对中学生进行真"特色"的培养与检测。

1.是否喜欢或经常参加社会政治、经济活动，在活动中是参与者还是组织者，效果如何，影响怎样，本人感想怎样。

2. 在学生时期是否担任学生干部，包括班、团、学生会及其他社会组织的职务，任职名称及年限怎样，工作成绩怎样。

3. 是否参加过学科竞赛或其他文体活动，参赛的科目、项目、档次、规模和成绩怎样，如体育达标、运动会、文艺表演、书画展览、演讲、智力测验及学科的知识竞赛等。

4. 是否参加过课外活动兴趣组织。例如文学社、科技兴趣小组办过报没有，参加或主持过什么科技讨论会没有等。

5. 是否喜欢并参加课外参观、旅游、探险、野营、军训等活动，收获如何；是否经常坚持去厂矿、农村、商场和公共场所体验生活，收获如何。

6. 是否常去实验室进行某些知识验证与探索。是否去图书馆阅览室看书读报，经常看哪些书报，做多少读书笔记，与哪些作家、科学家、政治家或英模人物通信，交谈讨论过什么问题，收获如何。

7. 是否参加过社会交谊或公关活动，为哪些厂家或其他单位做联络宣传及广告性工作，效果怎样。

8. 是否参加过社会服务和社会咨询等活动，效益及群众反映怎样。

9. 是否给学校、教师、家长、党政机关或社会团体及他人提出过有个人见解的建议、要求，发表过哪些看法，有何积极意义，被采纳情况怎样，采纳后效果又是怎样。

10. 是否参加社会调查活动，调查的时间、地点、方式及被调查人的情况怎样，调查的目的、内容、步骤及结果怎样，有何社会影响，自己的收获怎样。这种做法，将更有利于教学改革，促进中学教育，克服凡高考不考的就不教，就不让学生学的恶劣倾向。高校招生以适当形式考试或考查这些内容，就会促使教师与学生根据上述内容，结合自己的特长实际和客观条件去主动地教与学，真正从"升学教育"中解放出来，向"素质教育"健康发展，所培养出的人才也必然会具备创造性，开拓性和适应性强的实践能力。高校学生也就不会造成知识和能力上的"营养不良"，毕业后就可学以致用。

上述"合格＋特色"人才考测的十个方面。实际上就是"合格＋特色"人才的内涵及其培养方向。

（二）进一步合理设置高考科目，妥善调整与完善高考考分结构，为高校选拔"合格＋特色"的人才提供最有力的保证

为了能将这些内容真正贯彻，必须将其落实于高考科目的设置与考分结构的合理组成上，力求充分体现完整与序列、基础与特色。怎样具体实施呢？其基本方案是"四化体系"。

1. 强化基础学科

关于基础科目规定为语文、数学，考虑到高校的实际，宜分文、理两类招生，语文和数学的考试也应有所侧重，在命题中宜分甲、乙两卷，甲卷为较难卷，120分，适用于侧重科的考生，如文科类的语文、理科类的数学；乙卷为较易卷，100分，适用于非侧重科的考生，如文科类的数学、理科类的语文。命题原则：A、理科类语文以实用性为主，淡化系统和理论；文科类语文也尽力减少学术性，强调技能性和整体性，不要考死记硬背的东西和无用的术语；B、理科类数学提倡学术性，强调综合运用；文科类数学以常识性为主，强调理解与运用。

2. 优化专业学科

关于专业综合科目的设置，主要是根据文、理两大类专业的具体实际而将相关相近专业课程组合而成，文科类以政治、历史和人文地理为主，合为一卷，计150分，原则上每门课50分，以考基本常识和运用观点、原理说明问题的能力为主，但也要有一定量的难题与"活题"；理科类以物理、化学、生物及自然地理为主，合为一卷，计150分，原则上每门课50分，以考基本常识为主，着重在实验操作和运用原理说明问题和计算等方面，也要有一定量的难题和"活题"。命题时既要考每门课的独特性，也要注意它们之间的相融性，以形成一个知识结构和考试体系，实现专业综合性。

3. 变化外语学科

关于外语考试的设置要有较大变化。一是可以交社会主考；二是可以把外语定为结合科目。这主要是考虑到外语的特殊性和我国经济建设和社会人才的现状及高校对外语的不同需求等原因，分成若干个层次给以区别与结合，以真正显示出它的重要地位，以设三个层次为宜。

第一层次，以高中毕业会考及格分数为标准，适用于中专（职校）、中医及部分师范院校等对外语要求不高的一类学校招生。

第二、三层次，均需举行国家性统考，但试题分两套，一套较易些，作为第二层次，适用于一般本科、专科学校的招生；另一套较难些，作为第三层次，适用于重点院校和对外语要求较高的一般本、专科院校的招生。或者是一套试题，根据分数划两种档次分数线。

4. 深化智能项目

主要是关于社会常识与智能的综合性考试考查。设置这个科目，目的是消除"高分低能"，促进"特色"人才的成长和合理选拔。其考试内容与范围分两方面：

（1）主要指社会常识和智能知识的运用与综合。包括社会公德、法制、经济建设、时事政治、美育、劳技及日常生活常识等。这与上面第二类的"专业"科目考试是有明显区别的。其考试方法仍采用笔试，赋分为 80 分。命题原则：以要求每个公民应该接触与掌握的社会常识和智能创意内容为主，并充分体现考生的学习能力、实践能力、创造能力和知识面及知识结构等。

（2）主要是"特色"项目考查。"特色"项目的考查内容与范围，以前面列举的十项"特色"为基础，不断完善，并制定和颁发一个"智能特色教学与检测大纲"及检测细则；凡国家承认的各级、各类的学科竞赛和其他智能竞赛中的优胜者及有关团体、专家鉴定推荐的"特色"项目或发表出版论文、作品、专著、"五小"创造发明的实物等，均可根据其类别、层级和社会意义等分别给予分等级记分（共分五等，总分为 20 分，每个等级为 4 分）。

考试方法以考查为主。首先，由本人写一份以自我总结为主的自传书，包括基本情况、个人简历、参加各项"特色"活动的事实经过、结果及体会，还有对所报考专业的未来预测和自己的打算、愿望等。然后，由省级招生部门统一印制"中学生智能考查记分表"（80 分 +20 分），由学校组织考核填写，提供有关原始证件、表册等，再由校、县、市、省的各级教育行政部门和招生部门审查认可，并做出记分结论。

（三）切实做好有关保障工作

1. 建议各级教育行政部门进一步完善学科特色成果评价标准及评审机制（办法），以促进各种人才的公平竞争与选拔，能使各类"特色"人才有一个和谐的环境得到培养并脱颖而出。

2. 建议各级各类学校根据以上办法，进行各项"特色"活动教学，加强系统而规范管理，确保人才选拔活动的客观公正性，以利于培养和发现人才。

3. 建议对学校开展"特色"活动加强督促与指导，使之变为广大教师、学生及学生家长的自觉意识与行动。

【注：本文曾获湖南省及邵阳市科研论文一等奖，于 1991 年参加国家教委第四次教育考试科研讨论会交流并获优秀论文奖，入选会议《论文集》（中国和平出版社 1993 年 10 月版），并发表在《中国高校招生》1992 年第 6 期；并以《关于高考科目设置和考分结构合理组成的初步探究》为题，荣获中国改革建议大奖赛二等奖（1994 年 6 月·北京），个别地方有改动。】

第三章　让教育走进"现"代

当下，关于教育的"现代化"喊得特别响，有些地方也取得了一些进展，成效颇为显著。但是仍有不少地方和单位，只停留于一般的口号宣传以及工作计划，而到底如何让教育走进真正意义上的"现"代，还没有多少人去好好思考过，也没有多少人去努力实践过。现在，看到最多的是冠以"教育现代化"的评估活动，弄几个指标，搞一个评估方案，组织几个人去评审一下，然后统一个"教育现代化市、县（区）"的牌子。其实，那些评估指标换一个名字，不叫"教育现代化"也照样存在。尤其是基础教育，更要倡导一种新的概念，即"现代基础教育"。诚然，基础教育是教育的基础，但不等于永远处于最下边、最传统和原生态，它同样需要更新、与时代同步，快速、健康地走进新时代，即形成"现代基础教育"。

在这里，我们为了基础教育的真正发展，提出一个新概念：让教育走进"现"代，而不仅仅是一种运动式的"教育现代化"。如果当教育真正走进了"现"代，还需要提"教育现代化"吗？所以提"现代基础教育"才是彻底解决目前"教育现代化"所不能解决的尴尬与困惑。

"现代基础教育"初探

内容提要：本文提出了一个新的命题：教育现代化渴望现代基础教育的诞生。现代化教育必须具有真正含义上的"现代性"，而这种"现代性"的基础教育则应体现为"现代基础教育"。"现代基础教育"是指以适应知识经济时代特征为前提，以开展"知识力教育"为主题，不断推进青少年的素质全面而高尚地发展，促进青少年成长为既有坚实的科学文化基础，又具有立志于推动人类进步的创新精神和高素质现代公民意识的基础教育。这种教育的核心和基础理念，就是用完整的现代教育造就完美的现代人。其基本特征就是从"传统型基础教育"走向"创新型基础教育"，变"现在型"基础教育为"现代型"基础教育。是一种"人类性的、素质性的、发展性的"的现代大教育。并由此预测了这种以"素质"为内核的现代教育发展的"五大整合"趋势：人文教育与科技知识教育的整合，生存教育与特色教育的整合，普通教育与职业教育的整合，科学教育与艺术教育的整合，分科专业教育与跨学科综合教育的整合。

关键词：知识经济时代；现代基础教育；创新精神；知识力；高素质

一、"现代基础教育"概念提出的背景

现在，社会发展已从过去的"农业经济""工业经济"过渡到"知识经济"时代。知识经济，则是以科技高度发达，社会高度文明为基本特征的经济形态，以这种经济形态所构成的时代则称为"知识经济时代"。那么，作为为知识经济时代服务，促进知识经济发展的教育来说，也同样有它相适应于"知识经济时代"特征的教育改革与发展的内涵与实践活动。尤其是"基础教育"，它是面对孩子的教育，是把今天的孩子培养成明天直接参与"知识经济时代"建设的"现代知识人"。给孩子以什么样的教育，当他们明天进入知识经济时代能否有所作为，将是当今基础教育不能不为之思考的问题。

纵观我们现在的基础教育，没有人不发出一种要求改革与发展的呼声，特别是近几年，随着素质教育的推进和课程改革的实施，已经触及了我国千百年来从"农业经济""工业经济"时代走过来的而且现在"涛声依旧"的基础教育，开始产生了"困惑——反思——改革"的浪潮。

在这种浪潮中，各种教育思想、教学观念、教育模式与方法等都应运而生。本人也曾于 1999 年 12 月的一次全省素质教育研讨会上提出了一个新的命题"现代基础教育"，于是不少学校和专家对此感兴趣，并开始为之尝试起来。深圳市宝安区石岩镇水田小学和汕尾市海丰县海城第四小学、广东省其他地方许多学校也都在尝试着。我不敢说，我们已在进行了很专业的"现代基础教育"研究，但已经在为"现代基础教育"而做了大胆的探索。特别是水田小学创办时期所做的探索，使我更加坚定了对"现代基础教育"研究的信心，也从此看到了对现代基础教育研究的必要性和可行性。水田小学，从原有的国有村办小学，转制为国有民办学校，并定为宝安区四所国有民办转制试验学校之一，其本身就是一种突破传统基础教育模式，寻找现代基础教育模式的尝试。这所学校，用"现代基础教育"理念办学以后，无论从教育教学质量、办学特色和办学模式等方面都已显示了一种不可抗拒的蓬勃态势，已经产生了许多成果，得到了不少专家同行及社会

各界的认可。《广东教育》等报刊曾多次给予报道和高度评价。

从水田小学创办时期的业绩来看，他们尝试的"现代基础教育"是成功的。首先，它的定位起点高，即"育人为本，科研兴校"，做到"人本育人，创新育人"，追求特色化管理与特色化教育教学的境界，即"特色项目系列化，特色活动实效化，特色人才多样化"。特别是学校的"三大三小三做"活动一直既轰轰烈烈又扎扎实实，效果很好。"三大"，即学校教育的宏观思路为"大基础、大社区、大教育"，"三小"即培养小学生立志成为"小主人""小能人""小强人"；"三做"即通过各种教育活动，让学生在校做个好学生，在家做个好孩子，在社会做个好少年。

水田小学是实实在在地进行着教育创新实践，进行着"科研兴校"的系统工程。学校一直以课题项目为形式，以"现代基础教育"为理念，以创新教育为出发点，以教育创新为手段，在默默地不断排除干扰、不断克服困难的艰难探索中奋进。在教学创新中体现了通过"在育人中教学""在基础中发展""在发展中创新"的现代基础教育教学改革的风采。

顾名思义，基础教育是"打基础"的教育。随着其发展的历史阶段性推进，将会不断赋予其许多相应的新的内容、形式、手段等，但并不能表明基础教育有新旧之分，而只有时空变化和发展过程上的阶段之分。所以，我们站在基础教育发展过程的特定阶段提出了"现代基础教育"这一新概念。

"现代基础教育"这一新概念，是一个新的命题：教育现代化渴望现代基础教育的诞生。现代化教育必须具有真正含义上的"现代性"，而这种"现代性"的基础教育则应体现为"现代基础教育"。

二、"现代基础教育"概念的形成及其内涵

（一）要理解"现代基础教育"，先要明确到底何谓"基础教育"

1. 就客观事物发展、完善的全过程及其形态来说，世间万事万物皆有其"基础"部分，也有其发展的顶端或结果部分。教育也不例外。

先看《现代汉语词典》对"基础"一词的释义：①建筑物的根基；②事物发展的根基；③事物发展的起点。这当然是事物中十分重要的一部分。比如一棵树，有基础即根，那么也有其茎、枝、叶、花、果等"顶端"部分，而且这些皆应形成一体，相互依存和关联。人类也是如此，一个人的童稚时代，所学所为和生活，均是长大后长大成人的青年时代、壮年时代、老年时代而具备的相应的"基础时代"。由此可见，"基础"是与相应的事物发展相匹配或相关联的，也

就是说，基础是决定或引导事物"发展"的主件因素，俗话说"有什么样的树开什么样的花，有什么样的藤结什么样的瓜"，这也就说明：事物因后果和事物发展的基础与结果均为一体的，或者叫一致的，既不能随意改变"基础"，也不能随意变换发展的"顶端"（结果），即"基础"必须相对于"结果"或着眼于"发展"乃至"结果"的，如果要改变则要一起改变，虽然可以先从"基础"改起，但是需要一并考虑和预设（准备），这就是系统科学的整体论、结构论和有序论的体现。

根据这些释义，那么，"基础教育"则自然成为人类整个教育的根基和教育发展的起点。因此，作为教育大业基础部分的"基础教育"，要因整个教育的改革与发展而设计和安排，不能随意地轻率地抛出所谓这样那样的"基础教育"（如"新基础教育"等）。

2. 现在有人提"新基础教育"，这是否科学、妥当，还有待于论证，因为从上述事物发展全过程的整体规律来说，"新基础教育"也很难自圆其"新"说。它有什么依据与内涵。到底与当下的所谓"旧"基础教育有何区分，并没有看到有让人信服的科学论证和区分指标。特此，我们讨论如下：首先，我们要看，这种是相对于和着眼于何种发展与结果的"基础"的教育，到底它"新"在何处，为什么"新"了，如果不按"基础教育"所处的时空或者内涵特征、功能等方面，以至所引起的发展与结果的新，那么"新"则失去了意义。其次，就是与"旧"相对而言，它必经与一定的"旧基础教育"相比较而存在，那么，这种比校有否依据，且被公认的权威的标准性依据，所以新与旧是比较而显现出来的，这又涉及用一种什么样的"类分法"来区分呢？所以，缺乏科学的类分理论依据和类分角度与方法的"新"基础教育的说法是很难符合科学规律的。按照分类，不仅有角度而且应有参照物的道理来说，"新"只能相对于"旧"而言，而现在我国所进行的如此漫长的基础教育，到底评判其"新""旧"的标准是什么？好像目前国家或其他任何机构都未曾有过，既没有新旧评价标准也无操作方法，那也就无从谈起其结果——新与旧的结论。再说，如果我们要追求一种新的基础教育，也不是不可以，但是要把"新"的含义弄明白，以至在基础教育中产生"新"概念、新内容、新策略和新方式，那也是完全可以的，否则就很难称之为"新基础教育"。

（二）"现代基础教育"的内涵

"现代基础教育"到底是什么？简言之，"现代基础教育"是指以适应知识经济时代特征为前提，以开展"知识力教育"为主题，不断推进青少年的素质全面而高尚地发展，促进青少年成长为既有坚实的科学文化知识基础，又具有立志于推动人类进步的创新精神和高素质现代公民意识的新基础教育。这种教育的核心和基础理念，就是用完整的新教育造就完美的现代人。

它的公开理念是，不能单从学段上的中小学教育来界定为基础教育，更重要的是将人的生命过程中处于发展、成长的最基础阶段和人生历程最初阶段所受的教育（即青少年教育）作为基础教育的全面含义，应该是以崇尚与追求一种人生教育为主线，以（人的）素质教育为核心，以创新教育为目标，以知识力教育与教育创新为手段与途径，不断现代化，不断发展。"现代基础教育"在目前有两个根本任务：一是如何区分和处理好"传统基础教育"与"现代基础教育"的关系，以正确构建现代基础教育的理论体系；二是现代基础教育的实践活动，包括创建现代基础教育学校（它可以包括中小学，但不能只涵盖中小学），构建"现代基础教育"的教育教学实践模式与方法以及由此产生的现代基础教育体系和机制等。

当然，我们所构建的现代基础教育，不能仅仅局限于名称上和时间上已到了"现在"这个时代的教育，它必须有其真正意义上的"现代"内涵和相应的"现代化"特征及其发展前景。可以说迄今为止还没有一个明确的定论。这主要是由于对现代教育理论中的一些基本概念如素质教育、个性发展、全面发展等众说不一。所以，我们倒不如先从宏观上来认识和把握"现代"教育，再从"现代"教育的内涵中理解和定格其具体的诸如素质教育之类的概念，然后求得深刻而科学的界定。那么，现代教育的内涵是什么？

1. 在教育观念上，将是现代人才观、质量观、大教育观、全面发展观、终身教育观等"五观"齐全，"五观"端正与协调，并具体衍化为"素质教育观"。有了这种现代教育的"素质观"，就会自觉地放弃那些与社会发展进行不相适应的阻碍现代教育进展的一切旧思想、旧方式，就会自觉地结合当地经济建设的需要来真正办好教育，提高人才素质。

2. 在教育制度上，将是深化教育体制改革、优化教育结构、强化教育法治的"三化"到位、"三化"配套。例如，办学体制、领导体制、计划体制、管理体制（如招生、考试、就业等），都会因教育的现代性而得到深化改革。并且，合理的教育结构也将因为教育的现代性而得到优化，如继续巩固基础教育（"普九"）、分流高中教育、发展职业教育以及学段结构、专业结构等将不断调整与完善。同时，将教育纳入法制轨道，使现在流行的"领导重教、社会兴教、群众支教"的积善积德之为转变到"以法办教、以法执教、以法参教"的法律行为。办好教育，再不是一种单纯的职业责任，而更是一种法律责任，这将是现代教育所赋予各级领导、社会群众和学校新的义务。

3.在教育过程上，教学内容、教学形式、教学手段、教学方法、教学评价（含考试）等，都会产生相应的改进直至改革，以充分体现现代文明和现代科学技术的发展水平，越来越贴近当地经济建设对人才需求的实际，使"人人成才，个个成功"的"合格＋特色"的教学行为，成为学校教育的主旋律。

三、"现代基础教育"概念的特征

作为现代社会的基本属性的现代性，有人概括为"民主化、法律化、工业化、都市化、均富化、福利化、社会阶层流动化、宗教世俗化、教育普及化、知识科学化、信息传播化和人口控制化"等指标。（见参考文献②）那么，具有现代特点的现代教育，也同样是上述概括中的相应衍化和微观化。基于这个前提，我们不难发现：具有现代特征的现代教育，应该是一种"人类性的教育、素质性的教育、发展性的教育"三结合的现代大教育。说到底，就是素质教育。其基本特征就是从"传统型基础教育"走向"创新型基础教育"，变"现在基础教育"为"现代基础教育"。

"人类性的教育"，这里并非指"全球性教育"，而是指与"事物"相区分时所提出的关于重视"人类"自身的教育。其标志是"人生性、人格性、人文性"。这是针对目前较为流行的那种"见物不见人，教知识而不教人，教知识结论而不教人所参与创造知识和理解运用知识的过程及其方法"的"物教"而提出的"人教"论。它注重以凭借"他物"（知识等）来进一步开发人类自身潜能、促进人类不断完善和优化，从而塑造出一个个高尚、聪明、强健的"现代人"为主要总目标，它所遵循的是人类的发展规律和个体需要原则。而"物教"则不从"人类"出发，不考虑人的需要如何，一味按照知识的自身体系去给人以"知识"，它违背了教育的本来目的——人因为需要知识和能力而受教于知识（也就是说，人需要学知识才产生教育，不是有了知识要强加于人才有教育）。由于这种"主客体倒置"现象，又加上现在学科知识体系的越来越庞大、繁杂和细密，结果把学知识的"人"折磨得痛苦不堪。被"书山"所压、"题海"所淹的课业负担加重的呼声，正是呼唤着教育的"人类性"的早日回归。

"素质性的教育"，就是指在教育的"人类性"的基础上，依据人的发展和社会发展的实际需要，抓住人的自身本质和基本潜能并结合后天素质所进行的素质开发、培育与建设。其标志是"主体性、个体性、整体性"。主体性，即尊重学生的主体意识，人是知识的主人，不是知识的容器；个体性，即注重学生的个性特长发展；整体性，即着重人的全面素质的整体提高。近几年，我国以毛泽东教育思想中的"五育"全面发展和邓小平教育思想中的"三个面向"为指导，坚决地开展素质教育，是向现代教育迈出了可喜的一步。下面是一份素质教育立体结构模型：

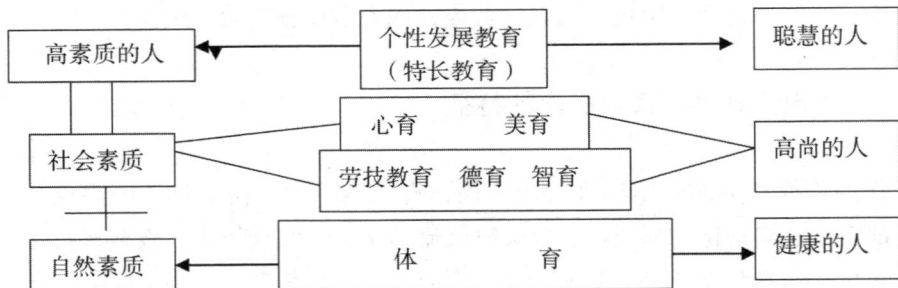

"发展性的教育"，就是指在充分提高人的素质的基础上，着重培养学生的开拓意识和创造才能，以实现某种超前性的个性特长和时代特色的动态性教育，其标志是"时代性、创造性、独特性"。这种教育，以人的最新需要和世界上的最新科学技术成果作为主要目的和主要内容，还以教育自身的不断进步与发展为基本内容和目标。

总之，上述教育则以构建现代国民教育体系和终身教育体系为基础，将"人类性、素质性、发展性"形成一个有机的整体：人类性是基础，素质性是核心，发展性是方向。三者虽各有侧重，但又共同作用于现代教育的"人"。

四、"现代基础教育"的发展优势

纵观东西方国家教育发展的现状与宗旨，根据现代基础教育的内涵和特征，我们认为，以"知识经济时代"为背景的现代基础教育将会出现更为广阔的发展前景。现概括为以下"四大主题"和"五种整合"。

（一）"四大主题"

1. 以适应知识经济时代，促进基础教育改革与发展为前提的教育观念（理念）的进一步更新；

2. 以推进素质教育为主题（主线）的青少年人生教育的全面实施；

3. 以创建"现代基础教育学校"为中心的教育现代化的合理启动；

4. 以深化课程改革，促进培养"四有"新人为核心的教育创新与教学"转型升级"的有效展开。

（二）"五种整合"

1. 人文教育与科技知识教育的整合。

人文教育，就是以"人文主义"的观点、内容和思维方法来实施教育；科技知识教育，就是以"科学主义"的观点、内容和思维方法来实施教育。如果这两种教育割裂开来，都是不成功的教育。实践也充分证明了这一点："人文主义"教育就导致了教育的"革命模式"，纯政治、纯文化、纯人味，缺少科学成分，如中国十年"文革"时期的教育便是如此；"科学主义"教育就导致了教育的"学术模式"，纯知识、纯分数，并且过分追求知识的序列化、标准化、专题练习化。中国目前一些地方的"应试教育"和国外的一些教育便是如此。

因此，我们必须明确：一门学科知识，虽然有其完整的科学体系，有很强的知识性，但对于人类，不仅有其鲜明的工具性，而且有其丰富的人文性，即不仅是"器用"，也还是"道体"，充满着学习者的人生体验和主体情感。同时，教育本身也是因"人"而产生，不是为"知识"而设立的，所以也充满了"人性"味。我们强调要重视"人文"与"科学"并重且二者的有机结合，是现代基础教育发展到"现代"水平的一种必然，也是现代精神文明建设的需要。这一点，已被包括中国在内的世界各国教育实践的反复探索所证明。

2. 生存教育与特色教育的整合。

生存教育，是指以1972年联合国教科文组织发表"国际教育发展委员会"报告《学会生存》为中心内容所进行的教育。这种教育旨在培养学生"学会做人、学会生活、学会学习"，适应社会发展，不被时代所淘汰的"生存能力"。近20多年来，它几乎成了全球教育改革的主旋律。特色教育，是指形成了一定独特风格，有一定的创造成分且超常的特征性教育。它是以抓住某种特征、表现其独特、稳定的个性风貌为标志。同时，它又常在培养"生存能力"教育的过程中所产生。所以，二者的有机整合便成为现代基础教育发展的新课题。对此，今年4月联合国教科文组织"国际21世纪教育委员会"又提出了新的报告《学习：（人类的）内在宝库》。报告着重指出，接受教育不再是为了谋生，而是为了社会的和谐发展，个人能力的充分发挥以及个人能够终身学习。所以，"以未来学习社会为目标，培养学生继续学习、终身学习的能力"已经成为二者整合的一大标志。对这一点，日本与中国均有了可喜的行动。

3. 普通教育与职业教育的整合。

对这两种教育，人们并不陌生，但是如何根据当地实际与时代发展需要，使二者有机地整合起来，这已经不可回避地摆在东西方各国教育的议程上，而且随着教育"现代性"的不断深化，将会成为提高人才整体素质的一大教育主题。目前国内外的有关情况表明，这两种教育将有三种整合方式：一是在普通教育中引入职业教育因素，要求这些学生必须学习和掌握一定的职业教育内容；二是扩大职业教育的专业面向，尽力使学生掌握一些通用技术或者叫"通专多能"以强化职业素质；三是职业教育在更高的普通教育的基础上进行，并成为高中后教育、终身教育的重要组成部分。有些甚至将职业教育与普通教育越来越模糊起来，学生可以在二者之间自由流动，只要完成规定的学分即可毕业；有些还规定经过职业教育后获得的职业资格可以成为直接就业资格或大学入学资格。

4.科学教育与艺术教育的整合。

科学与艺术，在人类文明的早期是结合的。虽然中世纪以后因科学研究分工越来越细而导致了它们的分离和疏远，但21世纪科学与艺术将再次重逢，这已经成为许多科学家、艺术家和教育家的共识。怎样才能使二者真正重逢呢？首先靠教育来为之整合。所以，相应的科学教育与艺术教育的结合，为塑造完整的"现代人"，促进全面素质的形成，构成了现代基础教育的新要素。据有关资料分析，由于国际上科学技术的日益进步和科学对于人类的重要性，目前各国都十分注重科学教育，而往往忽视了美育和艺术教育，但文科学生又往往缺乏必要的科学教育。这引起了许多有识之士的新看法：美育和艺术教育对于理工科学生来说，科学技术教育对于文史科学生来说，都不仅仅是一般的知识教育、技巧教育或专业教育，而是一种更高层次的素质教育。

5.分科专业教育与跨学科综合教育的整合。

制约人的全面发展和素质整体提高的另一个因素，就是现在学校教育中的"分科"教育过分独立，各自为教。这给学生扩大知识领域、获取更多能力、多角度适应社会需要而造成了麻烦。因此，现在越来越多的国家和地区把学校办在一种经济建设和科技进行相结合的动态之中，调整学科结构，增加学科内涵，改"小学科"教学为"大学科"教学或"跨学科"教学，即领域型教学和板块型教学，以尽力形成各种综合课程教学，力求学生知识面宽、知识结构全、知识层次新等。其结合方式有：文科与理科结合、基础学科与高新尖学科相结合，纵向学科与横向学科相结合，或者在甲学科中渗透乙学科知识，或者是从几个老学科中吸取精华重新组织新的学科等。在我国，中小学探索综合文科、综合理科、社会常识、自然常识、公民美育等新的课程将会很快进入中小学课堂。这就是现代基础教育课程发展的一个新拓点。

我们相信，随着基础教育改革的不断深化，作为其中改革之一的"现代基础教育"，必须会引起更多的人来重视和探索，也将会有更多的现代基础教育的学校和成果出现。在此，我们依然大声疾呼——"为现代基础教育而探索。"

（本文写于1996年12月，参加全国有关学术会议交流并获奖，后来有改动）

对"现代基础教育"的再认识

一、"现代基础教育"：不是"现在"的而是专指"现代"特征本质的基础教育

说到这里，不免有人要问，"现代基础教育"到底是什么？我作为这一概念的创立者，有责任在这里作出更进一步的阐述。

1. 现代基础教育的本质特征

"现代基础教育"是指以适应知识经济时代特征为前提，以开展"知识力教育"为主题，不断推进青少年的素质全面而高尚地发展，促进青少年成长为既有坚实的科学文化知识基础，又具有立志于推动人类进步的高素质现代公民。

现代基础教育的本质：现代基础教育，是面向未来的教育，是让学生成长为高素质现代人的教育。

这种教育的核心和基础理念，就是用完整的创新教育造就完美的现代人。其基本特征就是从"传统型基础教育"走向"发展型基础教育"，变"学校特色教育"为"学生个性化成长和创新发展的教育"，变"满足于现在的基础教育"为"面向未来的基础教育"。它不仅是时间空间发生变化的教育，也是以内涵建设促进内涵发展的质效教育。

2. 追求现代基础教育的意义

我们追求现代基础教育，主要在于推动社会创新发展的需要，促进基础教育的内涵发展，也是教育现代化在基础教育方面的重要内容，是教育现代化在基础教育中的规定性需要。

"现代基础教育"在目前有两个根本任务，一是如何区分和处理好"传统基础教育"与"现代基础教育"的关系，明确目前基础教育是不能以"特色"为标志的，而只能正确构建让每一位学生的全面发展和优质发展为目标的"现代基础教育"体系；二是加强现代基础教育的实践活动，包括创建现代基础教育学校

（它可以包括中小学，但不能只涵盖中小学）和"现代基础教育"的教育教学实践模式与方法以及由此产生的现代基础教育素质等。

我们相信，随着基础教育改革的不断深化，作为其中改革之一的"现代基础教育"，必须会引起更多的人来重视和探索，也将会有更多的现代基础教育的学校和成果出现！在此，我们依然大声疾呼——加强现代学校建设，重构现代基础教育体系。

二、"现代基础教育"：在于为构建现代国民教育体系和终身教育体系而形成的大基础教育

顾名思义，基础教育是打基础的教育。但是在这里必须明确一点，我们的基础教育是相对于谁而言，是相对于大学的"专业化"教育而言，还是相对于我国现代国民教育体系和人的终生教育体系而言。我认为，作为一种现代基础教育，应该冲破传统的基础教育观的影响，而赋予它新的含义。现代基础教育，应该是为构建现代国民教育体系和人的终生教育而打下坚实基础的教育，并非只是为升大学而作的基础的教育。那么，这种新的基础教育，就具有：国民性、时代性、社会性、普适性、人本性。

就一个客观事物发展、完善的全过程来说，既有其"基础"部分，那么也就相对于有其发展的顶端部分。因此，作为教育大业的基础部分的"基础教育"，要因整个教育的改革与发展而设计和安排，不能随意地一味地直接对准大学的"专业教育"。所以，从某种意义上说，现代基础教育是一种大基础教育。从表面上看去，是对接大学的专业化教育而打基础，但从深层次和广义上说，更是对人的一生发展和幸福而打下德、智、体、美、劳等各方面所必备的基础。只有从此出发，素质教育才可落到实处，基础教育课程改革和创新才有意义。

基础教育不是精英教育，是要让所有人都得到发展的教育。

三、"现代基础教育"：在规范与超越中走进现代化的发展性基础教育

规范是指明文规定或约定俗成的标准，是一种做事情的游戏规则；具有明晰性、合理性和可操作性。超越即指越过、跨过、超过、胜过。基于此，"现代基础教育"既有对优良传统的继承，也有对未来的现代化发展；既有对已有规范的对接，也有对旧的落后的东西进行改造而实现现代化的超越。超越的本质就是建立新常态，超越就是从创新发展的教育行动开始。

1. 以适应知识经济时代需要，促进基础教育改革与发展的"转型升级、提质增效"

（1）教育观念（理念）的更新；

（2）以推进素质教育为主题（主线）的青少年人生教育的实施；

（3）以创建"现代基础教育学校"为中心的教育现代化的启动；

（4）以深化课程改革，促进培养"四有"新人为核心的教育创新的展开。

2. 将教育评价成为一种教学过程，让教育评价为学生的终身发展服务，进行评价创新

一是让评价理念内化为教师自觉的行为，成为一种习性，一种职业规范，贯穿于教学的全过程，存在于每一个教育教学环节，与教学共生共存共长；

二是突出评价的发展内涵，让评价走进学生的心灵，更重视主客观的互动过程，用动态的、变化的、发展的眼光看待学生，提供多次机会，学生评价尤应关注其形成性，而不是其终结性；

三是树立评价以人为本的理念，学生是正在成长的人，要求学校和教师关注每一个学生的发展，认识到个性差异的存在，不用同一标准来衡量学生，从学生实际出发，因人施评，分层要求，实施多元化评价，帮助学生发现、培育自己的优势智能，以强带弱，实现自身全面和谐发展。

"现代基础教育"除了建立科学的学生素质发展评价标准之外，还重在建立学校管理综合质量评价标准，如国标课程以外的校本课程（重要的服务产品）质量标准，教师教学与服务质量标准，教师专业发展评价标准，等等。

总之，"现代基础教育"的教学理念、教学内容、教学模式、教学方式和学习方式，给基础教育赋予新的含义，使当今渐行渐远的基础教育再回归本位，焕发生机，以产生发展性和创造性的变化。

（本文写于 2003 年 7 月，曾在国内一些学术会议交流）

基础教育就是这样的"奠基"教育吗？

——为现代基础教育再次定位

目前，许多中小学把自己的办学理念或口号都定为为什么而奠基，这句话本身并无对错之嫌，但是从教育的改革与创新发展观来看，它未必能够诠释作为以人为本、注重人的发展的创新教育的全部含义。深化的历练过程，也是一个常常被认识、被实践、被反思，甚至被重构，乃至被拓展与应用的发展过程。

一、基础教育是面向所有人们"在成长中"的"发展性教育"，而并不仅仅是为升上上一级学校（大学）的专业化教育而开展的所谓打基础的"奠基"教育。

1977 年，联合国教科文组织在肯尼亚首都内罗毕召开的高级教育计划官员讨论会上，对基础教育进行了广泛而深入的讨论，认为"基础教育是向每个人提供并为一切人所共有的最低限度基础教育的知识、观点、社会准则和经验"的教育。"它的目的是使每一个人能够发挥自己的潜力、创造性和批判精神，以实现自己的抱负和获得幸福，并成为一个有益的公民和生产者，对所属的社会发展贡献力量"。

基于此，可见基础教育是整个教育体系的关键部分。这里，既相对于高等教育的专业化教育而言，但又并不是相对于高等教育的专业化教育而存在。它是就"人们在成长中为了获取更多学问而在先期要掌握的知识"的一个"动态的概念"。我认为，无论是基础教育，还是大学或其他形态的专业化教育，其实都应该也必须是面向"人们在成长中"的一个个不同学段、不同领域或项目的"先期性"的公民教育。

现在，作为整个教育系统中一部分的基础教育，有两大功能：一是普及性，二是提高性。而且是普及与提高同时并重、有机结合。因为基础教育涉及一代代公民，涉及千家万户，其普惠性的覆盖面大，所以努力做到人人"有书读、读得好、读有用"。同时，将一个个自然人提炼为社会人，关键在于提升人的素质，培养优秀公民，这样，才能使教育真正在每一个学生的未来学习与生活中发挥作用——不仅仅是奠基，更是导航、促进、助力。特别是对于我国处于发展水平的国情的学生，高质量的基础教育不仅能够影响学生个人、家庭、所在社区，还将对其后代，甚至未来一代人的素质产生深远影响。

二、基础教育是满足"人的终身学习"条件的"初始化教育"，并不只是学校教育过程中低一个阶段为高一个阶段打基础的"学段性教育"，这样的"奠基"教育是欠全面的。

来自国际 21 世纪教育委员会的观点认为："良好的初始教育是开始终身学习的关键。这种教育应该覆盖儿童认知和情感两方面的发展，应该保证所有青少年掌握坚实的基础知识和技能，同时使他们养成学习新知识的态度和能力——学会学习"。当前，随着知识和信息日益渗透人们日常生活的各个方面，终身学习已从理想变为现实，世界各国因发展阶段不同正在以不同的脚步迈向学习化社会，学习已经成为关系未来进步的重要因素。

作为终身学习的起点——基础教育的一些新重点，都是"人的作为满足终身学习的一个必要手段——基础教育"——由此又有了"新的蕴意和使命"的基础教育。"从整个终身学习过程来说，基础教育又被当前国际教育界称为'初始教育'即终身学习的起点"。所以说，真正的基础教育，更成为一种满足人的终生学习条件的"初始化教育"，而不只是目前学校教育中的低一学段为高一学段打基础的学段性奠基教育。

三、基础教育是让人走向未来的"成全教育"，"四个学会"才是促进人的全面成长的真正的奠基教育。

目前，我国的基础教育，一边在高喊素质教育，一边却都在忙乎应试型的分数教育。这与真正的基础教育即"成全人"的发展的教育渐行渐远。基础教育，说到底是一种为孩子作面向未来的准备，与孩子们一起准备未来，让孩子有信心地走进未来，而不是输在"分数"的起跑线。

国际 21 世纪教育委员会在其向联合国教科文组织提交的报告《教育——财富蕴藏其中》一书中，更是针对未来信息化社会提出了教育的"四个支柱"，并认为这是每一个人一生中的知识支柱，即学会认知、学会做事、学会共同生活和学会生存。学会认知历来受到各国教育的重视，但是，在知识膨胀的信息社会里，选择知识、利用知识将变得更为重要。这就告诉我们：学会比学懂更有价值，更有意义。

长期负责联合国教科文组织基础教育的高级官员奥德内斯总结了基础教育在面向未来学习化社会应该注意的一个问题。他说："全球范围内的教育系统在传授知识字和计算技能方面已经取得了进步，但是，它们在第三个主要领域即生活技能、社会技能和价值观念的传授方面却没有太多的成绩。虽然20世纪造就了一代在计算机和知识开发领域里的专家，而这些专家在价值观念、生活技能、对多样化持宽容尊重态度方面却不那么完美。可以说，这个世纪教育的失败不是在科学、语言和数学教学上的失败，而是在倡导人类之间和平共处上的失败，是在为了充分平等的发展而应发掘个人和社会潜能上的失败。"这说明，如何学会学习和道德教育是世界基础教育应该重视的问题。

所以，在未来信息化社会中，让人具有"四个学会"，将成全于人的生存、发展，这是一种"知识支柱"的教育。目前的那些为"考分"而教、为升学而教的应试教育，是一种残缺的、畸形的、低效的"奠基"教育。可以说，这样的教育，不是为了"人"的奠基教育，而且只是为了"分"的奠基教育。我们理所当然地反对这种并非真正意义上的奠基教育。

请问，以上三种冠以"基础教育"的教育，还是基础教育吗？难怪目前有许多人发出叹息：基础教育已渐行渐远，已经找不到理想中的那种"基础教育"了。可以真正称作"为学生而奠基"的基础教育，需要我们再次寻找和重新确立，一来恢复基础教育的本来面目，二来也因为时代的发展进步而给基础教育赋予新的含义和标准，以提升基础教育的品质和效益，这是一个不可回避也确实值得我们深思回答的问题。

（本文写于2009年12月，曾在有关会议交流）

"知识力教育"不亚于"能力教育"
——从知识走向知识力：现代基础教育的新发展

摘要：知识，即人们在改造世界的实践中所获得的认识和经验的总结。它是人类智慧与本领的集大成者，是人类智慧与本领得以科学发展的母体。把知识与能力对立起来而偏爱能力，既不公平，也不符合客观规律。更何况知识本身就是一种"力量"，知识还可以转化为能力，知识还可产生一种推动力叫"知识力"。为了真正体现与发挥"知识就是力量"的作用，就要开展对新的科学概念"知识力"的研究，以发展成为一门富有科学价值和实践意义的学科。"知识力"是指有知识灌注其中、渗透其内的力，是由知识武装起来、为知识改造和训练并定向发展的力。它比人类"本能"的自然力更具有力量性和创造性。因此，从知识走向"知识力"，是现代基础教育的新发展。

关键词：知识；知识就是力量；知识经济；知识力；现代基础教育

众所周知，世界名人培根说过："知识就是力量"。而且它已经被人们广泛认可和运用。但是，其中含义到底何在？怎样深度解读才会让我们获得更多、更深的启发，这也是在"学习科学"研究中应该引起我们深度思考的一个课题：只有将这个"学习"的对象——"知识"，有了"质"的认识和"能"的理解后，才会让学习走向科学，更加科学。也就是说，为了真正体现与发挥"知识就是力量"的作用，就要开展"什么是知识""知识怎么样变成力量""知识变成力量后的表现形态是什么"的等一系列研究。

一、从人类推动自身发展进步的"力"中寻找"知识力"的存在

当"知识经济"已经成为当代社会的一大标志的时候，而给予"知识力"这个概念的界定和做出一种新的解释，是使知识与能力回避对立而走向统一的科学做法，也的确生动反映了知识与能力的相融关系。这是对知识做出其内涵和外延发展后的新概念——知识力诞生的描述。由此可知，知识既直接服务于社会，作用于人类，还为生产能力起着母体作用。如果大家都时兴"力"的话，那么，这种知识所产生的推动力则可以称之为"知识力"。

现在，让我们把目光定格在光辉灿烂而浩瀚不断的人类发展史上。人类，之所以能不息繁衍、进步与繁荣，主要是因为它有一股永远不可战胜的而且在继续发展壮大的力量。有人把这种伟大的力量科学地分为两种力：自然力和知识力。众所周知，自然力，是人的能力的低级形式，其中绝大部分是一种人的本能或"原始能力"。人靠这种自身的自然力，也能对外界施加影响，获得劳动成果（比如原始人类就是这样），但它总是非常有限，而且只能从事粗陋的简单劳动，而一旦进入复杂特别是创造活动频繁的时代或者领域，尤其是"知识经济"时代的到来，它就显得"力"不胜任、无计可施了。此时此境的人类，多么需要另外一种力，一种更具有力量性的"力"，这就是人们所科学地揭示出的"知识力"。知识力，在这种人类文明高度发达的特定时代，就显得比自然力更有力量、更有

价值了。

什么是知识力？我国著名学者章竞先生曾在中共中央《求是》杂志1993年第16期发表的《知识力：才能的内在本质》一文中作了这样的科学阐述："知识力是有知识灌注其中、渗透其内的力，是由知识武装起来、为知识改造和训练并定向发展的力。知识的作用，改变了肌体（四肢、五官、大脑、神经等）的质地和功能、运动方式和生活习性，使它们的力发达起来，由笨拙变灵巧，由粗陋变精细，由羸弱变强大，由世俗变神奇，因而就能登上创造的高峰，开创惊人的业绩。"简单而通俗地说，知识力就是后天通过学习知识，由知识转化起来的能力，它比人类"本能"的自然力更具有力量性和创造性，因此从某种意义上说，知识力就是生产力、发展力、创造力。

章竞先生还说道：真正的文学作品，只有具备文学知识力的人才能完成。文学家的知识力，全在他的笔下。笔本身只是书写的工具，谈不到有什么力量。文学家并不自己造字，他所用的那些字、字典里都有。但在他的知识力的驱遣下，那笔似乎有了神奇的魔力；经过他的选择、组合、调遣和运用，那些普遍的字仿佛活了起来，像一个个小精灵，不仅能"吐纳珠玉之声""卷舒风云之气"，而且能"笼"天地于无形内，挫万物于笔端。这就是知识力的作用，这就可见对语文知识力修炼与形成的重要性。

由此，我们常常想到这样一类问题：人是多么渴望需要有这种神奇的知识力！那么，寻找与获取这种知识力则成了人类文明建设的核心任务，促进人的知识力的养成则成了教育的基本功能。但是，我又常常在想另一些问题：这些知识力的最终养成或者获得，是不是还有另一种力呢？那又是什么力呢？等等。我们经过分析研究认为：知识力，是通过对知识的学习获得，那么，推进人的知识力形成的能力应该是学习能力，也就是"元能力"（或叫"原能力"。）学习能力既是形成人类知识力的条件，又是获取人类知识力的基本因素。由"能力产生能力"则成为学习能力的特殊功能，所以叫"元能力"不无道理，能产生知识力的能力也自然成为一种"创新力"，所以，学习能力的获取也等于是对创新力的培养。因此，在以"知识力"为基本动力的"知识经济"时代，我们来对产生知识力的"元能力"即学习能力展开探究，将是一种不可回避的历史必然与神圣责任。尤其是如何使跨世纪的我国学生以最强的学习能力去形成"知识力"，显得何等及时与实在。这些，就是我们为什么要提出把学习能力问题从人们司空见惯的"能力现象"中抽取出来作为专门课题研究的第一层思考。

二、知识：能够走向“知识力”

我们经常发现，把某个有知识的人称为“活词典”，把某种职业中的专业知识称为“专业词汇”。词汇和词典，在这里都是指知识。词汇是指一种知识的储备，词典则是对知识的整理、概括而系统化、工具化，最终所形成的是产生“知识力”的概念与经典。所以，一个人都有自己的词汇（也就是说都有属于自己的即自我掌握和拥有一定量的知识），如果词汇越丰富，则它的知识也越丰富。如果谁经常有新的词汇出之于口，见之于笔，则说明这个人经常有新知识的积累与发展（也叫“知识更新”）。王志东先生参加电视节目“财富对话”，在回答主持人所提“创业之初所遇到的最大问题是什么”时，竟然回答说“缺乏词汇”。换成其他一般人会说“是经费、是经验、是理念”等方面的。

这种说法很有意思，让人感觉更具有意味，更能引人思考，特别是更为深广的哲学思考，因为他已经是在“玩问题”而不是直接“答问题”了。这些问题已经从某个角度被抽象成为“概念”，而这些概念都成了与这些问题一并生产出新的词汇中的一部分，也就是知识力的新词汇。在这里，与其说“玩问题”不如说“玩知识”。可以说，这种“玩知识”就是知识运用的一种水平和境界，这种“玩知识”的能力就自然形成一种“知识力”。而这些，只能由具有较高文化素养和知识高度的人再加上“哲思”之后所产生的“知识力”所致，比如“经费”，把它看成问题的人会说：“经费”是什么，需要多少“经费”，怎样找到“经费”等。但是具有专业词汇的人说的则是关于“经费”的专业词汇，诸如“筹措资金”“风险投资”“成本”“预算”“决算”“效益”“中外合资”“独资”“个体经济”等，一大堆全专业词语都说出来让你感受到对方不凡、不俗、有水平。满口专而新的词汇，俨然会被人认为是很有知识、很有学问的人，也就自然成为目前越来越流行的有知识、能成大业的“儒雅之商”。

所以，与其说王志东先生说“缺少词汇”，不如直接说“缺少知识”，缺少用于创业的创新知识、专业知识和转化能力、智力的知识或者克服困难、解决问题的知识等。在这里，词汇和词典只不过是知识的代名词，是对知识“形象＋哲理”的描述，或者是一种“文化化语言”，即略带一些诙谐与智慧的答语。这实际可以用一个新的更贴切的词语来概括：知识力。

诚然，知识是靠词汇、词典来表现。有了许多词汇，甚至还形成了词典，无疑给人生带来方便，带来财富，但是在众多的词汇中还要学会提炼和妙用。如果缺少“关键词、中心词、精彩词”，以及“有个性词、原创词”等，想必也并非显示高雅、深刻、智趣。所以，当有了知识力，就更能通过“再生性语汇”和使用频率高的常用词，来"炼词""拣词"、选词和用词。这就要学会读书，为需要读书，读需要的书，久而久之，就会"玩知识"，就会在从知识走向知识力的道路上走得更加潇洒自如。

三、知识：已经成为一种"力量"

在以"知识经济"作为一种新的时代身份特征而初见端倪的 21 世纪，"知识经济"本身就是一种能力的经济、一种创新与发展进步的标志。而知识也越来越理所当然地受到追捧，又哪会遭遇歧视呢？古今中外对知识的评价都是正面的崇高的。如："知识就是力量""知识就是财富"。人们还把有知识者则叫有文化、有文明、有素养、有素质。于是"有知识"也便成了国家"四有"新人的第一要素。

现在，我们不能苛求于"知识"这个名字本身，而应该充分考量它的具体内涵与功能。这里需要特别强调，作为"知识"有"为人的知识"和"人为的知识"。"为人的知识"，即由客观产生的知识，符合客观规律和人类发展进步的知识，能为人的生存发展与创造服务的知识，且为人类服务，被人类所接受与运用的知识。已进入"知识经济"初见端倪的 21 世纪，更处于"知识"的时代，更是知识发挥作用的时代。用"知识产生经济"，是这个时代的基本特征，而用知识产生知识，用知识产生能力，用知识产生智慧，更是使这一个时代发展更好更快的基本动力。

知识，从发展角度来说，不仅是通过总结归纳而得的现成经验和概念，也可以通过解释和设想而创造出更加符合规律、适应人生需要的新的概念与判断。对"知识"的看法，关键不在于"知识"这个名字本身，而应该是它的具体内涵与功能。"知识"在"人为的教学"中被扭曲了，被贬低了，把因专家化的教材所形成的学科知识（即科学主义常识）和人们对知识的一成不变地接受和机械掌握的"学知识"的人为现象而归结到"知识"本身，这既不公平，也不符合客观规律。如果换一个角度，围绕"人"构建知识的学习体系和"知识"结构，将知识定义为人生知识，创造知识，技能性知识，能力型知识，智力型知识等等，又为何不可以使"知识"成为教育之本呢？知识，从发展角度来说，不仅是通过归纳而得的现成的经验和概念，也可以通过解释而创造、设想出更加符合规律和适应人生需要的新的概念与判断。

更何况知识通过发生、发展而出现整合型优势，还呈现着与其他事物同样特征的两重性（即两个维度）：一是指某种概念、定理、经验等知识的自身的内涵（如某学科体系、某专业常识、某职业项目规范、某生活或生产内容等）；二是指人们掌握知识的程度、结构及其运用方法的外延（如知识量、知识点、知识结构、知识力和知识产生的过程与方法及其背景等）。这两个维度知识的整合才会为转化能力创造条件：因为前者是前人或书本的经验总结，此时已处于静态，对于掌握者来说是既定知识或间接性知识；后者是掌握者在学习既定知识时所亲自获得的真实体验与感悟，而且不同的掌握者会有不同量、不同角度、不同类型的体验与感悟，正由于这些"不同"而呈现为一种动态的"活知识"（即动态性的、发展性的，有不同需求且可直接运用价值的）。

四、对"知识"与"能力"要作出科学思辨

首先，要明确"知识"和"力量"分别是指什么？

知识，《现代汉语词典》释义为：人们在改造世界的实践中所获得的认识和经验的总结。可以说，是人类智慧与本领的集大成者，是人类智慧与本领得以科学发展的母体。这些知识都是人类的"真知"和"经验"，是直接由人类总结与创造，且又直接为人类自身服务而被广泛利用，更是人类自身赖以生存与发展的最可宝贵的财富。人们掌握它，学习它，运用它，就能促进人类文明与进步，尤其是人类自身赖以发展、进步的必备条件和决定性因素之一。

力量，《现代汉语词典》的释义为：①力气；②能力；③作用、致力。由此可见，知识不仅仅是"力量"中的"力气"，更是"能力"和"效力"，那么现在为什么有越来越将"知识"边缘化，而将所谓"能力"替代"知识"呢？为什么一提能力就非要排弃或贬低"知识"不可呢？我认为，"知识"与"能力"是完全可以统一或融为一体的，何况"知识"的普适性远比"能力"强，无数事实也证明了。比如，爱迪生对"电"的发明的知识，牛顿"万有引力"的知识，爱因斯坦"相对论"的知识，马克思"剩余价值"的知识，毛泽东"实践论""矛盾论"的知识等，都无不说明培根关于"知识就是力量"的正确性。所以，现在社会上流行的"知识就是力量""知识就是财富"和做"四有"新人的"有知识"等都说明了知识的社会意义和人生意义。大家都把有知识的人称为有文化，有素养，有素质，讲文明。人们往往在不进行精细的学术讨论的时候，知识是涵盖能力的。比如，我们说一个人有知识、有能力，可以说成是"知识分子"，但没有说成"能力分子"。

在此，我们对"知识与能力"要作出科学思辨。

知识与能力，仍然是两个不同的概念，虽然它们有联系，有时也相互交叉

与包容。当它们之间并没有发生联系，尤其当知识还未转化为能力时，那么知识是知识，能力是能力，区别还是明显的。不是有人经常说："空读了一肚子书，就是不会做事。"这一肚子书，可谓是有知识，要他讲这些书，会滔滔不绝，但一旦要用这些书的观点或方法去解释社会现象、处理社会问题、参加社会活动就一筹莫展了。这些人是没有"活读书"（即把书读活），只为书而读，不是为需而读，这样所获得的知识是永远不能转化为能力的。也就是说，只接受了"静态"的既成的非本人体验的间接性知识，而没有把知识内化，只"知"而不"识"，或者知而未"真知"。当它可以成为一种认识世界、改造世界的知识推动力和运用力的时候，那么则应验了培根的名言：知识就是力量。

现在，流行着一种似乎很前卫的改革派现象，就是将知识与能力对立起来，一讲到知识，就以为是过去传统的东西，是保守的东西，而一讲到能力就以为是发展的创新的东西。把学知识、掌握知识与搞能力培养和智力开发相对立，其本身就是不科学的。现在讲创新教育与实践能力的培养，一点也离不开知识。"知识经济"本身就是一种创新与能力的经济。由于人们对知识的偏见，以及接受和机械掌握"知识"的人为现象，使"知识"得到许多不应有的评价，把知识与能力对立起来而偏爱能力，这既不公平，也不符合客观规律。于是"知识"在人为的运用和能力培养的口号越来越响的今天被扭曲了，被贬低了。假如，我们换一个角度，围绕"以人为本"而构建知识的学习体系和形成相应的"知识"结构，从而将知识定义为人生知识、创造性知识、技能性知识、能力型知识、智力型知识等，那么又何不可以使"知识"发挥更大作用，成为人类"生活之本"和教育之职责呢？

五、知识力：在知识转化为能力的过程中形成

现在，人们热衷于提"将知识转化为能力"。其实对这句话还要做出科学的思辨。

首先必须承认，知识是能够转化为能力的。这也正好说明知识的重要地位和对于能力所起的作用。

知识，一旦转化为能力以后，并不表明知识就失去了，也不能说成知识已变为能力中的一部分。当知识转化为能力的时候，知识与能力仍是两码事，更不能把知识一概而论认定为能力中的结构因素（没有人说"知识型能力"的，倒是有人说"能力型知识"的）。那么，当知识转化为能力的时候，到底会出现什么新的现象呢？我从有人说"能力型知识"的这一句话获得了顿悟：知识转化为能

力以后所产生的是"知识力"，即"知识＋能力＝知识力"，能力和知识都因特殊组合而变成了两个动态因素，即知识力结构中的两个要素。

所以，我们不能一提将知识转化为能力，就以为知识被转化后就把知识搞得没有了。其实知识仍然存在，知识仍然有它的作用与功能，而且它既还可以继续为其他能力做"转化"工作，又产生了新的物质"知识力"。因为"知识"只是为转化某种"能力"时起了"介质"作用或载体作用以及诱发素作用。比如"识字"。对"上、下"的两个字的认识，首先是一种知识，即掌握了它们的音形义。要那样读、要那样写，就能那样读、那样写。这就是知识的一个基本特征，即用一个个"概念""规则""定理"来体现。这些与其说是知识，不如说是规则与人类认识。还有，习惯在学习知识时也有十分重要的作用，能不能就说习惯也是知识的一种结构因素，同理，习惯也为形成能力起重要作用，那么，习惯也是否成为能力中的结构要素呢？

在这里值得特别一提的是，不少人现在把第二维度知识理解为是知识转化为能力后的能力。其实它不是能力，是一种知识力在起作用，因属于知识分类中的"程序性知识"所形成的知识力。由于它具有主观性、新生性、相伴性和技能性特征，也就容易被人误解——要么对知识的错解，要么对能力的曲解。可以说，具有两个层次即知识和知识力的知识才是完整的、才是科学有用的。当你具备了这些有深浅层次之分、主客观角度之分、"宽"与"窄"的程度之分的知识结构，才会使你觉得知识的分量与力量，这就是知识力的特征与作用。有人说：用钱生钱。前一个钱是本钱，是"活钱"，是产生了促使产生"新钱"的推动力量。同理，用知识生知识，前者是"活知识"，是"种子性知识"；后者是"新知识"。其间已经将知识产生一种"力"，即催生新知识的"知识力"。这种知识产生了"力"，就比那些只具有"收藏价值""记忆价值"和"陈述价值"的静态性知识更有了一层新的价值和功能。同时，通过这种知识的二维性功能，为知识生化为知识力创造了条件。

在这里还值得指出的是，在学生的诸能力中，"学习能力"也是直接与"知识力"紧密联系的。学习能力，无疑是成为学习者获取知识、培养能力的基本要素，但是，"学习能力"却又与"知识力"相辅相成：以知识为核心或诱因的"知识力"，是产生"学习能力"的必备条件，而"学习能力"也为"知识力"的发展而产生促进作用。也就是说，学习能力既是形成人类知识力的重要条件，又是获取人类知识力的基本因素。由"力产生力"，这就是"知识力"与"学习能力"相辅相成的特殊功能及其表现形式。

在此，我们认为：把知识与能力对立起来而偏爱能力，这既不公平，也不符合客观规律。更何况知识本身就是一种"力量"，知识还可以转化为能力，知识还可产生一种推动力叫"知识力"。

总之，本文对由"知识""力量""能力"等概念之间相互关系的研究中终于推出对新的科学概念"知识力"的研究，以至发展成为一门富有科学价值和实践意义的新学科——"知识力教育"。因为知识本身就是一种"力量"，知识还可以转化为能力，知识还可产生一种"知识力"。因此，从知识走向"知识力"，以知识力教育作为当今教育的一条红线：一头牵着知识，一头牵着能力，全面实施"知识力教育"，这将是现代基础教育的新发展。

（本文写于 2008 年 3 月，在有关学术会上交流发言）

改革：向着正教育出发
——现代基础教育的发展再探

一、现实拷问：我国目前的教育是"正"的了吗

当前，教育改革与发展步入深水区，创新教育则成为基础教育改革与发展步入深水区的重要标志之一。但是，在我国中小学教育的现实中，的确存在因缺乏教育创新而导致出现学校发展"梗阻"的问题。比如：

（1）"应试教育"恶性循环。目前，"为分数教育"和"唯分数教育"的"应试教育"，导致中小学教育内容狭窄，忽视学生的个性。现实教学中很正统的做法，就是学生必须围绕着老师的讲、练、考、评打转，老师天天忙碌在课本、课堂、作业和考评之中。谁不这样，谁就是不务正业，于是培养了一批只懂得听课、作业、考试的学生。

（2）"工具化"教育愈演愈烈。这种教育以"术"为本，让学生似乎学到更多的太"有用"的知识，其实忽略了人文性，忽略了人的整体发展和综合成长。可以说，目前的中小学教育实际上是一种压抑学生丰富个性的教育，是一种"烧砖式"教育，即用做题和灌输的方法，把学生做成四四方方的砖坯子，然后用考试之火煅烧出规范统一的砖块。这种整齐划一的"砖块式"学生，与他们丰富却又被压抑的个性之间形成冲突，其结果是培养了畸形的学生。考试教育的盛行，结

果是孕育了一个畸形教育的时代，这是当代教育的不幸。

（3）"形式教育"泛滥无边。这种"形式教育"，在很大程度上忽略教育对象（学生）的主体性，缺乏可持续发展的教育内容和教学方式，使本是一种富有生命舒展和挑战动态的创造性教育竟变成一种"知识再现式"的简单、重复、苦闷的劳累行为，使学生缺乏对社会新问题和知识新领域的发现，缺乏对自我潜质和个性特长的发掘、培养和发挥，缺乏对更具有深度、广度、高度的知识价值的追求，给我们带来了强烈不安和良心自责。

这些问题的产生，究其原因，我认为主要有以下四点：（1）教育目标粗浅化，缺乏深度与拓展；（2）教育内容俗套化，缺乏多元与生气；（3）教育形式陈旧化，缺乏综合与创新；（4）教育策略随意化，缺乏科学与体系。

现在，以人为本的育人教育显得越来越重要，开展以提高国民素质和创新能力为核心的现代公民教育，把"有问题的教育"通过改革而纠正为开展一种具有真正的改革发展意义的"创新教育"，这已经越来越成为许多有识、有志之士的共识。以上"两种异常教育"不能再蔓延下去——因为我们的学生输不起，我们的国家输不起，我们的民族输不起。所以，这是一个值得广大教育工作者普遍关注和研究的课题。

那么，如何把"有问题的教育"通过改革和"创新教育"，使之更加合理化、科学化、规范化，已经成为越来越多的有识、有志之士的研究课题。我们认为：只有坚持改革发展，用"创新教育"的策略与办法，面对"问题"来"创"新，才有可能让教育创"新"。

基于此，我们创造出一套新的教育理念、内容和相应的教育教学过程、方法、手段及其评价的操作机制。其特点就是：从随意、零散的闪光点的局部创新走向整体的、综合的系统创新，从感性的、肤浅、表象的创新走向理性的、深度、集约的创新，从"标"新立异的极端化口号创新走向务实求真以解决问题的实体创新。只有站在发展的改革与创新相结合的高度，进一步加强学校发展的顶层设计与科学实践的综合实施，才会让教育再生新的希望和力量。那么，如何寻找和实施学校"创"新教育的目标、内容、策略、方法、途径，将成为目前面临的一个重要问题——值得广大教育领域普遍关注和研究的课题。

无数事实证明：基础教育是为学生发展而奠基的教育，并不等于传统教育或者是守旧教育，倒是更多地需要创新的现代化教育。教育创新，也就是使基础教育更能为学生发展而奠基，也就是"使教育"能够"创"新——那么让我们所从事的教育从理念、内容、过程、策略、方法和手段到评价等，都可以也必须是创新的，都是发展的，这样才有可能够承担人的创新精神、创新能力和创新素质培育的重任。

目前，在教育改革与创新中有必要找到一个恰当的"抓手"，才能引领与推动学校新的宏伟目标的实现。于是，我们便找到了一个从"效"教育走向"质"教育的"真"教育。可以说，这是为学校找到了再展宏图的新空间，是学校继续走在改革创新前沿阵地的再次创业，也是从"小气教育"即"小器"教育走向"大气教育"即"大器"教育的广阔舞台。以"创新教育"为核心价值观，以改革创新作为德胜教育发展的主线，以先进的教育理念和办学思想为行动基础，以高尚的教育行为与教育习惯为载体而逐渐形成较为优秀、完美的学校文化，进而产生最卓越的办学成果及其成功经验。

二、"正"教育的构建及其理论支撑

古人说道："万物得一以生，侯王得一以为天下正。"这里的"正"就是"应该的样子"。《现代汉词辞典》将"正"释义为：不偏斜，合于法则的，合于道理的。由此，我们特将"正教育"这一概念，作出以下理解：正教育是指一种不被歪曲、偏离，合乎人类发展法则，遵循社会与自然的发展规律的正确的教育。它包含以下几个方面。

（一）关于"正"教育的几种理解

1. 正教育首先是"真"教育。

"真"是教育的内涵——人的发展过程是追求"真"的过程。著名教育家陶行知先生说：千教万教教人求真，千学万学学做真人。道出了教育的本质——"真"。

"真"，有自然的"真"和人性的"真"。自然的"真"，我们称之为"真理"，这是教育的基本内容。人性的"真"，这也是人类生存和发展所必需的基础。教材中的每一处内容，也表达着"真"——既有人性的"真"，更有自然的科学的"真"。

"真"是学校的根本——学校的生存也是以"真"为沃土的，是因为教育的"真"在起作用，以其"真"诚的态度，"真"实的做法，使每一位师生更显长进、发展。"真"是持久的、永远的，因为一个国家、一个民族所需要的正是真人与真才。

"真"是社会的期盼——人与人之间交往的必须"真"，我们称之为"诚信"。是人类赖以生存的基础。一家媒体做过调查："如今我们最需要树立的风气是什么？""如今人最缺乏的品德是什么？"最后结果都是诚信，就是"真"。也是对诚信（真）缺失的哀叹。人与人之间纠纷矛盾、国家与国家间的波涛起伏都是因为失去了相互间的信任，失去了人性的"真"，让人活得够累够呛。现在社会人们渴望"真"，渴望社会秩序的井然，我们教育工作者责无旁贷，当然可能会有"百年树人"的艰辛。

2. 正教育本是一种"正人"教育。

"正人"教育，是"使人正"的教育，这是"正"教育自身的本质及其规律，是教育的一种特质——特质是真实的生物物理结构。教育特质，简称"教育质"，指属于教育本来所具有的真实的存在属性、内在结构及学理规律等特点。用来反映教育质的主要内容有：真正的教育方针、教育理念、教育目标、教育内容、教育策略与方法等。

学校教育的根本目的是让学生成就为正人、正才子，而不是高分低能儿，即只有知识而无文化，有学问而无思想、无创新品质、无实践能力、无个性化发展特色的人。

"正人"教育，是让学生"亲近万物、亲近自然、亲近社会"的教育，是"解决问题"的教育。是"心心相印"的教育，是"改变自己也改变别人"，最后是"改变世界也创造世界"的教育。

"正人"教育，是成全人的教育，发展人的教育，是坚决拒绝"怪胎"教育——因为变味、变性，坚决摒弃"畸形"教育——因为变态、变形，更是因为它们从内容到形式，都已经是使本真的教育失常，使本真的教育失范。

"正人"教育，也是树人教育。树人，是培养人才的意思。出处：《管子·权修》："一年之计，莫如树谷；十年之计，莫如树木；终身之计，莫如树人。"树：培植，培养。比喻培养人才是长久之计。也表示培养人才很不容易。

3. 正教育是一种"立于学"的教育。

"正"教育，要以学为本，为学而教，在做中学，在学中教。积极实践陶行知先生"教学做合一"的教育理论，让教师"做上教"，让学生"做上学"，从而达到教学相长，实现教与学的最优化。

"正"教育，要信任孩子，解放学生。要善于营造和谐融洽的课堂氛围，课堂上师生之间应该建构一种交流、互动、合作关系。在这种关系中，学生体验的是平等、自由、民主、尊重、信任，形成的是自主自觉的意识、探索求知的欲望、开拓创新的激情。

"正"教育，要学以致用，重视体验。教师要把传统教育以书本为教学的中心，转移到以实际生活为中心上来，不是"教教材，而是用教材教"，正如陶行知先生所言"与其说'读书'不如说'用书'"。因此在教学中教师要以学生原有的生活经验为背景，由此引出新知，引导学生获得真知与正道。教学中的拓展与延伸也一定要与学生生活体验密切相关，因为"思想与行为结合而产生的知识是真知识"，这样的学习才是"正学"。

"正"教育，要促进学生的可持续性发展。"授人以鱼，不如授人以渔"，教师在教学中重视了对学生学习方法的指导，引领学生学会学习，注重提高学生的学习能力，这才是教学之本。正如教育家叶圣陶先生所言"教是为了不教。"

4. 正教育是一种遵循学科规律的"自然性"教育。

首先，正教育要注重发挥学科育人功能。在课堂教学中，教师应充分尊重学科教学的规律和学科的本质属性，根据学科自身的特点，充分利用学科丰富的教育资源，找准切入点和结合点，随时随机地融入民族精神教育、生命教育、爱的教育，凸显学科的育人功能。

其次，正教育要体现自然规律，回到生活的真实情境中，让每一个学生都在真实教育中快乐学习，幸福成长。教师心中应该时时、处处充满对学生的爱，包容学生的一切——甚至学生的"犯错"，因为"在人间没有所谓的'犯错'，只有'经验'。成长是一个'错了再试'的过程，'失败'的经验和'成功'的经验一样可贵"。

（二）为什么要开展"正"教育？

因为我们要让学校从此由"小器"教育走向"大气"教育。办大气教育、建大气学校、育大气人才，要在实现"高端办学、文化立校、科学兴校、质量强校"的教育过程中，使学校的各项工作都要走向全面、全员、全程的可持续发展的现代学校建设的改革创新，以用"正"教育来提升学校办学品位，彰显创新特色。

"小器"教育，是指一种"小器皿"教育，也叫"小气"教育。即小作坊、小动作、小回报的"短平快"教育，把学生只进行一种重复制造、批量生产的短线产品教育或低端产品教育甚至"山寨版"的仿制品教育或复制品教育。综观目前国内愈演愈烈的应试教育（分数教育）、畸形教育（乱象教育）和"伪改革"教育（形式教育），都无不就是这样的"小器"教育。

"大气"教育，是指一种"大手笔"教育，也叫"大器"教育。即区别于"小器"教育的高起点、大尺度、远目标、多元化的"上市公司"型的创造性教育；是敢于走出急功近利、回归人性化、寻找教育本真、对学生一生发展奠基和导航的真教育。它在于培养成为有思想、有道德、有智慧的学者、领袖和优秀公民，不再让学生成为当前的应试机器或高分低能的书呆子。其特点是：淡化考试分数教学而更注重综合素质培养，坚持全面发展而更注重个性成长，立足起步过关而更求未来成才。《老子》有言："大方无隅,大器晚成。"其"大器晚成",现常指能担当重任的人物要经过长期的锻炼。当然,较晚能成就为大才者,固然可敬可学,但是科技日益飞速发展的今天,要求快出人才、早出人才、出大才者,那为什么不可以"大器早成"呢?而要想"大器早成",则"千里之行"而务必始于我们当下所倡导的"大器"教育。

教育就像一棵树,"小器"教育就是一棵树上局部的树叶、枝丫、花果,只注重教育的一枝、一叶、一花、一果,乍一看去有直观感、有成就感、抢眼球,但这是小部件教育;而"大气"教育则反之,注重"全树"(就学生而言是"全人")的生长、生态——我们称之为"种树"教育乃至"种一棵树"教育。这种教育才是最真实的教育,也就是最大气的教育:不仅看到表面的局面的零散的枝叶花果,更关注支撑枝叶花果的主干和地下的根。因为主干和根为上面的枝叶花果输送养分、支撑、呵护。这种着眼于主干和根(本)的教育,无疑要显得整体、大气、重要得多——可能比"小器教育"的急功近利来得慢,但"大气"教育的长效性、隐效性和主效性则无可相比:因为我们关注的是学生的全部,是学生的一生成长、未来发展、个性化才能和领袖型品质,再不让学生当应试的工具和分数的俘虏,而让学生以综合素质和个性化才能的一体化成长为"大气之才",面对应试不会输,面对困境不会垮,面对世界不会怯,面对未来不会懵。那么,我们的教育就完全可以从"中国制造"型走向"中国智造"型或"中国创造"型。

(三)"正"教育的理论支撑

1. 基于综合改革的教育政策

开展基于综合改革与全构创新的"正"教育体系的构建,可以大大提升教育创新的品质,发展教育创新的内涵。目前,教育创新碰到了一个普遍尴尬的问题,就是一边在高喊素质教育的口号,一边却在埋头苦拼"应试教育",结果把教育做成了理念与现实相割裂的"两张皮"式的形式教育。那么,这种"正"教育体系的构建,则可以将"两张皮"进行整合,超越"形式教育",将先进的创新的教育理念转化为教师的自主意识、自觉行为。

2. 基于以人为本的教育理念

"坚持以人为本、全面实施素质教育是教育改革发展的战略主题,是贯彻党的教育方针的时代要求,其核心是解决好培养什么人、怎样培养人的重大问题,重点是面向全体学生、促进学生全面发展,着力提高学生服务国家服务人民的社会责任感、勇于探索的创新精神和善于解决问题的实践能力。"以上政策观点均为我们探索基于综合改革的"创五新"教育体系构建的研究,提供了强有力的政策保障，指明了前进方向。开展"发展型·全构性"一体化的学校层面的顶层设计与全面实施，创建具有"个性化、国际化"的教育特色及其"正"教育创新的实施导图，则可以为解决目前普遍出现的教学随意、盲目、单一、重复和投其所好、任务应付、急功近利等低层次、低洼地的问题而提供具有突破性的经验。

3. 基于发展论的哲学支撑

发展（Development）是哲学术语，指事物由小到大，由简到繁，由低级到高级，由旧物质到新物质的运动变化过程。唯物辩证法认为：发展没有终极，也应该不会有终极。学校教育也是在不断发展变化中呈动态变化和不断上升的态势。不同时空的发展又呈台阶式的阶段性发展，都具有其特定的内涵、特定的质素水平和相应发展目标等，那么，后一阶段的发展势必要比前一阶段要更先进、更合理、更新颖、更科学，也就是更成熟、成型。而这个过程就是改革、创新和发展的过程。所以，更需要用发展的哲学观来引领与支撑学校有关教育创新的尝试及研究。哲人说："中国教育之宗旨教育之精神，主要乃谓一'全人'教育，首在培养其内心之德。"这是教育最基本的常识。所以，我们以聚焦并打造一种"德文化"，再用"德文化"支撑"立德树人"，使"德文化"成为"立德树人""修德致胜，德行天下"的主阵地，让教育永远置于永不落后且更趋成熟的"改革→发展→创新"之路上。

三、案例分析：德胜学校为"正"教育而开展"创五新"教育

什么叫"创五新"教育？就是以抓住一所学校教育教学应有的几项基本要素（如"管理、德育、课程、课堂教学、校园文化"等）为对象，再通过科学总结、反思和优化整合，以形成五个创新方面且自成我校创新发展体系的一项教育创新工程——即构建命制为德胜学校"创五新"教育，以创造更加科学、更趋合理、更有质效的本"正"教育及其全新的创造性教育体系。"五新"既是创新的对象和内容，以形成一个创新联合共同体，又是专指我校独有的教育创新的个性化特色；"创"是一个动态发展过程，是每个有梦想的人永远的思想和不懈的行动，更表现了德胜人的一种立于创、行于创、成于创的工作态度、意志、习惯，以及在"创"字上下功夫的特有品质。

德胜学校的"创五新"教育，力求在以下五个方面下功夫：（1）用改革进行重建性的全面、全程创新，让学校管理推陈出新；（2）以整合新资源与开辟新渠道相结合来形成德育新特色，使学校德育务实求新；（3）创新课程板块、形成科学合理的"结构化"学校课程新体系，使学校课程全面翻新；（4）追求以打造

"大气课堂"为导向的教学新气象,让课堂从此大气清新;(5)以聚焦"德文化"育人而创设高雅的"德胜学园",使校园成为高品位文化聚新的"德胜园"——一种现代基础教育的"教育园区"。

目前,德胜学校的"创五新"教育已出现了以下几个亮点:

1.发展性课程:让学生自主发展自己

目前,课程理论流派很多,国内外影响较大的可以概括为以下三类:强调以学术为中心的学科结构课程理论,强调以社会问题为中心的社会改造课程理论,强调以学生发展为中心的学生课程理论,即发展主义课程理论。基于此,学校课程怎么开,将成为一个不可回避的课题。我认为,当今学校以上述的任何一类课程来开设都不符合学校育人目标,而应该取三者之优势而整合,构建以"学生发展"为主线,以"学术推进"为主轴,以"社会改造"为主题的"三主并主"的学校课程新内涵。

学校一切课程都要为学生发展而开,为学生有个性化的自主发展而开,开成"学习型"课程而不是"师授型"课程。

我国新课程改革也出现一个重要概念,即"三级课程"。这是就课程管理而言:把课程分成"国家课程""地方课程"和"校本课程"三级课程。如果就课程实施而言,三级课程都是由学校来开设,都必须开足、开齐、开好,分不清是谁的课程,说到底,都是学校课程,都是学生课程。所以,三级课程到了学校就变为学校一级课程了。这时候,学校就要根据上级课程政策,并结合学校实际而进行课程再设计。这种再设计包括以下层面:一是创造性地将三级课程如何整合而构建为一种完整的"学校课程"体系(全纳型的学校全课程)。

有人说,"国家课程"是为中考、高考而设置的。这是大错特错。假如此说成立,"国家课程"不成了目前"应试教育"的罪魁祸首及万恶之源了?并没有规定谁是高考、中考课程和谁不是高考、中考课程。其实,就课程地位而言,"国家课程"是基本课程、引领课程,无疑要确保其地位,务必开足、开齐、开好。说得通俗些,这叫课程开设的规定动作,容不得含糊。校本课程是辅助性课程、拓展性课程、个性化特色课程。一旦形成也务必开足、开齐、开好,这叫课程开设的必选动作,容不得马虎。但是,在学校课程实施中,如何科学整合三级课程,进行有针对性、有创新特色的"全课程育人"模式,不仅发挥国家课程育人功能,更要发展校本课程育人功能,这将成为教育改革与发展步入深水区的再"探"之路。

为此,目前国内许多地方和学校,都在改革创新,比如,北京十一学校、重庆市谢家湾小学,其课程整合与创新育人模式,在国内产生较大反响,还被中央电视台"新闻联播"重点报道。我们也同样认为，学校改革发展的综合实力，是课程而不是成绩。因为这是"本"与"标"的关系，"因"与"果"的关系。所以，提出"用课程改变学校""因课程而发展学生"的全新理念，应成为进一步推进学校课程改革与创新的驱动器。我们必须开设基于为学生发展、有利于学生学习的新课程，为此，德胜学校正在走一条以"课程翻新 + 课程翻身"为主题的全新的课改之路。

课程翻新是：打破现有三级课程的界线、打通必修课与必修课的界限，按照"结构化"原理来统整现有课程，创新并重构课程板块，形成科学合理的"结构化"课程——德胜学校双板块"4+3"学校课程新体系。这样，以满足学生的全面发展、底线发展与个性化学习、兴趣特长培养相统一的"新全人"培养的需要。双板块是指以"法定"的国家统一开设的基本课程为第"一"板块课程；以校本课程为基地，将国家课程中的"选修课"部分和"综合实践活动课"的有关部分、地方课程的大部分和校本课程的全部，经过整合与改造，组建为第"二"板块课程。将第"一"板块课程整合为 4 个类型课程：语言类课程、科技类课程、人文（社科）类课程、艺体类课程；将第"二"板块课程整合为 3 个类型课程："辅助性课程（CCA）""拓展性课程""专题研究性课程"。

课程翻身，就是将过去一直处于弱势的校本课程"翻身"做主人，给足它的真正地位和功能。彻底改变有名无实、有始无终、有形无神的一哄而起的校本课程虚开、滥开现象，让强化校本课程建设、全面启动个性化课程育人成为我校步入课改深水区的创新举措。现在，德胜学校我校主攻的就是以"校本课程"为平台的第二板块课程的开发与实施。比如：课程辅助活动（CCA）、公民与道德教育（CME）、社区服务计划（CIP）。目前，德胜学校开出以上三类共 100 多门校本课程供每一位孩子选择，希望我们的每一位孩子都能掌握和发展一项长伴人生的体育技能，习得一门终身受益的才艺，培养起一个能安放身心的兴趣爱好，为将来创造丰盈而有质量的人生打下基础。

为了适应上述课程安排和有关活动的顺利开展，德胜学校按照相对集中、整体安排的原则，进行了作息调整。即对传统的作息时间进行加加减减而形成了一种"加减法"作息，让学生在校园就像过家里人生活一样，自由、放松，既有相对统一的时间，也有自己自如的空间。具体做法是：在保证第一板块课程需要的基础上，为第二板块的课程腾出充足的时间空间。即在下午 2：50 以前，仍保持每天有 7 课时（每节课设置为 40 分钟）来高质量地全部完成国家规定的第一板块教学任务；在 3：00—5：00 的两个小时中，则集中为第二板块时间，学生可在学校开设的数几十门校本课程中自主选课学习：或参加辅助性课程学习，或参加学科拓展性辅导学习，或参加社会实践活动，等等。

2. 学生领袖会：让孩子从小就有范儿

关于"学生领袖"的说法在国内外都有，但在行政机构的改革中设立学校"学生领袖培养部"，组建"学生领袖会"，开展学生领袖培养活动，这是德胜学校办大气教育的一大创新点。从实施情况来看，发展势头不错。当然，我们还可以把它做得更好，更有特色。

当初，德胜学校老师在新加坡考察时，发现他们教育中的一项成功经验就是"学生领袖"培养活动。于是，我们便大胆引进，虽然在顺德乃至广东还不多见，但完全可以做好。因为把当代学生培养成越来越自信、乐观、豁达，越来越有思想、有坚毅的品格、有良好的交际能力、团队协作精神及口才等领袖型优良素质，是时代发展需要所必备的，当然也就是德胜学子所必备的。

首先，统一认识，科学定位。对于领袖的认识，德胜学校形成了以下三点共识：第一，领袖是一个时代的精英，但他必须是从已经具备领袖条件的人中产生，那么学校就有为培养他们为创造领袖条件而开展领袖培养。第二，尽管领袖只是时代的少数精英，但通过面向全校每一位学生而开展领袖教育这一过程，使每一位学生都得到领袖式的体验与锻炼，为学生提供参与包括重大活动组织在内的管理机会，培养学生的责任意识和领袖才能，全面提高自身综合素质，为成就未来的优秀公民奠定坚实的基础，同时也为学生搭建起了各种国内外交流的平台，以拓宽学生的视野，更能为要成为什么样的领袖人才而找到平台。第三，我们的"学生领袖"培养，并非部分家长所担心的那样"只面向通过选拔后成立的学生领袖会"，也不是过去"学生会"和学生社团组织活动的翻版。而是通过"学生领袖"培养而成为一种学校教育形式——领袖教育，再上升为一种学校教育文化——领袖文化。

然后，给予机制保障。即德胜学校在行政机构的改革中增设学生领袖培养部，全面负责与指导"学生领袖"培育工作，肩负学生领袖培养的重担，使学生领袖培养更有规划、更加系统、更加全面、更加规范；再是建立各级、各类"学生领袖会"，给学生搭建平台，提供机会，让学生自我发掘和培养"领袖式"的人物。在学生领袖培养部的指导下，学校建立了学生领袖会，各年级、学科系也成立了相应的学生领袖会。学生领袖会的设立，旨在培养学生的领袖素质和能力，并通过领袖会成员的带动和辐射，逐渐在全校推广。

虽然尝试探索的时间还不太长，但学校已初步形成了德胜特色的学生领袖培养模式，产生了效果。现在，这些已经过"领袖培养"的学生，人们都夸"有范儿"。"有范儿"是指一个人"有风度，有风范，有风采，突出自我个性，凸现个人特质，有着表里一致的完整感和自信力"，说真的，我们的学生领袖大多的确如此。

3. 多尺子评价：让"差"生一词告别教育

当今中国，教育评价机制相对滞后，"为分数教育"和"唯分数教育"的应试教育观点尚盛行。那么在"评价育人"方面应该还有什么新的举措和办法吗？学生可能不是最精彩的，但一定有他最优秀的一面。

要适应现代经济社会文化发展乃至生活方式的转变，其本质在于培养具有"综合素质＋个性发展"的现代人。这样的现代人，强调自由、民主、个性、公平、正义。立足于现代教育本质，就应该自觉从应试教育转向素质教育，其关键就在于改变现行的考评制度，让教育回归本质——学习不是为了应付考试，而是为了掌握知识与技能，养成能力与素质，并帮助学生追寻到一种有价值、有意义的生活方式与态度。

德胜学校下决心对多年来"片面的分数评价"现象进行改革，尝试一种建立起以能力发展和综合素质提高为目标的"多尺子评价"的评价机制和方式方法：一是全校非毕业年级平时测验成绩不作统计，只用于学科教师教学诊断；二是非毕业年级期中考试成绩实行等级制，不按分数排名，不列入教师绩效考核；三是在初一年级期中考试试行以面试为主的综合素质测评。

另外，德胜学校鼓励学生根据自己的兴趣特长积极参加拓展课程学习，要求每学期至少选修一门课程，每周参加不少于 0.5 小时的社区服务活动。并在修改《学生成长记录》的基础上，设立《学生手册》制，开发德育积分操作系统，进行德育积分的试用，将参加实践活动、学生社团活动、学生领袖工作情况等列入德育评价体系中。这种基于能力与素养的评价制度的创建，为学生的发展提供了更加广阔的天地。我们奉行的"优秀学生标准"是"学习优＋校本课程优＋社区服务优＋品性优"。

4. 校内外一体化教育：让教育不再有"围墙"

德胜学校提倡游学活动的"全员化和课程化"，作为大气教育的重要内容之一，其理念是：让学生既读万卷书，也行万里路。让学生走出校园、感悟社会——因为现代教育已经越来越走向无限的空间：网络化、社会化、体验化，也就是没有"围墙"的学校的一体化教育。为此，德胜学校通过游学活动这一全新的体验式课程教育模式，组织学生到另一个新的环境里进行学习和游玩，在学习中潜移默化地体验人生，在体验中学习和增长知识。通过活动，学生可以开阔视野，拓展学科知识、开发创新智慧、提升精神品质，培养和增强自理能力和协作意识。为此，学校深入开展了一系列丰富多彩的游学活动。

校内外一体化的实践体验活动，应该越来越走向规范化、常态化和实效化。如：德胜学校开展了一系列游学活动：走进美的集团、万和集团等知名企业，让学生增强热爱家乡、报效家乡的决心；分赴珠海农科奇观、中山岭南水乡等风景胜地，让学生树立亲近自然、保护环境的意识；举行"放飞梦想·香港行""追寻梦想·约会三峡"等活动，让学生行走于祖国大好河山，领略华夏文明；参加英国游学夏令营、全球青年论坛会等活动，让学生感受异域风情，胸怀祖国，放眼世界。

当然，作为课程化的校内外一体化的实践体验活动，德胜学校特别注意了活动的全程策划与全程管理。比如，游前策划：旅行社的反复选择、游学路线的提前考察；游中照顾与指导：不仅有看、察、学、思、议，还有衣食住行、吃喝拉撒……老师都是全程家长式的呵护与陪同，尤其是游学过程中的安全问题，则是我们分分秒秒所特别关注的重中之重。每一个细节都在我们的设计与考虑之中，让学生开开心心出去，满载收获回来，这正是我们所需求的最佳效果。

（本文写于 2015 年 4 月，为德胜学校的教育改革创新而写）

第四章 素质教育新"视"角

当我们的一种教育诉求长期得不到实现和突破的时候，我们不妨以创新的眼光，寻找新的视角，看到新的思路与方法。素质教育何尝不是，尤其是德育更要寻"变"求实，以获得更新的效果。

素质教育，从20世纪90年代推行以来，取得了一定的成绩，但是受"应试教育"等不利因素的影响或者干扰，其实际情况离我们的想象和国家的要求相差甚远。尤其是模式化、口号化、低俗化等，让我们看不到素质教育有什么新的希望。为了进一步开展素质教育，我们建议，不妨改变方式，转变观念，不断从不一样的视角，用不一样的方法，提出"新"的内涵和方向，尽可能让素质教育得以健康地有效地开展。

教育文化：素质教育的本涵

本涵，即本来的涵义。任何事物都有其本涵，以区分别于外形、外延、外观等。素质教育也是如此，应该注重于大的素质的本涵，才能让素质教育产生质的变化和质的效果。质素，即事物本来的性质及因子。那么，素质教育中的素质，具有什么样的质素呢？这要从"人"的成长、发展出发，而发现其必要的结构成分。

现在，随着高等教育大众化的实现，人们又在形容另外一种现象：有学历而无文化、有知识而无素质。我认为，这主要是当今纯知识技术主义的单边教育所致。这说明缺乏一种文化内涵，所以缺乏文化内涵的教育才是目前教育的最大问题之一，也才是为什么要推进素质教育的重要原因之一。所以，缺乏文化的教育是不完整的教育。如果能够构建一种有文化的教育和有教育文化相统一的新的全教育体系，那就有可能改变当今的"两无两有"现象。为此，展开以下研讨。

一、为什么说教育文化是素质教育建设的本涵

（一）世界著名的"文化教育学"理论的启示

文化教育学又称精神科学教育学，是 19 世纪末以来出现在德国的一种教育学说，代表人物有狄尔泰、斯普朗格、利特等人，代表著作有狄尔泰的《关于普遍妥当的教育学的可能》（1888）、斯普朗格的《教育与文化》（1919）、利特的《职业陶冶与一般陶冶》（1947）等。这种思想力图从文化的角度来探索人以及人的教育问题，已经越来越影响着当今世界。

这种"文化教育学"理论有以下五个基本观点：

1. 人是一种文化的存在，因此人类历史是一种文化的历史；

2. 教育的对象是人，教育又是在一定社会历史背景下进行的，因此教育的过程是一种历史文化过程；

3. 因为教育的过程是一种历史文化过程，所以教育的研究既不能采用赫尔巴特纯粹的概念思辨来进行，也不能依靠实验教育学的数量统计来进行，而必须采用精神科学或文化科学的方法，亦即理解与解释的方法进行；

4. 教育的目的就是要促使社会历史的客观文化向个体的主观文化的转变，并将个体的主观世界引导向博大的客观文化世界，从而培养完整的人格；

5. 培养完整的人格的主要途径就是"陶冶"与"唤醒"，发挥教师和学生个体两方面的积极作用，建构和谐的对话的师生关系。

这里尤以包尔生的文化哲学观最有代表性，他主张教育活动本身即是高度的文化，反对教育本质工具化、技术化的观点，已成为"文化教育学"流派的基本主张。

（二）中国教育自古就承担着文化传承之责

1. 广东教育研究院院长汤贞敏于 2014 年 5 月在广州中山大学"中国文化 中国教育 中国人"之主题论坛中论及，在中国文化生成与中国教育互动下考察中国人的文化特性及发展问题，从人的现代化高度上探求教育变革与文化创新，重铸时代新教育，使之成为成就大国之重器。

《辞源》解释文化为"文治"和"教化"之意，《易经》则说"观乎人文，以化为天下"，这些经典释义，将"人""文"与"教"内在连接起来，它不仅表明教育本身是一种文化符号，而且清楚地说明教育是文化生成的肥沃土壤、文化传播的主要途径和人的发展重要推动力。如今，不少有识之士提出教育要回归本质，遵循人的发展规律、教育教学规律和社会经济发展规律，意在将教育与人、

经济社会、文化深度融合，其实质是对教育与文化价值的追寻，这既是一个教育课题，又是一个文化课题。

湖南师范大学教授刘铁芳于2014年11月在《光明日报》发表《教育，就是人文化的过程》一文，他说：

"给予我们的孩子以美好事物的经历，难道不正是今日中国学校教育的灵魂与使命之所在？"

"没有生命的生长与生成渗透其中，学校教育就是没有灵魂的实践。"

他还说，我们经常可以听到这样的抱怨：我们今天的教育正越来越多地培养有知识而无文化的人。这种说法当然有失偏颇，但其中确实折射出今日学校教育的某种困境，那就是我们在造就越来越多的知识丰富、智力优秀的年轻人之时，却并没有寄予他们以相应的文化影响。

"知识的习得更多地关乎思维，文化影响的获致则关乎整个人的存在，首当其冲关乎人的心灵。知识更多地以一种显在的方式教学，文化的影响则更多的是一种悄无声息的浸润。"

综上所述可见，文化不等于教育，但教育一定是文化。进一步地说，文化过程不一定等于教育过程，但教育过程一定是文化过程。所以，教育是一项面对人且直接作用于人的身心乃至人的灵魂的文化事业，不仅是内含丰富的人类文化，而且是生产人类文化、建设人类文明的重要促进者和保障者的平台。

那么，在促进和保障人类文化、文明的过程中，教育势必也形成乃至产生了其自身的一种文化，这种文化应该属于一种"教育"特定的文化，我们暂且可称之为"教育文化"。只有形成一种"教育"的文化，才能称之为有文化的教育，否则对于教育来说，广义的宽泛的文化未必能让教育具有文化。所以才出现目前被人们所戏说的教育，在培养"有学历而无学问、有知识而无文化"的教育怪象。

这种"教育文化"，也在教育发展过程中不断发展与完善乃至提升。那么，注重并开展促进这种"教育文化"发展、完善、提升的过程就是教育文化建设。可见其自身的教育文化建设也显得十分重要。

教育文化建设的内容十分宽广，务必明确以下问题：什么是教育文化？加强教育文化建设的意义是什么？其做法怎样？等等。

现在，我们为"教育文化"下个初步定义，教育文化即指根据受教育者，采用有教育价值意义、有教育功能和教育手段与过程的优质文化和开展具有文化影响、滋养的文化性教育活动。教育文化建设，关键在于目标、内容、形式与方法及评估上，形成一套可操作性体系，让教育文化最终形成"有文化的教育"而不是"纯知识的教育"，让知识也变成文化，变成教育文化等。

（三）素质教育，本身就是一种优质文化教育

大家知道，素质教育是指"依据人的发展和社会发展的实际需要，以全面提高全体学生的基本素质为根本目的，以尊重学生主体性和主动精神，注重开发人的智慧潜能，注重形成人的健全个性为根本特征的教育"。而文化教育的重心是"培养完整的人格"而不是单纯的"知识习得"或"技能掌握"，更强调"完整人格"的品质与学识的综合养成，强调学生受教育过程中的主体"体验""陶冶"与"唤醒"。所以说，与其说开展素质教育，不如说是进行人文化"体验""陶冶"与"唤醒"的优质文化教育。

有人说：我们现在都在提"学校文化"或"校园文化"，还有必要提"教育文化"吗？它与"学校文化"或"校园文化"到底有何不同？我认为，教育文化是就内容性质而言，学校文化和校园文化是就载体或范围而言，二者角度不一样，所以没有可比性。但是，教育文化一定体现于校园文化之中，也就是涵盖了具有教育意义的校园文化的内容，如果校园文化中并没有具有教育意义的文化，不能算作教育文化。所以，要构建基于"教育文化"的学校文化体系，才是目前的重要任务之一。

二、教育文化是一种"人"的文化，是一种"文化＋文化"的母文化

（一）教育文化的具体含义：丰富而指向明确

1. 文化，本指人类在社会历史活动过程中所创造的物质财富和精神财富的总称。而这些物质财富和精神财富的创造过程，离不开"教育"的参与乃至"打基础"的作用。为什么？财富的创造离不开人，离不开人的劳动和创造。而"人"从一个"自然人"过渡为"社会人"，是人类文化产生的必然条件，而这种"人"的过渡的基本条件就是"教育"。

人类文明进化史表明，只有教育，才能使一个"自然人"过渡或者转变为"社会人"。所以，为此而产生了两个有关"文化"的问题：一是用文化进行，使人获得文化的教育，即教育是一种有文化的教育；二是在教育中有什么文化和怎样使教育文化化，使人有文化。

所以，教育文化就是一种"文化＋文化"的育人文化，或叫"文化的文化"——母文化。

2. 教育文化，从纵向层面看，它包括三个方面：一是教育的社会文化，二是教育的学校文化，三是教育的学科文化。

（1）教育的社会文化，指教育与社会发生关系所产生的文化，包括社会对

教育的影响、社会给教育所赋予的条件等。它所创造与形成的教育文化，在教育文化建设中起主流导向作用。

（2）教育的学校文化，是以校本教育为主要载体的学校教育教学工作所创造的教育经验、教育制度和教育成果以及教育氛围与教育精神等。它在教育文化中起主体发展和主要发散的作用。

（3）教育的学科文化，指按照国家教育方针和培养目标所实施的课程教学而产生的教学文化，也叫课程文化，它包括教师、学生、课程、教材以及教学方式等组成的一系列教学活动。它是教育文化建设的主阵地和主渠道，并分别形成学科各自的知识、能力、素养以及学习经验乃至学习方法等。它往往在教育文化中起到重要的发展创新作用甚至保障促进的作用。

3.教育文化是一种文化的文化。

主要在于：教育文化是一种融多元性、综合性和创造性与一体的教育文化。它以发展与育人为己任，以整合以上三种文化直接作用于人的教育为出发点，将"自然人"转变为"社会人"为功能的育人文化。由于教育文化是一种体现教育的学术特点的职业文化，所以在功能上具有内涵与外延两重性的特点。如：一边是教育文化的物质性（包含人员、设施等）、教育文化的行为性（包括活动经验、效益等）、教育文化的制度性（包括机制、规范等）、教育文化的精神性（包含理想、理念、氛围、状态等）；另一边是：教育文化的社会网络性、社会文化的社会参与性、教育文化的社会服务性和社会功能性等。教育文化专业的专业性（包括教学业务、教师专业发展等）、教育文化的实践性（教育的育人职能及文化传承与创新等）。

（二）教育文化是一个动态发展的事物

大家知道，教育文化由于直接运用并产生于教育过程之中，所以也自然成为一个动态发展的事物。它与凡和它发生关系的人和事能够直接影响，因此，完美的高恰当有意义的教育文化，既能促进教师提高业务文化素质，提高专业发展水平，有力地促进教育教学工作健康、良性进行，也能促进学生学习进步、素质的提高，最终成为一个有用的"社会人"，这样，整个学校在一种团结、向上的文化氛围中发展，将大大有利于学校课程改革和学科教学质量的提高。

其次，教育文化一旦形成良好的教育风气与力量，也可以为进一步改善教育工作关系服务。反过来，如果缺乏一种良好、和谐的教育文化，或者教育文化的作用发挥失当，那么，就使教育成为一种失去文化的教育，而这种教育是庸俗的、无生命意义的"非人的教育"。只会成为一种为某些人或某些部门、单位"需要"或"利益活动"的加工场。

另外，由于教育文化因教育职业特点而使教育文化建设更加具有生命力和人文意义。体现在以下"三个结合"和"四个追求"。

三个结合：一是将社会现象观察、知识教育、经验积累与文化熏陶、自我内化、精神浸染等相结合；二是将积极思维与理智行为相结合；三是将"知识转化"为能力和素质与开展建设性的教育文化体系构建活动相结合。

四个追求：追求人生理想上的共识；追求文化策略上的最优；追求教育措施上的可为；追求育人效果上的多元。

三、在教育文化建设中注重自我常态修养与科学发展

（一）澄清关于教育文化建设的认识误区

1."学校文化"与"教育文化"的区别

有人说：我们现在都在提"学校文化"或"校园文化"，还有必要提"教育文化"吗？我回答：有必要。"学校文化"或"校园文化"与"教育文化"不完全等同，主要区别点在于：是否具有教育性的文化，是否用来进行教育的文化，是否产生了教育能效的文化。如果缺乏文化教育性，摆在校园里即使是再好的文化也不是教育文化，也许还是文化垃圾。

2."教育文化"与"教育文化建设"的区别

有人又问："教育文化"与"教育文化建设"也有区别吗？我回答：有区别。二者是静态与动态的关系：前者重在文化概念，表明什么是教育文化和有什么样的教育文化；后者重在文化建设，表明关于教育文化的建设和如何用教育文化去建设。教育文化建设也同样对应文化概念，包括物质文化建设、精神文化建设和制度文化建设，而且这三个方面建设均应全面、协调地发展，为学校育人树立起完整的教育文化形象。

3.在学校教育文化建设中，三大文化建设的关系如何

它们的关系是：既各有独特性，又相辅相成，融为一体。

精神文化建设，是学校教育的目的，是学校教育文化建设的核心内容和最高层次。它主要包括校园历史传统和被全体师生员工认同的共同文化观念、价值观念、生活观念等意识形态，是学校本质、个性、精神面貌的集中反映。学校精神文化又被称为"学校精神"，往往具体体现在校风、教风、学风、班风和学校人际关系上。

物质文化建设，是实现学校教育目的的途径和载体，是推进学校教育文化建设的必要前提；物质文化建设是学校教育文化建设的重要组成部分和重要的支撑。

学校物质文化建设，属于学校教育文化的硬件，是看得见摸得着的东西。学校物质文化的每一个实体，以及各实体之间结构的关系，无不反映了某种教育价值观。

制度文化建设，是学校教育文化建设的重要组成内容和保障机制。作为学校文化的内在机制，包括学校的传统、仪式和规章制度，是维系学校正常秩序必不可少的保障机制，是校园文化建设的保障系统。

（二）坚持科学发展是教育文化建设的主轴

为什么对理论修养也提出要坚持科学发展。因为实践证明，任何工作都离不开。毛泽东同志曾经说过"认识——实践——再认识——再实践"的科学论述。其中，"两个认识"与"两个实践"交互实施，成螺旋型发展，就是一种科学发展的运用轨迹，也揭示了务虚务实、虚实结合的教育文化。"务虚"即在理论层面上进行思考、探究，从而制定计划、方案与措施，其本身就是一种理论工作。"务实"，即按预设计划或方案去实践。"虚实结合"，即在实践中去检查、总结、反思、整改，既是对"实践"的再认识，作出理论上的升华或行动方案的进一步优化与创新等，这就是一种科学发展型的自我修养。

所以，我们过去有些人做事经常犯错误或效益不高，无非走向两种误区：

第一，老强调我是搞实际的，讲那些理论没用，其实是他对理论意义的曲解或不懂理论而作出的一种自我解嘲；要知道，思想是行动的指南，有什么样的行动是靠有什么样的思想（这种思想就是理念）。

第二，客观上自己有一套理论（即思想），但只是不肯接受或者还不理解人家的理论，而显示出自己的理论幼稚，不成熟或者漏洞百出。衡量和判断一个人在理论上的修养程度叫理论水平。理论水平一是指对理论学习与掌握的情况；二是指运用理论时的有效性、科学性，即拿理论去发现与分析、解决问题，拿理论去设计与策划工作以及指导和总结工作；拿理论处理日常工作和突发事件等。理论水平是表现在理论结构要完整，既有一般的通用基础常识（如政治理论、政策法规常识与公民伦理道德常识等），也有特殊性或专业性的职业理论（如从事本职工作的专业知识和业务操作技能、方法等）。

（三）加强常态修养是教育文化建设的主题

加强常态修养，是就当前从事教育文化建设的人员而言。因为大多数教育工作者，在一种一定的文化背景下进行工作，而且带着各自所受到的文化烙印来到一起从事教育工作，其中理念有多种文化的磨合，又有为适应新的文化背景需要而产生的发展，这就不得不引发一个关于"教育工作者先受教育"的教育文化修养即教育文化建设的问题。因此，教育文化建设的首要任务是加强常态化理论修养。

教育工作者的理论修养要坚持两条原则：一是完整；二是严谨。说完整，就是从事教育的需要学科专业知识和教育教学理论以及其他相关知识、素养、能力等，均应是完备的。说严谨，就是严格规范，不浮、不躁，务必求真，敢于追求真理，去除糟粕。同时，作为教育工作者，应高于一般的人而对理论修养有一个科学或学术上的认识，使之树立一种"科学发展"的文化思维品质和理论形成的规律。如理论是前人经验的总结与升华，是对实践的抽象，从特殊性走向一般性，对客观事物本质规律的揭示，常常以原理、结论、概念等出现。也就是说，理论本身就来自于实践，不是别人的就是自己的，不是前人的，就是后人的。

现在，学习理论为什么要联系实际，主要是因为；第一，前人的理论，这对于今天的实际还适用吗？第二，别人的理论在我这里能否适用。第三，在别人或自己总结和概括的理论由于受到当时特定条件的限制，如理论水平、概括水平、知识能力水平等，又受概括过程与方法或其他外部条件是否科学的影响，还加上随着科技进步和新的实践的不断科学与合理化，连真理此时也由绝对变为相对，最后导致错误或过时（如水的沸点等），所以要接受新的事物，研究新的问题，学习新的理论。

（写于 2004 年 9 月，在有关学术会议交流发言）

将不相关的东西相关起来
——论学校育人中的传统美德教育与教育文化建设

一、教育文化建设：新时期学校育人的指路明灯

学校教育，说到底，其根本任务就是育人，就是将一个个呱呱坠地于母体的自然人培育成社会人、现代人。由于这种社会人、现代人的一个基本条件是要适应社会而生存与发展，适应时代而生活与创造，于是这种人就必须是有道德、有知识、有文化、有纪律的新人，也就是具有高素质的现代人。学校为了实现这一目的，于是就通过其自身的独特职能来从事"育人为本"这项伟大而艰巨的事业。在"育人为本"的事业中，学校积极探索与开展"教育育人""管理

育人""服务育人"以及细化的"德育育人""智育育人""体育育人""美育育人""心育育人""劳动技能实践育人"等一系列育人活动。

在上述育人活动中，我们认为最重要的是"德育育人"。但是目前的"德育育人"效果不尽人意。许多学校提出"德育首位"的口号和实践也无不说明了这一点。德育育人不仅是最重要的，也是学校育人中最难与最复杂的。震惊中外的"马加爵事件"等一再震醒我们：学校德育受到了挑战。至少说学校育人的现状并非理想，需要学校育人更应讲求策略、方法与效果。

新时期学校育人如何更加讲求科学，用科学规律来指导与开展学校育人活动，这是新世纪赋予我们所有学校育人的新要求，并由此需要寻求新思想、新方法、新路子，以尽力形成新时期学校育人理论体系与操作机制，再不能只靠单一的条文、局部的经验和零星的想法，不能只靠几个活动项目、几个德育基地和几个典型事例而"一劳永逸"的。

比如，早在 20 世纪 90 年代中期，《中共中央关于进一步改进和加强学校德育工作的若干意见》就在全国各级各类学校办法实施。尽管这一文件给学校德育带来了明显的变化和效果，但是据了解，绝大多数学校对文件的执行只是"照本宣科""机械操作"，未能与时俱进地给以新的内涵发展，未能在德育资源的整合和德育途径、方法上给以优化组合后形成科学发展规律。例如《意见》中的第 8 条和第 13 条曾分别提出了"开展中华民族优良道德传统的教育"和"重视校园文化建设"。可以看出，字面上二者确实互不关联，但以科学发展观来看，任何事物都是发展的、联系的，只是我们当时没有发现与把握而已。

现在，我们在学会从它们的内涵和外延上做出新的探索，力求使这些本不关联的东西关联起来，使不同类的德育资源与措施尽力优化、整合而"同类"起来，从而使它们变成有序、有机、有效的德育整合体（或称学校德育体系）。这就是我们新世纪学校育人工作所需经常关注与研究的课题。

为此，笔者提出：基于"文化教育学"理论而着眼于加强教育文化建设，用"文化育人"成为学校育人的基本理念，用"文化德育"来改造学校德育工作，这将会是一种更有意义的再认识和好措施。

那么，找到一个将"中华民族传统美德教育"与"教育文化建设"相整合为突破口，来探讨二者如何共同作用于学校育人工作，在这些看似互不关联的东西中找到关联点，使学校育人在科学关联中产生一种科学的关系机制，让新世纪学校育人中做到"旧概念出新意义""旧形式出新做法""旧做法出新功能""旧功能出新效果"。

二、学校育人的两大支点：传统美德教育与学校教育文化建设

学校育人的内容、形式和途径，可以说有许多，关键是如何根据自己的特点和需要进行有效实施。据调查了解，目前一般学校都有"传统美德教育"和"学校教育文化建设"。这既是中央文件的规定，也是被广大学校越来越认可为有效育人的两大支点。但是，目前出现一个严重问题就是"舟已行矣而剑不行"，时代进步了，形势发展了，教育工作的要求高了，而这些作为教育资源与教育活动形式的"传统美德教育"和"学校文化建设"，也应该与时俱进，产生新发展。因此，新时期学校育人的复杂性、长期性、艰巨性和实效性要求我们，在使用这些德育内容与形式时，要赋予新的思考和产生新的发展成果。通俗地说，就是旧瓶装新酒！即"旧概念有新意义""旧方式有新做法""旧做法出新功能""旧功能出新效果"等。基于此，我们权且对上述两大支点在新时期学校育人中的意义与内涵开展讨论。

首先，讨论传统美德教育。它包含了"传统美德"与"传统美德教育"。

传统美德，是一个历史概念，是一个内容复杂的体系，一般可集中体现在"四书""五经"等一批历史典籍之中。以孔子为代表的儒家伦理道德学说为主干的儒家文化系其主要精华，它有超时代的生命力和价值，既有历史意义也有现实意义，其精髓就在于教诲人们如何做人。它的完整含义可以概括为：从先秦诸子百家到宋明理学这数千年足以引起世人惊叹的历史中，积淀了中华传统文化中伦理、道德及民族精神的较稳定的社会优秀道德因素，而又融在中华民族的思想意识和行为规范之中，并通过社会心理结构与其物化媒介（例如名胜古迹、文献典籍等），来推动中华民族不断发展与进步的优秀道德品质、优良民族精神、崇高民族气节、高尚民族情感与良好民族礼仪的总和。这些可概括为"十大精神"：浩然正气的爱国精神，舍生取义的献身精神，"杀身成仁"的牺牲精神，自强不息的进取精神，经世致用的求实精神，知行合一的勤奋精神，物物相依的群体精神，爱人孝顺的人道精神，洁身自好的廉洁精神，学而时习的治学精神等。

尽管这是历史上一代代传承下来的美德，但作为一个中国人，理应接受这些美德，使之出落为一个个更加优秀的超过前人的中国人。无数学校教育实践证明了这一点，谁抓住了传统美德教育，谁就抢占了德育育人的制高点，谁就顺利地从历史的中国学校教育走向新时代的中国学校教育，谁就会为社会培养出一代代高素质的中国人。完全可以说，传统美德教育是连缀历史与现实、连缀继承与创新的最佳育人之路，是新世纪学校育人的重要资源和基本途径之一。

新世纪的"传统美德教育"，应该是教育者根据青少年生理、心理特点与时代需要，有目的、有组织、有计划、有针对性地将历代沿传下来的值得学习和遵守、继承和发扬的优秀道德品质，或为受教育者个体自觉遵守的道德规范，形成某种关于善恶、荣辱、是非等道德观念所进行的教育活动。它包括"关于传统美德的教育"和"用传统美德教育"。其出发点都是"育人"：让中国人知道中国的优秀道德文化传统，让中国人从中国的历史美德中吸取营养，寻找榜样，获取自信，形成高尚思想和良好品德，从而成为一个优秀的中国人。

我们可以这样界定上述二者之间不同的概念含义，即不同的名称却有相同的意义与必然的联系：传统美德是一个历史概念，一种社会积淀现象，是通过历代所公认的杰出人物的优秀事迹（言论、行为等）的描述或归纳总结，而为千古所传颂、仿效、同化的优秀传统文化。它是传统美德教育的载体与依据。而传统美德教育则是一种现代社会实践活动，是一种使传统美德发扬光大、服务于时代需要而形成的现实教育行为，它通过有效的种种途径、方式、方法及手段，将中华民族传统美德内化为青少年学生以及后辈们的精神风貌与自觉行为。

现在，我们再来讨论"学校教育文化建设"问题。"学校教育文化建设"也同样包含"学校文化"与"学校文化建设"两个概念。

从宏观来说，文化本身就是一种规则，是一种信念，是一种理念，是一种行为，同时它又是一种自由的、追求优秀的自我反思的实践活动。

学校教育文化，则是指在学校内，以全校师生员工等一切人员直接参与或间接参与后所感受到的一系列教育、教学、生活、学习的活动，以及通过相应的文化设施、文化活动及规章制度等，以影响或统一师生员工所形成的学校目标、信念、道德和价值观念的一种总和。它包括学校环境文化、学校制度文化和学校精神文化等三个方面。

学校环境文化，包括自然环境文化和社会环境文化。自然环境文化指学校内的一切自然景物以及建筑设施等；社会环境文化指构成人与人之间关系的人文景观、活动组织（如师生的课外科技活动、学术团体、文学艺术社团以及综合实践等）。

学校制度文化，包括起约束师生员工作用的言论行为的各种规章制度和游戏规则等，它由国家的、本校的、社会的三类制度组合而成。在这里校本规章制度是直接的，看得见摸得着，往往带有一定的强制性，但渐渐地形成正确而浓厚的文化氛围之后，便成为师生员工的一种共识与自觉行为。这时候，这些规章制度便起到了文化的力量而弱化了其强制性作用。

学校精神文化，指学校师生员工的学风、工作作风、生活作风与生活习惯等所形成的学校风气、人气、舆论、传统、思维、价值观和师生员工所表现出来的自信感等在内的精神面貌。学校精神文化，自身具有很强的学校内在气质、特色、价值导向和教育功能的特点。因此，人们都十分注重学校精神文化建设，都把学校文化建设列为学校育人的重要资源和主要途径与方式。

新世纪的学校教育文化建设，应该是按照一定的教育理想与目标，对学校文化的诸因素如学术、科技、体育、艺术和课外学习活动、娱乐活动等，进行最优化的整体设计、改造、引导、发展而使之形成一种体现学校办学宗旨的特有的教育气氛和教育力量。它的教育功能在两方面：一是通过有组织、有引导的"有意教育"去启发人，发展人；二是通过陶冶、渗透的"无意教育"去影响人，完善人。这些都是以育人为宗旨，用文化的力量着力影响、陶冶、提高师生员工的思想品德素质、文化素质、心理素质和身体素质等。

学校教育文化建设，十分注重其导向性、实践性、趣味性。即内容健康，激励人积极向上；形式生动，让人感受丰富多彩。如环境文化建设：学校根据美观、实用、合理的原则和突出办学特色与风格的理念，精心布局与调整校园内的一切建筑物、设施、设备、人文景观与学科专业、班团组织及师生关系等，以形成一种规划合理、策划高雅、舒适和谐的校园环境。又如制度文化建设：学校按照团结、进取、科学的原则和突出学校发展的目标，认真地讨论、制订和完善学校各类各项规章制度与管理措施等，以规范师生员工哪些是应该继承发扬的传统美德和行为，哪些是师生员工应该抛弃的文化糟粕或应该纠正的错误言论及行为，从而形成一种统一意志和团结向上的力量。又如，精神文化建设：学校则按照培养良好的学风、教风、生活作风的目标，通过广播、板报、影视、讲座、展览、书刊等多种媒介工作，宣传好人好事，弘扬正气，批评邪恶等，使师生自觉或不自觉地获得某种教育，产生良好的精神状态和精神力量，使学校形成一种宽松而不庸俗、积极而不呆板的校园气氛。

学校教育文化与学校教育文化建设的区别在于：前者是一种客观自然属性，是学校一切文化活动的总和，是静态性的；学校文化建设是关于学校文化的"建设"，是一种学校教育行为，呈动态性的，即按照学校的特定意图，采取相应的内容与形式，使学校文化不断趋向合理、科学、实用，既高雅纯正，又丰富生动，并剔除不合理、不科学甚至落后、腐朽、低级的东西，使环境不断美化，使制度不断管用，使精神不断高尚，引导并促进学校育人工作的良性发展。

从上述对"传统美德教育"与"学校文化建设"各自内涵及其功能的讨论中，我们可以得出这样的结论：二者都是学校育人中的有机组成部分，既相对独立而又不可分割，关键在于如何科学处理和充分运用它们之间的必然联系，将看去不相关的东西相关起来，创造性地发掘其关联点，使二者融成一个育人的"有机体"，共同实现育人目标。

三、传统美德教育与学校教育文化建设在学校育人中的辩证关系："一同性"与"同一性"

在学校育人工作中，我们要将传统美德教育与学校文化建设有意识地连缀起来，互不分开。尽管它们各不相关，但要用联系的观点和关联的方法，积极发现和正确认识、处理二者之间的"一同性"与"同一性"的关系。那么，其"一同性"与"同一性"的含义、特征和相互关系又是什么？简单地说，"一同性"就是"一致性、相同性"；它们是以趋同为基础，能走向一起。"同一性"就是"一并性、相容性"，它是以同化为基础，同构为一个整体。

为了解决人们认识上的模糊与行动上的盲目，我们现在对学校育人中的传统美德教育与学校文化建设之间的"一同性"与"同一性"分别做出如下讨论。

首先，来谈谈它们的"一同性"。

第一，由于传统美德教育和学校教育文化建设的教育目的是相一致的，即两者都是为培养社会主义接班人和高素质的现代中国人服务的，都是为了培养学生良好的道德修养、道德观念和道德行为以及完美的人格，所以二者之间完全可以构成"一同性"。

第二，由于两者的受教育主体是相同的。即二者的教育对象都是学校里的"人"，并且是全体师生员工。不管是直接的还是间接的，学校教育文化建设和传统美德教育都会让这些人受到启发、陶冶、点拨和引导，这主要是因为学校文化是全员文化，传统美德是全民族的优秀道德，二者都成为能让全体师生员工接受或务必接受的育人内容与形式。

第三，由于两者作为育人的内容是相谐调的。诚然，二者教育内容的具体含义有所不同，但内容指向均为同一育人目标的具体材料事实、概念、规则和常理等。稍做分析便知道，传统美德本身是一种优秀传统文化，其中的"十大精神"与学校教育文化建设中的精神文化，实际上有惊人的类似与和谐。因此二者完全可以一同起来，达到一种高度和谐的"有机体"。

下面，我们再来看看它们的"同一性"。

第一，从某种意义上说，学校文化建设是一项育人内容，而传统美德教育也是一种育人内容，并通过学校文化建设而呈现出来，于是二者便形成了学校育人的一种同一性：学校文化的呈现是一些可感可触或可知的活动物，如各种设施、制度、精神风貌等，它可以也必然承载或包含传统美德教育在内的有关教育内容，使之明朗、清晰、实在；而传统美德教育也毫不含糊地以一种育人内容融入校园文化，并依赖或寄寓于各种校园文化建设项目来实现传统美德教育。

第二，从某种角度来说，学校教育文化建设是学校育人的载体与途径，而传统道德教育是一种具体过程与内容。前者是形式，后者是内容，于是二者有机融合，实现形式与内容完美统一的最佳境界，这也就是说形成了二者的"同一性"。学校文化，表面看去好像展示着的是一项项具体的物化实体（如建筑物、标语、制度、影视活动等），但如果"传统美德教育"一旦与这种学校文化建设结合起来，那么内容基于形式，形式接纳内容。也就是说，传统美德教育凭"内容"而存在于学校文化建设之中，靠对历代杰出人物的美德言行的描写所塑造出的光辉形象和生动具体的教育情节（即"美德"），寄寓于学校文化的一切作品之中，以对师生产生潜移默化的影响，从这一点看，传统美德教育一旦失去学校教育文化建设这种形式或载体，便随之失去它在学校育人中的地位与价值。

第三，学校教育文化建设是一种覆盖全校且无处不在且随时又在给人产生影响的学校育人活动。因此，它呈现着一种横向铺开的教育平面，表现为一种广义型"块状式"。传统美德教育则是一种呈纵向展开的专题教育项目，表现为一种狭义型的"直线式"。这样，二者一旦有机地同构起来（纵横结合、广狭结合、活动与专题项目结合），就会形成一种育人的立体结构而产生同一性。例如：学校文化建设是以全方位学校园为阵地，多角度活动为形式、创新立意的办学目标为中心，一点点、一项项、一块块地铺排或连缀成一种文化氛围或精神力量，给师生以教育。传统美德教育则是通过自己比较独立的教育形式或活动项目来完成每个纵向环节，且都与学校园文化中的每一项横向活动紧相融合，这就是一种以一纵一横、纵横交织的立体性为特色的同一性。

总之，我们如果把握了新世纪学校育人中的传统美德教育和学校教育文化建设的各自内涵，以及相互之间的"一同性"与"同一性"的辩证关系，那么我们对基于"文化教育学"理论所开展的教育文化建设就会有更加清醒的认识，行动方向也就会更加明确，学校育人也就会出现新的效果。

（本文发表在《汕尾职业技术教育》创刊号，2004 年第 1 期）

运用"马特莱法则"有效地开展素质教育

我校是一所以招收渔民子弟为主的全日制小学，地处海陆丰革命老区、沿海渔区和由小镇速建为现代地级海滨新市的"三位一体"的交合部。学校要站在相对贫穷落后的革命老区的基础上，培养迅速适应与国际接轨的海滨新市的现代建设人才，这是一项十分光荣而艰巨的任务。

在这样一种背景下如何开展素质教育，我们十多年来为之进行了不懈的努力，勇于探索，善于尝试，尤其是创造性地引用企业上的制胜法宝——"马特莱法则"，从整体上优化素质教育的目标、原则、内容、途径与方式方法，结果获得了全方位、多角度深层次的效果。在理论指导上树立"三有"意识，坚持"三小"目标，理顺三种关系；在实践行动中突出三个特点，突击三个重点，突破三个难点，从虚到实，从面到点，从"热一时"到"长期抓"，始终用"活动"来支持，用"项目"来保证。

到底什么叫"马特莱法则"？我们又是怎样创造性地运用？特作如下简述。

一、"马特莱法则"的概念及其引用意义

现在国际上有一种公认的企业制胜法宝的科学法则，又称"80/20法则"，其主要精神是：（1）企业可把主要精力放在20%的业务骨干的管理上，抓企业发展中关键（人）的关键（骨干），以提高企业效率；（2）成功的企业家总是抓住企业中普遍问题中的最关键问题进行决策，以达到纲举目张的效应；（3）企业应对20%的重点信息进行分析处理，应抓住20%的重点商品、20%的重点用户，渗透营销，以达到牵一发而动全身的效果等。总之一句话，就是排除一般性和普遍性，而寻找其特殊性与主要性即抓重点、抓关键、抓中心。这也是一种唯物辩证法的具体体现：即要求善于从复杂的矛盾运动中抓住主要矛盾和集中力量解决主要矛盾或矛盾的主要方面，收到事半功倍的效果。目前我国经济建设也抓重点项目、教育战线也抓重点学校、重点学科等，都无不与此相类似。那么，我们素质教育又何不可以从中借鉴与引用，而获得我们所需要的素质教育的成功的模式、途径与方法呢？我们经过反复摸索、尝试，又不断总结提高与完善，果然

取得如前面所述的可喜的成果。我们特此将这一做法概括为"素质教育的马特莱法"。其基本操作过程是，先探讨理论认识，强化理论指导，以明确素质教育的目标、任务与作法，着重解决如何使素质教育由口号变为行动的问题，然后加强实施，有计划、有层次地开展"创特色，上水平"的综合素质教育活动。

二、树立"三有"意识，坚持"三小"目标，理顺三种关系。

素质教育的"马特莱法则"告诉我们，对学生的素质要从整体上去认识，从关键上去把握，要集中精力、树立最有效的意识，制订最有效的目标，采取最有效的方法，进行最有效的培养。

1. 树立"三有"意识，以改变目前素质教育中目的不明、思想不清的不良现象。我们提出的"三有"，就是"有人、有形、有神"。

"有人"就是在素质教育中要树立以"人"为主的观点，这是由"应试教育"转为"素质教育"的关键出发点，"应试教育"之所以要不得，因为它是以"分数"为出发点，应试教育者所面临的、所想到的都是考试分数，而把去获取考试分数的"人"却当成了工具，当成了机器。因此，我们从事素质教育，首先就要树立"育人"观念。教育者所面临的是"人"，一个个完整的活生生的人，所以就要展开以"人"为中心的人生教育、人格教育、人本教育，就要展开以体现健全的人、聪明的人、高尚的人的身心素质，科技文化素质和思想品德素质的教育。

"有形"就是在素质教育中有看得见、摸得着、可感可触的实实在在的内容、形式、办法及相应的环境等客观条件。这个基本问题不解决，就容易喊喊口号、凑凑热闹而走过场，流于形式；或者想搞而因为思想上没有一个清醒的认识，思路上没有一个完整的走向，也往往陷入空洞、泛滥的迷茫。

"有神"就是在素质教育中要有明确的素质意识，有对祖国负有提高整个民族素质的责任感，有相信学生素质通过教育一定能提高的坚定信念和无穷无尽的力量。也就是说，要有一个精神支柱，一种奋斗理想，同时还要具备一定的素质教育的理论常识和业务能力。

2. 坚持"三小"目标，以改变目前素质教育中目标不明、思路不清且千遍一律的现象。我们根据小学生的年龄、生理特征及小学生教育目标，立足于"小"，但从"小"见大，提出了培养能全面体现学生素质整体的"小主人、小能人、小强人"的小学生素质教育目标，使素质教育的目标能具体化、形象化、可操作化。

"小主人"就是指从思想道德的素质出发，着重培养小学生热爱祖国、建设祖国，爱护学校、关心集体的小主人翁意识和责任感及进取心，使他们增强爱国主义、集体主义和热爱家乡、热爱人民的观念。

"小能人"就是指从科技文化的素质出发，着重培养小学生学会生存、学会学习、学会做人的基本能力和创造智慧，使他们不仅获得知识，还掌握良好的学习习惯，掌握良好的学习方法以及正确地认识、理解和分析社会事物的能力，掌握一些基本的适应社会、适应生活需要的生活常识与生活能力等。

"小强人"就是指从身心素质出发，着重培养小学生强健的体魄和健康的心理品质，使他们从小就成为以后担负建设祖国重任从身体上和心理品质上打下良好的坚实的基础。

3.理顺三个关系，以改变目前素质教育中内容不实、方法欠妥的不合理现象，从根本上提高素质教育的效果。

第一，要正确处理内容上的全面性与地方性相结合的关系。首先要保证全面性，就是指对所有的学生都有要求，对素质的各个部分都有兼顾，要尽力形成素质教育的内容综合体，因为任何有缺陷的素质教育都是不能成功的教育；但是，如果缺乏地方性，也就没有特色，缺乏特色的素质教育也同样是不会成功的教育。因此，我们制订规定了将二者有机结合的学校素质教育目标与内容范围，即：德育为首，智育为主，特色突出，全面发展；"三级一线"，严格管理，岗位目标，奖教奖学；教改实验，思品"六字"，语文讲读，数学"三段"；队的活动，爱国教育，雏鹰行动，齐抓共进；第二课堂，跨新台阶，微机教学，面向未来。

第二，要正确处理形式上的全程性与阶段性相结合的关系。就是说，既要把素质教育看成是一个全过程性的系统工程，也要懂得教育的过程是由一个个阶段构筑而成的。因此，只有二者的有机结合，才能持之以恒地开展素质教育。怎样结合呢？就是"长计划，短安排""分段切块，循序渐进"。例如，我校从1979年开始到现在一直进行的"送温暖"活动、与海军共建精神文明活动、"红领巾南海生物标本室"活动等，均是"老项目、新内容"，保持了连续性，体现于每个学年、每个场所，又赋予新的内容与方式，常教常新，不仅效果好，经验还越来越丰富，指导科学化。

第三，要正确处理方法上的全员性与主题性相结合的关系。我们一边动员全校3000多名学生，都参与了素质教育的全员培训，一边为了使素质教育活动有趣味性，有吸引力，并做到真正使每个学生都得到个性发展，我们还设计了30多项大大小小素质教育主题项目，让学生自愿报名参加，如"小海鸥艺术团"，每年就有500多名学生。在纪念毛泽东同志诞辰100周年活动中，我们要求全体学生在以下"十个一"活动中全员参与前五个、选择参加后五项：（1）学习一篇毛主席的著作；（2）观看一部关于毛主席的电影；（3）听一个有关毛主席的故事；（4）背一首毛主席的诗词；（5）写一篇怀念毛主席的作文；（6）唱一支歌颂毛主席的革命歌曲；（7）讲一个毛主席的故事；（8）出一版介绍毛主席革命斗争事迹的手抄报；（9）开一次介绍毛主席学习精神的中队主题班会；（10）做一件"为人民服务"的好事。

三、突出三个特点，突击三个重点，突破三个难点。

在素质教育实践中，我们把突出"三个特点"作为一条红线贯穿于整个教育过程，并结合所开展教育活动中"三个重点"和"三个难点"，把素质教育落到实处。

1. 突出三个特点。一是革命老区特点；二是沿海渔区特点；三是现代新市特点。我们根据渔民海上作业流动性大，把小孩寄居在海边的家里或学校，管教时间少，精力与方法也不够的特殊情况，我们就将学生组织起来开展如下活动：（1）带领学生集体到海上参观与领略大海风光；（2）到渔区调查、参观、考察，学习渔业知识；（3）节假日嘱咐学生回父母船上接受父母教育和协助劳动；（4）撰写日记、调查报告或作文，编写小演唱节目等。我们还根据现代新市的特点，组织学生到市内工厂、商店、街道、公园等城市设施点参观学习与考察；（5）与市民交朋友，与机关干部交朋友，以培养"合格小市民"的文明意识与行为；（6）置办适应现代化需要的电教设备，完善"四机一幕"，使学生逐步熟悉现代化高科技知识，为扩大知识视野，提高动手能力，适应未来现代化需要而强化素质培养。

2. 突击三个重点。我们在所实施的30多个素质教育活动项目中，集中抓住三项重点内容，促进学生的素质建设。

一是学雷锋、学英模，军民共建活动。19年来组织送温暖小组共280个，学雷锋小组长期活跃在市区各好事点活动，长期为13位老人送温暖，排忧解难。另外还建立了少年军校，请沿海驻军官兵作教师，开展国防教育和军事、军纪教育，效果很好；

二是广泛开展第二课堂活动。尤其是组建了有500名学生参加的"小海鸥艺术团""红领巾南海生物标本室"和"十项小能人"活动（即自理小能人、家务小能人、服务小能人、学习小能人、文娱小能人、保健小能人、美工小能人、摄影小能人、制作小能人、织网小能人）。"小海鸥艺术团"组建9年来，每年500

多人接受培训，艺术团开设小提琴班、舞蹈班等16项（个），艺术团多次参加上级汇演成绩显著，还到外面如解放军驻地、老人院、老干部之家、街头等进行慰问或宣传演出，深受好评。十年来培养了一大批艺术幼苗；

三是狠抓点化教学设备的配备与使用，开展多媒体教学，使学生在现代化手段教学范围中得到陶冶，学到知识。全校各班实现了电化教学的"四机一幕"（电视机、录相机、投影机、幻影机）全配套和建立了学校视频监控管理系统。建立了语言实验室和电脑室。

3.突破三个难点。一是坚持长期有效地参与实施全国"跨世纪雏鹰行动计划"活动，而且越来越开展得有声有色，效果显著；二是千方百计，从1985年开始坚持十二年开办家长学校，并有严密的组织、丰富而稳定的教学内容和授课形式，起到了家长与学校共同配合，并提高教育子女能力的重要作用；三是创造性地开办"红领巾电视台"，既报道好人好事，传播科技文化知识、丰富校园生活，又锻炼和培养了学生的各项动手、动脑能力，达到学生整体素质的综合形成。

李汉儒　林惠生

1996年11月

（本文系为广东汕尾市城区红卫小学"素质教育"课题所写的经验总结，林惠生执笔，发表在《素质教育大家谈》一书，1998年6月版。）

不妨换一个角度谈素质教育

素质教育，作为我国教育改革与发展的跨世纪重大主题，从它的提出、讨论、尝试到如今的普遍推行，已历时十余年，取得了一定的成绩。但是，我们也不能不看到，尽管其意义讲了一大遍，文件也发了一长串，但仍是"雷声大，雨点小"，步履艰难。对此，人们不无长叹："素质教育开展难。"怎样才能突破"开展难"呢？我想，要针对以前正面讲得多，反面讲得少，看得见的讲得多，看不见的讲得少的问题，不妨换一个角度，从反面、从看不见的方面来做一些反思性的特殊探讨，从而来推进素质教育，我看有可能会取得出人意料的效果。

一、讲素质教育的意义，从过去正面讲得多，不妨换到从反面、从具体的"非素质教育"的弊端中去加强认识，明确素质教育的重要性义。

关于对开展素质教育意义的理解，过去大家动不动便从理论上 ABCD 滔滔不绝，头头是道，而且都是从正面上讲，尤其对素质与素质教育的内涵的理解，更是见仁见智，纷呈异彩。但是人们真正能够接受或消化的又有多少？其实人们都还没有来得及产生那么高的认知水平。在这种情况下，素质教育就自然开展难。我们倒不如反思过去，把现实中具体的违反素质教育而造成的"非素质教育"弊端及其做法进行查、挖、摆、议，先就事论事，再就事论理，从反面来促使人们对"开展意义"有新的认识，并不断地从感性过渡到理性，这比仅从正面的理论说教要有多一层的意义。

基于此，我们对"非素质教育"的弊端从六个方面进行了查、摆和揭露其危害，以使人们对"非素质教育"逐渐厌恶和反对起来。

（1）在教育思想上，对党的教育方针理解片面，执行不力，学校的一切教学工作都围绕应付升学考试来进行；

（2）在教育目标上，不是面向全体学生，也不注意学生的全面发展，一味为了培养那一批能升上高一级学校的学生；

（3）在教学内容上，不全面执行国家课程计划和教学大纲，随意砍掉非考试科目或减少课时，即使开设了也是为考而教，考什么就教什么，不考的就不教，给学生造成严重的知识漏洞、能力断层和素质缺陷；

（4）在教学方法上，缺乏启发式，把学生当成大溶具，满堂灌，搞"题海战术"、加班加点，猜题押题等；

（5）在教学环境上，给学生造成一种紧张、窒息、容不得学生喘一口气的"迎考氛围"，如"离高考还有 100 天""谁英雄、谁好汉、暑假榜上看"等等，怪不得学生们把高考和招生录取的七月份形容为"黑色的七月"；

（6）在教学评价上，不是从"人"和人的发展出发，而是把考试分数作为唯一的"一把尺子"衡量，"一好"代"三好"。有的人竟不看学生个子高低和视力好坏，一律按分数高低编排课堂座位；发通知书打评语，对考试分数高的测评得一好再好，对成绩差的则像判死刑一样，不是讲得一无是处，就是说没有挽救的希望了，等等。更有甚者，受"应试教育"影响，恶性膨胀行径到了真不可容忍的地步。如：有的为了追求考试人均成绩和升学率，竟不择手段把差生赶出学校，剥夺他们受教育和参加升学考试的权利，导致有的学校从初一新生入校六个班到初三时只剩两三个班了；有的帮助学生刺探考试情报，指导作弊和统一作弊记号；有的在组织考试报名时，把优生与差生编成对子便于在考场作弊，等等。这完全把学生引向邪端，严重影响了学生身心健康发展，还导致了不少社会问题，每年考试发榜后，不经常看到"几人欢喜百家愁"和时有跳楼、精神失常或报复社会的事情发生吗？

只有通过对这些形形色色的"非素质教育"弊端的深刻查摆与反思，才会使人们警觉与清醒起来：现在是到了非开展素质教育不可的时候了。果真如此，请问，素质教育还会"开展难"吗？

二、讲素质教育措施，不能只满足于表面、片面，也不妨盯住其反面，在冲破目前的种种阻碍中去发现开展素质教育的良策。

开展素质教育的措施，固然有其多种多样。但实践告诉我们，如果老是从正面研究措施，从表面去研究办法，素质教育照样是"开展难"。如果先从反面坚决排除消极因素，冲破种种阻碍；从反面获得启发，积极寻找素质教育开展的办法，那么，就可能出现很多"不要那样搞"的思路，从而从反面阻塞非素质教育的渠道，"不彼则此"，不搞"非素质教育"，那当然就是素质教育了。目前，我们认为至少要在四个方面做到"不要"搞。

（1）不要纠缠、嘀咕。现在，这些人表面上看去不多了，但仍有不少人心灵深处没有真正解决问题，还在"应试教育"与"素质教育"的提法上是否科学，素质教育是否可行等方面嘀咕不休。他们不去实际中看看"应试教育"已经造成的客观危害，只在一味"抠"字眼。

（2）不要犹豫、麻木。到现在，还有一部分学校领导、教师甚至教育行政部门同志，对素质教育内涵不甚了解，对推进素质教育认识不明确，处于一种仿徨、迟疑状态，担心一搞素质教育就会把教育秩序搞乱，降低教学质量。于是，他们并不好好地学习研究，更没有实践行为，学校的一切活动照旧，素质教育的"春风"吹不进这些地方，吹不醒这些糊涂虫。

（3）不要盲目、激进。这些人由于曾对素质教育认识片面，行动过激，超越客观条件，盲目实施，结果也确实出现了不必要的混乱局面，甚至曲解了素质教育的内涵与做法，以为唱几句歌，打几场球，就是搞素质教育了。

（4）不要观望、等靠。这些单位的领导和教师，由于自身素质水平不高，又加之缺乏胆量，结果想搞素质教育，但又不敢搞，苦于没办法，不知道怎样搞，总希望坐等上级拿个具体指示或兄弟单位搞出样子后照搬照套。

以上四项阻碍因素可以说是一种综合归纳。在一个单位只要存在其中一项或两项，这个单位也就无法开展素质教育了，别说还有成效。所以，我们为了追求开展素质教育的成效，首先一条就是要排除障碍，减少干扰因素，大喊一声："不要搞这些！"

三、讲素质教育成效，要既着力于客观现实，又着眼于长远、全面，从构建与实施素质教育的系统工程中去获取。

我们看到，许多地方和学校开展素质教育看上去也轰轰烈烈，但效果并非理想，或者是"龙头起，蛇尾收"，最终一筹莫展，于是把头一摇：唉，素质教育开展真难。为什么难？究其原因，还有一条就是由于认识上的不全面和措施上的不到位，结果在行动上往往表面化，形式主义，或急功近到，一劳永逸。基于此，我们根据素质教育的整体要求提出如下建议：积极地从客观上构建与实施一个素质教育的系统工程，并以此作为基本措施，保障素质教育的持久、深入而全面的开展。这项工程，我们把它称为素质教育"五四三二一工程"：即"五育"并举，"四率"齐抓，"三开"落实，"两特"到位，"一棒"真变。

"五育"并举，指狠抓德育，主攻智育，突出体育，结合美育，注重劳技教育。

"四率"齐抓，指学生入学率、巩固率、合格率、优秀率（含升学率）均达到有关教育法规政策的规定及上级要求，保证让学生进得来，留得住，学得好。

"三开"落实，指严格按照国家部颁课程计划和教学大纲，开齐科目，开足课时，开好课程，努力使学生获得的知识与能力有一个基本的保障。

"两特"到位，一是指学校办学有特色；二是指学生学习有特长。

"一棒"真变，指考试这一根"指挥棒"真正改变其过去不应有的负面作用，全面、公正地发挥其职能，恢复"考试"的本来面目。考试并非是"应试教育"的专利，它只是学校教学过程整体中的一个环节和教学评价中的一种方法，所以务必改革考试，积极发挥考试在素质教育中的应有作用，并逐渐建立起真正体现素质教育综合质量的评价体系。

实践证明：当我们从正面大谈素质教育而成效不太理想的时候，我建议不妨换一个角度，从不同角度甚至反面，或者从看不见的隐性方面来做一些反思与设计，并为之深入探讨与行动，无疑对素质教育的推进收到特别的效果，产生特殊的意义。

（本文写于 1999 年 12 月，曾在汕尾市素质教育研讨会交流发言）

论德育中的一项基础工程
——培养学生的自控能力

自控力，是一个人善于支配和控制自己的心理生活和行为活动的能力。也就是通常所称的"理智"，有自控力的人，才能迫使自己及时地坚决地去执行已经采取了的各种决策，并彻底地克服自己内心所存在的各种障碍和困扰，控制自我激情的过分冲动，力求使自己的言论行为符合社会规范，与客观实际相适应并随之相发展。由此可见，自控力就是一种美德，一种受社会欢迎于社会有益并推动社会不断文明与进步的最佳生活能力。我们对学生进行自控能力的培养，实际上是在进行一种积极的"美德教育"，建立一种良好的道德心理，不至于在脑海里滋生各种损害他人、干扰社会的"恶念"和"鬼主意"，使人人在一种真诚，善良、自强、和谐的社会氛围中学习、工作与生活，从而进入美好的社会道德风范的最佳境界，所以笔者认为，全面培养学生的自控力，是中小学德育中的一项基础工程。那么怎样去落实这一基础工程呢？

一、从德育目标的方向性入手，教育学生认识培养自控力的意义，从而战胜自己，树立正确的人生观和世界观。

邓小平同志曾经说过："为社会主义中国的前途而奋斗是当代青年的最崇高使命和荣誉。"可以说，这是我们当前德育的既定方向。为了实现这一德育目标，每个学生都要以此来控制自己的言谈举止。这就要靠一种顽强的自控力，因为前进的道路是曲折的，常常会遇到种种阻力，同时人的本身还有某种惰性。为了能不断地克服困难，战胜惰性，必须树立坚定的永不迷失的努力方向。有了方向，就能确立科学的世界观和高尚的人生观，此二者都是提高自控力的源泉和指南；有了方向，人就会千里之行，始于足下，从一点一滴做起，从现在做起，从我做起；有了方向，既能正确对待困难和失败，也能把前进中取得的一个个小胜利看作前进的新起点，从而更加坚定自己前进的信心。这是一种培养自控力的巧妙方法。

二、从德育目标的时代性入手，改变旧的德育方式，在培养自控力中输入带有时代色彩和生活气息浓厚的德育内容与形式，使学生感到亲近、自然、可信，乐于接受自控力的培养，以至形成一种"有效自控定势"和自控习惯。

现阶段的德育时代性，主要体现在对当前所泛起的错误思潮的识别能力和抵制能力，还体现在培养学生的开拓精神，创造意识和竞争意识。在纷纭复杂的时代色彩面前，战胜盲从，正确摆正自己与社会、自己与他人的位置，及时调整自己对社会和他人的不适当关系，这是培养自控力的具体表现和内容。例如，有些青年学生由于"意识自控力"薄弱，最容易受"哥儿们"义气的影响，不分是非曲直，采取盲目行功，结果"一失足"而酿成"千古恨"。因此，我们在日常生活中，每遇到一种特殊情况，或者按捺不住要去干某件事的时候，都应该想一想它是否符合党和人民的利益，是否有利于维护安定团结、推动时代进步的大好局面。只要不随波逐流，遇事独立思考，三思而行，提高忍耐度，才能达到自控的目的。正因为战胜盲从，还能产生一种从"自控"到"自主"的能力，促使自己不去步别人的后尘，不甘落伍，不愿随俗，勇于进取，在富有时代色彩的各种活动中自我设计能体现自己个性的那一份特色。由此可见，不愿盲从的人，往往把不断创造学习和劳动的新成果作为矢志不渝的努力方向。

三、从德育目标的层次性入手，帮助学生根据各自的不同实际情况，来确定培养学生自控力的具体步骤。

德育目标的层次性，现在已有不少文章对它作了探讨。我认为青少年学生的德育目标层次性应该更加明确化、具体化，与此同时在每个层次上的德育目标也要具体量化和序化。可以说，青少年学生的德育目标层次呈"三级递进式"有机发展：第一级——社会公德和法纪观念，是所有学生必须达到的起码规格，这叫"常规性德育"，解决"做个什么样的人"和"怎样做力"的最基本道德标准问题；第二级——集体主义和爱国主义，是合格中小学生和进步青年所应该努力实现的基本要求和努力方向，这叫"发展性德育"，让每个学生从小形成爱祖国、爱集体、爱人民、爱劳动、爱护公物的高尚道德观念，形成强烈的爱国感情；第三级——社会主义和共产主义，是多数学生的奋斗目标，也是少数先进分子应该而且可以达到的境界，这叫"理想性德育"，主要是正确理解"社会主义初级阶段"、接受共产主义思想、坚定共产主义信念，并准备为共产主义来奋斗到终生。

我们要根据学生实际，摸清他们所处在德育目标的什么层次上，有的放矢地"查漏补缺，逐级补课"，千万不能一套内容、一种腔调、一个模式，那样的效果肯定是不会好的。试想让一个连起码公德都不能遵守，甚至屡屡违法乱纪的学生，还能接受集体主义和爱国主义教育吗？更何谈社会主义和共产主义的教育呢？正如此，现在有不少青年学生一听到雷锋就发笑——因为他们还没有达到这个德育层次。所以，这种在德育上的急功近利，盲目追求速度和质量上的"乱层次局面"、结果只能是"欲速则不达"，造成"德育失误"。

有些学校由于未能形成和实施"分级德育"模式，都把大家"煮"在一口锅里，接受同一目标的德育内容和形式，使学生往往产生"副作用"或"逆反心理"，还谈什么德育的效果？只有把不同层次的德育目标有针对性地赋予不同层次的学生，让它们在各自的层次上接受相应的教育，再逐级提高或者自我完善，才会有德育新境界的出现。

四、从德育目标的职业性入手，启发学生注意把当前的学习与未来的职业理想联系起来，使学生乐于进行合理的自我设计，自我管理，并为之勇于实践，以求达到较高层次的自控力的水平。

德育目标的职业性，就是说在德育中要反映学生将来所要从事的职业要求，使学生在学习期间，就能根据自己的知识结构和志趣爱好，树立职业理想，并根据这种职业理想去培养自控力。有了职业理想就会自我"反省"，对自己的思想行为及时进行反馈，检查其中的正误，自觉评价自己的言谈举止，从而进行自我调节，为实现职业理想而主动地自我控制。有了职业理想，就会自我管理，积极实践。例如：

（1）加强学习与生活、劳动的计划性，要建立计划系统，并学会不断检测与完善；

（2）科学地利用时间，制定一个合理分配的"时间作息表"，用这个表来约束自己的各种活动，逐渐达到自控，电影《陈毅市长》中的那个化学家，不就给自己规定"闲谈不得超过三分钟"吗？这是自控力的高度体现；

（3）从书本上或者生活中寻找值得自己学习的榜样，用榜样的力量来鼓励自己，用榜样的生活方式来指导自己不断调控；

（4）制造适当的客观压力促使自己紧张地投入生活与学习，不敢懈怠，不空虚无聊；

（5）各方面的自控力的同步提高。学生的自控力是有多方面的，例如政治上的自辨力、学习上的自学力、体育上的自能力，生活上的自理力，行为上的自主力，等等，这些能力的有机综合和同步提高，是自控能力的高度完善，并借以实现职业理想和德育目标的有效途径。

〔本文发表在广西《基础教育研究》1992 年第 4 期，获该刊竞赛二等奖（一等奖缺）。〕

实施"大德育"工程的探索

一、什么是"大德育"

概言之，"大德育"指基于大德育观，即坚持以人为本，关注每个学生整体成长的过程；确立"人的成长就是德的成长"，"德的教育无处不在，无时不有"等德育理念；有效组织各种德育资源，整合各种德育力量，开展各种德育活动，使德育既有广阔大气的视野、多元化的内容与目标，又有灵活多样的操作途径、手段和方式方法，实现更全面、更深远、更优质的德育效果。

大德育，作为一种德育观念，把影响青少年学生成长的学校、家庭、社会三方面因素视为一个不可分割的整体，倡导全面的德育、全员的德育和全过程的德育，其目的在于促进人类的全面发展，也是对目前一些德育的过度窄化和无序的一种纠正，对人不仅需要知识，更需要道德教化的"全德育"的追求：德文化教育中的知识教育，而不是单纯知识教育的"无德"或"缺德"的畸形教育。

大德育，作为一种德育内容载体，更追求广博、实用、适度与多维度、多元化。我国有学者认为"大德育"应当包括政治教育、思想教育、道德教育三大板块，也有人把道德教育分成道德意识、道德行为、道德素质。

大德育，作为一种德育策略，它意在整合、设计诸多德育因素，强调与显性课程的"兼容"与"渗透"，并力图用大德育观统摄"显性"和"潜在"两种德育资源，特别强调与学科教学相渗透，与各类学习活动相结合，以提高学生在德育实体中的自主体验和内化的真实效果。

大德育，作为一种德育途径与模式，积极探索德育的"一体两翼三结合"系列化操作模式。具体说，在形式上，紧紧抓住"学校教育"这块德育主体阵地，抓住"家庭教育"与"社会教育"作为德育的"两翼"阵地，并尽力使三者结合形成一种德育网络，发挥整体优化作用；在内容上，紧紧抓住教学生"学会做人"为主体素质，抓住"学会生活"与"学会学习"为素质的两翼，并力求三者有机结合，全面渗透在各项教育活动之中，以最后形成学生整体素质的基本内核。这样，使"大德育"真正成为素质教育之"大"。

这种"大德育"体系的构建与实施，并非是一种猎奇与刻意求新，而在于把目前一项项零散的、局部的德育活动组成一个严密的德育体系，尽力形成看得见、可操作、有序列的德育运作机制。这比以前单纯地、随意地开展一项项德育活动更加有效，能更加深入持久地开展下去。

二、怎样实施"大德育"

我们在十多年德育工作经验基础上，总结和完善了"抓项目、分阶段、相渗透、有步骤"地实施等一整套做法，并始终坚持"抓主体、抖动两翼、三者结合与渗透"的总实施原则。具体操作如下：

1.在突出"学校教育"这个主体工程中，我们狠抓了"五位一体"的全面落实与真正结合，即以思想品德课教学为主渠道，向学生进行全方位的且以理论修养为主的"德育指南"，以班主任工作为主导，抓学生的养成教育，突出行为修炼和习惯培养相结合的"德育指导"；以少先队（含团组织）活动为主题形式，以第二课堂为主要载体，以学科教学中渗透德育内容为主要手段，并将这三者相应贯穿于德育的全过程之中。这样便使学校教育中的德育工作形成"一盘棋"，做到网络化和优势化。

（1）坚持思想品德课教学是"主渠道"的观点，认真教好每一堂品德课。在教学中，我们推广了李汉儒校长创立的"学文—明理—导行，重在导行"的教学方法。"学文"，即通过讲故事、谈话、讲解等方法，帮助学生深入学好课文内容；"明理"，即在了解课文内容的基础上，指导学生分析领会教材所说明的道理，接受思想教育，使学生在感情上发生飞跃与升华；"导行"，即在明理的基础上，通过多种形式（讨论、演讲、实践调查等）逐步引导学生把所接受的教育落实到正确行为之中。用这种教学方法，并配上电教手段和德育基地，使学生学得活、学得实、效果好，后来在全市得到推广运用。

（2）坚持班主任工作是"主导"的思想，使班主任成为德育工作中的中坚力量。我校为了加强这一做法，在每个班都配有一名班主任和一名副班主任，这样一来，学校大多数教师都成了班主任，都做到了与学生相处机会最多，相处时间最长，产生便于同心协力做学生德育工作的优势，加上班主任又都是当然的少先队中队辅导员，因而在指导少先队工作，开展第二课堂活动中也会统筹安排，精心诱导，效果突出。

（3）坚持少先队活动主题化、阶段化，与第二课堂一体化，促进德育工作"上水平、创特色、求持久"。例如：我们组织开展了历时 19 年如一日的"学雷锋火炬接力"活动。参与活动的全体少先队员为汕尾市区残疾人、孤寡老人解困难、表爱心、送温暖，19 年来对残疾人的照顾一直没有间断过。

（4）坚持在学科教学中渗透德育这一重要手段，让学生在潜移默化中陶冶德行、提高素质。

2. 在抓住"家庭教育"与"社会教育"这"两翼"配套工程中，我们既注意它们的"结合并存性"，也更注意到它们的"独立并列性"。因此，我们在充分考虑它们共同服务于德育的大前提下，尽力发挥它们各自的作用，使两翼"比翼齐飞"。

（1）家庭教育

我们的基本做法是"三四四制"。即家庭教育管理"三个到位"：领导、机构、队伍；家庭教育措施"四化"：职能化、制度化、经常化、科学化；家庭教育形式"四个实体"：家教委员会、家长学校、家长会议、家访与校访。具体地说：

①建立"家庭教育工作委员会"（简称"家教会"）。家教会是学校沟通家庭的教育机构，由校长任主任，由教导主任和家长代表任副主任，有委员 45 人，家长代表占三分之二。委员任期二年，每二年举行换届会议一次，每学期召开委员会议一次，常务委员会议两次。"家教会"的主要任务是探讨家庭教育方法，总结交流家庭教育经验，反馈学校—家庭之间教育的有关信息等。

②开办"家长学校"，分期分批对家长进行家庭教育理论辅导及咨询活动。由学校领导和在家庭教育方面有经验、有理念研究的教师组成（现在共有 9 人，包括少先队辅导员和特约陆安师范学校教育心理学教师陈灿等）。"家长学校"有普通教材，也有自编教材，每学期办两期，以专题讲授为主，分学段安排不同内容。

③定期召开家长会议或代表会议，并已形成制度。这种会议，一年一次，每次均达一千人以上。会议以介绍家庭教育的典型经验及介绍学校教育的一些新要求为主，并配合让学生用文艺的形式向家长作学校学习生活的汇报表演。

④建立教师、家长互访制。我们不定期地对家长实行"校长接待日"制度外，还组织班主任和家长长期以来开展"二访一交流"活动，即班主任进行家访和信访，家长进行校访和信访，双方相互通过电话来进行交流。

（2）社会教育

我们的基本做法是突出四个方面，狠抓一个落实，即突出"建立老区德育基地，组建少年军校，进行社会实践与调查，参加社会公益活动"四个方面，并根据重大节日、纪念日、假日和社会中心系列来设计系列教育活动项目，从而用内容与形式结合，时间与空间结合，时令性与常规性结合，做到有序、有效地落实。

①我们很早就凭借汕尾（海陆丰）这得天独厚的德育资源重点建立了红宫、红场、彭湃故居、陵园、海军驻地、老干部活动中心、冰厂、汕尾港口等德育基地，利用各种纪念日组织学生到这些基地去参观学习，接受革命传统教育和爱国主义教育。

② 16 年来我们坚持开展与海军驻军进行"军民共建精神文明"活动，并进而抓住契机，组建了汕尾市第一所"少年军校"，请部队官兵对学生进行现代国防教育和纪律教育。

③我们经常组织学生走向街道、走向乡村、走向渔区、走进厂房，以大海为课堂，参加社会调查和义务劳动，从中提高扩大视野、丰富见识、磨练意志，从而学会生活。同时还聘请革命老战士、司法干部和党政领导组成"校外德育辅导组"，为孩子们讲革命斗争史、家乡变迁史和法制常识等。

④我们有计划地组织学生参与社会公益活动，采取"配合中心"与"主题活动"相结合，如"学雷锋做好事""清洁一条街"（3月份）；"军民联防"（建军节）；"给教师一封慰问信"（教师节）；"献爱心乐捐"，等等。

三、"大德育"带来大变化

由于"大德育"体系作为一项系统工程在我校构建与实施，我们的德育工作一直处于"高效、优质"之中，有力地促进了学生素质的深度发展，促进了教育教学质量的进一步提高，促进了学校各项工作都跃上新台阶，促进了学校的整体建设。全校学生都在"学会做人、学会生活、学会学习"中成为"学有特长、全面发展"的文明之花。近十年来，学生升中考试成绩一直名列市区榜首，有70人次在全国、全省学科竞赛和音、体、美竞赛中获奖。

〔本文系为广东汕尾市城区红卫小学"大德育"课题所写的经验总结，发表在人民出版社重点科研课题学术文库（论文集）《如何实施素质教育》一书，1998 年 6 月出版；与李汉儒合作，本人执笔。〕

生命教育：为学生焕发生命的光辉

（一）

目前，国内外的生命教育已经从专家研究走向大众实践，其势蓬勃，其效显著。我们德胜学校也不例外，不仅在办学理念上倡导"为学生一生的发展奠基"，而且在实践上与生命教育相结合，使学生"奠基人生，放飞梦想"，将"生命教育"融进了学校的一切教育工作之中，通过生命教育引导学生"认识生命、热爱生命、发展生命、探知生命、关爱生命、感悟生命"，让生命教育成为一种彰显人性光辉、感悟生命价值、提高生存技能、提升生命质量的教育活动。

我校的生命教育，通过近几年努力，可以说已初步形成特色，即构建了包括"一项课题、四大主题、二十五个专题"的较为完善的德胜学校生命教育体系。

"**一项课题**"，就是在省教育厅批准立项的科研课题：即《初中生心理品质培养与生命教育整合的研究》。本课题的一大亮点，就是将"心理品质培养"与"生命教育"这两个相关而并不相同的教育内容通过整合后而达到相通，这样既拓宽了生命教育的内涵和渠道，又为心理教育找到了更能发挥作用的创造性空间，为学校教育节省了成本，提高了效益。

"**四大主题**"，就是作为校训的"四个学会"：学会做人、学会求知、学会办事、学会健身。其特色在于，将"学会做人"作为主题中的主题即一条主线，贯穿于其他"三个学会"之间，形成一种"全人教育——成人教育"的人生教育链条。

"**二十五个专题**"，就是作为校本化生命教育课程的二十五个教育专题，充分体现在教师用书《孩子，我们一起呼唤生命》中，涉及内容既广泛、完整，又各自独立成篇，尤其是将"生命认识""生存智能""生活指导"与"心理教育""道德修养"等连缀成生命教育的系列课程化。

另外，学校所开展的生命教育，在形式上、途径上也形成了"一体两翼"的"全生命教育"特色。

"**一体**"：即以开设生命教育课程为主体。学校在全力构建"德胜学校校本课程建设"的总体系下，制订了整体的校本课程开发方案，将生命教育作为全校的一门主干校本课程，已开设三年，将生命教育列入课程表，每班间周1节，做到有专门教材（有供教师和学生分别使用的校本教材），有专职专任教师上课，有专项教研活动，以项目组为单位而开展的"生命教育科研"活动，把生命教育与其他学科课程一样，也要开展生命教育的校本教研，研究其教材教法，讲究其关于生命教育的教学策略、教学手段和教学方法。现在，无论从课程开设定位、课程目标、课程内容、课程实施和课程评价等方面，都有比较成型的课程元素，也获得了较为显著的实践效果和经验体会等。

"两翼"：一是在各学科教学中有机渗透，比如分别在语文、数学、英语、生物、化学、体育等学科中就有很多涉及生命教育的内容或资源；二是结合学校的班主任工作及社团活动、结合主题纪念日活动、结合社会实践活动等，有机开展有针对性的生命教育。在这里特别值得一提的是，特别是通过课程整合、活动开展为载体，引导学生在实践中进行生命体验，获得生命感悟，完善生命之所为，从而让生命教育成为学校素质教育深化发展的生长点和新亮点。

（二）

提及生命教育这个话题，我不免还有一些话要说。

首先说生命。据研究表明：人的生命可以分成两种形态。一是生物性生命。即人首先是作为自然生理性的肉体生命而存在的；二是人的精神性生命。肉体生命是生存，是活着；精神生命是人的生命的精神世界，即人不但要思考如何活下来，还要思考如何更好地生活。

对于生命的理解，现在已经超越了对"自然人"的认识。有人说：我们无法决定生命的长度，但是我们可以拓展生命的宽度。我在此也增加"一说"：通过生命教育，还可以发展生命的高度和深度，最终形成生命的亮度。也就是说，让生命从平面的直线走向凸显立体、多元的丰富多彩之路，以产生"平方""立方"价值的新的生命之亮度。

再说生命教育。目前普遍认为：生命教育是在生命活动中进行教育，是通过生命活动进行教育，是为了生命而进行教育。一般分为广义和狭义两种。生命教育的狭义，是指对人的生命本身的关注，包括个人与他人的生命，进而扩展到一切自然生命；生命教育的广义则是指一种全人的教育，它不仅包括对生命的关注，而且包括对人的生存能力的培养和生命价值的提升，使人在不断地完善人格、提升道德情感、提高综合素质能力的全过程中，实现真正意义上的健康成长。基于此，我早在十多年前，将生命教育的狭义与广义进行一种相整合的再认识，以对生命教育产生一种新认识：生命教育的真正意义是人生教育，生命教育的出发点和核心也是人生教育。人生教育，从某种意义上可以理解为：关于人的生存状态与发展、人的生命规律与维护、人的生活质量与提升等"人生"系统性工程的教育，包括其理念、内容、策略、方法、手段等。

有人说：教育的好坏，首先取决于对人的生命的正确理解，因此，生命教育是最根本的教育。从某种意义上说，这是对教育本质的正确理解——因为生命教育作为教育价值的一种追求，就是让学生更好地理解生命的意义，确立生命尊严的意识，高扬生命的价值，使他们能拥有一个美好、幸福而有意义的人生。

在这里，我还想献上两段最近的读后感。

一是非常赞同有人对生命教育作出这样的理解："生命教育不仅只是教会青少年珍爱生命，更要启发青少年完整理解生命的意义，积极创造生命的价值；生命教育不仅只是告诉青少年关注自身生命，更要帮助青少年关注、尊重、热爱他人的生命；生命教育不仅只是惠泽人类的教育，还应该是让青少年明白生命的其他物种是如何和谐地生活在同一片蓝天之下；生命教育不仅只是关心今日生命之享用，还应该是关怀明日生命之发展。"

二是"学佛网"上关于"人生教育四个阶段"的说法对我们不无启发：第一阶段，幼儿养性——优美人格的奠定；第二阶段，童蒙养正——圣贤智慧的陶冶；第三阶段，少年养志——理想抱负的鼓舞；第四阶段，成年养德——真实生命的开展。

（三）

现在，摆在我面前这套沉甸甸的生命教育课题成果资料，令我目不暇接，其中最抢眼的就是这本教材——《孩子，让我们一起呼唤生命》，厚重，精美，大气；图文并茂，理据并重。

全书按初中一、二、三年级开课的顺序编排，共八章、二十五节，每节均以一个完整的"教学案"的形式呈现，分成"教学背景""教学目标""教学方法""教学课时""教学过程"五个部分，重点是陈述"教学背景"和"教学过程"，充分体现了"明理·笃行"的两大教学主张与操作思路。"教学背景"，则为本节课展示内容介绍及其一些必要的观点或者概念的说明等，让学生明确学什么，让教师知道教什么；"教学过程"，又分五个环节，环环相扣，以一种基于"学"的学习过程即"理解概念""讨论案例""探究问题""活动体验""总结提升"等展开教"学"活动，这样，让学生知道怎么学和实施学，让教师明确怎么教和直接实施教，引导学生参与生命教育的实践活动。当然，这毕竟是"初试"之作，虽已成型，但未必成熟，无论是课程理念、课程内容、课程形式，还是教材编写、教学实施、教学评价等，都还有比现在可以做得更好的无限空间。

……掩卷而思，我顿生许多感叹：我校的生命教育，之所以能取得如此成就，首先是学校领导高瞻远瞩，不仅给予重视，还精心策划与指挥；然后是有关直接承担本项工作的教师，全力投入，合力拼搏，努力坚持。让我感动的是他（她）们如此热心做课题，用心开课程，精心编课本，倾注了大量的心血，贡献了智慧和才华。

我更相信：本项课题成果及其教材，在未来的生命教育之路上，一定会继续发挥新的作用，产生新的成果，并由此让德胜学校成为张扬生命活力，更具人性化特色的生命化校园，在这"人文校园、书香校园、健康校园"的生命化校园里，让每位学生都成为幸福人生的"创造者、建设者、享受者"，让每个生命都焕发出各自生命的光辉。

（本文为德胜学校校本课程《生命教育》教材所写的序言，2013.6）

班主任应学会与学生"闲谈"

与学生谈话是德育工作的一种方式。但是，那种一本正经的"谈话"，已显得枯燥乏味、苍白无力了。学生不再喜欢没有生机、缺乏理解的"训话教育"，而是希望有些能给他们带来乐趣，能让他们得到尊重，看到自我价值的教育形式。本文所说的"闲谈"，正是这样一种受学生欢迎的教育形式。

"闲谈"，并非人们一般认为的"闲聊""乱谈"。按词典上的解释，其含义是"没有一定中心地谈无关紧要的话"。班主任与学生闲谈，既是这样又不是这样——取其"皮"而变其"实"：从表面上看，似乎实现无准备，似乎没有中心，不拘内容，不拘形式，谈些无关紧要的话，但是，恰恰就要利用这个"无中心"来体现中心，实现一定的教育意志；利用"无关紧要的话"，去因事发感，借题发挥，随机把学生的言行动态和教师的教育目标联系起来，让学生在笑声和闲谈中，不知不觉地接受教育。

"闲谈"的优势在于"闲"，而"闲"的技巧又在于"自然、适时、恰当、巧妙"。

一、自然地卷入"闲谈"现场，融洽"闲谈"气氛，创设"闲谈"情境

当学生课外有事无事地闲坐时，班主任可主动亲近他们，用几句"家常话"拉开"闲谈"的局面，或者用学生最关注的问题来激发他们的"谈兴"，从而创造出"闲谈"的情境。

当学生闲谈热烈的时候，教师切忌以特殊身份出现，随便插嘴，打断他们的话。不然，老师没有全面、准确地理解学生谈话的意图，师生思想感情交流不畅，就容易破坏和中止"闲谈"场面。久而久之，学生不信任你，心里话不往外掏，加大了师生间的"鸿沟"。

当学生发现教师来了，闲谈突然"冷场"时，老师应主动询问是否可以参与他们闲谈。或者说说笑话来缓和僵局，让学生恢复闲谈。另外，教师还应回顾自己近来一段工作情况，找一找是什么原因造成学生在教师面前"冷场"，如果有缺点，应诚恳地作出解释或检讨，接受学生的批评。学生感到教师可亲可信了，平时的闲谈就会活跃起来，师生之间即使有点矛盾，也会在闲谈中消除。

二、适时地发掘"闲谈"话题，引申"闲谈"内容

适时，就是根据学生当时的谈话内容、心理因素和闲谈气氛，选择得体的话题，再借话说"话"，把闲谈推向更深的层次。

一次，我发现一群同学在嬉笑追打。批评嘛，不了解情况，学生也不全然是违反纪律；不批评嘛，让事态发展下去，也许会引起恶作剧或者斗殴事件的发生。于是，我走上前故意大声说："看大家这样高兴，肯定是遇到了不少喜事！好吧，我也来向你们报小喜，刚才得到消息，我们办的手抄报《晨曲》在全国获奖了……"话音未落，同学们就激动得跳了起来，那些在嬉戏、打闹的同学纷纷围拢来，听我叙说详情，大家兴奋之余，不由自主地大谈起办手抄报的经验，一谈就是一个下午，我在闲谈中适时地提出问题，有意点拨，把闲谈的内容引向理想、前途和事业等问题上，简直成了一堂"全方位"的德育辅导课。

三、恰当地讲究"闲谈"格调，保持闲谈的健康性和教育性

教师放下架子与学生闲谈，但不可胡扯乱谈，降低闲谈格调。应有的格调，就是"理"与"情"的结合。所谓"理"，就是闲谈中所讲的道理能够令人信服；所谓"情"，就是在谈吐中有真情实感，不做作，不卖弄，以"感染"取代"灌输"。

要做到闲谈不"闲"，"闲"中有趣，就要求教师有较宽的知识面和较广泛的兴趣爱好，对生活，有敏锐的观察力和感受力。学生听你的见解，感到新鲜，能引起共鸣，能学到新知识，他们才会保持与你"闲谈"的兴趣。

此外，应注意说话的分寸，不说"炸雷话""过头话"，不挖苦讽刺，不揭人之短，心术正派。

四、巧妙地运用演讲艺术，提高"闲谈"效果

有些人一进入闲谈的圈子，便很快成为"中心人物"，这与他们会演说有关。同样一件事，有的人说起来索然无味，有的人却能谈笑风生，让人听了既开心，又"顿开茅塞"。班主任与学生闲谈，应运用一些演讲技巧，如在讲话中注意穿插名人轶事、成语典故和笑话，增强语言的幽默感；多用比喻、比拟、设问、反问和对比等修辞手法，增强语言的感染力；把书籍报刊和生活中的新信息作为"味精"，撒进闲谈之中；还应注意语调的抑扬顿挫，富有节奏感和音乐感，并适当地辅之以一定的表情和动作，充分表达出自己的思想感情。

（本文写于湖南省武冈七中担任班主任期间，发表于《湖南教育》1989年第7期）

第五章　教学理念成于"思"

　　理念，一般是指看法、思想。它与观念相关，但常指上升到理性高度的观念才叫理念。也就是说，凡事先有意念，再由正确的意念成为观念，观念再"观一观、理一理"，便成为了理念。教学是一项理伦与实践相统一的学术活动，一刻也离不开理念，一项也脱不了理念。教学理念的产生与发展，其整个过程，有一个关键点，就是行成于"思"，理成于"思"。也就是"因思而理"，无思则难以成理；只有成于"思"的理念，才不断趋于科学、全面、完整和成熟。因为理念有先进与否，有恰当与否，有科学与否。为此，要做到善思、深思，才有可能获得创新的科学理念。成于"思"的理念，一般是成于思考，成于思辨，成于反思。事实一再表明，教学，永远是与思考同行的。

让教学与思考同行
——教学的再认识就是一种思考

（一）

　　思考是一种文化。思考能生长智慧，能促进教学。

　　教育需要思想，教学成于思考。让教学充满思考，让教学与思考同行。

　　让思考成为一种教学行动，让思考走进教学全过程。这种教学思考，实际上就是一种再认识。让教学具有再认识，则是一种教学深层次思考，一种思考的思考，一种有了实践与思考后的新思考，从而产生更为科学、合理、可行的新认识。这样的思考，与其说是思考，不如说是一种教育的再认识。

　　只有把教学成为思考的事业，成为富于想象力的事业，才能让教师在创造善于思考的教学中学会聪明，学会理智，才能使教学富有活力，不会感到遗憾与不安，或者尴尬与自责。

　　人是因思想而成其为人，那么思考就与生俱来，思考则贯彻于人类一切活动过程的始终。教学也不例外，甚至尤为需要思想，成于思考。因为它是由一个富有思想的人（教师）面对另一个乃至一大群需要思想的人（学生）；更何况整个教学过程，是一个思想与另一个思想不断碰撞、教与学不断达成的极其复杂的灵活的过程，其间不确定因素即可变量因素太多了，如果加以深思熟虑，不多一点智慧和办法，那是很难游刃于教学之中的。因此，思考就成了良方妙药。所以教学不仅离不开思考，还要勤于思考、善于思考。

思考，不仅是一种方法，更是一个历练过程，正犹如磨刀。我们常说：磨刀不误砍柴工——那么磨刀就是一种思考。因为"磨刀"把刀磨得锋利了，砍柴就顺利了，效率也就高了。"磨刀"时想着"砍柴"，磨着什么样的"锋利"和何种程度上的"锋利"，这就是"磨"的功夫。这种"磨"实际上就是思考。从这种意义上说，教学犹如砍柴，也需要"磨刀"——磨练磨练。这种磨练式的思考已经贯穿着教学的全过程：既有课前的"磨刀"，也有课中的思辨、课后的反思。

（二）

让教学与思考同行，还有一个前提，就是要让思考者具有并运用教育思想，让教学者掌握思考的武器，树立思考的意识，做一个有思想的思考者。

只有具有思想、带着思想的人才能进行思考。试想，缺乏教育思想的教师，要他去思考教学，确实是一件难事。因为连思想都没有，还能思考么？因此，我们认为，教育需要思想，让教师获得思想，让教师成为有教育思想的人，从而用思想教书，教出有思想的书。实践证明，有思想的教师，才会有思想地教，教出思想来，才不会盲目地教、模糊地教、浑浑噩噩地教。

当然，这里的思想，还有个"神"和"形"的问题。"神"，就是指思想的内核和深度。在教学中用的思想应该首先体现的是这种"神"的东西，包括正确的思想、先进的思想和科学发展的思想，以及形成受学生所欢迎且适应学生的教学理念。"形"，就是指思想的外在形态、形式、程度等，还包括将教育思想与当时当地的教学实际相一致的操作过程与程序。否则，运用思想过多、过滥和过度，天天在应付变化思想，让人无所适从，也会在"多思想"的泛滥成灾中将教学引向歧途、引向失败。

由此可见，如何用思想教书，还的确需要进行思考，尤其需要思辨，因为思辨才是思考的核心。思辨，是思考的最高境界，是最高水平的思考，也是一种最苦最狠的思考——因为往往太较真，跟人跟己都过不去。但是，这往往也是最有价值和最有效果的思考。

总之，教育有了思想就有了灵魂，教学有了思考就有了希望。有思想的人往往也是很成熟和自信的。让思考成就思想，让思考铸造有思想的人。

（三）

让教学与思考同行，还要学会思考，追求思维的多元化和系统性。

现在，我们发现许多优秀教师的成功都源于思考，成于多元化思维。比如：形象与抽象思维的结合；思维的深刻性、敏捷性与流畅性相统一；常思、反思与思辨相并行。这些多元化思维就会形成辩证思维、个性化思维、发展性思维和创新思维。叶圣陶先生"教是为了不教"的理论，就会让我们产生许多多元思维的方法，得出许多不同角度的认识。如：（1）"教"是为了"不需要教"；（2）"教"是为了"不再教"和为了"再不教"；（3）把"教"的对象（学生）教会了"学"，把教师的"教"教成了"有教的学"。这样，思维的角度则发生了变化，从"教"转变为"学"，所以"以学生为本""以学施教，为学而教"的一系列新的教育思想和教学理念便应运而生，且越来越影响着新课改和成千上万教师的教学工作，改善着他们的教学行为。

让教学与思考同行，还要求思考的教师，不仅有多元化，而且要渐渐成熟、系统，形成体系化。无数杰出的教育家的成长与发展过程，都无不表明他们运用教育思想，富于教学思考，最终形成了自己独特而又科学的教育思想和教学理念。他们不仅思考教学，更能通过总结、概括教学经验，提升并创造教育思想，发展教育思想，成为有新思想的人，成为有自己风格、特色的教育家。他们的成功秘诀，在于坚持在教学中常思常教，常教常思，用思考的方法善待教学；在于站在思想的高度与深度，走出迷惑，走向成功的彼岸，不仅能出经验，也能出思想，而且已形成风格与特色乃至体系化了的思想（通俗地说"一套一套"的）。

这就是思考造就了专家，专家选择了思考。因为专家就是思想，专家就是体系。这句话的含义就是指大凡成功的教学名家，都是有思想的，其学术成果都是成体系化的。

让教学与思考同行，还要脚踏实地进行思考。这种思考叫沉思。沉思沉思，沉下来好好思考。作为有思想、善思考的教师，只有沉于课程教学之中，沉于一切教学现象和教学问题之中的思考，才有深度，才有效果。沉思，也指深思熟虑，包括静思、闷思、慎思、反思，古人所说的"三思而行"中的"三思"也深含此义。

（四）

有一位名人说过：人类如果停止思考，则无异于世界末日的来临。可见人类的进步，世界的发展，都离不开思考。思考，已经成为人们发现问题的掘进

187

器，思考也标志着人们解决问题的开端和产生相应的理想的结果。所以，它也成为我们教学的武器。尤其是在追求一种有意义的教学和基于解决问题的教学中，我们更需要思考，更需要科学地思考，勤奋地思考，认真地思考，形成一种思考型的教学习惯，产生着一种思考性的教学状态，要树立"无思不教，有思才教，教了还思"的信念。思之深，教之成；思之全，教可行。只有带着思考，充满思考、善于思考的教学，才是最有准备的教学，才是最体现科学性和个性化相结合的教学，也才是最成功的和有效的教学。才会是理智的、有活力的和少出差错与遗憾的教学。

思考，既要充满教学，也要有机地贯穿于教学全过程，让思考成为一种行动！教前要有思考，教中要思考，教后还要思考（俗称"反思"）。

教学需要思考，更需要有思想的人的思考，更需要人用思想去思考。思考教学，思辨教学，思出教学的一片广阔天地和无比辉煌。

总之，我在此发出呼吁：让教学与思考同行，让教学在思考中前行，让思考与教学同步。

（本文写于 2000 年 9 月，系教学研讨会的发言稿）

在教学中你有"想"吗

——为教学创新而发展新思想

大凡一个有成就的教师，都是有思想的教师，都会对自己的教学经常去"想一想"。这种"想一想"就是"思想"，再具体地说，就是思考、思辨，想问题，想办法，想结果，还想发展等。既有理想，也有设想，还有反思。这种"思想"，应该是主动的、自觉的，经常的、及时的，那么也就表现为科学的、系统化的、有实效性的；反之，即使想了，也未必有多大作用，如果想偏了歪了，还有可能影响乃至害了教育。到底想什么、怎么样想，也应该引起我们的探讨。

一、对教学目标的"想"

教学要有目标，要在目标指引下进行教学，那么，每一个教学者不去想想教学的目标就能教学吗，这无疑是不可能的。设置怎样的目标，怎样设置，目标设置得好不好，怎样实施才能实现等，这些务必引发施教者的思考。其实，教学目标本身就是一种设想与理念，体现着一种理想，体现着教学的思考。所以，教学目标制订的优与劣，直接取决于教学思考水平的高低。同时，设置教学目标的思考，不是为目标而目标，而是要立足于学生，从学生的学习与发展出发，充分地想着课程计划、标准、教科书、教学设备和资源等，要想着学生的学习实际和需求、身心特征与认知规律等，还要想着教师自身的已有教学经验、已备素养和教学风格与特长等，最后才可能把一切"想"好的形成目标，并产生教学设计即教案。

当前，在设计教学目标时往往产生一个误区，受"三维目标"的影响，总以为"三维目标"就是"三个"目标、"三类"目标，在设计时分别列出教学目标：（1）知识与能力目标；（2）过程与方法目标；（3）情感目标。等等。"课程标准"的原意是，在制订教学目标时要考虑这三维目标的整合，待正式制定目标时还是要以一个个可以操作的教学目标，予以——呈现。那种"三维"的呈现，是不能操作的，也是失去整合性的，未能体现教材教学特点的。

二、对教学经验的"想"

在教学中，随着日积月累的功夫，我们老师便有了教学经验。教学的经验其实也是一种思考的产物。如果缺乏总结、思考、概括的教学经验，还是不能成为经验的。实践表明：如果只有教学过程的经历而无思考是很难形成经验的，必须对经历和体验展开思考，先总结反思，作出理性概括，去其感性，使其经验上升为理性思考。实践还告诉我们：只有经过思考总结提升为经验的东西，才能为以后的教学服务。因为这些经验又为以后如何更好地教学、更轻松愉快地教学而作出思考或产生出相应的思考。

教学经验是一种教育文化，也是一种教学思考的文化。当然也可以成为促成教学思考的重要材料或诱因。对教学经验的思考，实际上是对优秀文化传统的认可与传承，对我们过去工作成绩与教学成果的尊重与发展，为我们以后做得更好、教得更好提供着条件和基础。用教学经验思考，使我们的思考更加丰富、全面与成熟，特别是用教学的经验来思考教学，更具针对性与传承性（连缀性），效果会更好。

三、对教学模式的"想"

关于教学模式的思考，可以产生以下不同的问号：

1. 教学到底有没有模式？有模式又有什么样的模式？在教学中如何创造、总结和运用模式？我们可以追求模式，但能模式化吗？

2. 教学，能套用别人现成的经验与模式吗？即使是别人一时很成功的教学模式，你可以不加思考和取舍就拿来用吗？

3. 你对教学模式的变与不变怎样把握？从一个教学模式走向另一个教学模式怎样理解与操作？

4. 有什么样的教学内容决定着有什么样的教学形式？将内容与形式相结合后的教学模式是什么样的？

5. 有什么样的教学条件决定着有什么样的教学形式？这句话对吗？等等。

6. 你有哪些成功的教学模式？你又有过哪些失败的教学模式吗？

四、对教学行为的"想"

教学行为，往往是对教育思想理念、教学内容处理、教学策略与方法采用等的综合体现，所以，对教学行为既要有事前的"设想性"思考，如教学设计、教学准备（备课）；也有事中的"适应性"思考，如教学过程中教与学的相适应，教学内容与方式方法的相适应等，这些都要教学过程随时、随机地思考；还有事后的总结与评价性的思考，如对所取得教学成果的经验体会的总结，对不足与问题的反思、整改，对未来更大空间、更大程度上的发展的思考。例如：

1. 你的教学是科学，还是艺术，或者既是科学也是艺术；

2. 你的学生学习上的成功，教得成功，还是学得成功，或者是教与学相统一的成功，有哪些具体因素和做法？

3. 你的学生学习时如果发生困难、困惑或者失败（失误）时，你是怎样去帮助、指导他的？其结果如何？你有何经验与教训？

4. 教学，能否在研究中进行，能否创造条件使它更科学？等等。

……

当然，不止想这些，还可以想得更多、更细、更完整。尤其是教师不仅想着自己的"教"，更要好好地去想学生的"学"。一旦把学生的学情、学需、学趣、学旨及学法等都想清楚了，而且想出了"教"的办法和措施，那么这种教学才是真正的教之以"学"，其效果无疑是比"不想"要好得多。在教学中，愿我们都去"想"吧！有了想，就有想法，就有创意，就能走向有思想的教育家之路。

（本文写于 2001 年 3 月，系教学研讨会发言稿）

让教学反思与教学发展相统一
——对反思性教学的再认识

教学反思是什么？教学发展是什么？二者之间是什么关系？二者能不能相统一起来？二者相统一以后有何教学意义与功能？等等，这些都将是我们在新课程理念指引下重新审视"教学反思"的重大课题，也是如何促进教学发展的重要突破点。为此，我们必须对此予以格外关注与深度研究。

（一）

顾名思义，教学反思就是指对教学进行"回头看"，对已经过去了的教学再倒过来看一看，想一想：有哪些成效与成功之处，还有哪些不太合理或成效不理想的地方，其中的经验与教训何在，以后的整改与发展以及突破点在哪里？等等，这些就构成了"教学反思"。教学反思，它既是一种教学理念，也是一种教学方法和教研形式。

从教育哲学层面来看，"教学反思"是为了"教学发展"，而且是使教学更加"科学发展"。所以，教学反思与教学发展是一种互相统一的关系即相辅相成的。为了教学发展而进行教学反思，也才有意义，也才有方向和思路，否则教学反思也是盲目的，最终缺乏长效性和常态化。我们现在做任何事情最怕的就是难以坚持下去。难以坚持的一个重要原因就是动机驱动不够，也就是目的性、目标性不明，以及过程与阶段性的反思不彻底或反思不科学。因此，只有将教学发展与教学反思相统一起来，在教学发展中反思，在教学反思中发展，这才会让教学反思有实效、有意义。

由此可见，教学也同样应该具有教学反思和需要反思。实践证明，只有反思才能促进教学更好更快地发展。所以说，教学反思是一种教育哲学的表现。所以，教学反思也自然成为一种使教学不断聪明的教学行为。人们常用自知之明来自勉，这里就充满着反思成分。实践证明：只有经常反思、善于反思的人，才会更加聪明，更加成熟与完美；同样，一件经过反思的事情也才会办得越来越好。这个道理也让我们进一步坚定了教学反思与教学发展的同步与统一的信心以及决心。

（二）

教学反思，之所以能与教学发展相统一，主要是因为它还具有"方法论"的意义和功能。

首先，它是一种科学的辩证的思维方法。基于此，我们认为，所反思的不一定都是问题，而更多的是经验与成果，是一种文化积淀。教学反思的目的，不仅是使教学更趋合理性，合乎规律性，还更具有发展性与和谐性。要想教学达到"合理"与"发展"，有一个重要前提，就是要明确教学的"合理"与"发展"的基本内涵和特点及其要求，也就是说，什么样的教学才是合理的和具有发展意义的。只有先这样反思才具有相应的价值取向，也才能反思到点、到位，使反思本身具有可能性，然后才能有合理性与发展性，并且使反思做到具有科学性和可行性。所以，它是一种教学哲学的行为方式与实践内容。因此，教学反思也成为教学得以发展的平台或者机会，也具有其深刻的教育哲学意义。

另外，它还是一种教育研究方式。在教育研究方法中，现在流行的有理论研究法与行动研究法等，那么，作为联系二者更为有机统一且具体实施时还应该有许多相应的教育研究方式，而教学反思则完全可以成为其中一种研究方式。因为它首先具有思考。只有思考，才会产生对教学问题与教学现象进行研究的动机和"深思熟虑"的效果；再就是思辨。反思就是一种思辨。只有辩证了的思考，反过来看一看、想一想的思考才会更趋完善和理性。所以，反思不一定就是作检讨，而是更需要科学的认真的思辨。基于此，它可以既有对理论的探究和行动的研究，也可以将二者统一起来的更具有理有实（据）的客观的研究。思考，即思索、考量，也包含考究、考察、考查。目前我们的教学反思和教学设计、探索、体会等，实际上就来源于"思考研究法"这一类教学反思。作为教学研究方式上的教学反思，可以分目标型反思、理念型反思、经验型反思、过程型反思、成果型反思和反思型反思等。

为此，寻求具有科学发学反思，树立其理念，构建其操作机制，讲求其策略，展性的"反思发展型"语文讲究其方法与手段等，则显得越来越重要。特别是坚持与学会"反思之反思"和"多元化反思""辩证反思""主题性反思"等，则成为我们目前追求科学发展型的教学反思的重要方式（也就是教研方式）。

（三）

教学反思的应用，离不开教学发展。具有教学发展特征的教学反思，应该是"反思性教学"。因为教学反思是侧重于"反思"，即指对教学进行反思，进行教学的反思；而"反思性教学"，即指通过具有反思特性和反思行为的教学，来实现教学发展。已经反思了的教学，在教学的全过程中贯穿并力求使教学充分体现着一种"反思性"，使教学呈现"反思性"的状态与效果，让教学置于"反思"之中，这才会具有"发展教学"意义的教学反思。因此，坚持科学发展型教学反思的理念，树立科学发展型教学反思的意识，学会科学发展型教学反思的方法，提高科学发展型教学反思的能力，教学才能既进行反思又具有发展。

教学反思，从功能角度来看，已出现为两大类，一类是积极反思，一类是消极反思。积极反思，即指教学反思与教学发展相统一了的，促进教学向更趋合理性的方向发展；它的反思方式辩证型反思、发展型反思、反思之反思、主题型反思、多元化反思、问题型反思、构建型反思、发现型反思等。消极反思，无疑就是一种走过场，流于形式主义的无效反思或叫无作为反思，具体为被动反思、盲目反思、随意反思、为反思而反思、片面反思等。这些反思由于缺乏正确的指导思想和科学发展的目标、策略以及方法与手段，使反思误入歧途，往往把教师搞得很累，很烦，而收效甚微或者只有一些急功近利。我们需要的是积极反思，即形成一种让师生感到轻松、自如、实在和自然而然的流畅的教学反思长效机制，以便让教学反思常态化发展。

教学反思，如果从方式与技巧的角度来看，又可以分为批判性反思和建设性反思两大类。在这两类教学反思中，并非有好差、优劣之分。这两类反思都应该在教学反思的具体过程中所运用到，有时对一种教学现象或问题的反思，既要有批判性反思，更要有建设性反思，或者叫先破后立，有破有立，破立结合。只有将这种"破立结合"的科学反思运用于教学之中，才会产生发展型教学反思和智慧型的教学反思。

（本文写于 2003 年 3 月，系广东省教学规划课题成果之一）

对反思性教学的再认识

一、现代教育需要一种科学的创新的反思性教学

反思，原为唯心主义哲学概念，指对思想本身进行反复思索。后来泛指对某些事物或过程的重新回顾和认识。人之反思，古今皆有之，它是一种文明程度与个体成熟与理智的标志，古有"扪心自问""吾日三省吾身"之言，今有"反省""检讨"和"人贵有自知之明"之说。反思，首先是思想界和知识界关于"元科学"研究的一种理念与方法，后来移植于教育教学，便产生了"反思性教学"。

我认为这种移植是教育改革与发展的需要，是教育科学自身发展与进步的一种标志。因为教育太需要反思了！谁都知道，教育是面向生命的事业，是追求人类文明进步和科技发展的伟大理想的事业，因此是不容许随意发生错误和问题的事业。国际著名教育家洛克在他的《教育漫话》一书中也说道："教育上的错误比别的错误更不可轻犯。教育上的错误正和配错了药一样，第一次弄错了，决不能借第二次第三次去补救，它们的影响是终身洗刷不掉的。"（人民教育出版社1957年版，第2页）要做到不犯错误或者少犯错误，就要学会预防错误，绕过错误，那么办法是什么？其一就是反思。只有经常不断地反思，科学地反思，把反思运用于教育教学的全过程，才会实现以上目的。

反思，从回顾总结入手，从遗憾中产生。因为教育不可没有缺陷和遗憾，须知教育永远是"一门遗憾的艺术"。实际上知道遗憾就是反思的结果，也是反思的开始。一个不知道遗憾和懂得在遗憾中反思的教师，实际上是一个不成熟的教师，一个缺乏理智与创新发展的教师。同时，教育教学活动是情感极为丰富的人文精神活动，当人的情感丰富超限时往往产生"冲动"和"冒险"（"试误"等），于是欠理智、欠科学（即不符合规律与不合理性）的教学行为也随之产生，如果这时候不知道反思就会酿成大错了！可见，反思性教学既能让教学永远充满改革与创新色彩，也让教学永远处于一种科学合理的理智状态之中，所以它便成为教师"学会教学"，学生"学会学习"的重要方法之一。

二、科学地整体地把握反思性教学的概念及其内涵

1. 对于反思性教学的概念众说不一，国内较有权威的说法，有熊川武教授在他的《反思性教学》一书所下的定义，即"教学主体借助行动研究，不断探究与解决自身和教学目的，以及教学工具等方面的问题，将'学会教学'与'学会学习'结合起来，努力提升教学实践合理性，使自己成为学者型教师的过程"。他还特别强调了三点：第一，反思性教学以探究和解决教学问题为基本点；第二，反思性教学以追求教学实践合理性为动力；第三，反思性教学是全面发展教师的过程。我们认为反思性教学，是指对教学经验进行回顾与重新认识（包括思考、评价、整改等），以至产生新的更趋合理性的教学方案与行为的活动过程。通俗地说，"反思性教学"，即"教学的反思"与"反思的教学"二者有机的统一。

2. 反思性教学不同于"教学评价"和"教学反馈"，也不全等于"教学反思"。"教学评价"，一般是指关于对教学的价值判断。它事先制订一个评价方案（含评价标准与评价方法等），然后对教学作出是否达到标准，达到程度如何等的价值评判。"教学反馈"，一般是指将一部分教学的结果（知识结论）又返回其知识发生过程和教学过程中以检验其结果即知识结论的正确性与否。"教学反思"，是关于教学是否符合教学规律，是否趋向合理性的一种理性思考，事先不可能拿什么规律和合理性作为标准，只是一些公认的教育常理或教育理念，以及那些体现教育规律和教育意志的教育方针、政策等。而"反思性教学"之所以不全等于"教学反思"，因为它丰富和发展了教学反思，不仅有教学的反思，更有反思的教学。即不仅对教学经验作出静态的反思，更有反思后的积极整改的更趋合理性的教学实践。还值得指出的是，"反思性教学"在实践过程中也常常离不开"教学评价"和"教学反馈"，需要借助于"评价"与"反馈"。

3. 反思性教学，作为一种教学活动过程，则不仅包括教师的教学要得到反思，而教学中的重要主体因素——学生的学习也同样要得到反思。由此可见，反思性教学一旦应用于教学实践之中，就不仅是教师所为，也要教学生树立反思意识，运用反思性教学的理念与方法来对自己的学习经验（即学习过程、行为及其结果等）进行反思，并从反思中产生新的更趋合理性的学习设想和学习行为。从某种意义上说，这一点十分重要，因为我们教师的反思性教学的终极目标是指向学生学会学习。

三、要构建反思性教学的教学机制与操作体系

要从反思性教学的教学目标（理念等）、教学内容、教学实践形式、教学手段与教学方法、技巧等方面均形成相应的全方位、多层次的整体设想与计划。比如说，坚持把"反思性教学"列为教师继续教育的内容让教师学习掌握，并作为教师教学改革的重要方法来予以推广与落实。

1. 我们认为反思性教学的教学策略有"五用五看"：①用理想的眼光看现实的教学；②用发展的眼光看过去的情况；③用遗憾的眼光看成功的结果；④用辩证的眼光看失误的问题；⑤用陌生的眼光看熟悉的经验。实践证明这"五用五看"是反思性教学成功的重要策略之一。

2. 我们认为反思性教学的教学方法有案例反思法、专题反思法、过程反思法、因果反思法、辩证反思法、评价性反思法、技巧反思法、回头看反思法等。如"过程反思法"，就是指教学过程中的事前反思、事中反思和事后反思等。又如"因果反思法"（也叫结果反思法），即由结果反思原因与行为的方法。可分由结果反思目标与计划，由结果反思内容与策略，由结果反思过程与方法等。还如"辩证反思法"，即由教反思到学，由学反思到教；由成功反思到失误，由失误反思到发展；由现象反思到本质；由个体反思到集体等。

这里想特别介绍"回头看反思法"，此法是我于20世纪80年代中期的教学中总结创立的一种方法——"课前三思课后三想"。"课前三思"，即在课前想好三个问题：我在这堂课要让学生学到什么（学习目标）？学生会怎么样去学（学习态度、学习方法等）？我要用什么策略与方法去教学生学？下课后即回过头来进行"课后三想"：这堂课学生到底学得了什么？他们是怎么样学得的（经验）？我还能不能有办法让学生学得更好？同时把"课前三思、课后三想"的东西全部记在"教后感"或"教学札记"里（可单设一个本子，也可写在每堂课或每篇课文教案后边预留下的空白页里）。

例如，我当时教高三语文《文学与出汗》一文时，学生对文中一个较为费解的词发问，我由于来得突然而只给了学生一个不是很干脆地回答，搞得我当时也"出汗"一场。课后我专门为这位学生做了一个最为满意的解释，同时又将这件事反思后写成了《教材有缝隙，备课预用心》的文章，结果被《中国教育报》发表（1989年4月22日），又选入人民教育出版社出版的《教育精思录》一书。文章发表后，我收到国内各地读者来信100余封，这一反思性教学法深受好评，产生了较大的影响。

（本文发表于《广东教育》2003年第6期，发表时有改动。）

关于对话教学的若干思考

对话教学，作为一种教学概念的新生，自然会引起人们的关注和讨论。本文特从它的产生背景与内涵以及运用等方面做出一些思考。

（一）

不知有无考究，现在有一种很大的声音，即一说起"对话"教学，就说它是引用当代国际社会广为运用的外交关键词"对话"。本人认为，不能太简单地这样认识问题。凡是一个新概念的产生，一般来说，其初创时期是很幼稚和朦胧的，它无法一开始就十分清楚地针对或解决教育的某一方面的问题，更何况它被人们所说还是将当代国际社会的外交词移植引进过来的，如果真如此，则其可能性就更加小了。我想，即使是一种对外来"对话"的引用与借鉴，但它仍然有其内部的深刻背景，离不开教育发展的自身运动规律的必然驱使。大家知道，早在中国二千多年前的伟大教育家孔子和国外教育家苏格拉底就有与他弟子们的"对话"的教学。这尽管与我们现在的"对话教学"有很大差异，但它至少是我们教育本身的一种早期现象，可以称之为"对话教学"的一种萌芽或者雏形。

说这些，目的在于揭示"对话教学"真正的产生背景，并非是从国际社会的"对话"的政治名词所来，而是教育发展的一种内部规律。这对我们研究、运用和完善"对话教学"将有十分重要的意义。作为真正意义上的"对话教学"概念的产生，应该换一种视角，即将其置于整个社会与时代发展的大背景下去探索。大家知道，当今社会是新世纪到来的社会，其主要特征是由工业经济社会向知识经济社会过渡，这种过渡就是"社会转型"。在"社会转型"中，不仅经济形态发生变化而转型，更重要的也是最基本的就是推动经济形态转型的这些"人"的转型。因此，很多有识之士（包括教育内外的官员、专家、学者等）均纷纷充分地提出："实现人的转型，世纪性的教育主题"。也就是说，新世纪的教育主题不是别的，而是实现人的转型。同理，作为教育本身也就自然或者必然地要实现"教育转型"。

"教育转型"，首先是教育观念转型（俗称转变观念），然而紧接而来的是课程、教材、教法等全方位的教学目标、教学内容、教学形式、教学过程与教学方法、手段等的连锁转型。具体地说，教育转型，实际就是由传统教育向现代教育转型，就基础教育来说，即由传统基础教育向现代基础教育转型，也可以说是由"工具性知识教育"向"信息化知识教育"转型。在教学上，由"教师讲，学生听"的"师授式教学"向"开放、互动、对话、合作、探究"等饱含民主、平等、沟通、交流意义的"学本式教学"转型。由此可见，从某种意义上说，对话教学就是在社会转型的大背景下和教育转型的具体背景下所产生的一种教学转型的具体形式或者途径。

（二）

对话教学，近几年随着教学转型而产生后，一刹那间就走进了教学领域的各个方面，走进了新课程，走进了课堂，也走进了各级领导的报告和教师的教学活动中，也成了当前教学研究的"热点词"。但是，作为一个完整而有实践意义的"对话教学"，其概念和内涵至今仍使人们感到模糊甚至费解。这就更值得我们深入讨论。

对话教学，其字面含义很简单，即关于对话的教学。这种解释无疑谁都不肯就止罢休而承认它。现在，透过字面从教学意义与功能层面上来研究其概念，我们认为，可以初步概括为：将对话精神（理念）贯穿于或融入教学活动之中，使师生树立对话意识，并以相适应的对话方式、方法和手段等为媒介，以建构起一种以体现民主、平等、沟通、合作、互动、探究、创造、发展的人本性、生长性、和谐性的教学状态的教学。在这里还有以下几点必须进一步做出探讨。

第一，对话教学要求十分强调师生在教学中树立对话意识。对话意识，实际上是指对话在师生头脑里所形成的感觉与思维的总和。再明白地说，即指在师生的意识里所形成的一种关于对话的意念，和一种较为稳定的对话感觉和对话思维品质等。它可以包括对话素养、对话感情和对话行为等三个基本要素。对话素养，常指关于对话的基本常识和技能，以及由此产生的对话能力、对话技巧和方法。对话感情，即对对话的印象如何，态度如何，是喜欢对话还是讨厌对话，以及对对话的功能、作用、意义的认识与情绪如何等，这是搞好对话的情感因素，不可忽视对话行为，即指师生是否经常关注对话，热心于对话的实践活动，以及热恋程度如何等。如果以上对话意识在师生中牢固树立并在教学中发挥作用，那么实施对话教学的前提才能成立。

第二，对话教学是一种教学状态。这里，一是就以往所说的教学过程和教学方法等而言，它用一种"状态"将教学的各因素能动地整合在一起，形成一种特定的教学现象；二是就"课堂是一个生态，是一个生命体"的现代教育理论而言，因为在对话教学的课堂里，每个人都是生命，都是主体，学生是主体，教师也是主体，人人平等，每个生命都在为延伸与发展自己的生命价值而在交流、沟

198

通，甚至发生思想的碰撞、知识的升华，都有展示自己的思想、感受、观点和学习收获与问题、困惑的机会。在这里，教师也最多起着一个"节目主持人"的作用，在提供一些"给话题"或"跑龙套"的服务与帮助。

第三，要注重对话教学的媒介。这里强调的是对话教学的特定条件与形式。就像过河，从此岸走向对岸，二者沟通就得有桥或船这些"媒介物"。对话教学的媒介物，可以包括话题、场景及对话方式等。这些媒介要做到适合对话活动的展开，有利于对话的顺利进行，提高对话质量，最终促进对话教学的圆满成功。

第四，要明白对话教学的真正主体：三体合一。也就是说，对话教学的主体，是由三个主体元素组合而成的，一是教师，二是学生，三是教材内容（含编写者和文本作者等）。我们不能以其中任何一方为主体而忽略其他方的主体作用。因为这是一个课堂，课堂教学的主体元素的客观组成，则缺少教师不行，缺少学生不行，缺少教材也不行。

（三）

对话教学的操作运用，要跳出以前固有的认识，即以为操作运用就是讲模式与方法。当然，这些固然重要，但形成一套操作机制与运用体系将显得更有价值与意义。在这里，本人特总结了一项对话教学的"三元一次方程式"教学法。"三元"，即"走出误区，树立对话意识"；"深入实践，寻找对话方式"；"经常反思，强化对话效果"。"一次"，即在每一次对话教学活动中都要使上述"三元"要素一并到位或者得到体现，以至形成一种方程型操作模式。下面是运用"三元一次方程式"对话教学的几点设想。

1. 坚持"情景对话教学"和"非情景对话教学"的有机统一。这是对话教学的两种基本形式。情景对话教学，即指在创设一种特定情景，以推进对话的进行，通过对话而展开教与学的活动。如：小组式、（甲乙）方阵式、圆桌式、茶馆式、郊游式、庭院式等。不过，切忌流于形式，搞排场，无实效。例如，现在有人上公开课，把全班同学的课桌拼成几组，美其名曰合作性对话教学，其实效果并不理想，这只是一种"合桌"而并非"合作"的对话教学。非情景对话教学，即在精神世界里所进行的"心灵对话"，这是一种个体自言自语式的"无形"的对话，有时面对河流、高山、日记本等某种事物或特定概念等，向其倾吐心里的话，这就叫"与自我对话""与精神对话""与生活对话"。教师有意识地指导学生运用这些形式与方法于教学内容之中，那么这种"非情景对话教学"（即"心灵对话教学"），就一定会收到很好的效果。对以上两种形式，教师应灵活运用，可分可合。

2. 对话就要有话题，就要学会借"题"发挥。因此，如何选择话题、创造话题、捕捉话题、引出话题、展开话题、转换话题、总结话题等都有许多方法与技巧。在这里特别说明，教师如何将教材（教学内容），结合教学目标而将其转化为话题，将是教师搞好对话教学的重要任务之一。

3. 根据学科特点，将对话教学渗透于学科教学之中。比如语文教学，它无不渗透着对话教学的精神和丰富的对话教学机会以及方式方法。如语文新课程中的"口语交际"和"综合性学习"，其本身就直接成了"对话教学"的内容和活动形式。作文也是如此。它不仅有学生与教师在作文指导过程中的直接对话，更重要的是教师引导学生通过写作而与生活对话，与社会对话，与时代对话，与心灵对话，与未来对话，也与人对话（如父母、老师、亲友和远方认识的与不认识的人等）。写一篇文章，就是一次对话。通过对话，表达思想，交流感情，抒发感受，阐述观点等。另外，阅读教学也不例外。读课文，本身就是与文本对话，同时也可透过文章与作者进行超文本对话，与对课文"先知先觉"的教师对话，与同在一起学习的同学对话（课堂上经常有交流、讨论等，一方发言，另一方在听取并接受其回答问题、发表看法的声音，这相对于听者来说也是一次对话）。

（发表在《广东教育》2003 年第 9 期，发表时有删改）

对"有效教学"的辩证思考

摘要：怎样才能实施乃至实现新课程下的有效教学，首先要围绕新课程的"新"来进行研究，否则与一般性有效教学没有区别。新课程下"有效教学"应该"新"在哪里？回答是：在认识上要将新课程下的有效教学与新课程的"新"产生必然联系；在操作上对新课程下有效教学的行为要形成一套相应的科学机制；在结果上对"有效教学"的评价要体现有辩证意义和可持续发展。同时要充分认识新课程下"有效教学"的又一"新"特点，就是辩证看待有效，不要滥用和随意贴上有效的标签，不要将浅尝辄止的初见成效扩大化，不要产生有效教学的无效化。

关键词：新课程；有效教学；科学机制；辩证意义；可持续发展

目前，国内对"有效教学"的研究与实践，可以说已达到了较高的热度，当然也收到一定的效果。但是，有效教学却无效或者低效，仍然是众所周知的普遍现实问题。尤其是新课程下的有效教学到底是什么，怎样才能实施乃至实现新课程下的有效教学，怎样评价和确认新课程下的有效教学等。首先要围绕新课程的"新"来进行研究，否则与一般性有效教学没有区别。新课程下"有效教学"应该"新"在哪里，到底有效在哪里，等等，这些都值得研究，也应该作出科学回答。

一、在认识上，让有效教学树立科学的"有效观"

对近几年国内盛行的"有效教学"，我们做了一些调查分析，发现有效教学与新课程改革并非发生必然的联系，往往是牵强附会，或者无的放矢，缺乏科学性、合理性。主要存在以下几种误区：

1. 滥用有效教学的概念，对有效教学的含义与标准缺乏了解或者理解不到位，处于一种浅层次、经验型的狭窄的自我认识的层面，没有从新课程理念与新课程标准来寻求有效教学的新目标、新策略、新动作，只是将原来的教学凭自我感觉有效而包装一下贴上"有效教学"的标签罢了，结果把所有的教学不管真的有效无效，都戴上有效教学的帽子，动不动都说教学有效，搞的是一种"戴帽式有效教学"。

2. 人云亦云，一哄而起，追求时髦，跟着喊有效教学，却无自己的主见和主观能动性。人家用的方法说有效就马上照搬套用，结果其效果并不如人家说的那么有效。这主要是对任何一种教学方法包括有效教学在内的功能的特殊性即有限性、差异性的理解不到位。可以说，任何人的有效教学，任何方式方法上的有效教学，都有其普适性和特殊性的双重性特征，其有效性都是相对的。这是在搞一种"变味式有效教学"。

3. 不少教师在教学中常常感叹：有时有效却有时无效，开始短暂有效却最终结果无效，在局部细节上有效却在实现新课程整体目标上无效，于是渐渐失去了对有效教学持久追求的信心与力量，在教学中厌倦与放弃者大有人在。这些主要是缺乏对有效教学的整体策略的考量，缺乏对有效教学完整的科学的操作方式方法的有效把握与调控。这是在搞一种"短视型有效教学"。

为此，我们首先要在认识上走出误区，消除负面影响，以全新的认识来理解与接受有效教学，尤其是新课程下的有效教学也应该是一种全"新"的教学。

第一，"有效教学"关键在于要树立科学的"有效观"，即坚持正确的有效价值的取向。可以说，世界上没有人说自己的教学是无效的。无数事实也已表明，一堂课下来，持有效无效之见者可以吵得相互间谁不让谁、谁不服谁。结果只好说都有效，于是有效便被滥用而实则无效。这其中原因之一就是各自的有效标准和评价眼光不一样，甚至还各怀不同的需求和目的。如果"有效观"正确，那么真正高效优质的教学就自然被区分开来，那些找几个"亮点"、讲几句套话、编几条理由来认定为是有效的现象就会渐渐去掉。这种有效与无效，往往是受制于和相对于一定的常模参照和特定的评价标准的，并非是绝对的，甚至还会仁者见仁，智者见智，各执己见。特别是那些富有改革色彩、富有个性化的创造性的教育教学，短时的效果并不显著但意义深远，有不可估量的突破性、前瞻性和持效性，这样的隐效性强的教学只有在科学的有效观的指导下才会得到认可与发展。

第二，开展"有效教学"，要明确有效教学的实施背景、理论依据和实践基础，讲求客观实在，反对主观臆断，千万不可盲目、随意和肤浅。世上凡事皆事出有因，都有其背景，都要靠相应的指导思想、理念作支撑，靠实践操作的经验和切实可行性等，那么有效教育是教育的较高追求，就更需要依赖良好的背景、科学的理论和相应的实践基础，否则，说有效教育那只是口号罢了，或者流于形式，走走过场而已。

第三，用反思的理念与方法对"有效教学"随时、随地、随机地作出判断：到底"有没有"效果，"效"在哪里，有何"效理"？假如换一种教法是否更有效等。要在不断反思和整改、创新中，发现有效教学，发展有效教学，让有效教学永远成为一个动态过程、一种教育家的终生追求。千万不可一劳永逸，一效定终身，一效管永远。须知：今天的有效是相对于昨天而言，今人今事的有效是相对于过去的人和过去的事而言，而对于发展了的变化了的明天和后人来说，则难以成为有效之言。

第四，要科学处理"有效教学"和"教学有效"的关系，明确前者是注重过程和方法，后者是注重内容和特性及其结果，只有二者的有机统一，才会让"有效教学"产生"教学有效"的结果。还需懂得：有效教学是干出来的，是在实践中被证明了的，而绝不是被自我感觉良好就行的。

二、在操作上，新课程改革要与有效教学形成一套相应的科学机制

我们认为，在重新认识新课程下的"有效教学"以后，对有效教学则要用多维的思路和多元的行为，来尽可能作出有层次、可操作、能评价、少歧义的完

整性的新课程"有效教学"的策划，以构建一种促进有效教学的科学机制与行为准则及操作体系。

1. 要建立有效教学的"三有"层级发展体系，使有效教学始终处于一种发展状态下的循序渐进，而不是静止的消极型有效教学，或者随意、盲目型的并非有效性教学。

①有效果：即有好的教学结果。是通过官方或他方按照一定的课程标准和方法所给予的正式或非正式的关于是"有效教学"的评价。主要包括：教师教好了，学生学懂了，达到了课程标准所规定的任务和自己预设的目标，特别是基础知识和基本能力的过关与达标，是本层次的有效教学的标志。因为效果的含义本来就是"由某种力量、模式、因素产生结果（多指好的。）"。可以说，这是我们教学最起码的质量追求和有效教学所要守住的底线，否则就要"下课"，再不能教下去了。

②有效率：即不仅有效果还有较高的效率。这是有效性教学发展与提升了的层次，是每个成熟的教师或具有一定教学年限和经验的教师所应该追求也可以达到的水平。比如，在语文课用一节课完成一首古诗的教学，如果在一节课中教了两首古诗，或者在一节课中虽然只教了一首古诗但让学生拓展自学了另一首，或者将所教的一首诗能够当堂背诵、翻译、鉴赏其中的意象、意境、艺术特色等，那么就不仅是有"教了"一首古诗的效果，还在"教好、教会"上产生了一定的效率乃至效用。

③有效益：即不仅有好的效果、效率，还产生举一反三、触类旁通的推广应用价值，为学生掌握方法、培养能力而形成更大意义上的教学效益。比如，在教学古诗时，如果能将读懂古诗和懂读古诗有机统一起来，即在前者教知识的同时又将教读诗方法、技巧等紧密结合，也就是说，不仅读懂了一首诗，还懂得了读与此同类诗的方法，培养了相应的古诗鉴赏能力。

以上三个层次的有效教学，均在相应层次上产生着有效性。第一层次，是最基本的和最起码的；第二层次，在一定单位时间内追求了较高效率的教学；第三层次，还产生推广、运用价值和创新意义，为学生激发学习兴趣、学会学习而形成了优质高效的教学特色或教学成果。当然，这些要靠教育的功能目标来检测、评价，即事先有一定的教学评价标准和检测方法、操作机制等。尤其要注意从育人目标和学科课程标准上所实现的整体有效性来作出综合评价，否则，如果只看到一些局部的浅层次的有效，而整体的效益上的成果不多，甚至还在其他方面产生副作用，还抵消了其他效果，这能算"有效教学"吗？

2. 开展有效教育，既要有机制，也要有策略与行为。

①从教育科学理念的熏陶中，树立"有效教育"的意识、构建有效教育的操作体系，强化有效教育的层项性发展和系统性发展；

②从"无效教育"的误区中走出来，清除"有效教育"的阻碍，明确"无效教育"的现象、危害及其原因；

③从总结有效教育的偶然经验中走向有效教育的自由王国和良性循环机制；

④从社会的正确评价中发现有效教育，克服盲目从众心理和相机主动、全面地开展有效教学。

3. 要特别注重促进"有效教学"顺利开展的保障措施。

①要完善教师的知识结构，提高教师的素质教育水平，为有效教育打下基础；

②要真正改变学生目前被动学习，表面学习的现状，提倡学生自主、自动、自究、自给的深层次学习和有意义学习的学习观；

③要搞真正意义的"启发式"教学，还要搞比启发式更进一个层次的"激发式"教育。发展既规范又科学有效的课堂教学模式；

④要搞切实可行、行之有效的目标教学法、单元教学法等优秀的教学方法，实行有效的目标驱动和正向价值取向推动，让学生在不断的目标实验中走向成功，获得"有效学习"的成就；

⑤要千方百计激发学生学习的兴趣，要切实抓好学生学习语文的良好习惯。

三、在结果上，对"有效教学"的评价要体现有辩证意义和可持续发展

1. 追求教学有效不等于就产生了有效教学。

现在大家都在大喊：要开展有效教学……那么，言下之意，原来所进行的"教学"是"无效"的吗？我想，这也可能。因为谁都不愿意说当初所上的课是没有效的，只是到后来才发现当初的教学的确只是一种短视性效果，或者本来就无效而不愿意挑明。所以说，追求教学有效不等于就产生了有效教学。

这是一个基本事实，任何人干任何事，其主观愿望都是为了干好、干得有效。同理不论是新课程改革，还是过去的传统教学，也都会在追求教学的有效。追求教学的有效，应该说，凡是从事教学工作的人都会是这样想的，对于接受教育教学的学生来说，也该会如此，也是为了追求学习的有效而学习。世上哪有这样的傻瓜，没有效的教与学还去追求吗？但是，又有一个奇怪的问题在困惑我们：大家都在大喊：我们的教学无效！或者说教学效率不高，效果欠佳。也发现一些现象：同样一堂课，有人说效率高，有人却说效益低。各执一

端，还都陈述了一番道理。于是，在争执中也由此引发了许许多多这样或那样的"有效教学"研究，于是各级领导和学校教师也纷纷采取许多所识"有效教学"的措施，要求开展"有效教学"的措施，要求开展"有效教学"而且听说一抓便就有效了。

2. 有效教学，不等于有效性。

我认为，追求了有效教学，也还不一定就产生了有效性，因为这是过程与结果的关系。从常理上来说，有这种主观愿望固然不错，但追求教学目标的有效实现，只是事先的一种愿景，并不等于事后就有了"有效教学"，关键在于良好的主观愿望与其相应的教学策略、教学形式、教学方法与手段是否"有效"地对接起来，即能够为"有效"而产生促进作用。所以，"有效教学"与"有效性教学"是有区别的。前者呈静态型，表示一种理念与目标；后者既含有前者的内容，也还指为实现有效教学而采取的相应有效的策略、方式、方法与手段等，所呈现出来的是具有有效的特性、有效的状态与过程，故为动态型。只有符合科学发展的教学，才可以产生并称为有效性。用主体实施者的一种主观意识即"有效立意"和"有效假设"——教学目标预设，来检验、评估后所得出结果或认识上的"有效"，是不太科学的。

3. 缺乏有价值和有意义的"有效教学"也同样不能算作有效。

之所以现在产生看去有效却实则无效的教学，是因为这些"有效"只是短暂的、表面的，甚至还是落后的、失败的。所以，我们不要一味地盲目地把自己的教学都说成是有效的。有效，用自我感觉到的往往是靠不住的，因为它缺乏客观性与系统性，更没有从到底有无价值、有无意义上去考量，结果大家当时都说有效而最终无效、失效。要克服这种假性有效教学的问题，就要接受客观的评价，要接受具有科学评价标准和评价方法而得出的评价，绝不能是想当然的甚至来历不明的效果评价。

总之，要使"有效教学"永远置于一种有更高价值、更深意义的高素质人才培养的广阔背景之中。对"有效教学"既要予以充分肯定，发挥它在教育教学中的应有功能作用，又要充分认识新课程下"有效教学"的又一个"新"特点，就是辩证看待有效，不要滥用和随意贴上有效的标签，不要将浅尝辄止的初见成效扩大化，不要产生有效教学的无效化，防止因"有效教学"而带来的"伪效教学"和低层次的滥化的"速效教学"。

（本文发表在韩山师院《粤东基础教育论坛》2011年第4期，有改动。）

对"一课一得"的思辨

有不少教师极力推崇"一课一得"的教改经验，认为能在一定量的课时里获取一定量的知识和能力，这种教法当然是值得肯定的，它能增强师生的自信心与成功感。但是，如果过分强调而到处搬用，不因人因地因学科而异，势必会出现新的"教学失误"。

我们知道，由于目前的教学内容、教学对象，教学方法还来不及定型、定序、定量、定格，在这种情况下大搞"一课一得"，的确显得有点科学性不足，实用性有余。假如在此种前提下而大喊"一课一得"，不亦惑乎？诚然，这样的"一课一得"充满了主观随意性和盲目性，给学生的知识结构和整体能力必定会造成许多局限，例如遗漏、断层、片面或者重复以至造成"小学而大遗"，同时，还会使学生造成在学习心理上的自满自足和思维定式，在学习方法上的机械和单调。

另外，目前仍使用全国统编教材，教学形式仍是班级授课制，一个班几十名学生，个性各异，知识底子不同，各自都有不同的求知需要与相应的思维活动，假若不兼顾全体，在"一课"里只提出"一得"，那到底以哪一个学生所需求的"一得"为准呢？把大家都捆在想当然的"一得"里，使其他学生的那"一得"想"得"而得不到，这不是在扼杀学生的个性发展与学习积极性吗？可见这样的"一课一得"，只能作为一种教学方法，在某些"课"里起作用，绝对不能"千课一律"放之四海而皆准，这正如其他成功的教学经验也都只能在相应的范围和师生中起作用一样。

怎样解决这个问题呢？笔者认为，首先要正面认识它，既不能无限度地拔高"一课一得"，任意滥用，也不能一味否定和排斥"一课一得"，尽可能让它发挥作用。然后还要讲究一些技巧技法，不断完善这种教学经验。

第一，要从宏观上弄清楚"一课一得"赖以存在的土壤与背景，例如教学大纲、教材、教学条件、受教对象及施教者的实际能力等。只有将上述诸种因素有机结合，才能使"一课一得"的"得"是大"得"，有系统的"得"，是全体学生都基本上能得到的"得"。

第二，要从微观上注重钻研好每一篇课文，每一章教材，有心挖掘若干个"得"来，再通过比较分析，去"小得"，存"大得"，舍"次得"，取"主得"，丢"个体得",保"公共得",并用心琢磨设计这"一得"的传授方法。然后,将这"一得"放在单元里、整册里形成"知识链",使它成为既是本课学习的"一得"——重点难点,又是学生整个知识结构中的有机部件。

第三,要注意在进行"一课一得"教学的同时,还要兼顾其他的"得",不妨采一些"蜻蜓点水",多处点拨,让有其他学习要求与兴趣的学生也能有所"得力",以至"一课多得"。

（本文发表在广西《基础教育研究》1992 年第 2 期,有改动）

第六章　教学意义意在"创"

意义，即价值、作用；也指"人或事物所包含的思想和道理"。教学意义即指在教学过程及所有行为中，所呈现出来的一系列作用与价值，所形成的一系列思想和道理。纵观目前的教学，大多是因"利益过分"而使其意义被矮化、曲化和浅化，变成了急功近利型的"市俗教学"或"快餐教学"，已经被某种"畸形理念"所绑架，或者是在作受某种短视化目标驱使的无奈坚守。概言之，就是教学已经失去了意义，找不到它的真正价值和方向。

为此，我们要为教学寻找意义，积极寻找本真的意义、创新的意义、发展的意义。那么，教学意义怎样发现、怎样寻找、怎样发展，这又都离不开一个"创"字。实践表明：敢于"创"和善于"创"，才能寻找到教学的意义。这里的"创"，指打破、超越、创造，形成新的有价值的东西，这种东西也可叫"创意"。创意，有创才有意（才有意义）。这样，才让教学不再尴尬，不再失去自我，重焕生命光彩。

为教学寻找意义

教学，本是一件富有深远意义的事情。但是，现在许多地方或许多人却把它教成没有意义了。这是一种十分可悲的教学现象！本人不免叹曰：教学的意义到底去了哪里？要不要为教学找回意义？怎样找回教学的意义？这无疑是一个不可回避而又非常值得研究的课题。

一、目前教学：意义缺失的现象已越来越严重

1. 教学无意义

顾名思义，即无意义的教学，主要是指所进行的教学，对学生发展和素质

培养没有提升或促进的功能价值及其帮助作用。比如：（1）不按照青少年学生身心发展的相应阶段的知识基础、认知规律和发展特征来教学，要么教难了让学生接受不了，教易了让学生并不需要而浪费时间和精力以及所有资源，要么教不到位、教不懂甚至教错了让学生得不偿失，等等。这样的教学当然没有意义——教了等于没教、白教甚至误教还有意义吗？（2）未体现所教学科特点和课程标准来教学，也就是只凭教师固有经验、个人兴趣或出于某种"教改"需要，想当然地自立教学目标、教学内容、教学手段和方法，与课程标准相差甚远，也与本学科的知识体系和学理规律以及所应采取的教学手段和方法相违背。

当然，基于青少年学生身心发展的相应阶段的知识基础、认知规律和发展特征和课程（即教学必须遵循课程标准等）的教学，并不等于所有教师的教学标准化和模式化，至于用哪些教学策略和具体的教学方法，如何将教学内容和课程标准对应等，如何体现学生认知规律和身心发展基础及其特征的做法等，都必须是具有个性化的和多元性的，尤其是"学习科学"正在兴起的今天，更要讲求基于"教育哲学"和"学习科学"双重理论背景的学理型教学，让学生的学习需要、学习进程与学习结果等，既源于课程标准，又指向学生的学习发展，使教与学具有一致性、实现一体性。

2. 教学非意义

过去还只是在目标上比较隐蔽地追求升学教育，而只在结果上表现着"应试教育"，而现在已经赤裸裸地公然在目标上追求"分数教育"，在过程上更公然地明目张胆地成了"考试教育"。过去还只是高考、中考的备考复习过程中追求升学教育，而只在心理应试、应考技巧上表现着"应试教育"，而现在已经赤裸裸地公然在小学、初中、高中全学段和全覆盖地都在追求"考试教育"，为"分数"而教。从小学一年级开始到高中三年级，整个教学过程都完全充满着单元考、月考、模块考、竞赛考、选拔考、入学考、分班考、质量检测考……简直是"不考不成教育"了。据说，有一个学校每天下午上了3节课后，已经快到5点了，还搞了两节连堂课的考试，并且每天如此。下午考了，第二天上午的上课又都是对前一天下午考试试卷的讲评，讲评后又布置学生练习。于是，便形成了一种以考试为中心的"复——考——评——练"的四段式"考试教学"模式，这种模式实际上就是一种技术操作层面上的教学。

美国教育家帕克·帕尔默认为："真正好的教师不能降低至技术层面，真正好的教学来自于教师的自身认同与自身完整。"（《教学勇气》，帕克·帕尔默著，吴国珍等译，华东师范大学出版社2005，P10）由此可见，以考试为核心主题的"复——考——评——练"的四段式"考试教学"，完全属于一种技术操作层面上的并非"真正好的教学"。

这种只热衷于技术操作层面上的"非素质教育",请问其意义到底在哪？可以说，这是一种"非意义"教学即并非是教育本质意义上的教学。即使说有意义，也只是一种技术操作层面上的小意义，或急功近利的低层次的短效意义。

浙江师范大学王尚文教授明确指出，真正的教学与其说是教师与学生的相遇，还不如说是人与人在教学中的相遇。我们正是在这个意义上说，教学不是教书，而是教人。

3. 教学伪意义

目前，我们不得不面对这样的现实：一边是"考试教育"之风愈演愈烈，一边又出于素质教育的形势发展需要，竟把"考试教育"也说成是"素质教育"，还用所谓的"有效性教学"来替代乃至掩饰其失误，也装扮成一种有意义的教学，这就更加缺失意义了。要说这样的所谓成功的"考试教育"中一点素质成分没有也不是，而是其出发点和全过程都在"应试"上而不在"素质"上，这样的教学意义其实是一种"伪意义"，而不是我们教学需要的真意义。这种举素质教育之旗而行应试教育之实的现象，是一种以假乱真的更为严重、更为可怕的教育欺骗性行为：一是对国家教育大政方针和目标的欺骗；二是对社会特别是广大学生及其家长的欺骗；三是对自己教学良心的欺骗——因为大多行使这种违心的伪意义教学者也是并不情愿的，甚至是无奈地充当了牺牲品。

现在，已有越来越多的调查结果表明：许多学生越考越怕，越考越呆，身心体质越来越差，心理疾病也越来越多，于是厌学、辍学现象越来越严重。由此可见，当前的教育教学能让人满意吗？我们的政府和不少专家在呼吁教育的公平和均衡时，有没有想到这一点：教育是为了眼前升学上线的这种有效，还是要追求培养高素质的完美人格的素质教育？可以说，前者是"非意义"或"伪意义"的教学，是一种以追求表面上"高分数"的假"有效"而真"糟糕"的无效或低效教学。这种"分数"教育才是教育的最大浪费与最大的不公平。

二、三大原因：造成当前本有意义的教学而缺失了意义

这些问题的产生，究其原因有多方面，但以下三点是致命的：

1. "应试教育"恶性循环。目前，"为分数教育"和"唯分数教育"的"应试教育"，导致中小学教育内容狭窄，忽视学生的个性。现实教学中很正统的做法，就是学生必须围绕着老师的讲、练、考、评打转，老师天天忙碌在课本、课堂、作业和考评之中。谁不这样，谁就是不务正业，于是培养了一批只

懂得听课、作业、考试的学生。可以说，目前的中小学教育实际上是一种压抑学生丰富个性的教育，是一种"烧砖式"教育，即用做题和灌输的方法，把学生做成四四方方的砖坯子，然后用考试之火煅烧出规范统一的砖块。这种整齐划一的"砖块式"学生，与他们丰富却又被压抑的个性之间形成冲突，其结果是培养了畸形的学生。考试教育的盛行，结果是孕育了一个畸形教育的时代，这是当代教育的不幸。

2. "形式教育"日趋泛滥。这种"形式教育"，在很大程度上忽略教育对象（学生）的主体性，缺乏可持续发展的教育内容和教学方式，使本是一种富有生命舒展和挑战动态的创造性教育竟变成一种"知识再现式"的简单、重复、苦闷的劳累行为，使学生缺乏对社会新问题和知识新领域的发现，缺乏对自我潜质和个性特长的发掘、培养和发挥，缺乏对更具有深度、广度、高度的知识价值的追求，给我们带来了强烈不安和良心自责。

3. "不良利益驱动"愈演愈烈。产生"高耗低效"的教学现象，还有一个原因是人们受社会不正当"利益驱动"而导致当今教育越来越变得短视化、盲从化和低值化。更加可悲的是，整个社会还为此推波助澜，竟然还看不到这些教学问题的本质，还被某些官员和有"特殊身份"的人士用"有效"和"成绩"来加以掩盖其真相。这种真相就是混淆了"有效教学"和"有意义教学"之间的真正内涵和特性，把教育教学变成了满足某些地方、某些部门和学校领导的"政绩"欲望的手段，也变为某些教师、书商甚至学生家长实现其个人欲望或既得利益结果的"无形"产业。结果彼此都成为这种"畸形教育"的牺牲品。

但是，随着教育改革与发展的不断推进，以人为本的育人教育显得越来越重要，开展以提高国民素质和创新能力为核心的现代公民教育，把"有问题的教育"通过改革而纠正为开展一种具有真正的改革发展意义的"创新教育"，这已经越来越成为许多有识、有志之士的共识。可以说，现在已经到了对以上"三种异常教育"反弹的时候，再也不能任其蔓延下去——因为我们的学生输不起，我们的国家输不起，我们的民族输不起。而如何通过素质教育的进一步推进，精准捕捉其育人的素质内核项目，发现其提升育人过程中专业水准的平台，寻找其学校"创新教育"的目标、内容、策略、方法、途径，将成为目前面临的一个亟待解决的问题——一个值得广大教育工作者普遍关注和研究的课题。

所以，我们认为，切实改变教育现状，使教学坚决走出误区，为教育寻找意义，这已经成为每个中国人的一种历史责任和当务之急。只有站在发展的改革与创新相结合的高度，进一步加强关于让教育有意义地发展的顶层设计与科学实践的综合改革工程，才会让教育再生新的希望和力量。

三、要找回教学的意义：先要明确教学的意义到底是什么

为了了解教学的意义，我们首先要明白什么叫"意义"？《现代汉语词典》告诉我们：一般理解为具有较高的价值取向和由此产生的远大目标以及为之努力实现的过程与结果。我们认为，教学的意义在于"教书育人"，而不是"应试考分教学"。把一个个"原生态"的自然人培育成具有高素质的不断趋向对社会作出贡献的"社会人"，让受教育的人获得终生受益且管用的知识与本领，从而实现高尚、成熟与完美。我认为，教育，作为一种培养人的事业，将"人"由自然性走向社会性、由无知或少知走向有知和高素质，这都是首先决定于为师者的想法——即思想是否高尚，其行为是否有意义，其结果是否真正培养了人、造就了人，而不是只是教出了"分数"。也就是说，教育不仅在于当好"经师"，还需要为师者首先成为寻找教学意义的"人师"。

这就是教学的意义。王长乐先生在《教育理论与实践》2007 年第 2 期撰文指出，教育是培养人的事业，且不能只为了培养"有用之才"和进行对人"有用"的教育，而更重要的是要从"有用"走向有意义，进行有意义的教育教学活动，使我们的教育变得更有意义。

为教学寻找一种什么样的意义？

首先，在理念上明确：教学的意义是"育人"。那么"以人为本，以学生的学习与发展为本"应该是最基本的意义，而"从学出发，为学而教"则是实现这一教学意义的最本质的行为和基本主题。要为教学寻找意义，就要积极思考作为成长与发展中的学生最需要什么，要首先思考学生学什么而不是教师教什么，要整体地设计学生学习进程中关于知识、技能、观念准备所需要的教学内容和教学策略等，要牢固树立"学习多少知识不是最重要的，学习被意义化才是有价值的"（赵亚夫语）有意义教学的理念。也就是说，教学要有意义，就要有意义地教学，有价值地教学，从有效教学走向有值教学。

然后，在过程上要为教学寻找"育"人的意义。就是说，其有意义的教学过程、教学活动要追求更趋合理、更有价值的发展型教学，即完全成为这样的"教学"：让教育在于人，让人也在意教育。也就是让教学走进人，走进人的心里、走进人的灵魂。为教学寻找意义，就是让人走进有意义的教育，多进行一些"为人"的教育，而不是老在搞"人为"的教育。为教学寻找意义，就是要让教学充满哲学。

最后，在结果上要实现有"大作为"而不是"小作为"，有"长作为"而不

是"短作为"，最终"大有作为、大有可为"。这里的"大作为"和"长作为"就是有意义的教学。先秦·孟轲《孟子·离娄下》："人有不为也，而后可以有为。"这句话也告诉我们：人不可能因小而失大，只有舍去眼前的某些功利，才能有远大理想——为学生的一生发展的大利，并且把想法付诸行动，努力去做，就有可能取得较大的成绩，就会轰轰烈烈地干一番事业乃至成就伟大的事业。

四、为教学寻找意义：教育者的职责与良心

只有当教学朝着更有意义的方向发展时，这种教学才更有创意，更有生命力。请那些单靠考试"上线人数"与"应试分数"来标明教学有效、办学有为的人，认真地搞一次跟踪调查，问一问昔日的高分者今日又有多少成大器者？现实已经证明：那些在拼命进行"考试教育"的人，也常常为其结果而感到惭愧与迷惑。

为什么为其结果惭愧与迷惑？主要是因为这些结果缺乏育人价值，是假有效而无真效益，是"有效而无益、有价而无值、有用而无途"的"伪意义教学"行为所致。我们倡导和求证的"为教学寻找意义，让教学充满意义，不让教育在有效的口号下滑入无效或无意义的误区乃至歧途"的教学思想，是在学习进程中追求与展现既有意义又有教学创意的教学模式与方法及其优秀案例，让每个教学过程和方法以及成果呈现方式，都让学生的学习发展多元化和多样化。

本人为寻找这种"教学意义"而努力研究了数十个问题，并将每个问题置于一种有意义的教学立意下进行基于解决问题的教学设计，让其都在表明一种教学意义，并为追求这种教学意义而开展有具体学习过程、方法及其成果的学习指导型教学。要落实"从学出发，为学而教"，就要学会用"学习进程"教学，即以学生的学习进程及其学习发展为基点，使学科教学成为有"教"的学和有"学"的教。从而告诉人们：教育还可以做得如此有意义，还可以教出比应试"分数"更有价值和效果的东西。

比如，本人曾在《语文教学通讯》1990年第10期发表的《"语文学习学"的构想及其尝试》一文中，提出了从"教"语文教学走向"学"语文教学的观点，也就是说，站在为教学寻找意义的立场，构建以展示"学习进程"为教路的课堂教学"学导型"新模式。例如：教学生如何"用目录学习法学语文""用三点阅读法学语文""全程式学法指导""三级学法指导""素质型学习方法指导""经纬网络型学习方法指导""读写一体法学习指导""单元化写作学习指导""读开放书，写开心文的双开型学习指导"，等等。

这种以学生学习进程与发展为基点和主旋律而开展的"学导型"教学，从根本上形成教与学的"对话"教学模式，把课堂从"传授型"转为"研究型"，让学生学，引导学生学，即教在学中，研在学中。并以完整的课题及其流畅的过程而予以一一展现。如"研究性学习"，则指导学生在"课题选题及其方案、研究过程与方法、课题成果及其交流"的全过程中获取研究体验，学会研究方法，形成研究能力。在成果交流中又以相对完整、层次鲜明的形式出现。

总之，我用多年的"探索"懂得：教学是有意义的。为教学寻找意义，追求意义，才会使教学具有意义。教学的使命，在于发现意义，从无意义、非意义和伪意义的误区中走出来，寻找教学的真意义与本意义，才能产生先进的教学主张和科学的教学立意，也才会使教学成果富有意义。为教学寻找意义，还要在教学全过程中有意义地教，教得有意义，教出意义，也就是让教学成为有意义的事业，使每个学生都获得有意义的教育，成长为一个对社会有意义的高素质人。

（写于 2009 年 12 月，系教学讲座稿）

教学观念：要在转变中发展与创新

摘要：素质教育不仅需要教育教学观念发生变革，而且更需要这种观念变革过程科学化。也就是说，不仅要转变观念，还要发展观念；转变观念是为了发展观念。在教学观念变革过程中只有注重创新性，才能使素质教育冲破传统观念"走进"教学；在教学观念变革过程中只有讲求科学性，才能使素质教育准确无误地"领导"教学；在教学观念变革过程中只有坚持发展性，才能使素质教育真正成为教学改革的主旋律。

关键词：素质教育；教学观念；传统观念；发展观念；转变观念

在推进素质教育的系统工程中，人们已经清醒地懂得，变革教育教学观念是有效地推进素质教育的首要任务与重要环节之一。然而，由于认识上不到位、不成熟和行动上的急功近利、盲目随意，使得目前这种变革过程显得粗放、稚嫩，缺乏科学性。因此，笔者郑重呼吁：素质教育不仅需要教育教学观念发生变革，而且更需要这种观念变革过程科学化。也就是说，不仅要转变观念，还要发展观念，转变观念是为了发展观念。在发展中转变，通过转变来发展。这才是素质教育所需要的教学观念。这种科学化观念的标志，我个人认为应该是"以创新为前提，以科学为保证，以发展为目的"。笔者特从这三个方面做出粗浅的探讨。

一、在教学观念变革过程中只有注重创新性，才能使素质教育冲破传统观念"走进"教学

大家都知道，现在为什么提出推进素质教育，无非是我们过去所从事的教育还不完全是素质教育的，甚至还有很多方面是"应试教育"或者是"纯儿科学主义教育"的。在不否定"应试"和"科学教育"的同时，如何在教学中推进素质教育，我认为首先要在教学观念上产生深刻的变革，要用创新的精神来反思我们的课堂教学与素质教育格格不入的地方，要用创新精神来重新构建"素质教育型"的课堂教学新理念。所以说，素质教育需要将教学观念的转变与发展相统一，反思是手段，重构是关键。

比如，以课堂为例，首先要树立以下教学理念：课堂是人的课堂，而不是书的课堂；学生是学科知识的主人，而不是知识的容器。课堂教学一定要以人为本，以学生的学习为本，以学生的发展为本。还必须明确：我们的教师走进课堂，不是去教书，而是去教人读书；是上"育人"课，不只是上"教书"课。所以，教师心目中应该是先有学生，后有教材，先研究学生，后研究教材，再研究教法。过去的"应试教育"只要求教师把"应试"的知识（即"书"）教会，只教他本学科教材的一、二、三……而没教读"书"人的成长和发展的 ABC……苏联著名教育家苏霍姆林斯基在《给教师的建议》（下册第 86 页）中说过："在课堂上，教师不仅要想到所教的学科，而且要注意到学生；注意到学生的感知、思维、注意力和脑力劳动的积极性。教师在自己的关于教材的思考上使用的能力越少，则学生的脑力劳动的效率越高。如果教师把全副注意力都用在自己的关于教材的思考上，那么学生感知的所教的东西就费力，甚至听不懂教师的讲述"。事实确是这样，如果教师大肆"讲教材"，把本学科知识讲得越来越多、越来越难、越来越玄乎的俨然于一副洋洋洒洒、淋漓尽致的样子，似乎给学生注入得很多，其实越多就越剥夺了学生自主学习、自能学习的机会，让学生完全陷入越学越被动、越学越厌学的境地。

所以，我们要敢于鼓励与引导学生做课本的主人，做课堂的主人，不要被书和教师牵着鼻子走。

二、在教学观念变革过程中只有讲求科学性，才能使素质教育准确无误地"领导"教学

多年来，无论是领导的讲话、报刊上的文章，都有一个比较流行的说法，即"课堂教学是素质教育的主渠道"。这种说法，乍一看去似乎有道理，但经过反思，觉得其科学性不足。也就是说，虽然是一种转变了教学观念的说法，但并不发展了或发展成为一种科学的教学观念。我认为，课堂教学无疑是教育教学的主渠道，但不论是素质教育，还是应试教育或其他反动教育，都可以通过课堂教学这条渠道而实施。所以，说课堂教学是素质教育主渠道，并非在概念上作出本质的揭示与概括。当然，站在宏观的角度，从方法论出发，如果说课堂教学是素质教育的主渠道也未尝不可，但是从作为一种教育观念的变革出发，就未免失之科学，就难免让人由于变革而产生的不同理解，导致素质教育受到影响甚至产生误区。还有一定必须清楚，一定的形式和途径是为一定的内容服务的，即什么样的"渠道"才流出相应什么样的"水"。工人能制造机器，是因为采用了符合制造机器需要的榔头这一类工具以及相关途径；农民能种出庄稼，是因为采用了符合种植庄稼特点和需要的锄头这一类工具和相关途径。同理，实施素质教育也同样需要符合素质教育特点和要求的途径与工具。如果说素质教育的主渠道由"课堂教学"来承担，那么，这种"课堂教学"就必须是"素质教育型"的，即必须符合素质教育的特点和需要。假设它本身还不是"素质教育型"的，又怎么能成为素质教育的主渠道（即途径与工具）呢？目前的课堂教学现状告诉我们，它已经受"应试教育"的影响很严重，可以说"非素质教育型"的居多。那么这种"非素质教育型"的课堂教学如果要成为素质教育的"主渠道"的话，那人们要担心地问：应试教育之"渠"哪能流素质教育之"水"？所以从这一点说，课堂教学要成为素质教育的"主渠道"，实在难啊！如果把课堂教学作为素质教育的"主阵地"，那么就可以按照素质教育的观念、要求、目标和措施来改造它，不管它以前是"应试教育"的荆棘地，还是尚未开垦的处女地，都可以经过改造最终成为素质教育的阳光地带，使素质教育在这里建造绿洲，收获希望。

课堂教学不仅仅是素质教育的主渠道，而且更加是素质教育的主阵地，所以，我们不能仅仅有提法，更要有相应的做法，使课堂教学能成为素质教育的主渠道，也就是说，让课堂教学产生和保持具有素质教育内涵与意义、特征的主渠道功能，而不只是主渠道的概念与形式。另外，提课堂教学是素质教育主渠道的同时，还是否可以思考另一个概念，即"课堂是素质教育的主阵地"，这样以弥补"课堂教学是素质教育主渠道"提法的不足。那么，二者又有什么不同呢？本人认为，二者具有自然属性和功能意义上的区别。

第一，自然属性上的区别。根据《现代汉语词典》上的释义，"渠道"，本指用来饮水排灌而开挖的水道，后来一般指途径、门道。那么，主渠道，也就是指主要途径、主要门道。可以说这是指办事时所采用的手段、方式或工具等。"阵地"，本指军队为了进行战斗而占据的地方，通常修有工事。一般指具有特殊作用的关键地方。那么，主阵地，就可以指事情主要的关键部位或重点地方，这是指办事时所特定的具体着力点，成为办事之"事"中的一部分，而且是非常重要的关键地方。"课堂教学"，其自然属性特征告诉我们：它是学校教育中可感、可触、可操作性的基本物化形式，这种物化形式就是阵地，而且是较长远、稳定的中心阵地，而学校教育又是实施素质教育的主阵地，那么，课堂教学也就自然成为素质教育的主阵地。为什么它不是"主渠道"呢？假如课堂教学只成为一种引水的"渠道"，那么素质教育之"水"只能在课堂教学这"渠道"里流过去，那素质教育不变成稍纵即逝的"流动之物"了吗？难怪目前不少地方的素质教育热热闹闹地，流于形式以后便"流"得不声不响了。

第二，功能意义上的区别。我们知道，所谓"渠道"，则是人们用来解决问题的一种过程以及过程中所使用的主要手段、途径、形式或者方法，而这些东西都是一些动态性的工具表现，随着过程的消失而自然消失，随着结果的到来而自动结束，最终无需物化也不可能准确地被物化。而素质教育的实施，它不仅需要有过程，更需要有因明确的目标与过程而最终获得理想的物化结果。这些物化结果中一个主要形态就是课堂教学，课堂教学的质量如何，结果如何，又是检测素质教育的主要指标之一。因此这种赖以直接物化与检测的课堂教学，又怎么只能认作为"主渠道"而承担得起呢？试想一下，如果都只把课堂教学当作素质教育的"主渠道"，那么人们就自然会把它只当作一种过程、一种形式、一种手段或一种工具来考虑，就自然只利用课堂教学这个工具来为素质教育服务，以使它只发挥"工具"的作用。如果把课堂教学作为"主阵地"，就会不仅只考虑其"主渠道"的作用（途径、形式等），更会考虑如何实施素质教育的内容以及与形式相结合的措施，然后将素质教育的目标、内容、形式、结果等整体地作用于和物化于这块"主阵地"上，使这块"主阵地"不是像主渠道一样只"服务"于素质教育，而是充分展示主阵地价值而承受着素质教育，即成为素质教育的载体或平台。

综上所述，我们得知，课堂和课堂教学是两个不同的概念，具有不同的含义和功能。课堂是指教育教学的一种场所或载体（平台），它可以也理所当然地成为素质教育的主阵地，而课堂教学，则作为一种动态的过程性的方式、途径，成为素质教育的主渠道，也是不无道理的。关键是它是不是属于或具有素质教育的特征和内涵。

三、在教学观念变革过程中只有坚持发展性，才能使素质教育真正成为教学改革的主旋律

1. 改革教研活动中的听课评课观

过去，我们开展教研活动，其中一项重要内容就是听课、评课。大家习惯于听教师如何讲课、讲什么、怎样讲、讲得怎样……当然，这样听课评课也的确需要，但是从素质教育"以人为本，以学生的发展为本"的学生主体论出发，我们就有必要变革听课、评课的教研观念。我认为，与其说听课，不如说看课，即看教师如何上课，看学生如何学习，特别要看学生是不是都在有效地学习，看整个课堂教学状态，看师生如何互动，教师如何指导和帮助学生。有的地方把它叫做"课堂观察"也不无道理。评课不仅仅是评价、评判，更应是评议、讨论、研究等。而且，既要评议、研讨教师的教学情况和教学效果，也要评议、研讨学生学习的情况和学习的效果；在研讨改进教学工作时，既要研究教师的教学如何改进，如何教出风格和特色，也要研究学生的学习如何全面发展，如何学有所得，学有特长。有必要时，还可请学生评教，以充分展示民主教学的特点。

2. 改革课堂教学评价观

目前，由于素质教育的不断推进，各地对教学评价如何适应素质教育的需要也进行了一些改革，有的地方还出了不少措施和经验。但是，这基本上还是从"教"的角度出发，为"教"服务，而对"学"的评价只作一些点缀而已。为此，我呼吁：教学评价观念变革的也要注重发展，即教师的专业发展和学生的学习发展，以发展作为教学评价的灵魂与核心，尤其是教师的课堂教学评价语言，也要尊重学生，体现发展性评价观。目前重新构建符合素质教育特点与要求的教学评价理念、评价标准和评价方法等，有些地方将"百分制"改为"等级制"，将"通知单"改为"报告单"等，这些如果说有实质内容的变化，也只能成为换汤不换药的形式主义作法，缺乏真正科学和发展价值。有些地方把社会的舆论、领导的讲话当作是很重要的教学评价的结论，这也不一定妥当。因为那些言论常常出于随性而发的多，可能并未完整地置于一种科学的评价标准之下。当然，这也可以作为参考，他们也可参与评价，但要遵循教学评价规律，按照相应的评价标准和方法，这才算是教学评价。我们更不能容忍那些站在既得利益和评判标准的

立场上，对教育教学横加指责或故意夸张的表扬，都不能算作科学的教学评价，我们也不能随意接受这样的评价而变得要么自我陶醉，要么自我否定。

3.改革教学总结观

过去，我们也经常开展教学总结，特别是到了期末、年终总结一大堆。但恕我直说，这些总结大多数只为了应付检查，流于形式，走个过场，有些即使不是这样，其质量也不太高，为总结而总结，缺乏新意，缺乏个性化和针对性。这样的总结，主要是由于缺乏一种发展的教学观在做背景或做理念支撑。我认为，搞教学总结，不仅是为了当时当地的某项教学工作的完成、结束而作总结，而应着眼于从中总结出经验与教训，并上升为理性的感悟，以为下段同类型工作提供理论支撑与经验导向，或者提升自我素质和能力，为以后做好工作打下新的基础。这样的教学总结，具有教学反思与教学创新。所以，新的教学总结观，就应该具有积极的发展的眼光，具有教学反思的特质，具有教学创新的精神。

总之，素质教育需要教学观念的变革，但更需要教学观念变革在创新、科学、发展的基础上，以形成三者有机结合的积极科学化体系。千万不要因为变革而产生副作用，甚至降低素质教育质量。要知道素质教育也同样需要在可持续发展中追求质量、寻求效果、讲求效益。

（本文在 1999 年广东省中小学教学改革研讨会交流）

转变观念必须有创新精神

推进素质教育，其首要任务是什么？应该就是教育教学观念的变革。然而这本已达成共识的问题，却在实践中并不那么容易实现或者获得成功。究其原因，主要是我们每一个参与变革者本身首先缺乏创新精神和创新能力，于是往往其变革过程缺乏科学性，其变革结果缺乏可行性。这种缺乏科学性的变革过程，主要是找不到教学观念变革的突破口，只是高喊变革口号，而一到行动中又一不小心滑进了旧的教学观念泥坑。可想而知，其变革结果又哪里会有可靠性呢？变革，本来就意味着创新。所以，创新性是教学观念变革的关键。那么，如何在教育教学实践中用创新精神来反思我们的教育教学，用创新观念来重新构建"素质教育型"的教育教学新观念、新体系，是我们每一个有志于变革者所面临的不可忽视的课题。下面，我特以课堂教学中目前特为突出的三个基本问题谈点"创新思考"。

一、要对当前的课堂教学提个"醒"，千万别教没"人"的书

过去，受"应试教育"的干扰，我们的许多教师只把"应试"的知识（即"书"）教给学生，便大功告成，他心目中只有"书"，只有他本学科的一、二、三、四，而没有读书"人"的 A、B、C、D。不去看读书"人"的学与思、学与行、学与能等。正因为这样，就可能"满堂灌"，将本学科越来越多、越来越难、越来越玄乎的知识，洋洋洒洒、淋漓尽致地"注入"给学生，注入得越多，越表明他有本领。现在，我们要回过头来反思一下：这种教学到底是面对"人"的还是面对"知识"的？是发展了人还是发展了知识？学生辛辛苦苦获得的知识是他们每个人都需要的吗？所以，我们一定要树立"以人为本"的课堂教学新观念。课堂是人的课堂，而不是书的课堂。学生是课堂知识的主人，而不是知识的容器。课堂教学一定要以人为本，以学生的学习为本，以学生的发展为本。必须懂得：我们的教师走进课堂，不是去教书，而是去教人读书；是上"育人"课，而不是上"教书"课。如果真是这样了，我们就会在课前认真想一想：学生的学习基础怎样，这一堂课要让学生学什么，怎么去学，会学到什么结果，上课中也就会始终贯彻这一思路，有效地展开教学过程；下课后也会想一想：我这一堂课让学生学得了什么，是怎么样学得的，还有没有更好的方法让学生去学，还有哪些地方不成功，为什么不成功，下一堂课该怎样教才会更好呢？等等，经常带着一种反思性的创新意识去教"人"课，而不教"书"课，那么就会使素质教育真正到位于课堂。

二、要对现成的课程、教材，经常敢说一个"不"字

大家知道，素质教育的核心是创新，要创新就要打破现状。而作为已成现状的课程、教材，当然有不适应或不满足素质教育特点和需要的地方。对于这些地方，我们就要敢于说"不"，也就是说，用质疑的眼光、否定的态度、发展的思路来对那些"不"的地方进行反思与改革。这里有两个层面：一是学生；二是教师。

就学生而言，要鼓励与引导学生做课本的主人，不要迷信书本，唯书为大，要驾驭课本，不要被书牵着鼻子走。要树立这样的观念：学生有选择读这本书的

权利，也要有因不喜欢或不需要而不读完其中所有内容的自由；有对这本书说"好"的权利，也有对这本书说"不"的自由。要敢于从书本中"读"出问题来（也就是说出"不"来）。要把课本内容看成无非就是我们学习时的一些例子。既然是"例子"，就有选用和变换的可能，就有它随着人们认识水平提高和需要不同而变成"不"的可能。

就教师而言，要敢于在四个方面说"不"。一是对教材不能只满足于"教材里有什么，就教什么"的低层次教学的思考，而要深究其教材"为什么是这样"，"怎样编写的""能不能有新的提法"等深层次、多维性的教学思考；二是不要认为教材中所有的东西都要教，要学会抓住课本知识的特点和重点，结合学生的实际而实行"一课和一得"；三是不要以为凡是书本上说的（含工具书和教学参考资料）就全是对的，缺乏自己对教学内容的独特理解和创新思考；四是不要有以为配给学生课堂学习用的课本才是教材，课外学习以及社会实践就不是教师的教学内容等看法。课外学习和社会实践与课内学习同等重要，教师同样有责任将这些纳入为自己的教学范围，组织学生同样学好。

三、要对自己的教学方法敢于问个"为什么"，要敢于问自己：还有更好的教法吗？

这里主要表现在教学方法的观念上要有三种突破。

第一，要学会"教"答案而不是"交"答案。至今尚有不少教师，在教学中不负责任，或者受"注入式"教学方法的约束，把知识的答案简单地"交"给学生，而不是"教"给学生。也就是说，把题目的答案规定式告诉学生，并宣布是唯一标准答案，"要考试的，一定得好好记住"。这种"交"答案者，就是"填鸭式"教学。我们认为，要变"交"答案为"教"答案。因为"教"答案者，首先要吃透答案，明确答案的来龙去脉，考究答案是否准确，探讨还会不会有别的答案，这种答案的解答过程、方法、思路是什么，还有没有简单、方便和科学的解答方法等。

第二，过去的"应试教育"，是把知识喂进学生的大脑，而当今的素质教育，是把方法教到学生的手上。举个例子，语文课的字词句固然是知识，但字词句知识发生的过程和方法也同样是知识，同时掌握与运用这些字词句的学习方法更是一种知识，因此，教知识，教过程，教学法，才是真正科学而完整的教育——素质教育。

第三，千万不要教打句号的课，要把每一堂课最后都教成是打"？"号，或打"……"号，那才是"真素质"教育课。如果一堂课下来，很圆满，打了句号，什么问题都解决了，那才是最典型的注入式的"应试教育"课，这因为把"标准件式"的知识及答案一五一十地倒给学生，表面上看去很圆满，但学生得到的只是一堆不需思辨的笔记和框死的答案，实际上把学生圈在一个句号里，扼杀了学生的个性发展和创造性思维。反过来，如果不教打句号的课，哪怕下课时还留下一大堆问题，让学生去思考和自主解决，表面看去不圆满，但正好体现了启发式和讨论式教学的新观念。留下"问题"的课，如果不是教师不负责任和教学水平不高的话，那一定是高明的教法所致，因为留给学生的不仅仅是问题，而是更广阔的思维空间和自主学习的空间，更为学生展示聪明才华、培养动手解决实际问题的能力提供实践机会，这就是当今素质教育所需要的课堂教学——创新教育的课。

（本文原载《中国教育报》2000 年 6 月 2 日第 3 版）

转变观念必须有科学精神

在素质教育不断推进的进程中，教学观念的变革是经常发生的。但是我们发现，目前教学观念的变革，随心所欲者不少，想变就变，忽左忽右，钟摆现象十分严重，有的只是一种口号或者概念，而没有真正意义上的变革，这主要是把握不到变革的内在意义，缺乏深层次的思考，只在做一种"表现型"的、低层次的变革；或者是"脚痛医脚，头痛医头"的实用主义粗劣变革。这种变革，也许有时也可能会起到一定的作用，但随着素质教育不断推进和人们认识水平的提高，这些概念要么显得过时、落后，要么片面甚至错误。如果还再坚守此说不放，反而又将成为变革的阻碍了。这也正好从不同方面。不同程度地说明了目前教学观念的变革还缺乏科学性。

为了使这种变革进一步科学化，有利于素质教育的发展，必须强调这种变革的实践性。可以说，强化实践性，是促进教学观念变革进一步科学化的基本保证。这里，强化实践性必须坚持以下三个环节。

首先，强化科学性，要看所变革的每一项教学观念，是否都真正来之于实践。就是说要确实为了针对当前教育教学现状中的弊端，解决教学实践中存在的问题而作出变革，否则，任何一项脱离实际，不是为了解决实际问题的教学观念的变革，都是没有生命力的，都是注定最终要失败的。我们市是经济和教育均比较落后的地区，如何使这块"海陆丰革命老区＋现代沿海城市"相结合的特殊土地，能够使教育质量尽快地走出低谷便成了首要的实际问题。根据调查所得，我们发现教学管理混乱、教学教研秩序难以形成又是问题中的问题。于是我们从科研兴教的高度，针对全市这一教学现状实际，提出了全市教学教研常规"整体优化，系列操作"的课题，并开展了认真的研究与实践，拿出了《汕尾市教学教研工作常规》一书和实验方案。结果试行五年以来，全市教育面貌发生了显著变化，教学质量五年翻了三番多，特别是全市教育工作者的教学观念得到了一次实实在在的变革。

其次，强化科学性，则要求每一项教学观念的变革，必须要受到实践的检验，尤其是判断一项教学观念的变革是否具有科学性，更要经过反复实践和科学实验的检验。只有经过实践检验证明是正确的符合科学的变革，才是有意义的变革，才能做到为推进素质教育服务。本人在20多年教学教研中十分注重教学观念的变革，而且每项改革都直接交给实践来检验。从70年代末尝试"课堂预习法"开始，到后来一直致力于"三级学法指导""素质型学法指导""三点阅读法"教学等，都在实践中得以多次反复检验，均被实践证明是切实可行的，是改进教学方法、改变"重教轻学"观念，加强学法新教学观的形成等，做出了可喜的成功探索，得到了学术界的普遍认可和社会上的大面积的推广。由此可见，教学观念的变革是否科学与进步，只有实践才是检验的唯一标准和途径。

另外，强化科学性，则要求每一个变革者必须在变革中积极参与实践，只有在实践中，才会发现问题，才会产生真正意义上的教学观念变革，也才会知道自己所从事的观念变革的科学性，从而形成适合素质教育需要的全新的教学观念体系。积极参与实践，主要有以下几个方面：第一，要培养创新精神，树立变革意识，要坚持"没有教学观念的变革，就不可能有素质教育推进"的全新信念。第二，要正视现状，发现问题，看准方向，敢于提出教学观念变革的课题及其方案，要通过对一个个课题的研究与实验，来促进教学观念变革的不断优化，不断科学。第三，要经常总结实践经验，加强理论探索，要通过对一个个教学案例的分析与实证研讨，不断反思，不断推进，使一切观念变革都在清醒、有效的实践中进行。

总之，素质教育需要教学观念的变革，但在这种变革中我们必须强化科学性。这在于：观念的变革，既要服务于实践，又受到实践检验，还要求变革者积极投身于实践，从实践中去实现教学观念变革的科学性，最终形成一个科学化体系。

（本文于 2000 年 9 月在市教学研讨会交流）

试论"学主式"创新教育的实施

众所周知，中国的传统教育则以"教师讲，学生听"为主要特征，即从来就是以"灌输"为主。这种教育使教师在课堂上以展示自己的知识才华和教师的所谓"责任感"为目的，教师滔滔不绝地讲，不问学生是否在听，能否接受，或者到底接受了多少等，这似乎与这些教师无关。殊不知这种以"教师讲，学生听"为基本形式的课堂教学模式正是导致了当前我国教学质量不尽如人意的根本症结。现在，以推进素质教育为主流的教学改革，其中一个重要突破点就是树立以人为本，以学生的发展为本的学生"主体性教学"新理念。为此，我们创设了"学主式"创新教育这一研究课题。所谓"学主式"创新教育，是指在推进素质教育中以学生为主体，以学生的学习与发展为主题，以培养学生的学习能力和创新精神为主线的多元化教育。现拟从如何实施的问题做出一些探讨。

一、从教学思想上强化"学生主体"意识，使学生自主发展成为学主式创新教育的一种必然

提起课堂教学，人们有一点共识是无疑的：即在全面提高学生素质方面，它既具有不可替代的育人功能，又具有改变和丰富学生学科知识，改进教学方法与手段的作用。因此，落实"学生主体性"理念在自主创新教学中的全过程，是实施素质教育的必然，这也可以说是一种多元目标的教育。

其一，现在课堂教学中一般向学生提出的知识结构、学习要求、思想规范等都是外部的、客体的东西，只有通过"内化"把它转化为素质的东西之后，才能成为内部的、主体的东西。也就是说，教育过程中的一切教育因素，只有通过主体的内化即自觉接受后才能转变为素质。所以，现代课堂教学，努力贯彻与落实"学生主体性"理念，充分重视学生的主体地位，重新认识与处理教师的

"教"与学生的"学"二者之间的关系，教师自觉地把课堂学习的主动权退还给学生，让学生在课堂学习中感到不再只被一些学科知识和专业术语的强行灌输，而且也有自己对教材内容的理解和对思想观点的讨论，也可以发表自己对知识与社会问题的看法，这样，学生的"主体性"才得以真正的体现，这样的课才真正成为创新育人的素质教育课。

其二，由于学生主体性地位的落实，那么作为实施素质教育的重要阵地——课堂，也自然要调整与素质教育不相适应的内容与教学方法，改变过去以"灌输"为主要特征的课堂教学结构与模式。比如，曾经有一种流行说法，即课程内容时代性不强，教材学术性过强，又加上学生的知识基础和认识水平尚未达到相应的高度，故无法实施教育。这样一来，结果把各学科课上成了"鹦鹉学舌"课，往往违背了学生成长规律和素质发展的规律，这样的课当然难以实施素质教育。如果倡导与坚持"学生主体性"地位，那么用以如何提高学生素质为核心的思想来主导课堂的教学目标、教学内容、教学方式与方法的确定，就会使课堂发生一种深刻的变化，即符合实施素质教育的新课程的产生。由此可见，"学生主体性"理念的落实将改变目前课堂的教学目标、教学内容、教学结构和方式方法等，这已经不是一句玄话、空话了。

二、从教学过程上强化"学生参与"意识，使学生自能发展成为学主式创新教育的有效因素

"学生主体性"，在不同的学科、不同的场合、不同的过程中，将有不同的体现和表现形式，也会产生相应不同的功能，所以，在现代课堂教学中，由于实施素质教育的需要，也就自然形成一些属于该学科与其场合、过程等相应的表现因素，但是这些表现因素不一定都能成为其教学的有效内容，只有当"学生的主体性"理念在与具体的学生实际、教学内容实际紧密结合起来，并采取适当的方法予以兑现时，才会成为实施素质教育的有效因素。比如，我们在开展语文阅读教学时，就要对学生已有认知水平、阅读能力、阅读结构和阅读方法等事先在学生中进行调查，要求学生各自如实地分析自己，并分别要求写出一份调查报告，最后我们根据同学们的调查报告内容，再来结合大纲要求和课文等知识进行教学，使学生感觉到这些知识并非只是来自课本，而完全是根据各自实际和需要而定，不仅对课文进行阅读，更要对阅读课文的过程与方法进行操练与熟悉，最后形成自能发展的创新学习方法和阅读能力。这就自然使学生的"主体性"不仅得到体现与强化，也使学生增加了自我参与教学过

程而获得知识的成就感。这也就是一种多元内容的教育。无数成功教学实践证明，学生成为学习的主体以后，就不会消极、被动地接受教育者所"灌输"的一切，因为这时候教师所"灌输"的是学生主体参与其教学过程后的知识内容，是已经从学生实际出发，并与学生的知识视野和学习活动相结合了的，能使学生积极主动地吸收从外部输入的各种信息。这时候学生处于积极思维状态，一个个都从知识的"被动接受者"变为知识的主动"发现者"和"探究者"。

三、从教学方法上强化"多维互动"意识，使学生自创发展成为学主式创新教育的一种机制

学生是认识的主体，要充分发挥学生的主体作用，在教学方法上就要改变过去单纯地把学生当被动的教育对象来对待的做法，而要引导他们主动思考，积极发现问题和创造性地解决问题。那么，在改进教学方法的过程中头等大事就是树立"互动"意识，采用"互动"式学习方法与手段，力求师生思维同步、共鸣和交流，力求学生之间互动、合作和友好竞争，以求在互动中产生思想碰撞、思维求新，达到创新教育的目的。这里，除了"启发式"教学法以外，还要积极引进与采用"讨论学习""合作学习""和谐学习""小组学习"和"研究性学习"等充分体现"互动"精神的新的学习方式与方法。这里的"互动"学习，是指"多维互动"，至少有三个层面。一是师生互动，以改变过去教师一味主宰课堂的局面，而是把课堂还给学生；二是学生之间互动，以改变过去单一学习的状况，提倡学生间的互教互学，取长补短，形成一种和谐而活跃的学习氛围；三是多种学习方式方法的互动，以改变过去靠一种方法包打天下的局面，充分展示各种方法的共同作用，使学生真正成为学习的主体，驾驭学习方法的主人。比如，我们在指导学生的语文实践活动时，就将学校、社会与家庭教育等因素进行"多元互动"，又将德育、智育、体育、美育等因素多元融入语文学习活动之中，还将语文中的听、说、读、写等学习形式多元有机地融为一体等，然后，组织学生联系生活实际进行讨论，相互交流。这时，学生之间已经真正"互动"起来：又是查阅资料，又是多方讨论、争辩，又是请教老师等，最后从讨论中获得对认识的结论，或者获得某种能力，或者产生某种创造欲望及办法等。这也就是一种多元方法的教育所致。

由此可见，"多元化教育"帮助学生解决了学习难题，而且始终是在"学生主体性"地位得到充分保障的条件下进行的，教师始终只是一个引导者、点拨

者，学生成了真正的求新求好的自我发展的创造者。

（本文曾在深圳市宝安区石岩镇水田学校作讲座，并入选《教育创新的探索》一书，2002 年出版。）

试论"教学资源创新"

摘要：教学资源的创新，一是指克服只满足于在功能上对它的开发与利用的误区，就教学资源的产生、本质意义和教学资源开发应用体系构建等方面要做出研究。也就是说，只有研究才能出好资源，用好资源；二是指对教学资源的再认识、再应用与新开发，并且是为追求优质资源而改造一切可视和非可视性资源。教学资源不同于教学资料，它是有待发现与被运用的教学资料本源。教学资源的产生有"自律发生式"和"变律生发式"两类。教学资源可以多次开发采用和随处开发运用，而形成"再生规律"和"随生规律"。

关键词：教学资源；创新；开发应用体系；生产方式；研究

关于教学资源，目前我们一般只满足于在功能上对它的开发与利用，却很少有提"创新"的，当然也就很少对教育资源创新的研究，特别是从内涵、特征、意义和生产方式与途径上来对"教学资源创新"作出再认识的则更少。所以也就导致教学资源的开发与利用上越来越枯竭，越来越贫乏，影响了教学资源开发利用上的高效、优质与持久，失去了教学资源开发应用的自觉性、自能性和常态化。现在，特以"教学资源创新"的名义，就创新教学资源的产生、本质意义和开发应用体系构建等方面做出探讨。

一、"教学资源创新"的提出及其背景

现在，随着"知识经济"对当代社会进步与发展的不断影响，人们对"资源"的认识和渴望显得越来越强烈与迫切。教育教学也不例外。近几年，连课堂教学也在大谈教学资源的开发利用。然而，实践告诉我们：谈起来容易做起来难，其效果并非理想。大谈教学资源而并非就已经懂得了教学资源；大谈教学资

源的开发利用，并非就能得到教学资源和用好教学资源。因此，跟着起哄喊教学资源的竟大有人在，不会利用教学资源甚至浪费资源、滥用资源和误用资源的也就更多了。究其原因是多方面的，而对教学资源的内涵及特征的真正理解、对教学资源到底如何开发利用已是其中主因之一。这导致了对教学资源的认识粗浅、行为粗放、收效粗陋。因此，加强对教学资源的概念、内涵、特征、功能及其开发应用等方面的再认识与新实践，将成为一场"教学资源的创新"。

本文提出"教学资源创新"的新命题。"创新"，一般释义为"根本改革"。对"教学资源"的创新，也就是指对教学资源的概念、内涵、特征、功能及其开发利用等，将从根本上做出一番探索，并给予一种从根本变革上的创新理解与运用，从而使之合理开发、优化组合、科学配置和高效利用。一句话，"教学资源创新"就是对教学资源的根本性认识与原创性应用的过程，就是为对追求优质教学资源而不断发展变化和丰富完善的过程。

二、由"教学资源创新"引起的对教学资源的再认识

资源，《现代汉语词典》释义为"生产资料或生活资料的天然来源"（商务印书馆 1981 年出版）。同理推导，教学资源，即指为完成教学任务而实施教学活动时所必需的一切教学资料的天然来源。换句话说，就是指教学在顺利实施中赖以产生、发展，并最终成功所必需的或可利用的一切客观条件和主观因素的资源的总和。在这里，还必须弄明白教学资料与教学资源的相互关系。教学资料，本义指教学中所必需的东西或用做教学依据的材料。应该说，教学资料是已经成为教学中的组成部分或成为为开展教学服务的既定条件及直接因素。但它是因教学资源提供或源源不断地所赋予和产生的。而教学资源，还只是一种可供利用为教学资料的来源，往往被教学资料所遮掩后而被人们所看不见、摸不着，所以，人们也就在繁多的教学资料面前而感受不到什么是教学资源，也就没有对教学资源的重要性及开发利用等方面的清醒认识和实际行为。这里用得着一个比方，即一群人在喝酒，但谁也不知道酒是哪里来的或者说酒是怎样酿造出来的等。

还要说明的是，教学资料的含义并非是过去一般人所理解的诸如关于"教学书、参考书、练习册、复习资料"等之类的狭义的教学资料，而应该包括一切与教学有关且已经为教学服务的直接物质条件，如教学资金、财产、设备、环境、书本、仪器以及教学人员等。这些在成为教学的已给条件时则均是教学资料，如果还只是准备或者能够成为教学资料时，那仍是一种教学资源。教学资源，从不同的视角可分为不同种类。如从教学资源的产生渠道来看，可分为自然

资源、人文资源两类。在自然资源中包括一切客观存在的可作用于教学的教学资源，如设施、环境、资金等，这些资源虽是自然的，也往往带必然性，往往属于"硬件"性的资源，人们也称为"可视性资源"或直用性资源，即差不多已成为教学资料的必备资源了。人文资源包括人类文化和社会发展的一切进步因素以及人力中有能为教学服务的可利用条件及因素（还包含人的主观意识等），如校园文化、校容校风、规章制度、师生关系、学习氛围、教师言行、舆论媒介、传统美德与教育理想以及教学成果等均是教学中十分重要的人文资源。这些资源的人文性，并不意味着其本身是什么"人性的、人工的"。它相对于为教学服务即被教学所利用成一种资源来说，已经被认识和改变成为一种"软件性"的教学资源了。特别值得一提的是，在教学中，不仅教师以及教师的一切教学行为都可成为教学资源，连学生也成了教学资源，比如他们的学习态度、学习理想、学习习惯和学习情感、学习方式与方法以及认知水平、经验基础等一切智力因素和非智力因素，均已经成为一种不可忽视的教学资源，尤其是倡导以学生为主体，以学生的发展为本的现代教学中，把学生作为一种教学资源，充分发掘学生的主观能动性，让学生在自主、合作、探究、互动、对话、反思、综合性实践等新的学习活动中发展个性，增长知识，提高能力和素养，是现代教学的生命观、生态观、价值观在现代教学资源观中的具体体现。其实，我国古代传统教育中关于"教学相长""因材施教"的教育主张早就把学生当成教学资源。"教学相长"，本指教与学的相互促进，实际上就是指师生互为教与学的资源，其教与学也互为资源。"因材施教"，意即为"根据不同的对象，施加不同的教育"。材，资质，从教学资源理论看，不也是资源吗？将不同资质的学生当成不同的教学要求与方法的对象（即资源）而进行教学。所以说，"教学相长""因材施教"也是一种教学资源"开发利用"与"科学配置"的生动典型实例。

学校教学资源可分为两类六项。两类：物质资源和精神资源。六项分别为：1. 物质资源：财力资源（资金）、人力资源（师生）、物力资源（设施）；2. 精神资源：文化资源、制度资源、特色资源。同时，要充分认识教学的优质资源，即最大程度地有利于学生的成长和教师教育目标的实现，最大宽度地为师生简单方便地以优化使用，最大限度地再生新的资源或产生新的功能（管用、好用、多用），这就是教学的优质资源的基本内涵。

教学资源之所以是教学资源，它必须具备以下三个条件：与教学有关的；为教学服务的；能融入教学活动且成为教学资料的。

教学资源之所以成教学资源，它必须经历三个步骤（或环节）：教学资源的客观可能性→教学资源的主观可视性→教学资源的实际可利用性。通俗地说就是：发现资源→内化资源→使用资源。

　　教学资源之所以为教学资源，它必须完成三道工序：透过可视的资源"源"捕捉资源物，再由若干相关资源物来寻找或整合可用的资源素，并将若干相关资源素优化组合或科学配置成一定的"教学资源件"（或"教学资源场"）。下面是整个教学资源场即"三环流程图"的图示。

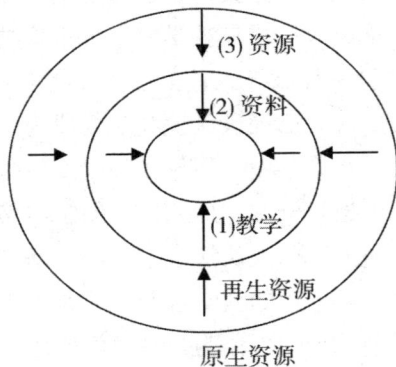

　　说明：1.（1）教学，为教学活动圈；（2）资料，为教学资料圈；（3）资源，为教学资源圈。

　　2.箭头号"→"，均表示利用与被利用的流程。

　　3.由此图表明，教学资源远远大于教学资料和教学行为（活动），因此，教学资源的开发利用，前景十分广阔，意义十分深远。

三、教学资源开发应用体系的构建

　　现在，我们来探讨教学资源开发应用的科学体系。首先纠正一种说法，对教学资源只可开发应用，而不能是开发利用。因为它是指按照客观事物规律的自然属性在教学所用的资源开发过程中而产生的资源，不是无缘无故地因"利"而产生着资源。这就是从功能上还是从事物本质上来认识教学资源的根本区别点。那么，随之而形成相应的开发策略、手段、途径及其一系列应用方式、方法，科学地组成体系性。这种有程序地对教学资源的开发应用并使之形成一种层进承接、环环相扣的科学流程和组织方式，就叫教学资源开发应用体系的构建。这种构建大致可分为两大类。

　　1. 自律发生式

　　从对教学资源开发利用的内容来看，可循照一定规律或发生的顺序而——

陈列或呈现出来的资源产生形式。这是一种自然存在或社会预设的既定性教学资源，也可称为"原生性资源"。这是最直接或最基本的开发形式，它可分为有序总分式和组序整合式两大类。

（1）有序总分式。即按照自然秩序一步步地从大到小、从近及远、由宏观到微观的教学资源的有序陈列而形成使用规律和使用模式。如学校资源首先属于"宏观资源"这个概念范围，在宏观的"学校资源"中又按资源元素、层次或领域组成若干种"中观资源"，如从领域上分为"管理资源""教学资源"与"学习资源""德育资源""智育资源""体育资源"等，教学资源可分教学设施资源、教学资金资源、教学材料资源、课程资源与校园文化资源等；在课堂教学中所需要而组合与利用的教室、师生、书本、文具（教具）、课程标准再加上课时计划与教学步骤、方法、技巧等，均可成为"微观资源"。另一种是"板块资源→项目资源→点滴资源"（也称"面、线、点"）的序列展开式使用模式。即把教学资源整合后分成若干板块，在板块中又分若干项目，在项目中又分若干点滴性资源。如"课堂教学"，它可以分教学环境、教学设施、教学材料、教学过程与方法及师生关系等若干个教学资源板块；在"教学材料"板块中，又可分课程、课本、参考书、文具以及教学目标、原则、经验、结果等，均可成为教学资源的一个个项目。依此类推，在"课本"中有什么样的版本、其编排体系、教材目标、内容、形式以及思考与练习等，均又成为教学资源中不可忽视的点点滴滴。在这里值得特别指出的是，以上并不是对教学资源的分类在作分析，而是在阐述对教学资源开发利用的两种运作体系时所形成的主观性分类运作模式。

（2）组序整合式。从对教学资源开发利用的过程来看，可以组织若干秩序将有关要素整合成开发与利用教学资源的模式。它包括教学活动元素和教学活动过程来进行组序整合。如"元素整合式"。按"五育资源"可分为德育资源、智育资源、体育资源、美育资源、劳动资源；按教学功能要素可分为"课程资源、教材资源、教法资源"等。又如"过程整合式"。这里可形成以下三种开发利用的关系模式。一是"教学资源的开发利用策略→教学资源开发利用的步骤与方法→教学资源开发利用的手段与技巧"等三环阶梯式；二是"教学资源的事前（课前）准备性定时组合资源→事间（课间）敏锐性瞬时开挖资源→事后（课后）反思性及时总结优化资源"等四步时段式；三是"昨天简单性使用→今天提高性使用→明天发展性使用"的三级优化式。可以说，以上两种模式是经过实践证明有效的且最具体系性和可操作性的教学资源开发利用的模式。比如第一种，凡事先得有策略，有无策略意识和策略行为，所表现出来的教学资源如开发利用的措施、效果等则大不相同。但是光有了策略，如果缺乏科学、可行的运作过程与方法，也同样不行；同理，如果缺少具体相应手段与技巧，也仍然不可能搞好教学资源的开发利用。因此它们是一项体系性工程，是一种动作模式。至于具体在教学资源开发利用中的策略、过程与方法、手段以及操作技巧，这就要求教师在根据具体的学科内容和不同的学生实际以及教师自身特长而相应采用，不可能一招一式地机械传授，尽力留有创造的空间和发挥各自才能的机会。要知道对教学资源的开发利用也同样"仁者见仁、智者见智""八仙过海，各显神通"，更何况古代教育家孔子早就明言："有教无类，因材施教"。

2. 变律生发式

在未得到一种认知开发时，教学资源往往是零星地散落在教学者的视野之中，只有将它们有规律地重新组合，才能成为有效的教学资源（即可供开发利用的教学资源）。如"将不相关的相关起来""反其意而用之""不断再生""实施多元互动""异类组合""隐显互促""冷门爆发"等，均可成为教学资源的优化组合型的创新模式与技巧。

大家知道，教学资源的开发与利用，其途径与因素是多维、多元的，也是多视角的。只有构建这种综合的、动态的、实效的教学资源开发利用模式，才能充分发挥教学资源的巨大作用。如：课本，它是课程之本，已经成为教师教与学生学共同使用的必备的资料，但它又不能只成为一种教与学的资料，还可成为教与学的重要资源，甚至是课堂教学资源开发利用的主要载体，或称"基本资源"或"教学资源源"（即教学资源的本源或"教学潜源"）。如何从"课本"这种既是教学资料又是教学资源中寻找而产生新的教学资源，也就是说由资料生发资源，由资源再开发资源，这是新课程实施中课程教学资源开发利用的新视角或新途径，也叫"再生性资源"。这因为：一是通过新旧对比而产生认识，即发现新课本比旧教材更具有内容的丰富性、编排的综合性和教学运用的空间广阔性，这样就更具有创造性地使用课本，展示课本的更大限度的教学资源；二是由于教学条件的变好和教师水平的提高，教师对旧课本产生了新认识，对周围客观的教学条件也有了新感受，而这些新认识和新感受的产生也可利用为对新教学内容有帮助的东西，这些东西即变为"再生性教学资源"。我们可以利用这种教学资源"再生论"（即"再生规律"），使资源再产生资源，使资源再变为资源，或者从资源中发现或推导出其他资源，这就是教学资源"再生论"的功能与使用价值之所在。一个高智慧的优秀教师，往往会"举一反三、由三反一""触类旁通、旁通触类"，也就是能科学地和艺术地运用教学资源的再生性理论，而创造许多新的教学成果。从某个角度说，这是教学资源在他的课堂再生率高，再生面广，再生效果佳，往往是将一份资源变成几份资源，或者是用一份资源用出了几份教学资源的功能。

教学资源，不仅可以再生，还可以随时随处产生。我们叫它教学资源的"随生性"。运用教学资源的"随生规律"（"随生论"），就要善于用发现的眼光，用会加工的大脑，将本不相关的东西相关起来，则可到处找到教学资源，正如有人说："教学资源俯拾皆是。"比如在教学中，哪怕是教师说的一句话，所演示的一个动作，所表现出的一种神态以及所发出的一声叹息，实际上都已经在成为着一种教学资源，只不过你是否在意它和能否利用它。这里就有一个"教学智慧"的问题，有智慧之士，总能找到或利用教学资源的。有人说，连人的教育视野和教育理想（及自信），也是一种教学资源。不错！它是一种精神资源。从表面看去，未能直接感触，但它成为能支撑教学活动过程展开的精神条件或成为产生某种教学智力、教学机制的诱发物。

教育视野，指教育者眼睛所能看到的空间范围。通俗地说，教育视野即"教育眼界"。这种教育视野，首先是对教育的一种关注的眼光和预测的眼力，这当然离不开一种关怀，一种对教育的认知、理解和熟悉的"视力"，以及对教育所关注、关爱的情感范围及程度。眼光高，眼界宽，就会让教师教学登高望远，心中有数，由高知低，由宽知窄，教学定位性好等。这样可以：①关注教育，关爱师生，即每一项教育事业和每一个学生都进入了你的视野之中，都在你的关注、关爱之中，这样你的"教育视野"就宽广、全面、整体性强，就能为你搜寻、开发出许多新的教学资源。②有了"教育视野"，意味着就有了教育者更大的责任，对教育的真情、对教育的付出能比一般人突出。凡教育视野开阔的人，必然对教育参与面宽、参与程度高，对教育也比一般人看得真，看得实，看出感情，也会对教育中所出现的各种新情况、新问题、新成果倍加关心，了如指掌，最终对教育所采取的行为会比一般人的要丰富全面。所以，它成为一种特殊的教学资源，会使教育者心明眼亮、高瞻远瞩地去从事教育教学事业。

教学资源的随处产生和随机可用论，告诉了我们在教学中应坚持以下几条原则或技巧：①在随意处勿随意，不经意时须经意；②稍纵即逝要抓住，容易忽略不忽略；③无所为时要想有所为，有所为时要想更有为；④难以言传时多"意会"，山穷水尽时找转机。

总之，教学资源的创新，必须首先克服只满足于在功能上对它的开发与利用的误区，就教学资源的产生、本质意义和教学资源开发应用体系构建等方面要做出研究。也就是说，只有研究才能出好资源，用好资源。然后对教学资源的再认识、再应用与新开发，并且是为追求优质资源而改造一切可视和非可视性资源。教学资源不同于教学资料，它是有待发现与被运用的教学资料本源。教学资源的产生有"自律发生式"和"变律生发式"两类。教学资源可以多次开发采用和随处开发运用，而形成"再生规律"和"随生规律"。另外，还要取决于教师在以下四大主观因素方面下功夫：教育责任的强化；教育视野的扩大；教育智慧的发挥；教育行为的科学与艺术化。

（本文写于 1999 年 12 月，后在汕尾市教学研讨会交流）

试述教学曲线规律及其应用

教学曲线规律，是指在教学活动过程中存在一种起伏、抑扬、顺逆、正负、高低、优劣等非直线发展而呈现着以曲线形式产生着相关的教学现象与状态，并直接影响着教学活动及其教学效果的关系及其规则、趋势等。我们把这种非直线发展的曲线变化称之为教学曲线规律。如果我们在教育教学中科学、准确地认识与把握这种规律，并积极运用于相关的教育教学之中，那么，就可以在既遵从曲线规律，又利用曲线变化而决定采取有效性手段与方法，进行"曲而不曲、曲中求直、变曲为直"等曲线应对机制的科学型教育教学，从而获得满意的教育教学效果。

一、教学曲线规律来自学习曲线的心理学规律

心理学研究成果表明，在各种知识和技能的学习过程中，其学习效率与学习时间会形成一种或呈现一定的曲线发展规律，即"学习曲线"（如图所示）。从"学习曲线"上可知，学习者一般都要经历以下四个时期：

1. 发生期（也叫始发期）。在这初始阶段，知识与学习者发生了相互联系，发生了相关点，产生了一系列学习行为、学习过程、学习状态。即学习活动。在此活动中，学习者在了解和理解新知识，认识新事物，掌握新规律。一般来说学习者对此理论往往出于新奇，对未知也充满神秘感，由于这二者而产生了学习兴

趣，尽管所学习的知识和技能是陌生的，其学习是艰巨的，但通过努力，往往其学习过程有良好的开端，其学习效率已初步显现出来。学习曲线上的扬点，即呈上升趋势。

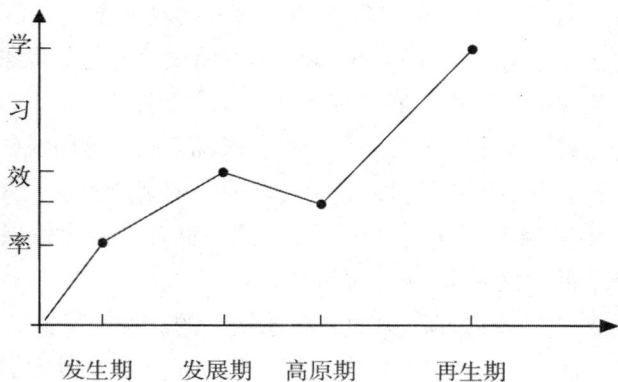

学习曲线

2. 发展期（也叫进步阶段）。在这一阶段，学习者已有了一定的知识基础和经验积累，又由于心理学思维定式驱动的作用，还加上学习者掌握了一定的学习规律和学习方法，并将第一阶段学习效果转变为一种学习基础和学习动力，使学习者学习兴趣更趋浓厚，学习效率明显提高，以正反馈、高汇报为主地呈上升趋势。

3. 高原期（也叫徘徊阶段）。在这一阶段，学生在学习的具体过程中会遇到许多来自主观和客观原因所造成的各种学习障碍或学习困难，导致学生学习进步的速度放慢，学习效率不高，效果欠佳，甚至还有所退化或停滞不前，此时的学习者往往情绪波动大，困学、厌学现象时有发生。

4. 再生期（也叫发展或拓展期）。在这一阶段，学习者克服高原期的困难，解除困惑，其学习活动及其效果又发生变化，产生进步，呈上升趋势。其变化原因，是学习者主观上努力，再加上客观条件上的帮助（如学习条件的改革，良好学习氛围的营造，教师教学指导得法等）。这时，学习者树立了再进步的信心，找到了克服"困学、厌学"的办法，摆脱了"高原期"反应的各种影响，调整了"停滞不前"的学习状态，进而对学习规律有了全新的认识和全面的感悟，对从事新的学习又积累了相应的经验（含体验），掌握了新的有效的学习方法与技巧，使学习自信心又得到恢复，学习兴趣又开始发生，于是其学习活动及学习效果的学习曲线又呈上升趋势发展。

还需指出的是，从宏观上说"学习曲线的四步图"是一种基本走势，而在微观上还会随时出现许多"小曲线"（或许是曲线一期、二期、三期，即一个较长期的曲线过程中的"发展"或"高原期"），由于某种意外的客观原因，使学习者的学习过程发生曲线改变，由"发生期"直入"高原期"，或两个"发展期"和"高原期"连在一起出现，等等。这叫"学习曲线不均匀"现象。还有，当一项完整的学习活动或项目结束，第二项学习项目或活动又发生了，那么其学习曲线又呈"四步走态势"发生。这对一个学习者来说，叫学习曲线的二次循环、三次循环。每次新的学习循环展开时，其学习曲线中的某个因素或受第一次学习循环中的结果或其中某因素而发生变化。如：第一循环中的"发展期"不够，则会影响第二循环中的"发展"，第一循环中的"高原期"克服与排除不够，那么也可能影响以后的"学习循环"中的"高原期"的克服与排除，或直接影响以后的"学习循环"中的"发生"与"发展"，所以，这种曲线发展规律中的"起伏""抑扬"现象，是其基本特征，至少有两重含义：一是在本项"学习循环"中"曲线"地扬抑着各学习环节及其效果（阶段或要素）；二是对以后的第二次、第三次乃至多次的"学习循环"中起着直接或间接的抑扬作用，甚至某个"学习循环"中的抑扬现象，会影响某个学习者的终生（不仅是学习，还会在其他方面也会受到影响）。

因此，教育者应该从学习者的"学习曲线"抑扬规律中得到启发，有必要地研究教学曲线抑扬规律及其应用。

二、教学曲线规律的意义在于促进教学曲线发展

我们研究教学曲线规律，其目的和意义是认识和利用它，构建有助于教学的教学曲线发展规律。教学曲线发展规律，不仅表现在从心理学意义上所说的教学活动过程中的各环节之中，还时时体现在各种教学因素之中乃至教学目标、教学内容、教学形式（方式）、教学方法、教学手段和教学语言、教学艺术以及教学节奏、教学组织与管理等方面，因为世间任何事物都没有直线的可能，即使看上去是直线，也是一种呈螺旋型向前（向上）发展的"曲线式"直线，所以说到底它还是一种曲线，揭示这种教学曲线规律，让我们进一步认识与把握教育教学这一复杂事物的发展规律和运行规律。

教学曲线发展规律的普遍存在，表明了我们所从事的教育教学事业的复杂性、艰巨性和持效性及可行性。

下面则是我们对教学曲线发展规律作出初步研究的示意图（"二级曲线五步

推进式"）：

1.二级曲线：①一级曲线式，即大曲线，由"启动→发展→徘徊→高潮→拓展"等五个基本环节所形成的宏观曲线式。②二级曲线式，即在每个宏观曲线式环节中的局部的微观的具体的小曲线式，即使呈上升趋势的"发展"或"高潮"也有某些不顺利的退却或低潮等形成高高低低的"曲线式"。

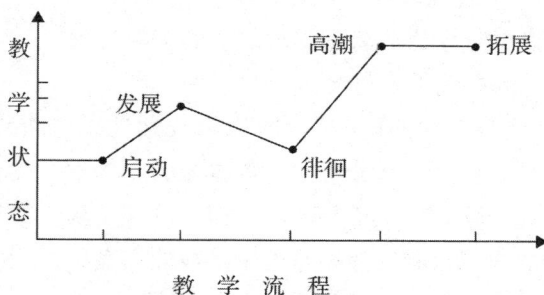

2.教学曲线发展规律：五步推进

（1）启动（建构、教学引导、教学经验与理想的介入）；

（2）展开（抢占最近发展区，迅速形成新的感知和感悟，积累经验，发展体验）；

（3）调整（对局部饱和、学习准备的丧失、学习定势的形成等问题的调整与解决）；

（4）高潮（创造学习的浓厚气氛和最佳境界，形成教学的最佳兴奋点和成功点）；

（5）拓展（巩固所学，形成知识结构，发展学科素养和学习能力，提出新的学习目标和延伸新的学习内容，掌握和运用新的学习方法等）。

具体地说，在一堂好课里如何贯彻和体现"教学曲线"发展规律呢？在教学设计上起伏连绵，在教学内容上密疏相宜，在教学策略上亦趋亦进，在教学目标上多维整合，在教学过程中张弛有度，在教学要求上刚柔相济，在教学方法上控放相间，在教学语言上抑扬顿挫，在教学评价上呈现过程的发展性和结果的多元性，在教学总结上扬弃有理，肯定与反思并重。

三、教学曲线规律的教学应用

教学曲线规律，因学生的学习曲线规律而形成，那么，在倡导以学生为本的新教育理念下的教育教学，就应该遵从和运用教学曲线规律，让教学曲线规律在改变目前教学状况，提高教学效益中发挥重大的作用。

1. 从思想上树立教学曲线意识

如果我们都深知教学有曲线规律，真正明白凡事都有曲线发展的变化规律，教育教学也是如此的道理；那么，就会积极主动地研究和分析教学中的曲线变化规律，并积极采取相应的或者利用曲线，或者改变曲线，或者将曲线与直线结合等策略与方法，制订"曲线教学"方案，变"教学曲线"为"曲线教学"。因为前者是客观的、静态的现象，后者是主动的、动态的行动。

2. "曲线教学"的有效手段与模式

①曲线利用，也叫"因曲而教"。即利用教学处于"曲线"期，作关于总结、反思、调整以及发现问题和分析问题等方面的"教学"发现与"教学发展"，如果是曲线的低潮处排除心理困惑与学习障碍，以恢复到正常学习心理状态和开合有序，松紧有理的学习机制。如果是处于曲线的高潮处，则应注意：既防止学习的亢奋过度而导致身心损伤，也要防止学习顺意、高效而盲目乐观导致滑坡，切忌学习上的"暴饮暴食"或"因噎废食"等。

②曲线改变。即在教育教学活动中，对曲线进行预测、判断而及时做出改变性的调整，以矫正学习者的学习行为与学习状态（也叫变曲教学）。如，对曲线的"裁弯取直""高低互动""抑扬并行""起伏协调"等，就是最佳的"曲线教学"技巧。比如，对语文学习量的安排，过快过慢地学习或过难过努地学习，或过多过少地学习等等都不行。诵读课文，可以顺读，将全文一次读完，也可以倒过来读，也可以读它一段熟记后再读一次形成若干成有头尾的曲线上，便于学生记忆，不会因一次需记一篇太长的文章而产生遗忘失误。

③曲线重建。也叫"化曲教学"。即根据教学需要，将现有的学习曲线，结合学生的实际，按照一定的教育教学原理，重新构建科学的合理的可操作的"新曲线"，以形成一种高效优质的新的"教学曲线"图。这是一项有意义的且十分重要的教学创造性劳动，需要家学智慧和教学能力的双重整合。现在，本人为之创设并实施的"非正式教学""辩证型反思教学""目录教学法""作文化心理调控教学"等，都从不同层面上体现了教学曲线规律或"曲线教学"作用。

3. 教学曲线规律应用的重心：学会组织教学高潮

大凡一堂课，一项教学活动，如果真正产生吸引力，产生不一般的效益，其中一个重要法宝，就是巧妙、科学地组织教学高潮。一堂好课，就看有没有几个好的教学高潮，是不是在抑扬顿挫、起伏不平的教学曲线中走完全过程。事实表明，那些平铺直叙、缺乏涟漪、波浪的课堂教学，是缺乏生态的，缺少生机盎然的和生命力的，肯定是学生不喜欢的，效果自然也是不太理想的。这些问题导致的根本原因之一，就是缺乏对教学曲线规律的理解、应用与研究。当你把握了曲线规律，就会为创设教学高潮而精心设计、从容实施，产生"曲线操作"的一系列方法、技巧，使教学有曲线，在曲线中实现、教学，以成全你的曲线型教学风格。

总之，教学曲线规律，是世上普遍事物都具有的曲线发展规律在教学中的一种体现。如果你感受不到，只能说明你身在教中不知其"曲"而已。认识与运用教学曲线规律，开展有曲线的教学，无疑给教学又会带来一道亮丽的风景，产生更佳的教学境界和效果。

（本文写于 2000 年 6 月，在汕尾市及国内有关学术研讨会交流）

基于社会转型时期的教育教学的转型与升级

一、教育需要转型

在 20 世纪 90 年代来，我国华东师大叶澜教授和南京师大鲁洁教授等一批专家提出这样的一个观点：实现人的转型，世纪性的教育主题。这句话，精辟地道出了由工业经济社会向知识经济社会过渡的社会转型时期教育改革与发展的基本核心任务。众所周知，人的转型乃社会转型的主体，既是推动社会转型的基本力量，又是促进自身修炼，不断得到净化和提升素质、适应社会转型而实现人的转型的重要因素。因此，如果人的转型未实现，社会转型就是一句空话。那么，人的转型将怎样实现呢？这尽管有多种条件，但教育是其主题。可以说，教育成为实现人的转型的基本途径、手段，这已经是无可争辩的理念。

"实现人的转型，世纪性的教育主题"，这里有两层意思：一是随着 21 世纪由"工业经济社会"向"知识经济社会"转型时，人也要发生转型；二是作为以育人为己任的教育事业，也要为实现人的转型而努力。由此，我们也引发了另外一种思考：既然社会要转型，人也要转型，那么在如何适应和实现在社会转型中的人的转型的教育，自然也就产生了一个自身也要转型的问题。否则，这种担当实现人的转型的教育就无法跟上转型了的社会和转型了的人，更何况造就转型的人的教育不转型能行吗？不但要转型，而且要转得更快，更到位，更有效，也就是要转得更有"型"。由此可见,"教育转型"将成为当前教育改革与发展的重要课题。

诚然,教育已经成为实现人的转型的主题,但教育能不能承担起这一重任而实现转型呢?答案是肯定的。我们认为:教育需要转型,教育必须转型!只要反思一下现在的教育,就知道它还属于工业经济社会的产物,它是为工业经济效劳又直接受工业经济特征与形式所影响的教育,比如它的班级教育,就如同工业经济的车间作业,统一的教材和枯燥、单一的教学方法等,致使所获得的教育结果是批量化生产的标准性人才,缺乏个性,缺乏创新,而这样的人才能够推动社会转型、促进知识经济发展吗?而且,这种车间化的工业生产流程所面临的对象是产品,教育也受其影响,视教育对象(学生)为知识传授的容器,教师把整个"车间"(课堂)视为自己潇洒地展示知识才华、演示"教书"过程的场所。这样,整个教学活动也就自然成为一种忽视生命、伤害精神、扼杀灵气、制造"工具"的落后、守旧、僵化的粗放型的简单再现式的劳动。

这是一种"人为的教育",而并非"为人的教育"。请问,这种教育不转型,又哪能适应以强调人本化、信息化、个性化等为特征的知识经济社会转型的需要呢?

在实现教育转型的系统工程中,作为一门教育中的基础教育,将首当其冲地成为教学转型的对象与载体,也最需要转型实现"教学转型"。关于转型,我们不仅追求的是一种结果,而当前最需要的是如何实施"教学转型",即在基础教育的课程中的何处转型、怎么样转型,有没有实施转型的重点、难点和最优化的途径、方式、方法等等,这又将是我们面临一个个新课题。就自然过渡到教学的转型。

二、教育转型的重心:教学转型

什么叫教学转型?我们认为,它是指教学的整体形态、内在机制和日常教学行为、教学活动等诸因素都发生着或发生了根本性变化,以致形成了一种新的教学格局或教学态势。也就是说,使教学发生了"型"的变化,成了一种充满"以"学为本,为学而教的现代教学理念的新课程教学。它在教育转型中将成为"改革创新"的主体。教学转型本身也有其基本主题:即通过教育改革与教育创新而使教学发生"型"的变化,不断促进人的发展与进步,为适应知识经济特征需要努力完善与提升自己,使他仍培育成为具有高素质的现代人。这种"型",不仅是结构,更是融内容、目标、途径、手段、方法于一体的全方位发生变化的新体系，即教学结构性变化。

教学转型所追求的新理念是：教学是有理想的，教学是一种生态，是一种发展性活动；教学是社会的，因此也要随着社会转型而转型，教学具有综合性、整体性和多元性；教学具有发展性、创造性；教学需要反思、需要探究；教学需要科学与艺术的整合等；教学在发展人、塑造人、培养人等。

教学转型的实践，目前则以素质教育为目标，以课程改革为核心，以教育创新为过程，以教学方式与方法的转变为主线，带动其教学目标、教学内容、教学过程、教学活动的全方位、多层次的实质变化。

1. 教学目标：由培养掌握知识的"工具式"人才转变为培养具有高素质的现代人。

2. 教学内容：将偏重于基础知识、基本技能的"双基训练"转变为"知识、能力、态度"等多维度整合发展的素养型教育，即将学科育人转变为课程育人，将教科书变为课本（学本），将教案变为课案（学案）。

3. 教学结构：由教师讲学生听的"知识灌输型"转变为学生学教师导、学生问教师答、多元互动合作的"学教素质型"。即"以学定教，以学导教，以学论教；由学入教，由学知教，由学执教；以学促教，以学兴教，以学讲教"。

4. 教学方法：由教师教教材的"教书式"转变为教师用教材教，学生用课本学的"教人读书式"，变被动授为主动探究、合作学习等。

5. 教学评价：由学业成绩单一评价转变为学生素质的多元，动态发展的综合评价。

三、在转型中让教学升级

目前课程改革等经验与教训表明：如果不以教学质量的"升级"为前提，不以教学的品质发生创优、进步的变化，那么这样的转型是失败的，是只有其形式而无其发展意义的，是一种折腾和闹剧，越转型就越背离了教育的本质和教育改革的初衷。所以，我们要辩证地看待教学转型，要将它放于高质量地发展教学的"升级"之中，进行合理性、可行性的教学转型。

教学中的"转型升级"，要着眼于教学的终极目标和眼前目标的二者和谐统一：既不要急功近利，也不要因目标太远大而丧失方向、信心；既要继承优秀的传统经验和优势做法，又要敢于抛弃过时、落后的东西，为创建新的教学方式而合理吸取传统经验；既要在转型过程中追求适合校、情、教性、学情的教学方式、教学方法，也要积极开展相应评价和总结反思，对转型后的课程内容、教学活动及效果，作出客观公正的评介，以明确转型的得失与成败，坚定教学转型的正确方向。

（本文写于 2003 年 9 月，系学术讲座稿）

教学要适"学"

一、教学：要适合于儿童

世界著名教育家尼尔有一句名言："使学校适合儿童——而不是使儿童适合学校"。（见《萨默希尔学校》一文）

我想，这句话揭示了这样一个道理：教非为教，教因为学；教在于学，教是为适应儿童的学习与发展而教。当我们的教学适合了学生，那么，学生就学得对路、解渴，状态好、收获大，自然就得到了发展与进步。这也是一个常理：教育是因为有学生而存在，教育其实是在做学生"学"的事。学校学校，乃"学"之校。也就是说，学校应该是学生的学校，应该是学生学习的场地，教师在这里是为了帮助、指导学生学习而施展一切教育活动，是"让"学生自我发展，在个体学习与体验中寻找需求，发现与掌握知识，学会本领，成为"四有"新人。

什么叫适合？是提"适宜，符合"之义。那么，我们教学的一切理念、内容、方式、方法及评价机制等，都要与此时、此地的学生相适宜和相符合。如果你的教学是不相适合的，那就只是一厢情愿的教学，是一种缺"学"的教学。"学"的缺位的教学，再怎么样努力，再好的条件，也是坦然的，甚至是负能量的。

所以，教育十分需要一种"适合"理念，每个教育者必须认真面对和研究"教育有学""教学适学"等这样一些现代教育科学理论。

教学要适合儿童，就是适应于儿童，适用于儿童。

二、教学：要适应于学生的学习

适应，是对"适合"的动态发展，是主动地将自己的教与学生的学进行有机衔接与统合，产生有效的适合状态和适合效果。只有适应儿童的教学才是以学生为本的教学，才是和谐的教学，也才是有成效和有意义的教学，当然也才会是受学生欢迎的教学。这种教学也许不是最成熟的，但是，它是最具针对性和个性化，也就是最适合学生的。为此，我们倡导：教学要"适学"，要把教学变成"有学"的教与"有教"的学。

教学适应，首先是它与外部的适应。即与社会发展，人类文明进步的需要相适应，与主办者的意志和条件相适应，与教育所处的客观环境和条件相适应；教育过程与教育结果的适应；教育结果与教学目标的适应等。

教学适应，同时十分注重的是它的内部适应和内涵适应。即在学校教学之中，如果能用科学发展观并根据学生实际及需求，采取相适应的某种方式方法顺势而教，那么才是在进行"教学适应"。如果校长和教师都为了围绕自己的某种意愿，用自己的既有经验来强加于学生，或者一味热恋于自己酷爱的某门学科与专业在演示其知识才华，或者在训练一批"小动物"似的，而根本不看学生要什么、在学什么、学得怎么样等。试问，学校和教师不关注这些，那么这样的教育还可以称得上是以学生为本的教育吗？可以说，这是一种"教师型（师授型）教育""学科型（非学本型、非学习型）教育"。只有用"教学适用论"才能改变这种状况，即改为以学生为本的"学生型教育""学习型教育"，即学生自主创新和发展的教育。

三、教学：还要学会"调适"

教学适"学"，就是要适用于儿童，那么，最关键的是要懂得与学会"调适"，并且如何进行教育调适。调适，顾名思义，就是调整适应。在教学调适中，既包括制订方案、措施，也包括采取具体的行动过程，也就是包括对教育调控的咨询、论证、整合、协调，以至付出相应的具体活动（行动）。也就是对一种教育成果和问题或案例现象等，经评价、检查或者总结反思乃至再认识以后所做出的一种整改、调整等以适应新的要求、标准或所期望达到新的理想境界。

教学中的调适，就是要不断地适应学生，与时俱进地适应学生，这也叫科学发展观。因为学生是在发展、进步中，今天的方法已不适合明天的学生，适应于甲学生的方法也有不适应乙学生的可能，只有能与学生的个体相适应，与未来的学生相适应，才是可持续发展的科学的适应，这就叫教学的"调适"。否则，只适应了学生的现状，当学生发展、进步或变化了，而使这种适应不变时，那么这种适应就不再是适应，将变成一种阻碍或者强制了。因此，教学适应儿童，还要树立"不断适应"意识和讲求"不断适应"策略与方法。也就是说，既要适应学生的"目前"，也要适应学生的"长远"；既要为适应学生的现实而教，更要为适应学生的发展而教；既要适应此学生，也要适应彼学生。所以，不断适应学生发展，不断采取"新适应"的教学，才是科学的、有意义的适应，这样与其说适应了儿童，不如说，适应了儿童的发展与进步。

比如，在指导学生学法时就有两种不同的模式，即"导学式"和"学导式"。二者虽然只有一个字序的变换，但其教学方式的呈现是不等同的，体现着完全不同的教学理念。这里就有一个是否运用教学适应论的问题：由于二者的出发点和功能特征不一样，所采取的行为方式和做法也当然不一样。"导学式"虽然也注重了学，但不是因学而导，还是由教导学，教在起主体作用，试想这种导如果不是学生需要的或者不适合学生的，那不是白导了？反之，如果为适应学生的学而导，即因学而导，为学而教，以学导教，以教适学，那么，这种"学导式"的学导法教学，则无疑比前者要好得多。

从上述可知，从教师指导的角度出发，认为有哪些学习方法要指导而给予指导。说到底，这是一种"师本"教学论的表现，即教师的主观性强、预设性强、共同性强，因而缺乏针对性和个体性，当然也就实效性不够。这是一种只"适应教师"而不适应学生的"唯教型"教学方式。站在学生学习的角度，在发现与了解学生的学习状况以及所运用的学习方法的情况以后，再采取相适应的策略，给学生采取具有针对性的适当的学法指导。说到底，这才是一种"学本"教学论的体现，即以学生为本，以学生的学习与发展为本，充分重视了学生在学习过程中的主体性、主动性和个体性，因此实效性也强。可以说，这便是我们所追求的"适应儿童"的"适学型"教学方式。

为此，本人经过多年摸索、总结而构建了一个"双主互动型"学程推进教学模式。现图示如下：

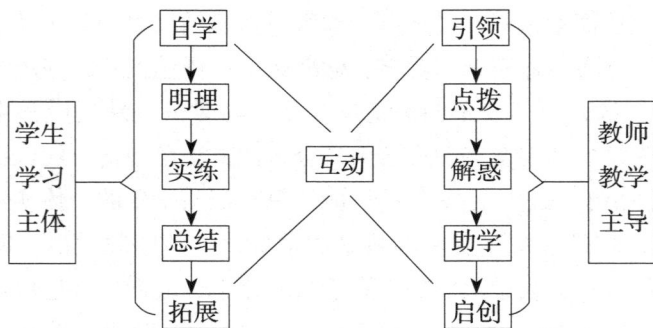

总之，我们的教学如果犯了"失学症"，不适合学生的学，就等于"鸡对鸭

讲",既无法沟通,也不可能顺畅,最终使教师的教变成一厢情愿,成为一种表演式的独角戏,使学生的学最终陷入一种被动性学习或者叫"假性学习"的非学状态,所以,适学教育十分重要。

（本文写于 2003 年 12 月,系学术讲座稿）

"零距离"教学之我见

本人曾与一位教师交流教学经验时,谈到了一个关于师生之间教学距离的问题。怎样看待与解决教学距离,已经成为目前乃至今后教学研究中一个不可忽视的研究课题。基于此,我便从教学距离想到了"零距离"教学,也为此作出了如下探究。

一、对"零距离"教学概念的认识

首先,要弄懂什么是距离？"距离",《从现代汉语词典》解释为:"在空间或时间上的相隔"和"相隔的长度"。那么,零距离教学,则应指在学校乃至课堂教学中"没有时空上的相隔"的无距离行为状态或无距离感觉的教学。这种教学可以说是和谐的科学发展型教学,其效果无疑是好的。其实,这是一种教学的创造:把教学的有距离变成无距离的教学；或者说,用"零距离"的教学理念、教学策略和方法、手段等,使教学变"有距离"为"无距离",产生了"零距离"的教学状态和效果。

众所周知,万事万物之所以能互相区别而存在,就因为相互间是有距离的。而且这种距离本就是一种客观存在,是"必须的"。人们常说"距离产生美"也就是指对距离作用的认可。这里值得指出的是,首先是人对这种距离的适应与认可,产生了一种与距离的和谐性即无距离的感觉。我们可以把它称为"容距性"和"融距性"（前者容纳,后者是融洽）。也就是说,时空上的距离并不等于精神上有距离（感觉上无距离）。同理可以推断,教育也是人的一项精神活动,也同样可以创设零距离教学。许多教师的成功实践也证明了这一点。

我国古代哲学家老子在《道德经》中说:"大直若屈,大巧若拙,大辩若讷。"我们所倡导的"零距离"教学，实际上就是这样一种境界的教学：大道到简、大道无痕；大巧若拙，大智若愚。学生才会与我们亲近起来，无缝对接。

因此，零距离教学的意义，在于将有形的时空距离即"物理距离"变成无形的"心理距离"。实际上，"物理距离"仍然存在，而且是不可能消灭的，只是经过"零"处理而使教学产生"零"距离。教学本来是有距离的。这种距离体现在：课程标准与学生学习现状及需求之间有距离，教学环境、条件与教学管理和教学效果之间的距离，教学活动与教学评价之间的距离，教学内容与教学形式之间的距离，教学目标预设与达成之间的距离等，其中最基本最关键的还是教与学的距离。正因为有"距离"，才需要"教学"。这种"距离"，实际上就是师生所共同面临的一种"教学任务""学习目标"之间的差距，实际上是为实现教学理想而不断追求的过程，为完成教学"任务"与实现学习"目标"而不断拉近或缩短其距离直至最终完全相吻合的"无"距离教学。

二、对"零距离"教学策略的思考

按照"唯物辩证法"，教学的有距离和零距离只是相对的，即距离的有与无都会向对方发生变化的，都是在特定条件下和特定环境中的一种被变化了的教学状态与教学结果。从发展的规律来看，教学总在不断变化的"有距离"和"零距离"交织中呈有形或无形的方式推进，在教学距离产生亦有亦无（零）的策略思考与策略运用中走向新的发展。

按照建构主义的"最近发展区"理论，零距离教学也就是为了教学的最近发展区而设置了一定的教学目标与内容的距离，然后再按"建构"的思想与方法，把"距离"化为一个个待"发展"的可建构的知识点、能力点等，然后再一"点"一"点"地"占领"并建成知识的板块、能力的板块，最终"全距离"或"等距离"地填满"最近发展区"，于是便产生着"零距离"的教学过程与状态，其实是实现了学生学习发展区的满距离即产生了零距离的教学效果。为此，我们要充分考虑以下几点。

第一，在教学计划时，按照"零距离"教学的理念，设计"有距离"的教学目标，确立"有距离"的教学内容和方式。只有在教学计划上明确了教学的"有距离"，才能展开从"有距离"到"近距离"，最终走向"无距离"的教学。

第二，在教学内容与教材处理上，要把目标任务上的"有距离"当做"零距离"来实施，即采用一定能拉近距离、缩短距离、消灭距离的"去距离教学"。要学会如何"去"距离和拉近距离。这里就包括如何因材施教（含因境施教、因需施教、因学施教和因教施教等）。

第三，在教学评价与教学效果总结时，要将"有距离"与"无距离"之间进行有机对接，使课堂教学达成或形成一种"零距离"教学状态，让学生在对学习问题的不断解决，对学习成果的不断获取与体验中感受到"零距离"教学的教学元素及其作用，使零距离教学不至于只流于一种口号或者短期行为。也就是说，用相应的原因去归结相应的结果，用相应的手段与行为去实现相应的目的。

由于"零距离"教学，是一种充分体现人本性，体现建构主义理论的普适性较强的教学模式与方法，所以各门学科课教学都可以运用。如何运用"零距离教学"？我们认为，既要根据课程标准和学科特点，又要针对学生学习的实际及其认知规律，还要结合教师各自的教学水平、教学风格与特长，积极创造相应的教学条件，开发和利用教学资源等，一边努力树立"零距离"教学意识，树立"教育是为了适应儿童发展"的理念，一边寻找属于学科教学的具体可为的"零距离"教学的策略、模式与方法等，尽可能做到通过一些"零距离"的有效行为，来实现教学的"零距离"。

第四，在处理师生关系上，要让教与学之间形成零距离。大家知道，教与学始终是教学的一对主要矛盾，教与学之间的距离是客观存在的，也是不可忽略的。但也不能顺其自然，而应该想方设法尽可能拉近、缩短直至消除这种距离。山东省杜朗口中学改变学生座位及课堂、结构形式的成功经验，实际上就是一种"零距离"教学的追求；江苏洋思中学的"先学后教，当堂训练"等，也在追求一种教与学的"零距离"；广东深圳松岗中学提倡以"学"的原点进行教学内容作为出发点，以"学"的能力培养作为"教"的追求目标。这也是为追求"零距离教学"所做的研究。本人也三十年如一日，在苦苦探索"以学为本，为学而教"，努力把教学变为有"教"的学和有"学"的教，从而实现了从"教语文"教学走向"学语文"教学，构建了以"语文学习学"为理论支撑的"学"语文教学的模式和操作体系，这样就比较和谐地解决了"教"与"学"的矛盾，将"教"与"学"融为一体，使其成为一种"无"距离的教学状态，达到从内容上、形式上和效果上实现"零距离"教学。

三、对"零距离"教学方法的探讨

1.科学区分"零距离"法教学与"零距离教学"以及"教学零距离"。前者是把零距离作为一种教学方法，中者是成为一种教学行为，后者则是一种教学状态和效果。那么，这里最主要的还是前者，即找到和使用"零处理"的具体操作方式方法，以通过零距离教学来实现教学零处理。比如，语文课的文言文教学，则要关注因古今时空距离相隔而造成的古今词义变化、句式变化、实词虚词的特殊运用，则采取字不离词、词不离句的串解与诵读以及断句翻译等方法，以帮助学生拉近时空距离，走进历史，亲近古人，与文本对话，与古人交流，从而形成语感，捕捉灵感，在各自的阅读体验和思维历练中积极吸取古代优秀文化中的营养和传承中华民族传统美德。

2.正确处理零距离法教学与其他教学方法的关系。如：和谐教学、问题教学、情境教学、目标教学等，这些方法中都含有"零处理"的元素或作用，可以让法与法之间形成一体化，从而从整体上产生"零"距离的教学效果。或者在实施零距离法教学时有机地吸取其他教学法的有用成分，以形成一个个新的具有"零"距离教学特性的"法教学"的项目或案例。比如，将学习目标的设计、教学情境的创设、教学问题的提出等在教学步骤的安排中形成全过程的物化序列链，使全程环环相扣，对接无缝，使教学过程流畅、和谐。这样，化教学有形的"物距"为无形的"心距"，让"心距"填满"物距"，从而实现形神兼备的零距离教学，让教学过程、方法与教学结果之间实现零距离（理想与结果、原因与结论等）。

3.积极尝试与总结一批具有创意的个性化鲜明的"零距离"教学法。比如：在课堂导入时，多设计一些拉近新旧知识之间的距离、激发学习新知识约兴趣、提高学生克服困难的自信力的一些方式、技巧等。如讲故事、喊口号、读名言名句、预习检测、自我介绍以及引用音像媒体等。在课堂教学过渡或释疑解惑时，尽可能给学生设置一些铺垫、台阶即"引桥"，引导学生"去距离"的学习；尽可能多打一些比方，多作一些比较尤其是"近比""类比"，让学生由近知远、由浅入深、举一反三、触类旁通地"近距离"的学习；在课堂教学评价时，尽可能用和蔼的表情、亲善的动作、鼓励的语言和有针对性的个性化分析，来让学生感受老师所给予的爱和期待，从而进入一种"无距离"的学习。

总之，教学是有距离的，但也可以通过努力使教学无距离。这就需要我们首先树立"零距离"教学的意识，明确"零距离"教学的内涵、策略、方法，然后付诸教师的真诚施教与师生之间、生生之间心灵上的和谐相通。

（本文发表在教育部《语言文字报》2011 年 1 月 5 日"教研版"，有改动）

"三主非主"教学现状漫议

近年来，笔者针对本市学科教学考试成绩在全省处于长期较落后的现状，特对汕尾市不同类型的小学、初中、高中学校进行了调查分析，着重在教学观念、教学内容与形式、教学过程与方法、教学管理与评价、教学总结与研究等五大反馈点上开展听、评、议、访、查、观等一系列反馈活动，认为制约汕尾市学科教学质量长期上不去的首要原因是教学观念陈旧，课堂教学效益低下，具体表现在以启发式教学为核心的现代教学观——"教师为主导、学生为主体、训练为主线"的课堂教学"三主"观未能到位，"三主非主"状况比较严重。下面便是以"三主"作为反馈评价标准且经过抽样统计处理的40堂课的有关反馈数据及其情况说明（抽样来源：①从本人所听过的课中抽取25堂；②从与师生座谈、评课中抽取8堂；③从其他有关同志听课记录中抽取7堂）。

项目	数据	
"三主"全到位的课	堂数	3
	百分率	7.5%
"三主"部分到位的课	堂数	14
	百分率	35%
似是而非的"三主"课	堂数	14
	百分率	35%
基本上满堂灌的课	堂数	9
	百分率	22.5%

说明：

（一）"三主"全到位的课，指真正运用启发式进行教学，真正让学生发挥主体作用，教师始终为学生的"学"而进行一系列的讲讲练练，练练讲讲，讲练结合，练出实效的课。这种课在汕尾市学校中目前虽为极少数，但它代表着汕尾市教学改革的方向与希望。这些课一般为那些爱岗敬业、富有一定教研能力和教改精神的教师所教。

（二）"三主"部分到位的课，指那些有教改热情但由于自身业务文化素质欠佳或某种方法适当，虽有"三主"意识与行为，但实际效果不能全部到位的课。这种课，学生参与了思考、讨论、作业、实验等实际训练，但缺乏主动性、创造性，学习效果仍然不明显。有些师生还因自己的"事倍功半"而陷于苦恼或者无穷的探索之中。这主要是没有将"主导""主体""主线"等三者之间有机地结合起来。例如，有的教师知道学生目前最需要的知识和能力是什么，但就是不知道从哪里教起——"教无所法"；有的教师知道一大堆教法，但就不知道学生有哪些知识缺陷和学习障碍——"教无所路"。总之，他们缺乏这样一种概念：每一堂课，每一道题，直至每一句话，都要想想是不是给学生送去了"雪中送炭"。当然，这类课是值得改进与提高的，很有发展潜力的课。

（三）似是而非的"三主"课，指那些教师从"满堂灌"发展到"满堂问"，学生从"满堂听"发展到"满堂答"的课。这种课，从表面上看也像启发式，教师问得"面面俱到"，学生答得"热热闹闹"，其实学生没有真正懂得课程学习内容，没有真正投入思维训练活动，也没有真正理解获得知识的学习过程与学习方法。说到底，这是一种毫无实际意义的简单型的"问答式"教学。例如，有的教师总是用"懂不懂""对不对""是不是""怎么样"等这样一种并无思考价值的近乎口头禅式的提问，来曲解或者低层次地进行"三主"教学。

（四）基本上"满堂灌"的课，即指那些教师津津乐道，学生却无动于衷甚至昏昏欲睡的课。这种课是心中只有"书"，口中只有"课"，而就是没有学生、没有训练的填鸭式、注入式的"报告课"。讲这种课的人中至少有50%的人不知道"三主"是怎么一回事，有些人连"三主"这个名词都不知道，教学理论陈旧、匮乏，教学改革意识淡薄。这些"满堂灌"的人，只教"书"，不教"人"，只想到如何把书教完，不是想到如何把人教好，他们不去问学生学得怎么样，而是只把书一念完就屁股两拍，溜之远远的。这不仅是一种"三主"意识与行为不到位的表现，而且是一个对工作不负责任的职业道德问题。例如，有的语文教师连现行教材按单元组材教学，每个单元中又分讲读、自读课文这样一种教材体系都不明白，把本来只需也应该只能教成一个课时的自读课文，硬是用三个课时洋洋洒洒、滔滔不绝地教成讲读课，而且整堂课竟没有一次教师提问和学生阅读、讨论之类的学习活动，全在教师的一片"灌述"中进行。同时，这种课还与"满堂问"形成一种对照："满堂问"是越到低年级越多，而"满堂灌"是越到高年级越多。

上述第二、三、四种情况，就是笔者所认为的"三主非主化"的具体表现。这是过去所尊称的"教书匠"之所为，而不是今天所赋予人民教师"人类灵魂工程师"和"学者型教师"（即教育家）之所需。课堂教学如何从过去"教书型"

的填鸭式、注入式向现代的"教人型"的启发式转轨，加速教学观念的转变，以真正提高汕尾市课堂教学质量，笔者认为当务之急应该是彻底克服"三主非主化"现象，确保"三主"的实际到位。

首先，学生为主体的意识要真正到位。也就是说，要树立一切为学生服务的思想，树立为学生的"学"而教的意识。不是因为世上有"书"才能教，而是因为世上有人（学生）要"学"才要教。只有解决了这个问题，才会爱学生，才会去教好每一个学生，让他们在不同层次上都获得成功。

其次，教师为主导的行为要切实到位。也就是说，教师指导学生主动地、有效地学习，不应该只有一种计划与口号，而更应该有一套有形、有神和有序的"主导"行为。这种"主导"行为，集中到一点就是帮助学生不断减少"知识困惑"，走出"学习误区"，就是精心地进行教学设计，有效实施全程教学，并导出自己的教学风格与特色。

再次，以训练为主线的活动要全面到位。也就是说，课堂教学过程应该是由一个个训练活动组成，要以"学生训练"为课堂教学的主旋律，让学生在学中练，在练中学；同时要规范训练过程与模式，讲求训练方法与技巧，吸引学生乐于参与训练，通过训练获得知识与能力。

总之，"三主非主化"教学现状克服之时，才会有课堂教学质量提高之日。当然，这是作为一种前提而存在。在前提之下的其他因素，也同样应该引起我们的注意与探索。

（本文发表在《汕尾教育》1997年第1期）

基于再认识论的教学"微"见

马克思主义哲学的一个基本观点就是辩证法，而教育再认识论也充分体现了丰富的辩证法和发展观点。教育教学中的许多现象与问题，虽然看起来是一些微小的、局部的方法、手段和技巧，但是其背后体现的都是理念问题，是哲学思维问题，都可以运用"再认识论"，进行辩证思考与分析，从而辩证地处理。在此，本人用基于再认识论及教育哲学，对一些发生在我们身边经常困扰的教学问题进行一种再认识，以形成一些带创造性的短论，即教学"微"见，这对促进教学进步的发展很有好处。

一、关于教学"起点"

教学是有起点的，哪怕是"零起点"也是起点，这种"教学起点"，即"教学起动点"，即以这里为教学出发点。它是教学预设和教学导入的重要基点，有"定向"的作用，也体现着教学不忘初心的"初心"部分。可以说，这是任何人的教学和任何教学的人都回避不了的一个"点"。它与另一个概念"教学原点"有异同之处。树立"教学起点观"，用"教学起点观"开展教学设计和教学活动，有助于我们对教学内容进行恰当处理，不会忽难忽易、忽多忽少；对教学过程与方法进行科学安排和选择，不会混乱无序、无的放矢，从而可以形成一种"既有起点必有终点"的完整课堂教学秩序，产生一种有始有终、环节相扣、前后呼应的课堂教学效果。因此，关注并利用教学起点来进行有效教学，这是科学发展观在教学改革中的具体反映。

教学有着不同的起点，而且起点是相对的：它是一种暂时的静态和永远的动态。也就是说，起点既是产生变化的开始之点，也是变化过程中的一个个变点。所以，每个学生在学习的任何时候和任何场所都有一个起点，都面临着属于自己的学习起点。因此，教师在任何时候和任何场所都要关注学生的学习起点，把学生的学习起点作为教学起点，并在这一教学起点上进行教学设计和教学实施。

每个人只有认识和明确了自己的起点之后，才会在"起点"上起步，即立足起点，走出起点，朝着既定目标进发。必须懂得：要认准"起点"，就要首先明确发展的方向，从发展中发现起点，这样的起点才是真正的有价值的起点。同时，恰当地以"起点"作为前进的立足点，才能发挥"起点"的前置作用和后促作用。由此可见，关注教学"起点"的教学，将显得越来越重要。

我们还认为，起点还有"可能起点"与"现实起点"。从教学设计角度来说，这也是有道理的。因为这是在关注与利用"教学起点"时所碰到的一个切入点，这是在追求一种更有效、更有意义教学的积极思考，表明了一种"教学想象力"的作用所致。从教学实施的角度来看，"可能起点"应该是指期望达到的"新"的起点，这就是平时所说的"跳一下能摸到"的目标、留有余地的计划，其实是一种"目标预设与达成"的做法；而"现实起点"，应该是指客观存在的现状即现有的基础。只有在认真发现和正视的"现实起点"上，将现实起点与可能起点相统一，用可能起点激发学生学习，那么才能使我们的教学真正赢在起点上，使"以学生为本"理念在教学追求中有了务实、求真、有效的具体体现。

现在，我们提出并关注教学起点，其目的应以关注和发现"现实起点"为先，以"可能起点"为发展方向，并充分考虑到确有"可能"即可，但千万不能借"可能起点"而否定、矮化或放弃"现实起点"。

现在，国家经常在经济建设上提出一些"经济增长点"之说。我想，教育也同样如此，应该有"教育增长点"。这实际上就是体现了一种"教学起点论"的教学思想，即在"起点"上来设计教学与开展教学活动乃至寻找教学效益。教育增长点，实际就是用"起点"进行教学，促进教育起点的不断变化，使因不断变化着的"起点"而增长教育效益，用可能起点的不断实现即在开发与运用中让教学离开了原有的"起点"。教育学和心理学理论中的"最近发展区"和"建构主义理论"，其实就是教育增长点之说的重要理论支撑。可以说，"起点"就是"发展区"的立足点和核心。因为无论是"发展"还是"建构"，都离不开"起点"，都不可忽略"起点"。也就是说，只有建立在"起点"上的"发展"和"建构"，才具有意义，才是科学的，也才是最可能和可行的。

根据事物发展"有始有终"的自然法则，有"起点"就有"终点"（或叫结束点）。那么，我们在提倡"教学起点"的教学时，就要同时考虑"终点"。试想，如果不明白终点的起点，将还成其为起点吗？至少会成为一种随意、盲目、模糊的起点，这样未能构成"始终"关系和"因果"关系的起点，实际上就是一种违反整体有序的可持续发展理论，违反了"以人为本"的人本性观点。因此我们要坚持有始有终、始终如一的"起终点"而确立"起点"。

"起点"尽管是一种客观存在的东西，是不可选择的！但为什么还要确立呢？一是因许多现象常常把其他的"起点"掩盖，不能让我们发现；二是即使发现了也因每个人的能力、个性和思维方法不同，而对"起点"的认识用途看法也不一样（受主观影响较大），在一大堆似是而非的"起点"现象前无所适从，不能把真正属于自己的"起点"规划好，尤其是教师的教学"起点"，它还是受学生学习基础、常常需求和学校教学资源及教学的环境所制约。

二、关于教学"拓展"

在课堂教学中，教师常常运用到"知识拓展"或"迁移拓展"等之类的一些教学环节，而且现在越来越流行、越来越被强化和"拓展"，简直把"拓展教学"拓展到了"喧宾夺主""舍本求末"的地步（本末倒置）。比如，有一位教师教古诗鉴赏课，教的是《静夜思》，老师对这首古诗从导读、赏析、到作业一共花了不到 15 分钟，便马上拿出另一首写"月"诗让学生进行拓展性阅读和赏析，再拿出一批写"月"的诗与文进行比较性阅读，老师在课堂上又是读，又是讲，又是让学生合作讨论、探究，还有一大堆作业，直到下课也没搞完，还拖堂了 3 分钟，还说"下一节课再来"。

我说，这样的拓展教学，并没有对错之分，只有是否恰当之说。如果是把它上成一门语文专题性拓展课甚至开成一类的校本课程，不但没有错，反而是一种创新发展。但是，作为在有规定的教科书必修内容的单元教学里，不能将一组几篇诗词的一节课，因拓展而拆分其原有的教科书编写体系。因此，如何处理好"教学拓展"与"拓展教学"的关系，则显得十分重要。前者的"拓展"不是教学的主产品，适可而止，不能拓展无边；后者是以"拓展"作为形式，可以把它做成一种课程来开设，那么进行这样的专题性"拓展教学"，不但无可厚非，而且是一种课程与教学的创新形式，值得倡导。

三、关于"个性化"教学

先来说说"个性"与"个性化"的字面意义。

个性：①心理学上有广、狭义之分。广义指个人整个的面貌，包括与他人相同的心理特征，相当于西方心理学中的"人格"；狭义指某人区别于他人的在一定社会条件下通过社会实践活动形成的比较稳定的心理特征总和。②哲学上指事物的特性，即某一事物区别于其他事物的特殊的个别性质。与"共性"相对（共性：事物共同具有的情况。与"个性"相对。）。事物的特性，即矛盾的特殊性。一切个性都是有条件地，暂时地存在的，所以是相对的。在哲学上，个性应离不开事物的个体。个体，本义指单个的人或物。引申义指每一个事物独立的整体；与"群体"相对；在生物上还指在空间上不可分的，具备生活所需的结构和功能的有机体。

个性化：化，后缀词，用在名词或形容词之后构成动词，表示转变成某种性质或状态。如：绿化，使之变成绿色；现代化，使之变成或具有现代特征和现代标准等；个性化，使之具有个性特征、要求，或按符合个性特征、意义并促进个性发展而所产生的个性行为及其效果。

目前，举国上下都在大喊"个性化"，教育也是如此。在此，我对"个性化"教学有三点看法：

第一，"个性化"教学必须明确：首先要创造具有"个性化"的教学前提条件。如果你的教学，既缺乏个性化的具体教学意识和个性化主张，也缺乏有教学

"个性化"的具体操作策略和方法，更没有促进个性化的课程设计、教学内容安排和相配套的教学效果的个性化评价。概括地说，即"为了个性"的教学，"属于个性"的教学，"有个性"的教学，最终才会实现"个性化"的教学和教学的"个性化"。否则，只是在喊"个性化教学"，结果变成一句空洞的口号，并没有去实施的诚意与决心。

第二，"个性化"教学必须明确：你要进行的是有关于正确、鲜明的具有正能量的个性化的教学，这样才是实现了有价值的"个性化"的教学，也才符合提"个性化"教学的初衷。千万不要为了个性而个性化。实践证明，人类也有许多"个性"是不能让其"个性化"的，那些"个性"往往是人的"劣根性"使然，是一些人的负面生态因素，应该得到抑制而不是发扬，更不能还通过"个性化"教学来助长它，起到了"助纣为虐"的作用。我在此提醒：在你进行"个性化教学"之前，请你务必充分考虑到"个性化"的教学效果，是否能真正地更好地实现"正确、鲜明的个性的教学"。

第三，"个性化"教学必须明确：哲学的"对立统一"规律告诉我们，个性与共性是相辅相成的，任何个性化还要与共性化相对接、相匹配、相融合，才有被社会所容纳和所期待的个性化的可能。否则，一旦离开人类最基本的公认的共性化，便成为一种极端个人化。所以，在这里值得肯定的是：基于共性化之下的个性化，实际上是在强调一种人的差异化。坚持人的个体差异化教学，才是学校个性化教学发展的本质方向和真正内涵。

四、关于教学民主

民主一词，源于希腊文"demos"，意为人民。其定义为：在一定的阶级范围内，按照平等和少数服从多数的原则来共同管理国家事务的国家制度。教育教学引进此概念，意在改变那种过于"专制"或"独奏"式的教学状态，以让学生享有充分的学习自由和自主，然后走向学生的自觉、自能。在这里，务必要处理好"教学民主""教学民主化""民主式教学"三个概念的内涵及其关系。

教学民主，"民主"划分为民主的形式和民主的内容两大方面。"民主的形式和民主的内容"是一个有机结合在一起的对立统一体。只追求民主的表达表现"形式"，而不注重民主的权益实质"内容"的民主叫"形式民主或是叫程序民主"；只追求民主的权益实质"内容"，而不注重民主的权益表达"形式"、方式方法和渠道的民主叫"内容民主"或者叫"非秩序性民主"。只有将有效且符合客观实际要求的"民主形式"与民主所追求的"权益内容"有机地结合起来，

"民主"才是即能表达各种不同利益集团等的真实利益诉求，又有合理合法且不同的表达表现形式、渠道和方式方法的"真正"民主。

教学民主化，就是指在教学中体现民主精神，创设民主、平等、和谐的条件和氛围，建立民主平等的师生关系、采用民主的教育、教学方法，调动师生双方的积极性，培养学生自主、探究、创新精神，使学生得到和谐的全面发展。

民主型教学，民主式教学通过教会学生自己学习自主学习，通过老师的教的逐渐减少和学生的学的逐渐增加，完成从"扶"到"放"的教学全过程，最后达到"用不着教"。民主型教学所遵循的第一原则就是摒弃讲授式，即使是新授课，教师也不直接讲授新知识，而是尊重学生自己的思维和发现。

现在，许多人都在喊教学民主，这不妨也是一种教学改革的声音（当然这种声音早就有之，也早该有之），但并非教育的全部声音，也并非全部要素，如果教学就仅仅是民主，也未必成功。民主是相对的。对民主的追求与提倡也是相应的，不可对其他应有的教学要求、要素与条件的替代或者冲撞，比如"民主与集中"，就是一对矛盾，但不能因民主而忽略"集中"或取消"集中"，也是一种教学现象，设立学校，组建班级，设置课程，编写教材，构建教学规范和模式，使用教学方法等，都无不体现一种"集中"。集中，无为体现着一种共性，一种公认，既然是带共性与公认的，也往往是形成规则、制度甚至法律的，这些东西往往体现着一种客观规律，体现着一种科学机制与科学行为（当然也不排除"民主"中也有科学与规律）。

五、关于建立教学关系论

有人说：没有好的关系，就没有真正的教育。我认为，不仅师生关系如此，而且涉及教育的各种因素、各个环节之间也是如此，必经让它们都建立好的关系，才可以让教育成其为教育，产生互动、互载、互为的整体协同作战的作用。于是，在教学中建立一种良性循环的教学关系，显得十分必要。

教学关系，即教学关系化，即教学的任何环节、任何要素、任何条件、任何内容等都是相关的，都是有联系的。为此而形成一种关于教学关系化的理论称为教学关系论，这对教学工作十分有意义，因为知识表面上的相关就已经成为一种关系现状即关系体，也就已经成为一种可见性资源或可接受性因素而被大家所认识与利用了。只有明确和科学处理了这种教学中的关系，才会让教学形成一个整体结构，才会让所教的知识或能力也形成一个整体，从而产生知识的力量，发挥能力的作用。如果教学为了发展而要进行创新，就要跳出这种原有关系现状，重新寻找隐性的或表面上不相关的甚至毫不相关的东西或事物的因素，以形成或产生一种新的关系，这种关系一旦产生或建立，其教学的效率、效果就更大。"世界杂交水稻之父"袁隆平的杂交水稻，就是基于"远亲杂交优势"这种特定关系的"三系配套"而获得的成果。

怎样认识和利用这种教学关系？

1. 认识到关系是一种"教学生产力"，是一种新的教学资源的增长点；

2. 认识到新的教学关系是可以建立的，而各种教学关系最终应是和谐的、积极的和有作用于教学的；

3. 教学关系的了解、掌握与构建，可以通过以下途径得到：

①比较法。把两种或多种教学现象、内容、手段、方法等进行比较，便可知道其关系，知道其内容。

②相关法。即指表面上看去不相关的东西通过某种方式相关起来，以产生一种新的概念，新的事物、新的效果等。

③外延性。把某种事物通过无限延长的外延发展之后找到与其他事物相关（联系）的地方，以构成新的关系物或关系体。

世间万事万物都是有联系的，即有一定的关系式。尽管有直接的、间接的；有正面的、反面的；有凸显的，隐现的；有全面的，有局部的；有大的，有小的。即使一时看去没有联系，但如何一用关系的字眼，去将不相关的东西相关起来，于是也就有联系了，而且这种联系往往会产生神奇的创造力量与创造成果，如"杂交水稻"，则运用"远亲杂交"方法而成。为什么会这样？这主要是由于人类的知识与经验的欠缺而远未能发现这种联系（关系），一时未能找到和利用这种关系，从而使这种关系产生为人类服务的功能、力量乃至成果。

六、关于当前合作学习的反思

（一）存在三种"合作学习"的毛病

1. 合而不作，作于形式。主要表现在：虽然有在合作学习，但是形合神不合，学生并未在小组合作中充分发挥整体协作的作用，一些人在说，另一些人装听、不听，还有不少人不发言、不参与任何小组内的学习活动。

2. 不合而合，实为对抗。主要表现在：将缺乏合作基础和合作条件的拉来合作，让学生勉于其难，于是在并不和谐的小组内合作学习，往往是不太心甘情愿，对立情绪严重，你说是我说非，你说东我说西，永远难以达成一种"合学"的良性状态。

3. 滥合无边，师累生厌。主要表现在：动不动就搞小组合作学习，而且一搞合作就把桌子合起来，让学生忙于"物理"上的合作而疏于"心理"上的合作，把合作学习弄得太滥、太随意，效果也不理想，把师生都折腾得既辛苦又埋怨。

（二）病因分析

1. 合作学习的"流感病"导致合作一阵风，什么课、什么时候都要搞一下所谓的"合作学习"，结果"合作"变成了"合桌"，形式主义流行。结果导致合作学习泛滥，反而扼杀了学生的个性化学习，似乎什么事都要靠合作，非合作才能学好。其实，要明白合作是一种学习手段，但过分强调与推行，就会破坏良性学习机制和状态。可见，合作学习并非"万能"。

2. 合作学习的单相思，即用教师一厢情愿的教学设计（预设）来强行让学生进行还不需要"合作学习"的"合作学习"，其效果肯定欠佳。

（1）由于人数多，不便于组织小组合作，难以管理；

（2）由于经验少，使合作学习的形式、内容陈旧，学生久而久之缺乏兴趣和参与意识；

（3）身合心不合，形合而神不合；有合而无作，有作而无效；

（3）合作并非与竞争构成一对矛盾，一讲合作就把竞争对立起来，只会降低"合作学习"的质量和功能。

3. 对"合作学习"理论的生硬理解和无度滥用。由于受急功近利的实用主义和事务主义的影响，许多老师在操作层面上并不完全理解"合作学习"的精神实质，而只作表层化认识和表面化处理，结果使"合作学习"变了味。

七、关于构建"新三化"教学理念

"新三化"教学的基本含义是"物化、理化、美化"，分述如下：

1. 物化（形化、型化）：把教学理念、目标和内容结合成实物化、物质化、直观化，让学生进入一种形象进入一种情境，以及体验。

2. 理化（理性化、精神化、科学化）：从实物中走出来，非实物转变为事物（即思想、观点、定理、理论、概念……）

3. 美化（艺术化、最优化）：从物化到神化往往枯燥、干巴，学得苦和累，尽量采用美化的方式、内容等，显得简练、美好、科学、适用，愉悦……

可以说，"新三化"教学是一种"从形到神，形神兼备"的"质感型教学"，是一种以追求"真、善、美"为主题的"享受型教学"，是一种"由术到道，术道结合"的"哲学型教学"，是一种由"浅层学习"走向"深度学习"的第三种教育的生动体现。（注：第三种教育即"苏格拉底式教育"，指"通过一系列的提问、对话，对各种既有观念提出质疑，因而你不得不进行更进一步的反省，为你的观念寻求依据。这样，人的心智被充分调动起来，渐渐地懂得了如何从事物的表面进入它的核心。"这种方式符合人的认知规律和学习本性，也才是真正的教育。）

八、树立"第四环节"意识

人们大凡把做一件事喜欢处理为三个环节：准备（开始）→经过→结果。这无疑没有错，也符合事物的客观规律。但是，这只是就做完一件事情而已，如果从发展观而言，从事物总是发展的、进步的、一件事还要与下一件事发生联系的角度来说，我们仅仅有这三个环节还不够，还要树立除了这原有的"三个环节"以外的"第四环节"意识，即"反思与拓展"。这符合科学发展观与唯物辩证法。实践表明："总结中反思"，这是智者的表现，是科学的行为，也是一种负责任的人格品质。所以，我们称之为"凡事四环节"，或者叫树立"第四环节"意识。

中国人缺乏"第四环节意识"，也与中国人受"三"的文化影响有关，凡做一件事甚至看一部戏，总强调其开始、中间和结束。如果不结束或在巧妙的想象或提出问题中结束，则不算作"结束"。当然，我们可以看成是结束，但要把"结束"的内涵扩大，让"结束"成为下一步的"开始"，成为如何走好下一步的"总结、反思与创新"，找到遗憾、缺陷、不足，以为下一步进行可持续发展打下基础、提供方向与思路、制订方案。

九、教学短语

▲ 教学犹如：大气的整体，迷人的细节。

▲教学的成功就在于：言人所不知道的（发现），言人想说而说不出来的或者说不好的（共鸣）。

▲教育的对象是人，而教育的结果也是人，并非是人才。所以，教育的终极目标并不是培养人才，而是培养现代人，而是将一个个"自然人"培养成为一个个有素质的合格的"社会人"。这就是教育的责任！教育的真正功能！

教育者是人，受教育者也是人；因此，教育与受教育之间还是人与人之间的关系，那么，教与学也就是一种人与人之间的互动、交流、沟通与平等的关系，那么，教师的教书就只是一种手段或者是一个平台，帮助或者指导另一个或者另一类"人"，与这些"人"在平等的互动与交流，也给这些"人"（受教育者即学生）以受教育——获得知识、能力与智慧。

▲"文化语"也是一种生活语，最先形成于书面语，是经过提炼、提升、发展而形成的文化成果、文化特色、文化成分的高素养、高品质、高专业化、高集体化、高品位化的结合。它与"原生语"相对，也相辅相成（往往文化语将在原生语基础上而产生）。

▲教知识，要教其"然"，更要教其"所以然"。

什么是知识？我想，从某种意义上说，知识给人的只是一种具象、结论、概念，即所谓"知"，称之为"然"；而"识"其发生的过程与方法及其原因乃至所获得的体验等，并且由此而拓展、辐散、创新，从而驾驭这些知识，才可谓之为"识"，则可称之为"所以然"。所以，我们无论怎样教知识，都不可回避：教其"然"，更要教其"所以然"。这才是"教"的全部内容，而且后者是更重要、也更必须的内容。

▲为什么现在很多人做事都"后知后觉"，甚至只"后知"而不"后觉"。其实，"后知"知的是一种结果；"后觉"才是觉悟、觉醒，觉其结果的"所以然"。这种"后觉"就是现在人们常说的"反思"。因此，反思的确是一种良好的思想武器或者方法，帮助我们去后知而后觉。而这种反思后所达到的后知后觉，又成了做下一件事的"先知先觉"。人们谓之为"聪明""智慧"甚至为"天赋"，缘于"反思"。所以说，反思是发展聪明、成就智慧、提升素养、追求卓越效果的科学思维。反思并不只在事后总结时才用得着，其实已在为做下一件事甚至所有未来的事做着准备、做着策划——做着思考。可以说，教育反思，不仅在做教育总结，更是在做教育发展，为教育发展而准备。基于此，我认为，教育就是一种人生准备。教育，为更好的更有意义的人生而做好准备。因为大家知道：人走进学校，其目的在于走出学校，接受教育就是为更好的人生未来在做准备，以至更有信心地走向社会，创造人生辉煌。

▲听、说、读、写是学习语文的四种技能，而不是语文能力的全部含义和内容。严格地说，语文的能力应该是如下四种：阅读、写作、口语交际、文学欣赏审美。

（写于2012—2014年间，系在教学督导与交流中发言片断汇编）

第七章　课程建设不离"建"

　　课程，是学校教育教学的重要载体。无课程即无学校，无课程即无教育。但是，好的课程才会成就一所学校，才能培养一代有理想的德才兼备的学子。那么，其中一个重要因素就是课程建设。课程建设，并不等于课程改革，它既包括了改革，也包括了发展、创新与构建。只有将"改革"与"创构"相结合，才有真正意义上的课程建设。所以，课程不仅要"改"，更离不开"建"。

　　"建设"，是指"创立新事业，增加新设施，充实新精神"。那么，课程建设也就是基于"新"而创立新的课程理念、课程结构，增加新的课程内容、课程形式与课程呈现特色等。

关于"课程建设"的再认识

　　随着课程改革的激情投入和理性推进，我们有必要对目前所出现的各种"课程"名词进行再认识，既要重新认定各类"课程"的概念与含义，又要掌握各类"课程"的功能作用及实施要领。因此，展开对关于"课程创新"的再认识乃至"课程建设"的讨论，看来也显得不可忽视。

一、关于课程概念的再认识

（一）对课程"标准"一词的讨论

　　"标准"一词，《现代汉语词典》释义为：①衡量事物的准则；②典型、样子；③合于标准的，用作形容词。

　　那么，用于课程标准的"标准"一词，则表达了什么意思？它本身并未做出解释。作为从过去"教学大纲"发展而来的产物，为迎合新课程改革而出台的关于实施某个学科课程的，又仍然要起着类似于"教学大纲"作用的文件，是否真正够得上或有必要称之为"课程标准"，这的确还很难说。

由此我联想到其他行业或工种，都有一些关于产品质量标准或工艺流程及操作标准，我仔细一看，它们大多的确起到了"标准"的作用，符合以上"标准"中的义项表述之意。但是，从目前我国颁行的高中及义务教育各学科课程标准来看，其准则性不高，典型性更不够，还只是一种指导型的纲要性文件，仍然处于较含糊的、可操作性不强的粗放型水平，离"标准"相差较远。

（二）"三级课程"是三类课程吗

1. 三级课程，就国家、地方、校本的开发与管理的角度而言，而以基础教育新课程的实施来说，不论何级、何类课程，都最终需要在学校中得以实施，在"学校课程"中包含着三级课程。

"三级课程"，即国家、地方和学校三级开发与管理的课程，并非就是指三级的课程。首先是作为一种关于开发与管理上的概念，然后对于在学校实施上却有特别不同且具有极大的实际操作意义。作为学校课程角度来说，要不折不扣地开足开齐开好国家课程；努力开发、管理并实施好校本课程；协调好三级课程，努力使之构成完整的学校课程体系。国家课程，即国家开发与管理的课程，一般以"基础性课程"为主的基本课程；带有体现国家意志的统一课程和主修课程，可以说成是学校的根本课程，起着主导作用的骨干课程。

地方课程，即地方开发与管理的课程，一般以"配套性课程"为主的区域性课程；校本课程（换一种说法就是本校课程），即学校自行开发与管理的课程，一般以辅助性课程和拓展性课程为主的"校本化课程"。

（三）校本课程等于学校课程吗

1. "校本课程"概念探源

校本课程早在 1999 年 6 月 13 日颁布的《中共中央国务院关于深化教育改革全面推进素质教育的决定》就明确提出："试行国家课程、地方课程与学校课程。"2001 年 6 月 8 日颁发的《基础教育课程改革纲要（试行）》中更明确规定："改变课程管理过于集中的状况，实行国家、地方、学校三级课程管理，增强课程对地方、学校及学生的适应性。"这两个文件中有关课程方面的规定，无疑为这种新生的顺应了国际课程改革和课程决策民主化潮流的校本课程提供了课程政策上的合法性。

校本课程（school—based curriculum）即以学校为本位，由学校自己确定的课程，它与国家课程、地方课程相对应。在刘旭东、张宁娟和马丽等人编著的《校本课程与课程资源开发》一书中指出，校本课程的出现在国际上有三种看法：其一认为，校本课程的历史几乎和学校教育的历史一样悠久，在古代时期学校的课程在较大范围内和一定程度上是由学校自己决定的，那时在课程中占主导地位的是校本课程（这是从校本课程的存在形式来考察的）；第二种看法认为校本课程的思想源自于20世纪70年代西方发达国家，认为校本课程实质上是一个以学校为基地进行课程开发的民主决策的过程，即校长、教师、课程专家、学生以及家长和社区人士共同参与学校课程计划的制定、实施和评价活动（这是从校本课程的思想产生来看的）；最后一种观点认为，校本课程真正出现在1973年爱尔兰阿尔斯特丹大学召开的"校本课程开发"国际研讨会上（这是从校本课程概念的出现为依据的）。

"校本课程"，顾名思义，即"本校课程"，区别于外来的体现自己特色和需要的学校首设的课程。校本课程，不等于学校课程，前者是从相对于国家、地方课程而言而产生的立足于学校而开发的以校为本的课程，它既国家、地方课程的补充与发展，学校课程中只有国家课程才是主题，核心或骨干课程，地方课程也一般只是配套课程，而本课程就是体现办学风格的特色课程或是国家课程的发展性（拓展性）或补充性课程。那么学校自主开发的课程称为"校本课程"。

2. "学校课程"概念新析

学校课程，有人把它混同为"标本课程"。其实是两个不同含义和两种不同意义的课程名词。

本人认为，学校课程，是指发生在学校，即在学校所开设、实施的一切课程及其课程行为的总和。学校课程，不能只指学校开发与管理的课程，而应该指凡是在学校实施的所有课程，统称为学校课程，既包括学校自己开发的校本课程，也包括国家课程、地方课程。因为这些课程最终都在学校实施，并相辅相成地发生着整体的"课程育人"的功能作用。也就是说，凡由学校组织实施，且实现主体教学目标的全构课程。

学校课程，是指在学校教学活动中实施教学任务的一切课程，既包括国家课程、地方课程、也包括本校课程，三者的和谐统一、有机结合体现的是"学校课程"的全部内涵。不管是哪一级开发与管理的课程，最终成为学校实际使用的课程，才能成其为"学校课程"，否则，首先就失去了"课程"的本来意义。

有人说，广义的学校课程也不同，不就是通常说的"课程"。这话不无道理，但把它说成是一回事还有点欠妥，因为二者毕竟在概念与内涵上并不是一回事。学校课程，是一种学校行为，只有界定为此，学校才有自主权和能力整合三级课程，才有在时间、空间、人力、物力等教学理念，教学资源上来合理安排所有课程，实施所有课程，只有把各级开发和管理的教学课程都整合为"学校课程"之后，才会让课程在一所学校发挥整体作用，使之课程之间协调、合力。否则，缺乏一种"学校课程"概念和意识以及"学校课程"行为，那么课程改革最终无法落到实处。之所以目前许多地方课改未成，同时坚持也不执行或变相执行，就在于不少学校不把它看成时自己的课程而一位时上级要我们开的课程而往往阳奉阴违。其理由如下：

学校课程是指发生在学校的一切课程现象。既包括从课程管理与开发角度而言的国家课程、地方课程和校本课程，也包括从课程功能与结构角度而划分的学科课程和活动课程、必修课程和选修课程、显性课程和隐性课程等各种说法的课程在内。一句话，不分是从哪里管理与开发的，只要在学校实施且产生课程特性、功能及效果的所有课程，均称为学校课程。所以说，学校不等同于校本课程，这是两个不同的概念。可以说，校本课程，是由学校管理与开发的课程，是就区分于国家课程、地方课程而言，只占了学校课程的一部分。从某种意义上说，学校课程可分为两大部分或叫两大板块：一是来源于国家课程和地方课程；二是来源于校本课程。前者为基本课程（有的地方叫主干课程、核心课程、基础课程）和共性化课程，后者为续展课程（有的也叫拓展课程、辅助课程）和个性化课程。

更有甚者，一些地方或者人们把前者称为主科、文化课程、考试课程（即应试教育课程），把后者称为副科、非文化课程、非考试课程（即统考科目、中高考的必考科目等）。而校本课程一般处于后者，于是被如此认为而显得不重要，开发和开设也就较乱，差别很大。有的学校把它作为推进素质教育、深化课程改革的重要抓手，因而取得成功，效果显著；有的学校却只是应付了事，停留于喊喊口号、发发文件而已；大多数学校是运动式，要么一哄而上，后劲不足、后效不强，渐渐烟消云散，要么被动开设，盲目引进别人的现有经验和课程，不加因地制宜分析和选择，致使课程开设水土不服、效果欠佳。

（四）校本课程等于综合实践活动课吗

1.在课程性质上，综合实践活动课是国家规定的必修课程，是达到国家规定基本教育目标的课程，是一种以活动为主要形式的课程；在课程设计上，综合实践活动课是根据国情来设计的，特别强调学生基本学习能力的培养；在课程实施上，综合实践活动课依赖于学校开发，也依赖于地方管理，一般需要在学科课的前提下或基础上所具备开展活动的条件、要素，也就是说，必须是经过学科课的经验学习以后，才能展开实践的活动。

2.校本课程则是学校自主开发设计的课程，校本课程也考虑学生的个性发展，但更考虑学校办学理念和学校特色；校本课程是学校层面根据学校办学理念与学校实际开发与设计的。"校本课程"的开发，一般体现创新性和个性化，因而体现学校办学特色及办学理念，根据学校实际，要为培养特长人才服务，是地方的主干课程的延伸、发展或补充。

"校本课程"的开发，还体现了"短平快"的特点，有不少开发成"小课程"，即"短线课""微型课"。它以专题、专项、板块课程的形式出现，但它又具有小而全的完整课程形态和内含要素的规定，这就等于小说中的"微型小说"（"小小说"）一样：虽然短小精悍，但它的结构是相对完整的，即有课程的系统设计，又有具体、严格的实践活动操作。有人称之为"微课程"，也是很有道理的。这类课程不一定贪大求全，不一定要追求课程的体系化、结构化、序列化，也就是说，一开课就非要从一年级开到毕业年级不可。

它也不等于"活动课"：（1）活动课仅仅是一种以活动为主要形式的课程；（2）活动课必须是在学科课的前提下或基础上所才能具备开展活动的条件、要素，也就是说，必须是经过学科课的经验学习以后，才能展开实践的活动；（3）"短线课"（即专题课程），就等于小说中的"微型小说"（"小小说"）体裁，短小精悍，它的结构是相对完整的，即有经验的系统传授，又有具体、严格的实际活动的操作，有人称为"小课程"，也有道理。

二、学校课程改革的真正指向：课程建设

学校课程改革的指向是什么？是课程建设。那么课程建设的重心又是什么？是将发生在学校的一切课程务必来一次顶层设计，在"改造、调整、创新"中使随意、散乱、效差的课程状态得到改变，从而促进课程建设。

（一）为学生发展而开设"学校课程"

1. 让"学校课程"成为"学生课程"

我们认为，现在有一个共识，课程是为学生发展而开设。既然这种课程定位是面向学生的，那么"学校课程"就应该是"学生课程"。因此，学校课程开设就应充分考虑学生和学生发展的实际。为此我们提出：课程开设的出发点要立足于学生的学习，开到学生的发展点、兴趣点和可行点上，直至开出特色，开出效益，开出经验，这才是最为核心的课程改革。

所以，在学校课程建设中，务必将发生在学校现有的一切课程进行一次清理，使那些随意、散乱、效差的课程得到"改造、整顿、翻新"，重建发展型课程状态，以达到课程建设的目的——既高效优质地务必开好必修的国家基本课

程，又联系学校和学生实际开设富有特色的"校本课程"。

2. 让每一位学生都能选到适合的课程

我们认为，基于为学生发展和"学校课程"就是"学生课程"等先进理念，将学校现行课程进行一种科学性改造，并开发更多更好的校本课程，让每一位学生都能在"学校课程"中选到适合自己的课程。其思路是：在开足开齐开好必修的国家基本课程、确保第一课堂质量的前提下，重点从第二课堂着手，将过去发生在学校的一切课外活动从内容、形式和功能以及实施上，进行全面的改造，通过梳理、整合、转型、提质等，从而构建出一套包括辅助性课程（CCA）、拓展性课程、专题探究性课程在内的校本课程，以满足学生个性化学习和兴趣特长发展。这样，就将国家基本课程＋校本特色课程而构建为一种全新的系统化的学校全课程体系。

目前，我所在的广东顺德德胜学校已为学生准备和开出了以上三类校本课程上百门。比如：它包括课程辅助活动（CCA）、公民与道德教育（CME）、社区服务计划（CIP）。特别是课程辅助活动（CCA），是我校改革的重要举措，也是我校改革的最大亮色。

（二）正确处理课程建设的几个关系

1. "学校课程"的量与质要相辅相成

既然是学校课程而且是"学生课程"，那么，课程开设就应充分考虑学校和学生实际。为此我们认为：

（1）课程多少并无多少影响，开得长短也并无多少影响，关键是要将课程开好，开得有价值，力求数量与质量的有机统一。因此要设置满足或符合三个条件：一是促进学生发展，尤其是个性化发展和特长发挥；二是体现学校办学愿景和特色形成；三是具备相应充分的保障条件，即教学环境和资源及师资水平能够使其成功开设。而课程设置和建设中动不动宽大求全，动不动就课程体系化、结构化、序列化，一开课，就要从一年级开到毕业年级。这是受了"课程"惯有概念的制约而产生的误弊。课程设置和建设动不动就贪大求全，一哄而起；动不动就课程全员化、个性化、生活化，一开就要从一年级开到毕业年级。这都是受了"课程"运动化思维的制约而产生的误弊。

（2）为了避免"课程"误弊，可以重新定位，寻找学校课程特色发展之路，以基于"学生发展"而重构学校课程新体系。多开短平快的"短线课程"，侧重新信息化、实用化、发展化、创新化、技能化、专题化。这种课程对培养学生创新精神和实践能力有十分重要的直接性、实际性意义。多设专题性、课题式的课程，将社会的、自然的常识形成一个个问题（专题），而组织学生装进行对问题的探究的学习，这也许不像一门课，但却是一门值得开设的适合学生发展的课。为此，宜多设专题性、课题式的课程，将社会的、自然的常识形成一个个问题（专题），进而组织学生进行对问题的探究的学习，这也许不像一门课，但的确是发挥了一门课程的作用，已成为一门事实上的课程。

（3）有人主张多设综合课程，这里有几个问题不好办：一是综合不是将一种简单的相加或组拼，而是需要真正的融合，很不容易做到。目前所看到的大多是形合而实不合的东西；二是课程本来是相对独立的，有其完整的科学体系，如果要综合那到底怎样综合，是将哪些课程综合起来，还是将哪些知识综合起来，其综合的课程依据是什么，这是更不容易做到的；三是综合课程一旦开发出来到底怎样上课，即如何操作，如何评价，则更是一件难上加难的事。实践证明，目前没有几位教师能包教一门综合课程旳，这主要是由于社会发展进步科技发达到现在，越来越趋向专业门类精细，难以有综合型的教师去实施综合课程。

2.课程因素中的"课本·课案·课业"要做到三位一体

（1）课本。课本课本，课程之本，即根据新课标写的，直接运用于学生的学习与教师的教学，比教科书更准确，因为它不仅是一种"教"之本，更重要的是一种"学"之本，一种课程之本。将直接成为实施新课程，落实新课标的演绎与载体，是实施教育教学，促进育人的积淀。是在教学中师生共同使用的课程之本。它包括前言、目录、主体内容、练习、课外活动资料及有关附录等几大部分。

在"主体内容"中，又可包括单元导语（或章节提示）、课文导语（课前预习、课前提示）、课文（知识点）、研讨与练习（课后作业与实践活动、综合性学习等）、注释（文中、在下脚或课后）、卡片（学习卡片，知识性、方法性、总结或拓展）、附录（某些学科知识的系统呈现或其他有关学习资料，如语文的"名著导读""生字归类"、语法、修辞知识、标点符号归类……）。

由此可见，这样的"书"是由教师帮助，指导学生学习。

（2）将作业改为"课业"，从教学实践活动上实现教学转型与创新。

作业，《现代汉语词典》释义为："教师给学生布置的功课。"各地教学实际也确是如此。教师给学生布置的作业，不仅有课堂作业，更多的是课外作业、家庭作业，作业一多，就成了"题海"，学生负担加重。而"课业"则不同，它是指功课。

（3）学业，即指学生学习的功课与作业。二者的各自含义也许并没有专门的界定，但它的内涵及立足点不同。目前所指的作业，都是指教师"给学生布置的"，意即教师一方强加于学生的，不管学生愿否，也不管学生难否。如果是

"课业",那么所体现的是课程目标和课程流程之中的学习范围的事情,学生自然能够接受,从情感态度和学习能力上都可以接受,因为他想到那不是教师强加于他的,是课程、课本所赋予他应该掌握的学习任务(即课业)。

3. 课程与课堂的关系要辩证看待

课程与课堂的关系,没有谁大谁小,只有在特定条件下既相互依存又独立自主地发挥功能,课堂是实施课程的载体与平台,课程是课堂之所以能成其为课堂的重要条件和前提。有时候先有课程后有课堂,有时候却先有课堂才有课程,比如:当提出第一课堂和第二课堂概念的时候,那么,课程因两种课堂的区分而重新入位设计或研发不同的课程。当然,我们面对学校教学情况的时候,第一感觉或主要印象,无疑是课堂教学。在涉及课堂教学的时候,人们往往忽略或不大在意课程的存在和牵引,以为全是课堂在起作用这一表面现象。须知,是课程的存在才有课堂,课程是让课堂存在必备条件。当然,课堂也是课程给以发挥作用的基本平台或者叫载体。

4. "长线课程"与"短线课程"要有机并存

目前,学校课程开设中还有一个问题,就是"长线课程"过多,"标准课程"不少,影响学生的个性化发展,也影响学校课程多元化发展,还影响教育目标中全面育人任务的完成(如生命教育、安全教育、国防教育、普法教育、禁毒教育等)。如果充分利用校内外条件,积极开发具有专题特色的小课程,可以将社会的、自然的常识及规范分别形成一个个专题课程,组织学生装进行对这一类以社会问题和生活常识为主题的探究性学习,对培养学生创新精神和实践能力有十分重要的直接性、实际性意义。

这类"短线课程",侧重新信息化、实用化、发展化、创新化、技能化、专题化,因此开设形式也可以灵活多样,采用专题性、课题式、项目型等均可。当然,这类课程也许不像一门课,但的确起到了对路、实用、有效的课程功能作用。为此,建议多开一些短平快的"短线课程"。

(本文写于 2005 年 3 月,曾在汕尾市等地参加会议交流)

对高中课程改革的回顾与建议

一、重温：我国课程改革启动的初衷

（一）《普通高中课程改革方案》的主要内容

1.课程结构

普通高中课程由学习领域、科目、模块三个层次构成。

（1）关于学习领域：新课程设置八个学习领域：语言与文学，数学，人文与社会，科学，体育与健康，技术，综合实践活动，艺术。每一个领域由课程价值相近的若干科目组成。

（2）关于科目：各学习领域由若干科目组成，包括：语文、数学、外语、政治、历史、地理、物理、化学、生物、技术、体育与健康、艺术（或音乐、美术）等12-13个科目；技术、艺术是新增设的科目；艺术与音乐、美术并行设置，供学校选用；鼓励有条件的学校开设多种外语。

（3）关于模块：每一科目由若干模块组成；模块之间既相互独立，又反映了学科内在的逻辑联系；每一个模块都有明确的教育目标，并围绕某一特定内容，整合学生经验和相关内容，构成相对完整的学习单元。每一个模块都有对教师教学行为和学生学习方式的要求与建议；每个模块通常为36学时。

2.课程安排

（1）每学年52周，其中教学时间40周，社会实践1周，假期（包括寒暑假、节假日和农忙假）11周。

（2）每个模块通常为36学时，学生学习并通过考核，可获得2学分（其中体育与健康、艺术、音乐、美术原则上每个模块为18学时，相当于1学分），学分由学校认定。

（3）研究性学习活动是每个学生的必修课程。三年共计15学分，每学年宜相对集中地安排课时。设置研究性学习活动旨在引导学生关注社会、经济、科技和生活中的问题，通过自主探究、亲身实践的过程综合地运用已有知识和经验解决问题，学会学习，培养学生的人文精神和科学素养。

（4）学生每学年应参加1周社会实践，可获得2学分；三年内参加不少于

10 个工作日的社区服务并持有相关证明，可获得 2 学分。

（5）学生毕业的学分，要求学生每学年在每个学习领域都必须修得一定学分；三年中获得 116 个必修学分（包括研究性学习活动 15 学分，社区服务 2 学分，社会实践 6 学分），并在选修 Ⅱ 中至少获得 6 学分，总学分达到 144 方可毕业。

3. 课程内容

选择高中课程内容遵循的基本原则：时代性、基础性、选择性。

本次高中课改，除了时代性、基础性等两项原则与初中小学课改相同以外，其选择性是作为高中课改的独特性原则而提出的，可见在高中阶段全力培养学生的判别能力和选择能力，已经成为高中教学的重要任务。

在高中阶段，为适应社会对多样化人才的需求，满足不同学生的发展需要，课程改革方案在保证每个学生达到共同基础的前提下，各学科分层次、分类别设计了多样的、可供不同发展潜能学生选择的课程内容，以满足学生对课程的不同需求。

1. 同一科目模块间有两种关系：

（1）递进关系。学生的学习有严格的顺序规定，比如要学模块 2，就必须先学模块 1。如外语。

（2）并列关系。学生可以跨越式选择学习，不受模块之间的顺序影响，比如学生既可先学模块 2，再学模块 1，也可先学模块 1，再学模块 2，也可同时选修模块 1 和模块 2。如历史的选修模块。

2. 科目下的模块有三种组合形式：

（1）必修模块＋选修系列。系列本身由几个模块组成。如数学、语文、物理、外语。

（2）必修模块＋选修模块。如历史、地理、化学、生物、信息技术、通用技术。

（3）直接由若干选修系列或选修模块构成。如音乐、美术、艺术、体育与健康。

3. 这里有两种意义的必修与选修：

（1）一种是内容上的必修与选修，即必修内容与选修内容，必修内容是每一个学生都必须学习的，选修内容则是学生可以自由选择的。

（2）一种是学分上的必修与选修，即必学分与选修学分。

4. 课程实施

为便于合理而灵活地安排课程，减少学生并学科目，保证学生集中有效地学习，学校将每学期分两段安排课程，每段10周，其中9周授课，1周复习考试。通常每个模块按每周4学时安排，在一个学段内完成。

高中一年级主要设置必修课程，高一下学期开始逐步增设选修课程；高三下学期，学校应保证每个学生有必要的体育、艺术等活动时间，同时鼓励学生按照自己的兴趣和需要继续修习某些课程，获得一定学分，也可以安排总复习。

5. 要建立新的课程改革的评价制度

（1）各学科应根据目标多元、方式多样、注重过程的评价原则，综合运用观察、交流、测验、实际操作、作品展示、自评与互评等多种方式，为学生建立综合、动态的成长记录手册，全面反映学生的成长历程；

（2）实行学生学业成绩与成长记录相结合的综合评价方式。

二、综述：对省内外开展高中课改情况的回顾

（一）《普通高中课程改革方案》的出台背景

1. 目前高中课程存在不少问题：

（1）课程规定性、统一性强，缺乏多样性和选择性，不能满足社会发展和学生发展的多样化需求；

（2）内容陈旧，脱离实际，忽视学生生活经验，不能反映科技和社会发展的新成就；

（3）教学观念落后，方法单一，学习方式被动，缺少自主创新和实践的机会；教学过程应试倾向严重；

（4）评价的手段、内容、方式、目标单一；追求考试结果，忽视学生的发展过程；

（5）管理权高度集中、统一，学校自主权不足。

（6）学生只能按照既定的文、理两条路径选择课程，同一路径的学生只能按同样的要求、用同样的时间、同样的速度、学习同样的内容，参加同一张试卷的考试。

2. 国际课程改革的大势所趋

20世纪90年代以来，北美、欧洲、东亚的很多国家和地区致力于课程改革，呈现以下趋势：将学术性课程与学生的经验和职业发展有机结合。比如——

韩国：考虑学生的能力、个性、发展前途，使教育内容和方法多样化，确立可以使学生根据自身的个性和素质选择教学科目、能动地自律地学习的"以学习者为中心"的课程体系，"建立国民共同基本课程和以选修为主的课

程体系"。

美国：培养学生在实际生活中运用知识的能力，让他们掌握先进而实用的技术，引导他们把今天的学习和明天的工作密切地联系起来，为今后独立的生活做准备。

日本：2009 年 3 月，日本文部科学省颁布了新的《学习指导要领》，从标题看，就知道他们制订的不是从"教"出发，也不是从"课程"出发，而是"从学出发，为学而教"的学习型教育的"指导纲要"，他们强调"精选学习内容的过程就是重构学科学习逻辑的过程"，还强调"学习多少知识不是最重要的，学习被意义化才是有价值的"。概而言之，就是突出了"学"，突出了"学导"。

3. 我国关于基础教育课程改革的新要求

1999 年，国务院批转《面向 21 世纪教育振兴行动计划》，明确提出：实施跨世纪素质教育工程，整体推进素质教育，全面提高国民素质和民族创新能力。1999 年，《中共中央国务院关于深化教育改革全面推进素质教育的决定》提出：调整和改革课程体系、结构、内容，建立新的基础教育课程体系。

2001 年，《国务院关于基础教育改革与发展的决定》，明确提出：加快构建符合素质教育要求的基础教育课程体系。2001 年开始，我国全面启动义务教育阶段课程改革，取得了显著成果，为了让高中与初中小学课改相衔接，以形成整个基础教育课程改革的完整性，也需要启动高中课程改革。

基于此，本次课程改革呈现许多新的特点，主要是突出学生自主学习能力的培养，突出研究精神和实践能力的培养。具体呈现了以下新创点：

（1）关于课程由学习领域、科目、模块三个层次构成；

（2）关于必修课与选修课的设置；

（3）关于综合实践活动课作为必修分（15 分）的设置；

（4）关于学分制的设置；

（5）关于学生综合素质评价的设置。

（二）从实际出发，积极启动了课程改革

1. 从 2004 年开始，我省参加全国首批四省区高中课改。

八年来经历了一个较为完整的阶段：激情投入，理性反思，从容调整，合理回归。一是树立完整的高中课程观，即开齐开足必修课程，尽量多开选修课程；二是合理而有序地安排课程；三是全面而科学地实施课程教学。高中课改与义务教育课程改革，除了相同之处外，我感觉到还有以下区别：

义教课改重在：教学理念的洗脑，教学方式的改变；

高中课改重在：教学理念的质变，教学秩序的重建。

2.综观省内外高中课改仍然存在许多不足甚至困惑，有待整改。

本人为此也写了一批文章，其中《对当前高中语文选修课的反思》发表在教育部主管的《课程·教材·教法》2009年第2期，并被人民大学资料中心全文转载。除了选修课难以真正全面实施以外，概括起来还存在以下问题：

（1）在教学目标上偏离三维目标的"整合统一性"，将"三维目标"错误理解乃至肢解为"三个目标"或"三类、三项目标"，导致所制订的教学目标不能指引实际的教学活动。结果导致人文教育目标被虚化，知识技能教育目标被弱化，过程与方法的目标被边缘化。其实"三维目标"的提法也有点欠妥，因为它并没有形成教学目标真正的三维性——"知识与能力"和"过程与方法"之间，到底构成了怎样的"维"？"情感态度与价值观"更是让人看不见摸不着是一种什么样的目标？它与前二者又构成怎样的"维"？我们不能提课程的三维教学目标，只能提"用三维性要素"来设计和落实课程的教学目标。

（2）在教学过程与方法上"穿新鞋走老路"甚至走偏了路。比如，信马由缰的自主学习，非科学化的教学预设，形式主义的合作学习（合作变成"合桌"而已），层面肤浅的探究性学习（含高中的"研究性学习"学习），由过去的"满堂灌"变为"满堂问"或"放羊课"，从"为分数教学"走到了"唯分数教学"的严重地步。

（3）在教学手段上滥用多媒体技术，有作秀之嫌，弄得课堂"闹"声一片，教学内容却与课程无法沾边。

（4）在教学评价上仍然单一、静态，分数至上，缺乏多元的动态的发展性评价，更有甚者滥用激励性评价语言：要么骂学生笨，要么就老是说"你真棒""你太有才了"，把尊重变成吹捧，这些都是以个人好恶而评价。

（5）在教学关系上，师生关系仍然无法和谐，特别是教与学的绝对化：有的是有教无学、有教忽学、有教不适学、有教不为学，有的又借以学定教、学案教学等而使"学"过了头，把教师"定"得一筹莫展，把教师好可怜的一点"主导"也变得"大权旁落"，好纠结。

造成这些误区的主要原因有三条：一是课改新理念与教学现实之间的距离拉不近，新理念无法内化为学校和广大教师的自觉行为；二是教师"被课改"和被工具化现象也很严重，多年后而形成的"课改疲劳"也日趋危险起来；三是课改理念及其做法本身也有不完善、不成熟甚至不合国情或校情、教情的地方。但是，课改仍在进行，这些问题都会得到解决或者纠正。

现在，我校新办高中，对课改的基本思路应该是：学习经验，吸取教训，高效优质，直入快车道。为此，我们既要借鉴已有的省内外高中课改及本校初中课改经验，又要大胆迈开高中课改更具挑战和冲劲的步伐，办出精品高中，特色高中。

三、谨献：本人的一些粗浅思考与建议

（一）坚持课改，让课改促进精品高中建设

要树立课改意识，接受课改新理念，将先进的教学理念内化为自觉的教学行动，开展创造性的教学设计和教学活动。

1. 确立高中教学目标的双重定位："最近目标＋终极目标"

（1）最近目标：高考升学

让每一位学生毕业后都能考上自己最理想的高等院校。

（2）终极目标：未来英才

让每一位学生十五年后都能成为社会精英，成为事业的成功者，同时产生一批社会领袖型人才。

2. 明确高中教学的双重功能："巩固性教学＋预备性教学"

（1）巩固性教学：

高中是基础教育的最后且最高阶段，重点是巩固提高，全面梳理，既查漏补缺，又深度拓展，以形成基础教育的知识体系和能力素质。

（2）预备性教学：

高中又是高校专业化教育的入口处，重点在于通过研究性学习和选择性学习，做好衔接与铺垫，为初步具有专业意识而进行预备性教育。

3. 按照课程计划认真开好课、上好课

（1）上好每一门必修课，积极开设和上好选修课。在这里要明确：选修课只是就是否"选修"（开课）而言，对一旦已确定选修的选修课，则应视为"必修课"，务必按照必修课的标准与要求认真上好，并充分发挥"选修课"作为对"必修课"的一种拓展与延伸的功能作用。

（2）做好学分评定和综合素质考核档案袋等管理工作，并配合上级认真做好省高中学业水平测试工作及备考工作。

4. 开课形式：必修课与"选修课"的开课形式一般有以下三种：

（1）"先必后选"的循序渐进式，即先开必修课再开选修课；

（2）二者并行对开式，即两条线并行开课，既有以必修课为主线，也有选修课为辅线，以配合必修课（如语文科的一些"语用""写作""读书"等选修模块，因为这些模块单独集中开设使师生厌倦而效果欠佳）；

（3）有机渗透补充式，即将选修课的有关内容补充渗透于必修课之中，即在主修一个模块时，将另一模块（主要是指选修课中的相关模块）的内容渗透进来，起补充完善或拓展的作用，使所主修的课程知识更加体系化。使必修课内容充实，以克服原有课程教材所存在的散乱欠系统的现象。

5.积极开发选修课及其指导学生选修

（1）由于受高考的制约等原因，选修课目前已未能真正实现选修，但应创造条件，鼓励并指导有学习条件和能力的学生，还要选修为应付高考以外且有利于未来发展及符合个人志趣的其他课程，让学生在感兴趣、有潜能的方面有更多的选修机会，使学生实现有个性的发展。

（2）要通过与综合实践活动课相结合，积极开设"选修二"的校本课程，那么，开发并编写、使用具有"精品高中"和"特色 高中"的校本教材，则成为现行高中课改的致力点，也是创办特色高中的一大亮点。

（3）学校和各学科根据学科特点学生需要和教师能力水平，可开发一些短平快的短线校本课程，用专题讲座和实践活动项目及小课题等形式，给学生开课。

6.建立课程资源获取及交流的畅通机制

（1）与上级及高等院校等建立必要的联系，形成有力推动课程发展和提高教学质量的专业咨询和指导网络；

（2）与外地名校建立定点联系制度，交流经验，交换资源，互通信息；

（3）学科组与上级对口学科教研员或教学研究会及中心备课组等进行联系；

（4）逐步建立自己的教学资源库和题库，形成校本教材或教学案例成果集等拳头产品。

（二）树立可持续发展的高中整体教学观

1.注重将高中课改与"办学背景"一并考虑的教学思路

将"立足顺德＋国际视野"，置于现代基础教育体系的构建与现代学校建设的实践之中；将现有"优质初中＋精品高中"创建置于我校初高中直通车的整体教学之中；将"精品高中＋特色高中"置身于实现精品教学和高效课堂的教学定位之中。

2.全面有效地贯彻实施高中"抓三年，三年抓"的教学策略

"抓三年"是战略，把高中三年的教学要整体策划，通盘考虑，也就是"抓一想二要备三"；"三年抓"是战术，在具体的每一年级里要干什么，怎样干，干的效果如何，不仅要明确，更要落实，力求每个模块、每个单元和每堂课都过关，也就是要"想三知二干好一"。学校管理可以这样抓，各学科教学也可以这

样做。

3. 要理顺课程改革与高考的关系

总口号：让高考融进课改，在课改中走进高考。

（1）课标是依据，考纲是依托；

（2）能力是考点，考点是着眼点，而知识点却是着力点；

（3）从知识立意走向能力立意，但不能没有知识的教学；

（4）高考成绩不是课改的唯一成果，但缺乏优秀的高考成绩也不可能算作成功的课改。

（三）积极开展高中课改下的教学研究

1. 注重研究课程标准及教材教法

（1）要领会与落实所教学科的课程标准，要熟悉所在学科的全套教科书，还要通晓选修课的有关版本教材。

（2）要将高中课程标准及教科书与义务教育阶段课程标准及教科书进行比较分析，寻找其中高、初中的知识发展线索，理清其初、高中前后衔接的教学思路。

（3）要将高中课程标准与现行的高考考试大纲及典型试题进行对照分析，以寻找二者有机结合点，明确并妥善处理好课标与考纲之间的关系。

（4）要加强对单元检测、模块考试等阶段性试题与高考备考练习题及整套高考模拟题等不同命题的目的、内容、形式等方面的研究。

2. 注重研究教学策略的最优化

（1）用尽可能少的投入获得最大化的教学效益；

（2）用最简单的方法把最难最复杂的知识教给学生；

（3）用最轻松幽默的手法让学生学得不苦不累；

（4）用最经典管用的知识教学生，让学生获得的不是垃圾知识，而是终生有用的本领和能力。

3. 注重研究学生的"学"及其指导

（1）加强对学生在学习目的、理想、态度、习惯等方面的学习指导：关注学习志趣，营造学习氛围；

（2）加强对学生的学习策略与学习方法的指导：学懂只是初级目标；懂学才是终极目标；学会只是学到知识（本领），会学才是得到能力（功夫）；课堂是老师在点"石"成金（教方法），课外才是你（学生）在借"题"发挥（强化应用与考试）。

（3）加强对学生的思维能力与思维方法的指导：多点思辨，多点悟性，多点有创意的个性化思维。

（四）积极打造精品高中的以下八大特色亮点

1. 构建"三学型"教师专业发展的新格局：学习型（研究）学校、学习型（研究）教师、学习型（研究）课堂；

2. 实行教师管理上的工作包干制和待遇年薪制；

3. 开展德育工作上的以生命教育为核心的"学会做人"教育；

4. 中小学教学督导的校本化操作；

5. 德胜牌校本教材的开发与应用；

6. 纵横结合的多元化学生学业评价机制的构建与实施；

7. 用每堂课 40 分钟上出 45 分钟的教学效果，实现"差时不差效"的高效课堂。

8. 中学生"导师制"教学与育人的创建活动。

在这里对"导师制"初作探讨性描述如下：

（1）"导师制"内容：导学习，导做人，导生活，导特定需要和特长发展；

（2）"导师制"意义：带动教学观念的变化，带动教学方式的变化，带动教学评价的变化，改善师生关系，实现教学转型，由师授型转为学导型；

（3）"导师制"可行性：中学生已渐近成人，身心接近成熟，可以接受导；有 10 年的学习积累和能力培养，也能让教师去导；从创办精品高中的现有师生资源及目标追求来看，也无疑需要导；

（4）"导师制"方法：一对一导，小组导，课题导，项目导。

结语：

综上所述，我们办高中，除了创造必需的主客观办学条件以外，还必须首先面临和解决两个不可回避的基本问题：一是高中课程改革；二是 3 年后的高考招生。

现在，我们来学习讨论《普通高中课程改革方案》及有关实施意见，其目的就是为了求得解决这两个问题的正确认识和统筹办法，找到一个最佳交汇点。可以说，主要是解决我校高中教学的"初实践"与大家对高中课改的"再认识"之间所带来的问题。高中课程改革既然是必须的，那么就应该激情投入，科学开展，最终取得效果。

（本文系 2012 年 8 月在德胜学校暑假教师培训班发言稿）

论基于"课程发展"的学校课程创新

一、课程创新：就是穿越改革而走向课程发展

1. 课程创新：从改革中来，往发展中去

目前，我们发现，许多学校一搞课程改革，往往就把原有课程撕裂的不伦不类、面目全非，结果撕出许多裂痕和断层，显得粗放、奇葩，效果并不理想。这是一种缺乏深层次、高品质、全构化的课程整体思维和全纳创新行为。所以，随着课程改革步入深水区的当下，更需要课程深化改革，那就是课程建设，就是课程创新，老盯住"破"而不"立"是不完整的课程改革。基于此，学校课程的建设与创新，自然也就离不开一种深层次、高品质、全构化的顶层设计。

实践证明，课程创新不等于课程颠覆，推倒重来。这当然是不必要的，也是不现实的。课程创新在很大程度上是一种发展与改造，是一种翻新与复兴；更多的是关于课程内涵的发展，即课程的转型、升级与提质，让原有课程以新的面貌、新的品质和新的呈现方式出现。一句话，课程更多的是需要建设与创新。所以，"课程建设"已成为学校课程创新的当务之急，千万不可忽略。

2. 课程创新：务必明确课程创新的理论基础

课程创新，一定要有先进和科学的科学理论作支撑与指导，以增加创新的正确性和含金量，否则会让课程创新走向歧途，会失去方向，失去自信、自觉。为了提升课程创新的品质和水平，要强化其理论论证，寻找其理论基础，深化其课程创新的理论探究，不要让课程创新变成一场随意、任性、盲目的"拍脑袋""想当然""瞎起哄"的闹剧。需要通过再认识，注意处理好学校课程创新与课程改革的有机统一，就会让学校课程创新能走向有理创新、有序创新、有效创新。要知道，缺乏课程顶层设计的课程创新，是缺乏质量和效益的课程设计，是缺乏意义和水平的伪创新。

二、课程创新：首先是理念创新

1.学校课程创新，要讲究"气合而有形，因变以正名"

《黄帝内经·素问·六节藏象论》引岐伯与黄帝对话说："余闻气合而有形，因变以正名。"意为：黄帝说："我听说由于天地之气的和合而有万物的形体，又由于其变化多端以至万物形态差异而定有不同的名称。"我想，学校课程创新，不管怎样发展与变化，都要讲究与坚持"气合而有形，因变以正名"。

同时，"因变以正名"还体现在辨证施治这一中医认识疾病和治疗疾病的基本原则之中。人体是个高度复杂的系统，同一种病，在不同病人身上、在不同病程、不同季节都可能有不同的变，施治方法当然也不可能全同，甚至是同病异治、异病同治，这才真正达到了"因变以正名"。在这一点上，中医自有其高明之处。我们的教育何尝不是如此？首先，教育也是面对人，面对活生生的自然人，为了待成长和待发展的人；此外，教育自身就是一个"气合而有形，因变以正名"的科学的严谨的系统化工程；另外，因教育而随之匹配的有关学科知识、环境条件、教师等因素也同样"合而有形、变以正名"。

2.课程创新：在基于"全纳教育"理论下走向全构型课程体系

什么是课程建设与课程创新？概言之，是基于"全纳创新"路径的学校课程顶层设计理念，采用再认识的方法，开展恰当合理的课程改造、课程翻新和课程发展，最终树立全构型课程意识，建构成一种复合型的课程创新体系。

全纳教育（inclusive education）是1994年6月10日在西班牙萨拉曼卡召开的《世界特殊需要教育大会》上通过的一项宣言中提出的一种新的教育理念和教育过程。它容纳所有学生，反对歧视排斥，促进积极参与，注重集体合作，满足不同需求，是一种没有排斥、没有歧视、没有分类的教育。根据全纳教育的思想，应该创造出一种全纳的课程氛围，既为每一位学生设计"私人订制"的课程；也为每一位学生开好所选择的课程，让他们充分学好其课程；还要按照学校发展和社会需要设计一些暂未受欢迎但确实有利于他们未来发展、深度发展的应然课程，这才是学校全纳教育的全纳课程的全部含义。这样，不仅满足学生的各种即时需求，也要对他们的未来负责、对社会负责。以上全纳课程的含义，也还植根于二十世纪中叶以后世界课程研究领域所形成的三大课程理论：以学科为中心的学科结构理论，以学生发展为中心的学生中心课程理论、以社会问题为中心的社会改造课程理论。

3. 学校课程创新：下足前期"备"新与"知"创的新功夫

学校课程创新，要走向自主创新、自能创新、自觉创新，实现有理创新、有序创新、有效创新，就要在学校课程创新的前期，下足"备"新与"知"创的功夫，积累创新的本钱，让课程创新成为一种可能。

（1）课程创新：要树立新的"备课"观

即从过去只是关于"课堂教学"的准备这一狭隘的备课含义和功能中走出来，要赋予"备"课以更广更深的课程意义：不仅备课堂教学，更是备课程。基于此，我们认为，与其说备"上课"，不如说是备"课程及实施"。从某种意义上说，备课就是一种学校课程的顶层设计，千万不能把它只理解为"写教案"。备，是研究，是对课程及实施的顶层设计和整体策划。

（2）课程创新：切实做好"课情调查"

"课情"即指涉及课程开发、实施等各方面的实际情况，包括学情、教情、校情和国内外课程改革与发展的现状等。只有弄明白这些情况，方可为创新提供清醒的目的性与现实针对性。所以，课程创新首先要搞好课程建设的"课情"调查，才会知彼知己，做出有针对性的顶层设计。目前，我们谈得最多的是"学情"调查，但是作为涉及面极广的课程改革与创新，光了解"学情"还不够，还要对搞好我国课程改革与发展的"国情""校情""教情"和"社情"民意等都要调查了解，还要开展好直接关于课程自身建设和学科规律的特殊"课情"调查。

（3）课程创新：要注重学生参与度的课程开发

近几年，广东德胜学校开设了上百门"校本课程"，据调查，凡是深受学生欢迎、选课率高的都是学生参与度高的课程，基于深化教育综合改革的背景和课程创新的理念，将包括"校本课程"

（4）课程创新：要学会"复合法"

复合，又称再结合，本是一化学用语，引用于此而作为一种复合法，借其"再结合"之义，追求一种"1+1"产生"3"的新复合之意，也是老子所言"道生一，一生二，二生三，三生万物"的"一分为三论"的生动体现，当然也符合其理论基础之一的"再认识论"。因为再结合是需要让课程有了再认识，才会让课程产生再结合的可能，以至形成基于"再认识论"的复合型课程。

4. 课程创新：可以引进一种新的顶层设计方法——"课程板块说"

本人多年来致力于"课程板块"的研究。曾经发表在陕西师大《中学语文教学参考》2000年8—9期的《语文活动课的"定位"论》，当时就把语文课程分成以下的"双级双线"板块结构（详见示意图）。

名称	项 目	内容
语文课	课堂教学	第一课堂（学科知识课，以进行学科知识教学为主），第二课堂（语文活动课，以进行综合技能训练为主）。
	课外活动	第一范围：有组织的课外语文活动（如：学生文学社团活动、课外兴趣小组等）；第二范围：非组织的社会化语文活动（如：环境语文、街头标语、广告、影视传播以及人际间语言交流等）。

（录自《中学语文教学参考》2000 年 8—9 期）

去年，我又在此基础上，根据国家新课程改革的精神，按照"课程板块"学说，将语文课程进一步完善发展为一种全语文"双轨制 1+X"课程体系结构，这样更能体现其内在的课程板块结构化特点（详见示意图）。

全语文"双轨制 1+X"课程体系结构示意图

名称	项目	内容与形式
全语文课程体系	第一轨道：国家统一规定的主修型语文基本课程（系国标统一课程，称为"1"）	内容：语文学科课，以进行学科知识教学为主，目前以语文教科书为主（如初中语文即 7–9 年级语文教材共 6 册等）；形式：第一课堂（基础型、主修型、必修型）。
	第二轨道：校本开发的辅修型语文 CCA 课程（系非确指的变量课程，称为"X"）	内容：语文项目课，以进行综合技能训练和语文素养教育为主，形成"辅助性语文"课程的若干语文学习项目（如广州市花都区花山中学的"两社三会"系列课程：文学社、新闻社、演讲会、汉字会、成语会等）；形式：第二课堂（拓展型、辅修型、选修型）。

说明：

这种"全语文课程"体系，其基本特征是"双轨制"和"两个课堂"，在课程形式上二者虽有主辅之分，但在课程功能上二者却是同等的，以学科教学课程为主，学科活动课程为辅，两者相辅相成，浑然一体，既不可割裂，又不能相互排斥，而是并驾齐驱，各得益彰。这样，为学生的综合语文能力培养与个性化特长发展创造了平台、途径和机会，让学生真正认识"语文的外延与生活的外延相等"这一理念。

近几年，我在广东德胜学校基于深化教育综合改革的背景，对包括"校本课程"在内的学校课程进行了"课程板块"的结构化处理，即学校课程"双板块 4+3"创新体系的顶层设计。把国家基本课程用"第一板块、四大类型"而做出了整合与再建，把"校本课程"的开发与实施、"特色课程建设""地方课程"等以及"国家课程"中容易被边缘化的"弱势群体"课程（比如艺术、体育与健康及"综合实践活动课"等）一并加以科学整合，形成了与国家基本课程"第一板块、四大类型"相对应的校本特色课程"第二板块、三大类型"，这样就实现了国家与学校、基础课程和辅助拓展等课程、第一课堂与第二课堂、学科课与活动课、必修课与选修课等之间的有效衔接，特别是用"双板块"并列衔接的方法，大大提升了那些不受重视而被边缘化的"弱势群体"课程的地位，激活了这些课程的功能作用。

5. 课程创新：不要把课程改革只变成"课形"改革——一味追求"走班化"这种课程的设计与实施

《现代汉语词典》对"形"的释义为"样子，形状，形式，形态"等。那么"课形"即指课程呈现的形式或形态。课形的选择，还要看客观条件、主观能动因素、有关学科差异和课程自身规律的不同等多种因素。所以，学校课程创新的顶层设计，一是注重内容，二是选择形式，并且是内容和形式的有机统一。如果的确需要对"课形"进行改变，那么一定要坚持实事求是，既要为课程内容服务，又要充分考虑现有条件和管理水平。

"走班化"，作为一种课程实施的形式，在我国近十多年以来已经几上几下，目前又在部分学校热乎起来。我不反对这种形式，但也不必全力倡导，全盘效化，更不能把它看成是一种课程创新。实践表明，"课形"本没有优劣之分，主要看你用对了没有。"走班化"本来就只是一种"课形"，未必大惊小怪。

据了解，我国大多数学校目前还不具备这种条件，或者还没有走班化教学的计划。

三、课程创新：需要学校自身的本位的顶层设计

据国内专家解读，"顶层设计"是一个工程学术语，即系统工程的专有名词，其本义是统筹考虑项目各层次和各要素，追根溯源，统揽全局，在最高层次上寻求问题的解决之道。顶层设计是运用系统论的方法，从全局的角度，对某项任务或者某个项目的各方面、各层次、各要素统筹规划，以集中有效资源，高效快捷地实现目标。"顶层设计"从本义出发，即自高端开始的总体构想，"谋万世者"、"谋全局者"之系统构建，而不只是"谋一时、谋一域"。目前的课程改革与创新已到了全方位、深层次的综合性发展的阶段，无疑需要"顶层设计"。

目前，它不仅成为我国一个新的政治名词，也已越来越成为一个行业词语，

被各行各业广泛使用，越来越充实其内涵，显示其价值。学校课程创新也同样如此，需要顶层设计，更需要学校自身的本位的顶层设计。一是统筹考虑学校所有课程项目各层次和各要素，追根溯源，统揽全局，在最高层次上寻求问题的解决之道；二是将全部发生在学校的课程形成一项系统工程，按照工程"整体理念"的具体化而做出顶层设计；三是要明白："顶层设计"不是一种来自上级的自上而下的"长官规划"或"上层设计"，而是出于一件事物本身的宏观到微观、整体到局部的自上而下的"系统谋划"。所以，"顶层设计"不是等上层的人来"闭门造车"或"纸上谈兵"，更不是由领导一时"拍脑袋、想当然"而人为地造出来的东西。所以说，"顶层设计"既呼应了来自基层的强大发展冲动和原有自发、零散、短浅的创新行为，也让作为科学的"顶层设计"，不仅有自下而上的摸索，也有自上而下的"系统谋划"。

由于对其概念的理解与运用各有不同，现在顶层设计所呈现的内涵和操作也有不同。首先是顶层决定性，顶层设计是自高端向低端展开的设计方法，核心理念与目标都源自顶层，因此顶层决定底层，高端决定低端；其次是整体关联性，顶层设计强调设计对象内部要素之间围绕核心理念和顶层目标所形成的关联、匹配与有机衔接；再是实际可操作性，设计的基本要求是表述简洁明确，设计成果具备实践可行性，因此顶层设计成果应是可实施、可操作的。

顶层设计就是一个总体规划的具体化。如果光有规划，缺乏具体的实现手段，则在总体规划之下很可能又造成各自为政、分兵把口的局面，造成资源难以共享，信息难以互联互通的后果。

事实表明，课程改革初期是面广、量大、速快，而随着改革不断深化，步入深水区，追求利益最大化和真有品质的课程改革与创新，已清醒地发现：面前所走的课程改革与创新之路与形成共识的差距却越来越大，影响课程改革与创新发展的因素也越来越复杂、积累的深层次矛盾问题也越来越多。为了从源头上化解课程改革与创新的积弊，让课程改革与创新取得突破，看来再不能不进行一种"顶层设计"。

4.课程创新：在顶层设计上要关注"五大要素"的整体联动性

（1）课程理念创新（课程观，即具体的课程概念、课程立意、观念和课程主张、原则等）。一级理念是国家意志的基本方针政策和指导思想及主张，要在一定时期内相对稳定和贯彻实行；二级理念是一级理念的派生、演绎或发展，可以根据本单位、本学科实际而提出更有针对性和可操作性的新观点、新主张，这是创新的重点和立足点，所以学校课程创新就在于此。

（2）课程内容创新（教育主题、学科知识或素养、人的发展项目）；

（3）课程形式创新（结构、形态、模式等）；

（4）课程实施创新（策略、方法、过程、手段等）；

（5）课程评价创新（价值观、标准、方法等）。

四、学校课程创新：要通过"课程督导"来加以保证

课程创新，不仅有开发和实施，还要有更到位的跟踪管理与全程督导，从而为创新随时矫正方向，发现与解决实际问题，提升其创新品质、效果和课程建设质量。

目前，关于课程管理由于有一个"三级课程"的概念在影响，结果只有对国家规定课程是否"开齐、开足、开好"的检查、督导与评估等，但是对"地方课程、校本课程"仍然处于鼓励、自发阶段的"不管"地带，导致许多地方的"地方课程、校本课程"已经走进"一哄而起后又自生自灭、难以为继、做秀式"的难堪局面。有关政府督导部门还没有建立对发生在学校内的一切课程活动给予督导的机制，有的即使有检查评估，那也只是看看有没有开发了校本课程，至于校本课程质量和效果却很少得到评估和督导。比如说，政府管理部门和督导评估机构下校评估检查，就很少去听校本课程或地方课程的，一听课就是听国家课程（就是所谓"主要科目""主干科目"或者说"文化课"）。由此看来，构建更为完善、可行的学校课程创新的督导机制，加强对课程创新的全面督导、全程督导，已经显得越来越重要，否则会制约和影响学校课程创新。

广东德胜学校为此有较为成功的尝试。在三年前专门成立"学校督导部"，将包括"校本课程"在内的学校课程进行了有效督导，尤其是对学校课程"双板块 4+3"创新体系的顶层设计、"校本课程"的开发与实施、"特色课程建设"等方面起到了强而力的监督、引导和保障作用。

（本文写于 2013 年 3 月，系德胜学校"校本课程建设"课题研究成果之一）

基于"学"的课程建设：教育本性的回归

一、课程建设：必须首先要有关于"课程主张"的思考与探究

1. 课程主张：教师对课程的理性思考以及产生的见解和观点

课程主张，是教师在自身的教学行动中，运用自己的理性思维直面教学现象和问题，或探究其发展规律，或尝试进行合理的解释与说明，并进一步将自己的发现和体验用理性的方式进行描述，并在此基础上进一步提炼出个人对于教学的见解和观点。

课程主张与教学主张，是教师对课程教学的一种理性认识与理想追求，这种认识与追求，不一定成熟与正确，但在现实中，往往体现为一种个性化的课程观和教学观，而且是一种较为坚定的见解。

这种课程主张，见解不仅是个性化的、独特的，而且是直接地、坚定地指向课程教学实践，并在课程教学实践中被运用和发展着，同时又对课程实践经验的上位概括和理性提炼。

2. 课程主张：对教育理念的深化与聚焦

课程主张，往往植根于教育思想，是对教育理念的深化与聚焦，使课程教学理念更具有可视性和可行性。只有先进的教育思想和课程改革理念，才能形成科学合理和可行的主张，才会让课程主张产生高效优质的课堂教学。

大家知道，凡是教学，都首先得有课程主张、教学主张，然后根据这些主张来确定教学内容和教学方法。如何将教学内容和教学方法有机地呈现和有效落实，则需要相应的教学方式——在课堂上操作时则体现为一定结构类型和实施程序，于是课堂教学模式便应运而生。

从某种意义上说，课程建设：必须首先抓住"课程主张"的思考与探究，而课程主张的确立，就要抓住课程理念与教学主张、教学措施和教学操作的有机对接，而这里的核心理念就是"以学为本，为学而教"，那么其有机对接的关键词就是一个字："学"，所以，抓住了基于"学"的关键，也就为实施好的课程、上好有质量的课奠定了基础。

二、教育本性的回归：课程即"学程"

1. 从"课程"的原概念产生就本是指向学生及其学习的

什么叫课程？国内外几乎所有权威教育理论都认定：课程是指学校学生所应学习的学科总和及其进程与安排。

有人还给它以广义与狭义之分。广义的课程，是指学校为实现培养目标而选择的教育内容及其进程的总和，它包括学校老师所教授的各门学科和有目的、有计划的教育活动。狭义的课程是指某一门学科。我们先不对这种分法正确与否做出评判，但它违背或者忽略了一个根本前提，即课程是"学生"和"所应学习的学科总和及其进程与安排"，而变成是"老师"及"所教授的各门学科"，更无法理解成是"某一门学科"。

当课程被认识为知识并付诸实践时，还有一个重要特点，即"课程是外在于学习者的，并且是凌驾于学习者之上的"。

"课程"一词，在我国古代也是起义于"学"的，也与我们今天有人的所用之意相去甚远。宋代朱熹在《朱子全书·论学》中，多次提及课程，如"宽着期限，紧着课程""小立课程，大作工夫"等。虽然他对这里的"课程"没有明确界定，但含义是很清楚的，即指功课及其进程。这里的"课程"仅仅指学习内容的安排次序和规定，没有涉及教学方面的要求，因此称为"学程"更为准确。到了近代，由于班级授课制的施行，赫尔巴特学派"五段教学法"的引入，人们开始关注教学的程序及设计，于是课程的含义从"学程"变成了"教程"。新中国成立以后，由于凯洛夫教育学的影响，"课程"一词反倒用得很少，于是"教育学"多了，基于学的"学程"即"课程"少了，直至90年代又开始出现"课程"，但这已经演变成基于教的（甚至是考的）"课程"即"教程"，而且愈演愈烈；终于导致21世纪初开始的"新课程改革"，强化了"课程"，突出了"以学生为本"理念和学生自主学习、师生互动、合作、探究等基于"学"或富含学的元素成分及行为的"新"课程概念和内涵。可以说，本次"新课程改革"，是让教育本性又得到回归：课程恢复了"学程"的本来面目。

2. 从国内外长期的教育活动证明：课程是基于学的

（1）教育即学习，让学习成为教育，让教育回归学习。我国古今几千年教育事实本来如此。

我国自古至今把教育的地方都称为"学校""学堂"或"书院"，可见这本来就是人学习的地方，教师只在这个场所为学生学习而教；我国古代最早的教育学著作是《论语》和《学记》，而没有被命名为《教语》和《教记》，而且文中的内容也主要是从"学"的角度进行论述的。

《学记》是中国最早的体系极为严整的教育专著。《学记》文字言简意赅，比喻生动，系统而全面地阐明了教育的作用和目的任务，教育和教学的制度、原则和方法，教师的地位和作用，在教育过程中的师生关系以及同学之间关系。《学记》主张课内与课外相结合，课本学习和实际训练相结合，既要扩大知识领域，又要培养高尚的道德情操和良好的生活习惯。书中用较多的篇幅，阐述"教"与"学"的辩证关系。认为只有通过"学"的实践，才会看到自己学业方面的差距（"学然后知不足"），只有通过"教"的实践，才会看到自己知识和经验方面的贫乏（"教然后知困"）。看到差距，才能力求上进，看到贫乏，才能鞭策自己，从而得出"教学相长"的正确结论。

《学记》重视启发式教学，重视教学的循序渐进，强调激发学生内在的学习动机，培养学生学习的自觉性。重视因材施教。主张从了解学生学习的难易，才质的美恶，作为启发诱导的依据。主张由浅入深，从易到难，从简单到复杂的教学顺序，并且提出一条积极性的教育原则，即要在学生不良的行为没有发生前，引导他们向善的方面发展。并指出在学习过程中同学之间要取长补短。《学记》赋予教师以崇高的地位，提出严师和尊师的思想。

《学记》是研究中国古代教育思想和实践的宝贵资料。书中在总结先秦儒家教学经验基础上提出的教学原理，教学原则与方法，以及尊师重道的思想，对中国教育学和心理学的发展，构建真正教育意义上的学校课程，都产生了重大影响。可以说，学校课程就是学生课程，就是基于学的教学生学的课程，而不是那种被扭曲了却仍在流行的"教"程。

我国现代著名教育家陶行知，于20世纪20年代任南京师范专修科主任时，主张把当时的"教授法"改为"教学法"。从"教授法"到"教学法"，一字之变，表明教育活动中对于学生学习主动性的重视，变单向的传授为更重视双向互动，充分体现教师的主导作用与学生的主体作用的统一。因为现代教育理论认为，教育应以学生为中心，教学的目的是教会学生学习，所以只重视传授的"教授法"，显然已经过时。表面看来，这只是一字之差，实际上却相差万里。陶行知在《教学合一》中也指出，先生的责任不在教，而在教学生学。

（2）国外也是如此，课程一直被认为是"学程"。

在西方英语世界里，课程（Curriculum）一词最早见于英国教育家斯宾塞的《什么知识最有价值？》（1859）一文中。它是从拉丁语"Currere"一词派生出来的，意为"跑道"（Race-course）。根据这个词源，最常见的课程定义是"学习的进程"（Course of study），简称学程。这一解释在各种英文词典中很普遍，《英国牛津字典》《美国韦伯字典》《国际教育字典》（International Dictionary of Education）都是这样解释的。但这种解释在当今的课程文献中受到越来越多的质疑。"Currere"一词的名词形式意为"跑道"，由此课程就是为不同学生设计的不同轨道，从而引出了一种传统的课程体系；而"Currere"的动词形式是指"奔跑"，这样理解课程的着眼点就会放在个体认识的独特性和经验的自我建构上，就会得出一种完全不同的课程理论和实践。

后来，国外更加深化这种概念，落实于一切课程行动之中。2009年3月，日本文部科学省颁布了新的《学习指导要领》，而我国相类似文件则以前称"教学大纲"现在叫"课程标准"，从他们的标题看，就知道他们制订"课标"，不是从"教"出发，也不是从"课"出发，而是"从学出发，为学而教"，他们强调"精选学习内容的过程就是重构学科学习逻辑的过程"，还强调"学习多少知识不是最重要的，学习被意义化才是有价值的"。概言之，就是突出了"学"。

三、以人教版课标语文教科书为例：课程已越来越走向"学习型"

从目前在国内新课程改革方案、课程标准制定和教科书编写来看，发现都已经被广泛关注与应用，乃至已得到充分体现，也在各地许多优秀教师的教学实践中也得到科学验证。现在特以人教版语文实验教科书做一分析。

（一）从新课标人教版语文教材编写来看："学语文"教学的课程编排形态已初步显现。

我们将新课标义务教育人教版语文教科书与过去的语文教材版本一比较，就不难发现：一种体现"学语文"教学理念随处可见，并已逐步演化为一种"学语文"课程、"学语文"教材（即"学材""学本"），也表明推行基于"学"的"学语文"教学理念和"学语文"课堂，已经成为今后语文教学改革与发展的趋势和重心。

1. 课本呈现形式的特点

（1）语文课本的呈现形式，由过去的"教本"（教科书）将逐步变为"学本"（学科书）。现在，打开课本一看，能看到编者们能站在学生的立场上，用向学生对话交流的形式，来展示学习内容，设计学习过程、学习方式与方法以及练习作业题等，即用学习进程来展示课本，让学生感受到：这是我要学的语文课本，不只是老师教书的范本。

（2）课本中有关"写在前面的话"、每个单元的"单元提示"，每篇课文的课前"阅读导语"和课后"研讨与练习"以及"单元学习活动"更富有人本性、亲和力，初步显示了"学习型课程"和"学习型教材"的编写理念，突出了指导学生学习的启发性和自主学习发展的实践性。

2.课本内容呈现的教"学"特色

现以义务教育人教版语文七年级下册教材中的"写作教学体系"部分为例——来看看它：的确已经充分体现基于"学"的"学语文"的教学理念和"学语文"的课程思路。

第一单元

第1课：写一段话，用上系列动词叙述做某个游戏的过程，或描写蚂蚁搬家的经过。

第2课：讨论（口头）

第3课：联系自己的生活体验，写片段作文：丑小鸭与我。

第4课：以"由方仲勇所想到的"为题，在课堂上即序发言，自定发言角度和观点。

综合性单元练习作文：

主题：成长的烦恼

方式：（一）说一说自己的烦恼。先论（交流）后写（写一篇日记）；

（二）妈妈（爸、师、友）少年时期的烦恼，以采访者身份采访：你在少年时期有过烦恼吗？是怎样对待烦恼……通过采访，做些交流，再写成一篇作文，题目自拟。

（三）替朋友解决烦恼……写一封信，帮助他化解烦恼，争取入情入理，使人信服。

第二单元

第7课：改写：以第一人称（韩麦尔先生）从上课到下课的部分内容。

1.以"我心中的黄河"为题，写一篇作文，抒发你对黄河的感情。

2.材料作文：假如你目睹这种情况，会想些什么？自拟题目写一篇作文。

3.写一则周记，总结一下参加本次活动的收获。

第三单元

第11课：①为科学家写小传——出一期"星光闪光"的情报。

第12课：②补写——为闻一多先生的事迹补充一二个事例。

第13课：①概写——用几句话概括一下贝多芬的形象；

②仿写——用写贝多芬穿着、外貌特征的方法，再描写你最熟悉的一个同学的外貌（几句话）。

单元综合：读名人传记、讲名人故事、写名人请以你最尊敬的名人为话题，写一篇作文。题目自拟，文体、字数不限。

第四单元

综合训练：以戏曲为主题写一篇作文。

1.介绍你所熟悉的某一剧种（家乡戏）（说明文）；

2.改写：将喜欢的一出戏改编写成一个小故事；

3.观后感：把在看戏、听戏、学戏的过程中的感想或有趣的经历写出来。

第五单元

第21课：写一篇阅读笔记

第22课：想象文写作：假如你像鲁滨逊一样被弃荒岛，你会怎样想？你将怎样做？

第23课：①仿写：描写景物；②写一则心得笔记。

综合性训练：以探险为话题，写一篇作文，题目自拟，体裁、自数不限；尽量写得生动、有意思。

第六单元

第27课：写信——动物是人类的朋友，试给狩猎队写一封信，谈谈你对这件事的看法。

第29课：用比较的方法，描述一个自己养过或见过的小动物。

第30课：改写——展开想象，把《狼》改写成一篇白话故事。

单元综合性练习：

1.从收集到的与马有关的资料中选一篇最感兴趣的改写成一个故事（500字）；

2.以"马，人类无言的朋友"或"马，我为你哭泣"为题，写一篇作文。

《名著导读》：仔细观察一种昆虫，模仿《昆虫记》的笔法写一篇短文（学仿写的写法）。

从以上可以看出，人教版语文教材也在努力地朝着"学语文"教学思路发展，体现着"学语文"（在这里即"学写作"）教学的基于学生学的"写作教育教学"方向发展，这种从过去单一的"作文教学"到"学写文章教学"，成为基于学生写作现状、写作需要和发展即"写情"走向更宽广、更人性化、更生活化，也更具有"教育性"的多元化"写作教育"教学发展，无疑就是从"教语文"（教作文）而走向"学语文"（学写作）教学的新路子，这无不体现着"因生活（的人）而写，为（人在）学习而写，写人在成长中的写"——从人出发为载体，突出"我"以成长过程为经，以学习发展为纬的这一"学习型"写作教学新理念。

（二）从新课标人教版语文八年级上册的"补白"中可以看到"学语文"教学的理念及思路已经得到进一步认可与实施。

现在，我们从人教版《义务教育课程标准实验教科书·语文》（八年级上册）的"补白"中，也可以看到"学语文"教学的理念及思路已经得到进一步认可与全面实施。教科书中用"补白"的形式，来介绍"学语文"的知识及方法，已显示出一种更有意思和精心的设计。这既不影响课本的编排体系，也充分展示着让学生在"学语文"教学中获得一些必要的学习方法知识。这表明"学语文"教学已被人们所广泛运用而产生了实效的。

本册书的"补白"有以下 14 条，现抄录如下：

1. 测一测你的听力

2. 养成良好的听话态度和习惯

3. 学习阅读记叙文

4. 关注记叙中的议论和抒情

5. 学习阅读说明文

6. 注意说明文的科学性

7. 学习背诵

8. 学习猜读

9. 学习浏览

10. 学习扩展阅读

11. 学习缩写

12. 学习改写

13. 学习扩写

14. 学习续写

以上 1~2 条是关于口语交际的，3~6 条是关于记叙文、说明文阅读的，7~10 是关于读写方法的，11~14 条是关于写作的。总之，所有 14 条都无不体现着为学生"学语文"而编排的，那么我们就没有理由不进行"学语文"教学。

这种"补白"，在其他年级语文教科书也有。这种"补白"，让学生从"学语文"出发，解决"学什么"和"怎样学"的问题，以及激发学习兴趣、讲究学习方法、增强学习效果，可以称之为一种新的教学法即"补白式导学法"。如七年级下册的"补白"，就侧重于"学会读书"的"学语文"教学内容，即朗读的好处、要读出感情来、朗读要注意重音、学会快读、梁启超的"三步读书法"等。过去乃至现在也有不少人在提学法指导，但是，他们不知道，学法指导其实就是一种"学语文"教学内容与形式的表现。因为学法指导，已经从学生的学习出发，以指导学生如何学为目的，在学生指导如何学的过程中加强了方法的教学。

当然，如果只拘泥于对掌握学习方法的理论知识的教，而并未让学生从具体学语文的过程及情境中去感悟学的方法，运用学的方法，以至体现学的过程中的方法的效用，那将是作用不大的，因为最根本的是学生本人未得到"学"的体验，未从自己"学"语文的实践过程中获得真实的感受、个体的感悟。所接受的所谓"学法指导"，如果不是学生在实践中自己体味、归纳和摸索出来的，光靠别人硬灌学法知识并不是"学语文"教学的真正含义和效果。

总之，从"教"的课程走向"学"的课程，有一个重要研究内容，就是基于"学"的学习型课程建设，即"以学习者为中心的课程设计与开发""以学习者的学习和发展为本"而设计与开发课程，这是"立德树人"方针下学校课程建设的一个核心理论和一项基本原则。

附：

基于"学"的课堂体验与观察的教学评价

一、《学生"课堂体验"观察表》

观察角度	观察维度	观察点例述及评价等级			
		A 级（　）	B 级（　）	C 级（　）	D 级（　）
学习常态	上课准备 专注程度 参与程度 主动程度 合作精神 学习兴趣	准备充分，对课堂很感兴趣；专注度高，积极参与课堂，能主动自觉做笔记；善于倾听与合作，在合作中出色完成学习任务。	有一定准备，对课堂有兴趣；能够随堂主动学习，有较高的参与度，能关注学习且做笔记；倾听与合作的表现较好。	准备不够；课堂上无法集中注意力；不做笔记。主动性不足。有时做笔记；有一定的倾听与合作能力。	课前无准备；对学习不感兴趣；课堂上无法集中注意力；不做笔记。不善于倾听，无合作意识与能力。
学习能力	认知能力 理解能力 分析能力 概括能力 整合能力 探究能力 思维能力	认知快；理解问题透彻，能抓住相关信息和要点分析问题；思维活跃、灵敏、有独特性；能整合知识并做出相应的归纳概括；富有探究精神。	认知较快，能获得完整的感性认识；能够理解基本概念，具有一定的分析、概括能力，思维较活跃、有一定的灵敏度；具有一般的探究行为。	认知水平一般；对知识理解难以做到正确与迅速，思维不够清晰，相关信息无法整合，能在教师或同伴引领下开展探究。	认知水平欠佳；难以准确表达自己的意思，做事缺乏计划性和条理性；不能独立解决问题；很难参与探究。

学科 素养	基础知识 基本技能 基本经验 基本品质 基本态度	学科基础知识和技能扎实、牢固；基本经验积累丰富，有良好的学习习惯及端正的基本态度；作业认真工整、快速正确。	学科基础知识和技能掌握较牢固；有一定的基本经验，有较好的学习习惯及基本态度；作业较为认真工整、快速正确。	学科基础知识和技能掌握一般；基本经验积累欠丰富，学习习惯及基本态度一般；能完成作业，但正确率低。	学科基础知识和技能掌握不牢；基本经验不够，学习习惯及基本态度欠端正；作业难以及时完成且差错多。
语言 表述	音响度 清晰度 逻辑度 准确度	声音清亮，口齿清晰；乐于表达，善于表达，表达准确流畅，富有逻辑性；口语交际水平高。	声音较清亮，口齿清楚；能有效回答老师提问；能表达出自己的意见，语言思路较清晰。	声音欠响亮，口齿欠清晰；不太愿意或难以表达自己的意见；语言表达能力较弱。	声音较小，口齿有些含糊；很少发表自己的意见；语言表达能力弱。
特长 表现	对问题分析及观点超常独特； 思维反应特别灵敏； 有特别的潜能、特长与天赋。				

二、几点说明

（一）目的意义

《学生"课堂体验"观察表》，旨在追求新的教学评价观，即基于"学"的教学评价，真正属于教"学"的评价，体现"以学为本、为学而教"的先进教学理念和新课程改革精神。

（二）内容解读

1.《学生"课堂体验"观察表》，共设置四个基本观察角度和附加特设考察项目。四个基本观察角度共设 21 个观察维度。分别为：

（1）学习常态：包括学习准备（心理准备、资料准备、学习情绪、精神与气息等准备）、学习活动、学习兴趣与习惯、学习策略与方法、学习意识与意志、合作精神（参与意识、倾听意识、协作意识、组织意识）。着重考察上课准备、专注程度、参与程度、主动程度、合作精神、学习兴趣等六个维度。

（2）学习能力：包括以提升学习效率为目的的注意力、记忆力、理解能力、思维能力、分析能力、计算能力、视觉能力、听觉能力等方面学习所需要的能力。着重考察认知能力、理解能力、分析能力、概括能力、整合能力、探究能力、思维能力等六个维度。

（3）学科素养：包括学科基础知识、基本技能、基本经验、基本品质、基本态度等。着重了解有关学科基础知识的掌握、基本技能的应用、基本经验的积累、基本态度的端正与否、学科思想与方法的形成、学科文化的积淀、学科知识结构与发展等。学科基础知识，由学科基本符号、基本事实、基本概念和基本结构组成；学科基本技能，从广义的知识观来看，实际是个人习得的一套程序性知识并按这套程序去办事的能力；学科基本经验，是指学生在学科学习过程中的经历和体验；学科基本品质，即帮助学生掌握学科基础知识、形成学科基本技能的过程中，必须养成的良好的基本道德品质；学科基本态度，即指反应出来是对生活的态度，积极、向上、乐观、豁达的学科生活态度。着重考察学科基础知识、基本技能、基本经验、基本品质、基本态度等五个维度。

（4）语言表达：包括口头语言表达（回答问题与对话交流等方面的口语交际水平）、书面语言表达（含书面作业的语言组织水平及书写正确、规整的水平等）、学科语言的形成水平（涉及相应学科的专业术语的使用及规范流畅的表达水平等）。着重考察音响度、清晰度、逻辑度、准确度等四个维度。

（5）特长表现：在课堂上出现具有特别意义的情况，如对问题的超常分析与观点、思维反应特别灵敏、智商特别高、有特别的个人潜能、潜质、特长与天赋等。在观察记录时，只作"有"（写明是什么）和"无"的观察及其客观描述，不给予等级评价。供录取参考，或列入同等条件下的优先项目。

（三）操作要领

1. 本表适用于所有的学生"课堂体验"活动。以 21 个观察维度作为考察指标，在表中所列若干"观察点例述"，是对 21 个观察维度的考察指标作出一些例析，并非代表唯一，尽可能结合学生的课堂表现和以上内容解读，作出一种关于整体发展和综合素质的客观评价。

2. 本项目强调学生的活动体验，则要求教师转变观念和教法，切实为学生创设课堂体验活动情境，全面领会与准确把握教学内容，组织开展好能充分体现学生听、说、读、写、算、思、议、练等多种"课堂体验"元素的教学活动，让学生真正有所体验和感悟以及形成良好的学习状态（常态）、学习能力、学科素养和语言表述行为，以体现专业性和为学性。

3. 教师对学生进行观察和记录其课堂体验的表现，然后作出评价。评价时需要全面掌握所有观察评价指标（必要时可补充恰当的相关观察点内容），严格区分好四个等级之间的准确判断。

（本文原稿于 2010 年 10 月，后补充修改于 2014 年 12 月，系为教学督导与课程交流的论文。）

谈德胜学校校本课程建设的实践研究

　　我校课题组自承担顺德区"德胜学校校本课程建设的实践研究"立项课题（重点）研究以来，大家开始热情饱满，态度积极，及时开题，并按课题计划与要求，自觉加强理论学习，查阅资料，开展调研分析，同时结合学校实际投入实施，取得了一定的阶段性成效。

　　但是，后来随着人员变动导致研究工作碰到卡壳、遇阻、犯困，甚至尴尬。其实这就是"问题"，为此开展反思、讨论进而解决，无疑是一种正视而又非常关注的良好表现。当然，这也给了我们一个新的话题，成为今天我们为什么坐在一起开会的缘由之一。

　　现在，我也就这一问题谈三点意见。

一、课题研究定位

　　1. 对研究内容有新的认识。

　　本课题的研究主题是"德胜学校的校本课程建设实践"，是不是就只局限于"校本课程"这一块呢？答案是否定的。因为我国新课程改革将课程管理与开发分为三级课程：国家课程、地方课程和校本课程，这些课程最终都是在学校实施的，包括管理和再度开发乃至整合，于是便形成一种相辅相成的不可切割的"三位一体"式的"学校课程"。所以，我们在探究"校本课程"时就难以避开对"国家课程""地方课程"在学校的实施情况以及三者之间的关系，尤其要弄明白基于国家课程、地方课程和校本课程为一体的"学校课程"体系，则显得十分重要。只有弄明白三位一体化的"学校课程"体系，才有可能做好对"校本课程建设实践"的研究，也就是对开展"德胜学校的校本课程建设实践"研究才显得有前提、有依托，才表明其科学性和系统化。

　　（1）"三化"建设：校本课程的规范化、精品化、个性化。

　　（2）"实践"研究的含义有以下三个层面：

　　①关于实践的研究；

　　②对实践进行研究（以实践作为对象开展研究）；

③用"实践"的方法对校本课程建设进行研究。

实践研究，实际上是一种"准实验"研究，一种行动研究，一种工作性研究。北京师大裴娣娜教授说："中国的教育实验研究，大多是对教育理念的实验。"那么，我们的"校本课程建设"的实践研究，也无疑是对关于校本课程建设的一种理念的实验研究，所以，我们课题的第一要务就是要亮出理念，即主张或设想等。为此，我认为我们学校的校本课程建设实践的核心理念是上述的"三化"建设：规范化、精品化、个性化。

2. 基于本职工作的研究

是将自己所直接从事的课程开发、教学及管理的工作，拿到课题科研的角度和高度而进行一种更具科学含量、专业水准、高效优质的研究。

3. 要重新认识和强化本课题的六大基本理念

（1）本课题的主题是"建设"，即校本课程"三化"建设：规范化（标准化）、精品化（优质化）、个性化（选择性）。

（2）本课题的核心理念：以学生发展为本。

（3）本课题的关键词：（校本课程的）效益、发展、创新。

（4）本课题的研究特点：与本职工作相结合，与学校改革创新相统一，与师生发展相匹配。

（5）本课题应致力于以下"三点"下功夫：

①找出亮点（如CCA课程、领袖培养、游学活动等）；

②总结特点（如清华附小是整合、北京十一学校是选择，我校是什么，可否叫建构？）；

③突破难点（目前课题难点到底是什么？是否认识欠足、态度欠正、机制欠佳、氛围欠浓、能力欠够，是否只说不做、只做欠总结、有总结没不上高度新度深度）。

4. 研究思路及内容调整

按照课题以"三化"建设的基本定位来看，要通过整合而形成以下三类研究内容的研究思路：（1）规范化研究；（2）精品化研究；（3）个性化研究。

为落实以上研究思路，从学校发展及现实需求出发，重新调整原设的四个项目组而为三个项目组：（1）校本课程规范化建设的研究项目；（2）精品课程建设的研究项目；（3）特色化课程建设的研究项目。

原定的"生命教育课程项目""社会实践活动项目"作为具体的课程门类参与以上"三化"之中进行研究：先规范化，有条件的可进入精品化、个性化的研究范围。

二、目前课题研究工作回顾

1. 准备阶段

我们在准备阶段（2012 年 8 月—2013 年 3 月），主要完成了如下工作：

（1）确定选题，填写课题申报评审书，向区教育局科研办申请课题立项。

（2）获准后认真筹划课题开题会议活动，确定参加课题研究的有关人员，确立各项研究的主要承担人，落实各项研究的研究计划。

（3）进一步制定研究实施方案，准备课题研究的有关资料，分别写出如《德胜学校"校本课程建设"课题的实施计划》《"德胜学校校本课程建设的实践研究"开题报告》等。

（4）开展调研活动，对本校多年来开展校本课程工作进行了调查分析和整体反思及对存在问题进行了研讨与整改，写出了《对我校校本课程的一些分析与建议》。

2. 实施阶段

在实施阶段（2013 年 4 月—2014 年 12 月），也叫研究中期。目前已主要完成了以下有关工作：

（1）各项目组按研究内容及计划开展学习校本课程理论、分析研究校本课程的现实问题及具体对策。

（2）初步开展了有关行动研究、理论研究，分别组织了专题研讨和调查分析及有关交流展示活动。主要是启动了规范化课程工作，对原有校本课程进行了跟踪调查、筛选整合、优化重构，不断形成校本课程的规范化与科学化，从而为开发创造精品课程、为构建具有德胜学校特色的结构化课程体系打下了基础或创造了条件。

（3）部分项目组进行了总结，形成了一批阶段性成果，积累了一定的经验，当然也发现了不少问题。

3. 主要研究成果

基于此，我们集中开展了以下两方面研究：

第一，开展以创新课程板块、形成科学合理的"结构化"学校课程新体系的研究，使学校课程形成科学合理的"建构性"课程——双板块"4+3"学校课程新体系。

这里的双板块有两层含义：

一是指从课程开设内容和结构上，将发生在学校的所有课程统整为以下两个板块课程；二是从课程开设时间和方法上，将发生在学校所有开课时间统整为两个板块的作息时间段。

第二，集中开展了以 CCA 课程为主攻对象的第二板块课程即校本课程的开发与实施。

据统计，我们目前已开出基于"结构化"与"个性化"新概念下的三类校本课程达数十门。比如：课程辅助活动（CCA）、公民与道德教育（CME）、社区服务计划（CIP）。

特别是课程辅助活动（CCA），是我校改革的重要举措，也是我校改革的最大亮色。课程辅助活动（CCA），分为五组：A 组是"体育与游戏"，B 组是"制服团队"，C 组是"艺术表演"，G 组是"社团活动"，E 组是"学科竞赛"。

上述五大 CCA 课程项目，包括体育活动、艺术活动、俱乐部活动和培养技能与特长、培养领袖才能与气质等有个性化特色和深度发展的活动课程。

三、对课题工作的理性（务虚）思考

1. 用"一分为三论"导出最有水平的成果总结

现实告诉我们：凡是写一份总结，不能以旁观者的态度来对现象作出就事论事的陈述或者只做出表层的描述；也不能只做出"我是这样、我是这样、我还是这样"的单一的赘述。而应该是作出一种本质的逻辑性的回答："我是谁、我从哪里来、我在何方（我往哪里去）"。可以说，这是自古以来人类不断追求而又深刻困惑的问题（其实这是一个哲学问题，更是哲学中的一个新论点"一分为三论"的问题），这才真正是我们"对人生的一种终极解释或终极意义的人文关怀"而所做的总结。我们的工作总结是如此，我们的教育工作何尝不是如此，比如：课程的设计与开设、课堂的有效实施等，同样课题研究更是如此。

总结工作要实现如此境界，才有真实性、深刻性和价值性。为此要基于"一分为三论"：关于超越对立的思考，关于整体的系统存在的思考，关于事物对立统一的辩证思维。"一分为三论"认为，事物的发展变化通常是按"一分为三"的规律进行的。比如治理，古为人治（被统治者称为"德治"），后为法治，而现代发展到最佳的第三种，即德治与法治相统一。学校管理又何尝不是这样，我们的任何工作乃至生活、学习又何尝不是这样：走哪一个极端都不行，极端就是极度、极限——勿左勿右。智者则在左右逢源中走出第三条道路（这也不再是人们常说的简单意义上的所谓"中庸""中间"之道）。

我也在力图体现：一是务实，二是务虚，三是虚实结合，我看重并坚持的

则是第三种，即"三分思维"（第三思维）或"多分思维"（发散思维）。这也是我终生为之追求的思想方法和学习、工作、生活的基本准则。

2. 提升成果内涵质量要克服以下八个基本问题

（1）在选题上不能只有观点而少创见；

（2）有主题上不能只有亮点而缺特色和高度；

（3）在题材上不能只当搬运工而不会灵活处理和取舍；

（4）在问题分析解决上不能只说老套话而无真正的良策；

（5）在课程开设的做法上不能想当然而查无理据；

（6）在理论构建上不能只喊雷人的口号而欠合理性及学术体系；

（7）在结构布局上不能只有一般性工作总结的写法而缺乏课题研究的专业成果写作不齐备的要素及模式；

（8）在表达上不能只有平述、例述、泛述而缺乏科学归纳、缺乏专业术语、缺乏准确流畅的言语。

3. 真正了解课题成果缺乏质量的主要问题

（1）内容缺乏鲜活。材料俗套和空泛。

（2）论述缺乏学理。分析和逻辑论述，只作一种工作性的措施陈述或者不挨边的"大理论"说教。

（3）文本缺乏规范。文本要素不完备，结构不符合科研报告的规范要求，未能正确、完整地呈现一篇科研报告应具备的基本要素的行文要求（如：题目、作者、摘要、关键词、正文、参考文献等，正文又可分成四个或五个部分）。

（4）语言缺乏功力。或者不符合所写论文文体要求；或者不符合学术语言的严谨、精准、平实的特点，有些还过分文学化或口语化，缺少专业术语和科研特色。

4. 为课题成果寻找更有价值意义的创见及效果

一项研究有没有价值，虽然从课题上能反映出来，但是，课题本身只提供了实现价值的可能性，还不是真正的价值，课题的真正价值只能通过研究过程、研究结论最终得以实现。而价值实现的大小，往往决定于有没有更具意义的创见及效果。

科研的意义在于"呈现一种科学研究的结果"，在于把一个个"原生态"的自然事实、现象研究清楚，形成有一种让人清醒、启发、感悟的理性认识，从而转化为获得认识世界、改造世界的管用的知识与本领。研究成果的创新价值，最终体现在四个方面：提出新问题，研究新对象，采用新方法，得出新结论。而不是去重复别人的研究，概括别人已经得出的结论，或模仿别人已有的经验及做法。要知道：一万个人重复别人或前人的观点及做法，仍然只有一个观点及做法。

要为课题成果寻找更有意义的创见，还要积极思考研究有意义有创见的课程与教学到底是什么？学生最需要学校教什么（课程）和怎么教（教法）。我认为，应该是基于"学生"和"发展"的课程与教学，不是你学校只有什么课程和教法，而是要为每一个不同的学生提供不同的课程与教学。那么更有意义、更有特色和创见的校本课程便应运而生，你也就自然会成为一位有创见的研究型教师和特色校本课程开设者。

（本文写于 2014 年 2 月，在德胜学校"校本课程建设"课题中期检查会上的发言）

"课程衔接"：学校课程建设的一个深层次问题

摘要：课程衔接，是指"连接各种不同的课程内容或学习经验，使它们之间相互发挥累积的最大效果以达成课程目标"。目前学校课程创新往往创而不新，大多与课程衔接缺失有关。课程衔接缺失，已经成为一个影响或干扰学校课程创新效益的深层次问题。学校课程深化改革，更需要的是课程建设和课程创新，不能只"破"而不"立"。而"立"的一个重要方法，就是课程衔接。缺乏课程衔接意识和衔接行为的课程创新，是缺乏质量和效益的课程设计，是缺乏意义和水平的衔接创新。注意处理好学校课程创新与课程衔接的有机统一，就会让学校课程创新能走向有理创新、有序创新、有效创新。

关键词：学校课程创新；"课程衔接"；问题；对策

一、坚持基于课程有理创新与有序设计的课程衔接

1. 什么是课程衔接

课程衔接，本是指"课程组织的一部分"，是指"连接各种不同的课程内容或学习经验，使它们之间相互发挥累积的最大效果以达成课程目标"。

英国学者迪瑞克特对课程衔接提出了四个关键概念：转衔、联结、继续、

结构。奥利维尔将课程衔接分为"垂直衔接"和"水平衔接",前者是继续性,后者是整合性。奥勒斯坦也将其分为继续性、顺序性和相关性。

我国学者也对此有过许多研究。比如,重庆师范大学胡春光博士于2010年8月发表在《武汉商业服务学院学报》(第24卷第4期)的论文《课程衔接:含义分析、学理基础及主要问题》中说:"课程衔接是决定课程的范围和顺序"。"课程衔接不只是两个教育阶段教学内容的过渡,我们更应该持一种开放的、动态的课程理念来审视课程衔接,立足于学生的和谐发展和终身发展,使课程衔接既体现出合理的层次性,又体现出良好的过渡性和连贯性",使之成为学校课程创新的可能性和实效性。并提出课程衔接应坚持四个原则:继续性、程序性、均衡性、统整性。

2. 课程衔接:直接影响学校课程创新

目前,学校课程的创新往往创而不新,大多与课程衔接缺失问题有关。关于课程创新中的课程衔接缺失问题,现在已经成为一个影响或干扰学校课程创新的顶层设计效益的深层次问题。注意处理好学校课程创新与课程衔接的有机统一,就会让学校课程创新能走向有理创新、有序创新、有效创新。要知道,缺乏课程衔接意识和衔接行为的课程创新,是缺乏质量和效益的课程设计,是缺乏意义和水平的衔接创新。

可以说,课程衔接是当前学校课程创新的关键要素。因为,学校目前已经到了要提高课程创新质量的时候了,如果还是一哄而上的所谓的"创"和一味的"新",那么就失去了学校课程创新的原本目的和真正意义。课程如果不加以适当、合理的组织和衔接,将是支离破碎、凌乱不堪、毫无教育意义的。

二、目前课程衔接的缺失现象、原因及对策

1. 目前课程衔接的缺失现象

(1)学段的纵向课程之间未能形成合理的发展之序,尤其是九年义务教育阶段课程与高中阶段课程之间的衔接,基本上是脱节的或承接不到位的;

(2)学段内的各学科之间的课程也因强调各自学科知识特点和学科知识结构完整性而忽略了与其他学科之间的必要衔接;

(3)国家主干学科与校本课程之间的有机衔接,也往往错位或者被忽略;

(4)国家课程中的所谓主科课程和副科课程之间的衔接,比如,往往注重语数外等,忽略音体美等;

(5)只注重从教师"教"的层面的课程衔接,却忽略从学生"学"的角度

（学情即学习经验、学习困惑与问题、学习兴趣与追求等）来考量课程的衔接。

（6）由于过分强调创新而导致新旧课程之间的整体而科学的衔接；

（7）近十年以来产生的"新课程新理念"与推行几十年已形成传统的"凯洛夫教育学"之间而形成的课程隔阂或矛盾，也导致课程难以衔接；

（8）"一标多本"的多样化教材也让课程演绎和解读不同而导致课程衔接的困难。

2.造成课程衔接的缺失现象的基本原因

（1）学校课程创新，目前一般只注重课程结构与形式的变化，比如"整合""构建""选择""走班化"等，来不及对如何把课程理念、课程内容、课程结构形式、课程实施及课程评价等各种要素，做出其经纬网络型的正向衔接，以实现有机衔接、有效衔接、有效衔接，却还做得远远不够，甚至被忽略掉。

（2）各种学科课程之间缺乏一种衔接机制，最终导致许多课程内容重复、交叉，或者脱节、矛盾，或者缺乏积极衔接，导致不少课程只有其名分，缺乏恰当的课程形态与方法，缺乏相应的课程内容与理念，也缺乏相应的课程评价机制。

（3）学科课程内部在教材、教法、学法之间，在教、学、考之间，在知识、能力、素养之间，还没有找到一个较为科学恰当的衔接规律和操作办法。

3、课程衔接的主要手段和方法

（1）用更为先进、合理的课程理念来衔接；

（2）用更具有发展意义的课程结构形态来衔接；

（3）用若干具有辅助性、拓展性和粘合性的"特色课程"来衔接。特色在这里即指具有衔接"特质"的成分或元素；

（4）要注意课程的内衔接与外衔接、显衔接与隐衔接、有意衔接和无痕衔接；

（5）要注意正式课程与非正式课程之间的互动衔接。即非正式课程辅助正式课程，正式课程辐射或引领非正式课程等；

（6）要注意必修课程与选修课程的衔接，注意学科领域、类型、模块之间的衔接，注意教材呈现单元与主题立意之间的衔接等；

（7）要讲究课程衔接策略，制订有关方案来让课程衔接。如：启动衔接、变化衔接、终止衔接等；

（8）课程衔接的要素：主题、概念、内容、能力、活动；要兼顾知识、学习者、教师、教育环境等制约课程的四个架构。

三、德胜学校关于课程衔接的实施

1. 开展了课程衔接的顶层设计

近几年，广东德胜学校基于深化教育综合改革的背景和课程创新的理念，将包括"校本课程"在内的学校课程进行了结构化的有机衔接，在学校课程"双板块 4+3"创新体系的顶层设计中，把国家基本课程用"第一板块、四大类型"而做出了再建性衔接，把"校本课程"的开发与实施、"特色课程建设""地方课程"等以及"国家课程"中容易被边缘化的"弱势群体"课程（比如艺术、体育与健康及"综合实践活动课"等）一并加以科学整合，形成了与国家基本课程"第一板块、四大类型"相对应的校本特色课程"第二板块、三大类型"，这样就实现了国家与学校、基础课程和辅助拓展等课程、第一课堂与第二课堂、学科课与活动课、必修课与选修课等之间的有效衔接，特别是用"双板块"并列衔接的方法，大大提升了那些不受重视而被边缘化的"弱势群体"课程的地位，激活了这些课程的功能作用。

2. 注重了学科课程内部具体的有效衔接

学校课程不仅有了创新衔接的顶层设计，还在具体实施中以学科课程内部具体的有效衔接为重点，进行了课程衔接点的科学完善，收到了较好的效果。

例如：德胜学校的"观鸟社"活动课程，是在学校课程创新的顶层设计下开得颇具特色和效果的一门拓展性课程，可以说对生物学科素养培育进行了有机衔接、有效拓展。

初中生物学教材中有一节内容为"鸟类知识"（生物学八年级上册 P30~34），但仅介绍了有关"多种多样的鸟""鸟的主要特征"和"鸟与人类生活的关系"的基本常识。这远未满足学生中那些鸟类爱好者的求知需要，于是，学校便组织以"观鸟社"为平台的社团活动形式来开设一种拓展型的拓展课程——"观鸟社"活动课，夏钦丽等老师在详细介绍了鸟类的主要特征、分类和分布的基础上，还带领学生通过观鸟——这一风靡欧美的活动，来了解观鸟的历史、意义以及进行野外研习的方法和技能等，有效拓展了生物课堂中有关鸟类的知识，开阔了学生的视野，促使学生进行关于环境生态等诸多方面的思考，引发深层次的探究。这种以学生兴趣为出发点、以学生渴望超越书本的直接体验为拓展点的课程设计，无疑是一种富有人性关怀的课程创新。

作为与生活联系密切的生物课，如果不走出课堂，走进大自然，那也枉为一门"生"物课，或者说是一门不很完整的生物课。事实表明，学生很想走进大自然，获得超越书本的直接体验。于是学校积极创造条件，让课程走出校门，让教育不再有"围墙",开设了"观鸟社"活动课这一类让学生直接获得体验、认真探求生活真实的课程。通过一系列的户外实践活动,引导学生发现问题,提出了诸如"鸟类的迁徙与地磁的关系""校园观鸟点的设计""叉尾太阳鸟为什么喜欢红色的花?""校园里白头鹎鸟巢的调查研究"等小课题,并在老师的指导下进行研究,既有了答案,也有了"观"的体验,丰富了生物学科知识,扩大了视野,还掌握了一些科学的研究方法,提高科学研究的能力。可以说,为学生获得体验、探求真知而开设了一门零距离的"无缝"衔接的课程。

据了解,观鸟活动在广州、深圳等地许多中小学都有开展,但大部分学校没有以课程的形式在学校常态化开设,只是每学期开展几次观鸟讲座或户外实践,而该校的观鸟社活动是作为一门课程分别在初一、初二两个年级开设,每周有固定的上课时间、师资、教材内容、实施过程与评价等一整套课程要素。可见,这种观鸟社活动课程化,与传统的活动课相比,的确具有它的创新之处。

总之,随着课程改革步入深水区,学校课程深化改革,更需要的是课程建设和课程创新,不能只"破"而不"立"。而"立"的一个重要方法,就是课程衔接。实践表明,做好了课程衔接,学校课程创新就有可能向其深层次发展,从而带来学校课程建设与创新的流畅,以及丰硕的结果。

（本文于 2015 年 11 月参加全国第五届基础教育课程论坛交流,入选大会《论文集》）

请为"非正式课程"找个位子
——兼论"正式课程"和"非正式课程"的整体构建

大家都知道,课程是指"学校学生所应学习的学科总和及其进程与安排"。广义的课程,是指"学校为实现培养目标而选择的教育内容及其进程的总和",它包括学校的各门学科和各种有目的、有计划的教育活动。随着课程改革的深入推进,现在我国已采用更加广义的课程概念,那么也随之出现许多关于课程新概念的"加盟"及其应用,给"非正式课程"正名便是一例,并呼吁:要加强"正式课程"和"非正式课程"的整体构建。

一、从目前社会的"非正式"现象谈起

随着世界发展的变化，越来越较多地看到一类这样的事物：不以正式的名义出现。例如：政治外交上的"非正式会议""非正式组织""非正式成员""非正式会谈"和"庄园会晤""瀛台夜话"等，日常生活中也有许多在正式活动之前的"小吃""试吃""试衣""体验店"等，学校教育中的"课前预习""课前五分钟演讲""课后复习""课余辅导""课外作业"等，还有当今"微时代"所带来的"微文明、微电影、微信、微课程、微写作、微阅读"等，都无不带着那么一点还不够"正式"的自谦的味道，但又不甘示"弱"地表现"小中见大"的意思，那么就用"微"来表示它的正式存在，终于努力地为自己争得了"正式"的一席，那就是"微××"。

现在连中央电视台春节联欢晚会在除夕正式演出之前的彩排，也对观众开放，似乎也成为一种"非正式演出"，却也同样收到了演出效果，成为一种演出活动。还有国家、企业、单位之间签订正式协议之前，不知有多少谈判、协商、交流、听证等活动，相对于"正式协议"而言，这些活动似乎不太正式，但其实都是一种连着"正式"而开展的"非正式"活动，实际上比"正式"还重要，还起作用。导致非正式事物的不断出现，有时候发挥了比正式还要大的作用。

由此可见，非正式现象的出现和普及，是当今人类追求思维上的多元多维、做事上的求异求新的特异化表现，是一股不可忽略、不可抗拒的新生力量。现在，让"非正式"成为一种正式，是创造一个多元化、个性化时代的必然之路。

当我把这种"非正式"现象的发现当作发现"新大陆"而自我陶醉并展开研究时，却让我更为惊服的情况是，世界上竟然已对"非正式"做出了许多研究，还出了许多"正式"的业绩成果。

二、非正式课程的提出与建构，出于三种理论或实践基础

1. 社会上已经生产越来越多的"非正式"概念和"非正式"事物

社会上许多因与"正式"而产生的"非正式"名称，形成了一批"非正式"概念及其产物。比如：

（1）非正式组织。是"正式组织"的对称。最早由美国管理学家梅奥通过"霍桑实验"提出，是人们在共同的工作过程中自然形成的以感情、喜好等情绪为基础的松散的、没有正式规定的群体。人们在正式课程组织所安排的共同工作

和在相互接触中，必然会以感情、性格、爱好相投为基础形成若干人群，这些群体不受正式课程组织的行政部门和管理层次等的限制，也没有明确规定的正式结构，但在其内部也会形成一些特定的关系结构，自然涌现出自己的"头头"，形成一些不成文的行为准则和规范。非正式课程组织，自发形成的团体。

（2）非正式制度。又称非正式约束、非正式规则，是指人们在长期社会交往过程中逐步形成，并得到社会认可的约定成俗、共同恪守的行为准则，包括价值信念、风俗习惯、文化传统、道德伦理、意识形态等。在非正式制度中，意识形态处于核心地位，因为他不仅可以蕴涵价值观念、伦理规范、道德观念和风俗习性，而且还可以在形式上构成某种正式制度安排的"先验"模式。对于一个勇于创新的民族或国家来说，意识形态有可能取得优势地位或以"指导思想"的形式构成正式制度安排（或正式约束）的理论基础和最高准则。

（3）非正式控制。非正式控制（Informal Control）又称非制度化控制，是指以风俗、习惯的形式控制社会成员的控制类型，虽然"什么可为""什么不可为"，并无明文规定，但社会成员经过社会化过程后对此都已了然在胸。

（4）非正式解释。可分为学理性解释和宣传性解释，这虽不具有法律效力，不能直接引用，但对法律适用有参考价值，对法律的实际适用有着很大的说服力。

（5）《非正式会谈》。这是湖北卫视推出的一档新节目，以模拟会谈的形式，由主持人和十几名各国青年围绕一个话题进行讨论交流甚至争论。以年轻人最苦恼的议题来讨论，从不同的角度审视年轻人的烦恼，试图求得更加明朗和独特的解答。

（6）《非正式制度经济学》。这是 2010 年山东大学出版社出版的一本图书。《非正式制度经济学》是关于研究"非正式制度经济学"的专著，书中包括了：非正式制度经济学的理论基础、民间传统的复兴与非正式制度安排、熊彼特的制度演化理论及其与马克思理论的比较、福利经济学的制度理论及其与马克思理论的比较等内容。

（7）《鼓励非正式》。这是 [英] 德斯·狄洛夫；出版者：东方出版社；出版时间：2010 年。本书详细介绍了布兰森经营企业的传奇经历。他善于和媒体沟通，爱护员工，经营企业大胆心细，谈判技巧无人能敌，挑战行业巨头为他赢得了民心，他支持环保，筹得 30 亿美金用于生物燃料开发，表达了对抗全球变暖的决心，他是个无可争议的传奇人物。

2. 非正式学习理论的出现务必促进非正式课程的提出与建构

20 世纪 50 年代，国外就有专家学者首次提出了正式学习、非正式学习的概念，但对其开展研究和关注，则是从 20 世纪末开始的；近几年，我国学者对于非正式学习的研究也开始重视起来。

国内外研究成果表明：学习可以分为正式学习（Formal Learning）与非正式学习（Informal Learning）两种基本形式。

正式学习的定义，是以课程、任务、研讨会等形式展开的教学活动。（无论是否是在教室中进行还是在线进行）例如：自成一体的教学为练习和测试提供了一个结构完整的、全面广泛的、合乎逻辑的处理途径。

"非正式学习"指在非正式学习时间和场所发生的，通过非教学性质的社会交往来传递和渗透知识，由学习者自我发起、自我调控、自我负责的学习。非正式学习无处不在，生活中随时随处都能发生，当它融入人们的生活、自然的发生时是很有意义的。非正式学习可以是有明确目的的也可以是偶然性的。

这种关于"正式学习、非正式学习"理论的正式提出，为我们学校教育特别是课程建设提出了一个不可回避的课题：教育是直接面向学习的，可以说教与学是相辅相成的一体化关系，既然现在有"正式学习、非正式学习"的概念，那么学校教育也应该有"正式教育、非正式教育"和"正式课程、非正式课程"等相应匹配的概念，以及相关两种课程的一并开发与实施。

学校课程，本来就有这一类无形的课程现象，只是不给位子，不给正名，有时叫"课前活动"、有时在"课余学习""课外兴趣小组"，有的叫辅助课程、个别辅导，有的叫课程拓展，有的叫社团活动，有的叫第二课堂，有的叫读书沙龙，有的叫游学，有的叫社会实践，有的叫课堂体验等，其实都是作为"教育活动"而发生课程功能的非规则性课程。我们不抢那些已经"明媒正娶"的正式课程位子，也不与那些处于"主干课程"地位的正式课程争锋，只求与正式课程并存而发挥好自己的本分作用：辅助、拓展与提升。实践表明：学校教育中的"课前预习""课前五分钟演讲""课后复习""课余辅导""课外作业"，"导师教育活动"等之类的教育活动，完全可以与那些处于"主干课程"地位的正式课程同列而作为一类课程的名分出现，在与正式课程相照应时姑且称为非正式课程，在具体情境中可以有各自的说法，或待条件成熟时再产生一个统一的名称。

由此可见，关于非正式课程的提出与建构，既有了可以借鉴和支撑的理论依据和经验，也完全有丰富的实践基础和条件。所以，从广义的课程含义和加强课程建设出发，为"正式课程"和"非正式课程"的整体构建而做出新的探索。

3. 目前学校普遍开展除正式课程以外的"课外"活动，本来就已经成为非正式课程的雏形

原国家教委 1992 年 8 月 6 日关于印发《九年义务教育全日制小学、初级中

学课程计划（试行）》和二十四个学科教学大纲（试用）的通知，在"课程设置"中明确规定："课程包括学科、活动两部分"。这是首次把"活动"纳入课程体系，改变了以往单一学科体系的课程形态，从而产生了课程结构的两大类型：学科课与活动课。"学科"有若干种含义。第一种含义是：学术分类。即指"一定科学领域或一门科学的分支"。"活动"是指"由共同目的联合起来并完成一定社会职能的动作的总和"。

三、给"非正式课程"正名：整体课程观的又一次深度发展

（一）由"正式学习"和"非正式学习"理论推及学校"正式课程"和"非正式课程"概念的成立

1. 人类学习从来就是在"正式"与"非正式"的相辅相成中度过

人类进入文明时代，就与学习不离不弃，而且这种学习总是在"正式"与"非正式"的相辅相成中走过。当然，"正式学习"总会被人们所看重，因为一般被认定它是以"自成一体的教学为练习和测试提供了一个结构完整的、全面广泛的、合乎逻辑的学习处理途径"，有"自成一体的系统/以教学事件为条件""以专题方式提供全面的、合乎逻辑的练习与应用"，有"要素设计、明确的结构（内容模块和组织方式等）和角色、特定的学习目标"，通常也有"开始和截止时间"。而恰恰相反，那些"发生在学校、教室、课堂之外"且"随机发生的，自然存在的"，有可能还"未经组织的计划和安排、没有明确的教学结构的学习"，往往被认作为学习上的"不正规、不成体统"，而被称为非正式学习。但是这实为一种非常重要的学习活动乃至课程形式。所以，"非正式学习"理论便应运而生。

"非正式学习"理论指出：凡在非正式学习时间和场所发生的，通过非教学性质的社会交往来传递和渗透知识，由学习者自我发起、自我调控、自我负责的学习，都叫非正式学习。非正式学习，包括信息和内容在内的一切事物，会议、书籍、网站等等，或者是非正式的人与人的交流，例如交谈、讨论、会议等。几乎是在不知不觉中，你都在任何地方向任何东西学习。非正式学习可以是有明确目的的也可以是偶然性的，正式学习与非正式学习的学习结果都可能是预先期望的也都可能是偶然性的。有些非正式学习具有清晰的目标，多数时候非正式学习的目标并不是清晰明确的。

2. 哲学规律表明："正式课程"与"非正式课程"也能够相辅相成

唯物辩证法告诉我们：事物都是对立统一的，都具有一定的系统性和整体结构。比如说，学校教育有教的一面，也有学的一面；有共性的统一的一面，

也有个性化的差异的一面；有正式的一面，也有非正式的一面；而且都是相互作用与支撑的。目前，随着人们对事物发展的再认识越来越深入全面的时候，尤其对"正式与非正式"有了更深度理解和有效推广应用，因此在各行各业都相继发生并流行许多"非正式"的概念，关于非正式的说法或做法也越来越多，越来越广泛地发挥作用。例如：非正式组织、非正式会议、非正式制度、非正式管理、非正式会晤、非正式学习等。

所以，我们一定要树立这样的意识：事情不能只有正式的，也应该有非正式的，而且有时候的非正式甚至比正式更有存在的价值和实际需要，当非正式的一面被发掘和重视起来，那么也帮助和促进了正式一面的功能与作用的发挥。基于此，我们完全有理由相信："正式课程"与"非正式课程"的相辅相成，是一种客观规律的反映和哲学道理的体现。

3. 课程发展观：完全可以让"正式课程"与"非正式课程"走在一起

现代课程理论也告诉我们：由于学与教是紧密联系的，学习与课程也是统一的，"学什么，就教什么和怎么教"已经越来越成为一种课程新认识，由此我产生一种想法：既然人的学习有"正式学习"与"非正式学习"之分，那么与之相关联的课程也应有"正式课程"与"非正式课程"之分。

过去，国内外对于课程的认识与研究，往往只盯住"正式课程"者居多，而对"非正式课程"却很少认识和探究。随着人们对"非正式学习"行为的认识活动被认知以后，国内外对"非正式学习"研究正在深入发展。后来，又随着国内外对"课外"实践活动、课外辅助性活动、课程拓展性活动的开展及其理论总结，也有呼之即出的感觉：对类似于课程活动或起到了课程功能作用却又排斥在国家及学校的所谓"正课"之外的这类学习活动也该有一个名分，所以构建一种相对应于"正课"即"正式课程"的"非正式课程"，也就是顺理成章和应运而生的事情了。

目前，为了逐渐认可并开展这些具有似乎"在野性"特征的课程，而把国家和学校正式开设且需参加统测或升学考试的课程称作"正课""文化课""基础课程、主干课程"等。这些课程由于种种原因却得到了出乎寻常的格外的关注，也标志为什么是"文化课""正课"等，其实凡能进入人类传承、发展而学习的课程都具有文化的元素或文化的特质，无所谓有"文化课"和"非文化课"之分，但从课程形式来说，倒是"正课"即正式课程与起到辅助、拓展、实练作用的"非正式课程"。启用"非正式课程"概念，完全可以让它们名正言顺地走进"课程"范畴，登课程的大雅之堂，让"正式课程"与"非正式课程"走在一起，以形成课程的一体两翼的之一翼，再也不要从本是另外一种课程分类角度而言的

"校本课程"中寻找归宿、总结说法与经验。

（二）由学校"正式课程"和"非正式课程"概念而推及学校"非正式课程"的构建

它主要是根据事物对立统一的理论，对教学现象与教学问题或教学内容做出"非此即彼""有此也有彼"的变换角度、变换说法（理念观点）、变换内容、变换方式方法等，以形成对前者做出一种差补性的否定或者修正、变化、扬弃，进而产生另一种更有效、更方便、更科学合理的教学方式或教学行为。它的前提是"常式教学"失效或施展困难；它的理论基础是事物的对立统一规律，它的科学方法是差补它的思维方式是"用另类的"或者"还有没有更好的"，等等。

一般而言，这种关系往往具有一定的稳定性，除非发生某些较大的冲突。非正式课程，即指在常式理念与方法不能进展或效果欠佳的时候，则采用非常式或非正式、非序式的理念与方法，来进行符合科学规律的虽非而并不"非"的课程教学，以达到助"非"乃至超"非"的教学上的异曲同工的差补性教学。也可以叫"草根课程""非正式课程"，不同于"隐性课程"。

非正式课程的三种结构类型：

（1）辅助型：即指从另一面来帮助正式课程而发生互为补充、促进作用的协助型课程。"辅助"，义指"从旁帮助；辅佐，协助"。语出《汉书·成帝纪》："赖侍中史丹护太子家，辅助有力，上亦以先帝尤爱太子，故得无废。"

（2）拓展型：即指由正式课程中某一门、某一点而拓开发展，以形成一种开拓、延伸、推进的发展型课程。

（3）再建型：即指基于学生发展、按照课程要求且同样产生课程功能作用，以形成一种整合、重构和创新的再生型课程。

四、基于正式课程和非正式课程的整体视野下构建"非正式课程"

（一）科学构建非正式课程的基本概念

1. "非正式课程"的意义

"非正式课程"的意义，就在于使教学更加灵活，更加务实，更受师生欢迎，更能体现教学的机智、教学的优化和教学积极性，同时也体现着教学的创造性和教学多元化、多维性的现代教学理论。这也符合人们的认知规律和认知习俗。比如，民间流行的："此路不通，另走一条"，"东方不亮西方亮"，"退一步海阔天空""知彼知己，百战不殆"，等等。另外也体现了思维科学的规律，如："辩证思维""求异思维""逆向思维""灵感思维""批判思维"等以及思辨论。

非正式课程是一种"无教育"之教育，即没有刻意追求与强加于人的指令性、训导性的"以教为本"的教育，它充分体现以学生为本的民主化教育。它尽可能不给学生直接的压力或指示，不用打击、伤害学生的灵性、天性和个性的语言与行为，不否定或忽略学生与生俱来的素质，也不否定或忽略学生已有的学习基础、学习经验与能力、以及学习需求等实际情况，不指按照教师过死、过全、过滥的预设来进行一厢情愿的教育。

用"非正式理论"而产生的"非正式课程"，可以说，是一种对"正式"教育、正态教育的换位思考与差补性行为，以求得对前者的补充与发展（姑且把我们过去所用的所谓正面的、顺式的、正常的教育称为"正式教育"）。这种"非正式课程"，在某种意义上说，是对"正式教育"的扬弃，把目前进行得并不太理想或者高耗低效或者过时甚至产生阻碍教育良性发展的教育，"扬弃"得更好、更成功、更有意义，也就是更完善些。因此，我们倡导"非正式课程"。

2. 对正式课程同质化的异化处理

正式课程的一个基本特征就是统一性，这样也就难以避免同质化，这也就是正式课程的正式存在和发展的基础。它的优势在于有了最基本的课程"底线"保障与最标准的"规范"。但是，由于年龄、生活背景和文化层次的不同，学生中的确存在异质化的学习爱好与个性特长，有潜在的多元智能，于是在学生中也就确有各种不同的潜在的非正式课程学习的需要，因此非正式课程也就有了存在和开发的基础与可能。如果只注意了他们相似的成长背景和价值取向一面——开设正式课程，却忽略了因同质化课程学习而带来的负面因素，那么就更应该根据各自不同的成长背景和价值取向及发展个性化的一面，积极开设并开好非正式课程，弥补他们难以适应或坚持这种只有同质化课程学习的缺陷或者遗憾。

实践表明：当学生长期处在同一个正式课程的压力下，他们的确难以默契地、自如地与这些课程达成一致，自身就会产生学习转移，或者从事一些另外的学习活动，如：所谓的"看课外书"、玩把戏、做其他练习题或者个人发呆（分神、想其他问题等），因为他们发现那样做更有用处或价值。现在，有不少高考状元、学霸总结经验时，都说到"功夫在课外"，得益或受惠于在课余的观察、思考、探究、课堂上做自己感兴趣的事和练习等，而那些行为和活动，其实就是一种"非正式课程"的学习表现。这既是对目前课程同质化的一种矫正和补充，也是对课程同质化的一种反叛，更体现了学生对"非正式课程"的一种渴望。

3. 对正式课程同态化的变化处理

正式课程由于一般具有同态化的特点，那么用"非正式课程"的变化方法进行处理，即非常态的变势教学。

用不是常态、不够常理却又富于变化有趣、变动有序的变势教学，叫非典型性常态的变势教学，简称"非正式"教学。由于新创而变，可能并不被认可或说出个所以然来，但是其主调、主线（主轴）、主题是非常清晰的，并不影响教与学的正常展开，是必须基于整体建构下的求异思维和有效操作。

所谓非正式教学，是指"不按常规出牌"的非一般的非常教学，形成一种用"不教之教"来教的新态势，但是又不等同于"无为之治"的教学。变势教学目前有以下几种：

（1）变形教学，改变形状、改变形式、改变形象；

（2）变题教学，拼题、组题、拆题、换题等；

（3）变序教学，前后变序、左右变序、上下变序、远近变序等；

（4）变值教学，变量教学、变路（套路、思路、路径或路子等）教学；

（5）变角度教学（认知角度、理解角度、感悟角度、应用角度、反思角度等）；

（6）变绪（情绪、头绪）教学；

（7）变域教学：变读为写、变练为习、变听为说等。

（二）非正式课程构建的绩效展望

1. 培养非正式课程文化，树立非正式课程意识

非正式课程与正式课程之间的和谐相处，本质上是两种课程文化之间的有效衔接或者差异互补，但是由于历史的原因，非正式课程的文化并未能产生价值作用，所以对非正式课程文化的建设，从长远来看，要通过培养和树立非正式课程意识，并引导非正式课程的正确发展方向等来实现。要在学生中培育共同的课程理想和课程价值观，从而使学生对非正式课程有认同感、归属感，增强非正式课程文化的凝聚力，结成课程命运共同体；还可通过建立和完善各项课程学习的规章制度，约束学生参与非正式课程的行为和合作机制，从而使非正式课程产生更大的积极作用。

2. 促进课程结构的内涵变革

当学校教育发生变革时，尤其是变革的内容和师生的切身利益相关，课程建设也就更加趋向内涵的变革，正式课程因其"正规性"而难以承担此任，那么非正式课程就派上场。对课程建设的未来如果没有正确估计，又加之缺乏信心，那么就很有可能"吊死"在正式课程这一棵树上，如果这时候的课程实施者和管理者不能迅速地察觉到这种"课程发展契机"，而没有抓住这类非正式课程，并采取相对应的措施，那么在"深度课改"和课程形式变革的进展中失去机会，受到损害，必将会导致因课程变革而带来的危机，甚至为此付出巨大的代价。

3.减少正式课程所带来的消极作用,消除同质化

非正式课程组织的根源就在于同质化,比如相似的经历、年龄,相似的背景、兴趣爱好、个性特长和价值观,来自同一个社区、同一所学校等,这都是非正式课程组织存在和发展的基础。而同质化使得学生在统一压力之下或者利益的驱动下被动地取得一致,从而为大家向往相对自由、开放的非正式课程提供了良好的条件。所以尽量保持学生的多样化、差异化是最容易达到非正式课程效果的方法之一。

4.谋求与正式课程的合作

非正式课程组织中的人物集中体现了非正式课程组织成员的共同价值观和共同志趣,他们往往凭借自身的技术专长和个人魅力在非正式课程组织中享有很高的威望和影响力。有时他们的实际影响力甚至远远超过那些正式课程组织任命的管理者。他们的思想和行动直接影响着非正式课程组织的思想和行动。因此,当非正式课程组织出现"紧密化""危险化"时,管理者应对非正式课程组织中领袖的影响给予高度重视,积极谋求与他们在各个层面上进行有效沟通,并在理性和合作的基础上解决危机。

在一个课程组织内,往往不止存在一个非正式课程组织,可能存在着两个以上的非正式课程组织。比如:学与教的矛盾;如果这些非正式课程组织之间存在着不可调和的矛盾,那么这些非正式课程组织间的对立、敌视,将会大大降低组织成员之间、各部门之间的协作性,甚至会产生恶意竞争和相互拆台行为。这样的结果不但会恶化组织的内部工作氛围,而且可能会严重地瓦解组织的凝聚力,破坏组织的整体效能,削弱了团队的凝聚力。但同时这些分别对立的非正式课程组织则会因为出现了"敌人"而变得更加紧密团结和有攻击力。

5.迅速建立通畅的非正式课程渠道

非正式课程沟通往往是由于缺乏正式的信息沟通才产生的,并且由于非正式课程沟通的非规范性和非权威性,经常会引起信息的失真。当通过这种非正式的渠道所传递的信息严重失真,并引起组织内部的人心涣散、惶恐时,它就会对组织造成极大的危害。为此,作为管理者,当面对危机时,首先应致力于迅速在组织内部建立起权威的、正式的信息沟通渠道。当组织内的员工对组织的任何情况产生疑问时,有一个合法的渠道获取真实的信息,这样就能把非正式课程沟通给企业所带来的损失减少到最低限度。

6.注意监控非正式课程的"非正式劣势"

由于非正式课程组织的形式多样,且它们内部和相互之间的关系在不断发展变化。管理人员必须及时对非正式课程组织进行监控,掌握其发展方向,才能扬长避短，管理好非正式课程组织。操作中，一个常用的方法就是画出非正式课程组织及其成员之间的网络图或称非正式课程组织图。在描述非正式课程组织结构图时，一般是把它附在正式课程组织结构图之中，以表示二者之间种种错综复杂的关系。

（本文写于 2015 年 4 月，系"校本课程建设"课题研究成果之一）

第八章　教学方式不固"式"

对"式"要有辩证的认识。式，既是因创新而形成的产物，也是阻碍再创新时的包袱。所以，任何事物都以其式而存在和发展。但是，任何事物也都因发展而需要变化其式，不固守其式，这就是一种客观规律。所以，教学中不可没有方式、形式、模式和范式，但也不可固守某式而一成不变，在原式之中孤芳自责，不能自拔。为此，我们倡导：教学既要善于立式，又要敢于破式。

教学方式，概言之，就是教学活动过程中的具体状态、结构样式。在这里，我们要将教学模式、范式引入教学方式之中，形成"大方式"的概念。众所周知，教学是有方式、结构与模式的。但是，我们提倡的是"有式"而不固守某"式"的创式教学，反对一成不变的"形式主义"教学或"循式主义"教学，创造一个个适合学生发展、适合学科特点、适合教师自身发挥的课堂结构形式，即使是借鉴推广别人的优秀教学方式，也要经过改造、加工和翻新，重建具有个性化特色的全新的教学方式体系。比如：语文教学有识字写字教学方式、阅读教学方式、写作教学方式、口语交际教学方式，就课型来说，语文课有新授课、复习课、试卷讲评课、作业课、读书指导课、课外活动课等。每一种课型，就有它不同的教学方式，而且不只是一个、一种、一类已有的教学方式，还可以不断更新、发展出许多更好、更适用的教学方式。

类型教学：促进结构化课堂的模式生成

现在，世上的系统科学，如数码理论、项目理论、模型建构等等，都无不是一种"类型学"的产物或者派生物，特别是系统科学强调的是整体论、结构论、有序论和最优化，这都与对类型学的应用有关。我们的教学也同样如此，充满"类型"。尤其是让"类型教学"在课堂教学的模式生成上发挥整体优化、有序操作的结构化作用，有着十分重要的意义。看来确有研究的必要。

一、关于"类型教学"的理论思考

教育之类型，从学段分大致可分为大学、中学、小学和幼儿园；从办学性质分，可分为学历教育和非学历教育；从办学形式分，可分为学校脱产教育和非脱产教育等；从教育的功能分，可分为基础教育和专业教育。到了学校，还有更多的、更多元化的教育教学分类，比如年段分类、学科分类、德智体美的教育功能分类。到了课堂，还有更细化的、更具可操作性的分类，比如起始课、结尾课，概念课、练习课，复习课、活动课、测试课等。到了每一门具体学科，更有其符合学科特点的、有利于学生学习的教学类型（也可说是一些教学模式与教学方法），比如语文学科，有按照学科知识来分，有识字写字课、阅读课、作文课和综合实践课，有按照学习方法的角度来分，有目录学习法、三点阅读法、三理识字法、三步作文训练法等等。凡此种种，只要有学校，只要有教育，只要有学生，就会有"类型"和"类型教学"，这是一种客观存在。俗话说：物以类聚，人以群分，也是这个道理。那么我们就必须遵循这一种类型教学的规律来搞好"类型教学"。

有人说，以后要取消班级教学，那么类型还存在吗？我们回答说：类型还是存在的。我们因且不谈"班级"教学形式是否真的消亡，但是即使消亡，也并不表明"类型"教学就不存在，因为"班级"只是"类型"之一，而并非唯一，或者说，充其量是班级教学的类型只不过是说被其他的类型取代而已，而新的教学组织形式的产生，实际上就是一种新的教学类型，有可能更加体现着类型教学，更加突出了类型教学的科学化和实效性，它只能说明是类型教学的一种发展。

由此可见，用类型法来进行教育教学的组织，使堂教学更加具有清晰感和教学过程的流畅性。有了类型教学，将大大改变目前因模糊与粗放而引起的"无类型"或"混类型"的教学局面，这样就会大大促进有机的、有效的结构化课堂模式的生成，进一步促进和提高教学的效率和质量。

现在我们在来讨论一下：什么叫类型？"类型"即指具有共同特征的事物所形成的种类。"类"的含义①许多相似或相同（相关）的事物的综合；②类似。根据这一含义，我们就可以在教学中根据一定的角度，设计和确定各种不同的类型来实施有针对性的、有类别的教学。什么叫类别？"类别"即按种类的不同而做出的区别。那么，我们在教学中就可用类别的方法把教学内容进行科学的有序的"类处理"，从而实施有效的类型教学。在类型教学中还要注意一种"类推"

的方法。什么叫类推？"类推"即指比照同一事物的道理推出它同类或相关、相类似的其他事物的道理。据此，我们就可以在"类推"中使教学达到更高的境界和理论推理的深度，这样的类型教学又何愁效果不好呢？

孔子说：有教无类。这也说明了类型教学的道理。"有教无类"，即指"教导学生不分类别。指教育不分高低贵贱，对学生都一样看待"。这里恰恰承认了教育的"类"，只是在教学实践中不要因种类的不同而采取不合理、不公正的分类眼光、分类方法去教学，恰恰就提出了一个"类而无类"的问题，即"类而用类"（因类型而准确科学地运用类型）的问题。倡导"类型教学"，实际上就是贯彻和真正实现"有教无类"的问题，这里的"无类"，就是因实施类型教学以后，所以学生最终从不同类型的起点上走到各有不同类型的顶点，在各自领域里的成功者，这样的结果就是平等的、一致的而没有类型之分了。就像过去广东的高考标准分计算方法一样，无论你是语文、数学、英语、物理，尽管学科类型不同，但都换算成900分来评价，其结果最终在统一的标准分以后达到一致，比如说，语文科的最高分130分和数学科的最高分150分，都换算成全省最高分的标准分900分，这样虽然相差20分，但最终都是以900分的标准满分来使这两个科的考生达到平衡。由此可见，这种表面看去并无联系的两个事物通过"类型处理"之后就实现了这样一种科学的类似，达到了一种特殊的效果。我们的教学完全可以运用这种"无联系但可类似"的方法来进行教学，取得意外的教学效果。

孔子还说过：因材施教。我们认为，"因材施教"也是一种类型教学。因为它：根据不同的对象，采取不同的方法施行教育。这里的"材"通"才"，指人的天资、性格、志趣等。那么，因材施教，就应该根据学生的不同的天资、不同的性格和不同的志趣来分别进行不同的教育，这里所进行的"分别的"和"不同的"，实际上就是在实施一种类型处理和类型教学。由此可见，在"类型"教学中也可以更加发展和丰富因材施教的教学方法，使这种古而有之，而今更应该完善、丰富和提高的方法，发挥更大的作用，使这个道理被人们所认识，然后去好好实施与发展。

许多科学理论告诉我们：物以类聚，人以群分。这一理论揭示着——不仅是一种静态的生物现象与生物状态，更是一种生命手段与生命方式，最终形成生活规律和生产机制。"人类"，即关于"人"的类及其根据"人"的涵义及其特征进行"类化"后所得到的概念。

为什么社会事物要"类化"或"类型化"？主要是事物太复杂、个体性太强，使我们在认识、掌握乃至运用时产生错误甚至带来麻烦，或者效率低下，故"以类识物""以类辨性""以类知理""以类取法"等，以能举一反三、触"类"

旁通。同时还可以通过"同类比较""异类分析""类中有别""类外求同"等方法，使事物更加彰显其个性和特色，使人们认识时更加准确、快捷，运用时更加方便、有效。现在流行的如"项目""单元""工程""组织""网络""系统"等，均无不与"类型理论"（类型法）有关。有了类型，社会事物才会有形式，才会有组织，才会有秩序，也才会有和谐，这样社会的伦理、道德、文明和规范以及法律才会得到真正的落实。

二、教学模式：是一种有标准、有机制、有实效的类型教学

所谓社会活动，都是在一种特定情境下，以其活动形式而呈现的，而这种活动形式的具体操作样式，就构成了一种模式。所以，有模式的教学，则是一种结构化了的"类型教学"，因为它是用类型化理论而构建出的教学方式，并展示了相应的教学过程。

由此可见，教学是有模式的，缺乏模式的教学是没有的，也是不可能存在的。如果说谁的教学没有模式，即是一种模式。它可能是一种"无模式"的"散乱型"的教学模式，或者是一种比较灵活的、不可捉摸的教学模式，或者是自己还未发现和总结其类型特征而一时说不出来的教学模式。这只能说明我们在教学中的教学类型意识还不强，对类型教学的理论认识是和实践自主运用还不够。

关于教学设计上的预设与生成，可以说是目前教学模式与模式教学上的一个重要认识问题及操作问题，目前仍有相当一部分人尚未处理好。在教学设计中，运用类型教学理论，确立课题，预设模式，是完全可以的，也是必要的，但不能因预设而导致模式主义、模式至上和唯模式化，要坚持与实践操作上的动态生成紧密结合，让模式为内容服务，为过程服务。

另外，还要注意一点，教学模式不是单个的、单一的，实践证明，教学模式应该是形成体系的。也就是说，教学模式也是可以一套一套地形成和应用的。从教学的宏观过程来说，有整体模式（即模式的系统性、结构性和有序性）、基本模式（常模），俗称"大模式"、"总模式"等；从微观来说，它有各自局部地位上和环节上、角度上或层面上的操作模式，也俗称"子模式"、"小模式"，以及整体模式过程中的某一相对独立的阶段模式，如单元教学模式、课时教学模式、某一知识点教学模式、每一教学内容板块的教学模式，还如阅读教学模式、写作教学模式、言语交际教学模式。还可以细分为某个项目的模式，如平时写作教学模式、考试作文指导模式、作文评改模式、记叙文写作模式、材料作文模式、话题作文模式、文学创作模式等；还有某一特定学习活动或社会实践活动等

的主题性活动模式，如研究性学习模式、社会考察模式、小记者采访模式等。

追求教学模式，但切忌唯模式主义，既不要因陷进模式而阻碍自己的教学创新，也不能搞教学的随意性，一盘散沙，缺少建构；更不能动不动就喊形成了模式，须知模式不容易形成。因为教育模式不是凭空想象、主观多选的，它是在一定的理论指导和实践基础以及个人经验与探索等各个方面因素的有机结合后，并受制于特定的教学任务、教学内容、教学环境以及学生学习需要的客观条件而产生的。而且这种产生过程又是运用过程，不断发展、完善，甚至摒弃，筛选的过程。所以模式是一个具有理论与实践的且要求完整而严密的活动结构程度。

三、不同类型课文的教学例探

现在，以语文教学为例来谈谈"类型教学"的具体实施。

1. 根据语文"文选型"教材特点来确定类型教学。

大家知道，语文是"文选型"教材，以"课文"为主要呈现形式，即运用语文课本中的一篇篇选文，来让学生进行学习与教师进行教学。它具有经典性、选择性、可教育性和可实践（学习与教学）性等特点。任何一种教材（课本），均有经编者的编写意图（主旨等）及主题而设计成一定体系，用主旨选文，然后用主题找到一定的原则与方法给课文组成若干个板块或单元、模块，这种方法就是分类，这些板块或单元、模块就是"类型"。现在语文普遍盛行的是单元教学，与其说是单元教学，还不如说是一种特定的"类型教学"。

由于课本本身有分类的特点，课文作为某种分类后所呈现给学习者的是某种学习类型中的课文群中的一篇篇。纵观近几十年的语文课本，有文体组成单元来分类的，如：记叙文、说明文、议论文等；也有新课程改革实验教材按主题（生活、工作、战争等）来分类的；还有按阅读学习方式或学程推进来分类的（如精读、略读，讲读或导读、课内自读、课外自读等）。

因此，我们教学时就要体现课本编写意图，抓住课本规律，采用"类教法"，使不同类课文都有不同类的相应的有效教学，再不能像过去那样只进行一篇篇单元文章的教学。文章一旦进入"类"以后，我们就理所当然地要探索和实施如何使课文"类教"的问题。

2. 让语文也遵循事物"类聚"规律来进行语文类型教学。

本来，世间万事万物都有一个"类"的问题。古人说："物以类聚，人以群分"，也是这个道理。因此，如这些类，不同的角度有不同的分类。有的从内部上分，有的则以性质、功能、形状、定义等分类，划分"类"、区分"类"、运用"类"，从而使"类"更好地为人们的生活、工作、学习服务，具体地说，为我们语文教学服务，这将是一个十分有意义的课题。

尽管语文教材中的课文分类，有各种方式、种类，都是根据其一定的理论依据和分类原则，我们只要领会和遵守这些依据、原则和分类形式的实际情况，那么我们就依"类"教学，用"类"教学，即不同类的课文则用不同类的教学模式与方法，就能收到阅读教学的良好效果。为此，本课题则抓住以下三种不同类课文形式而分别采用不同类的教学方法而进行探索与实验：

（1）按教学角度分类的三类课文教学法：

讲解课文→课内自读课文→课外自读课文；

（2）按学生阅读角度分类的两类课文教学法：

精读课文→略（泛）读课文；

（3）按生活主题（内容）角度分类的若干类课文教学法：

校园生活→家庭生活→社会生活→学习生活→劳动生活→文化（文艺）生活→战争（军事）生活→……

（4）按文章体裁角度分类的三类课文教学：

①记叙文→说明文→议论文（实用文分类）

②实用文→应用文

③实用文→应用文→文学作品

④散文→小说→诗歌→戏曲……（文学作品类）……

3.按照不同类型课文的"类点"进行教学设计与实践：

第一类型（教学分类型）

（1）讲读课文的教学

（2）课外自读课文的教学

第二类型（阅读方式型）

（1）精读课文教学

（2）阅读课文教学

第三类型（内容型）

不同生活主题课文教学

第四类型（文体型）

（1）记叙文教学

（2）说明文教学

（3）议论文教学

（4）应用文教学

（5）文学作品教学

（注：以上内容只列出提纲，待另文具体陈述）

（本文写于 2008 年 5 月，系学术会议交流稿、讲座稿）

试论"非式教学"

非式教学，即指在常式理念与方法不能进展或效果欠佳的时候，则采用非常式或非正式、非序式的理念与方法，来进行符合科学规律的虽非而并不"非"的教学，以达到助"非"乃至超"非"的教学上的异曲同工的差补性教学。它主要是根据事物对立统一的理论，对教学现象与教学问题或教学内容作出"非此即彼"、"有此也有彼"的变换角度、变换说法（理念观点）、变换内容、变换方式方法等，以形成对前者作出一种差补性的否定或者修正、变化、扬弃而产生另一种更有效、更方便、更科学合理的教学方式或教学行为。它的前提是"常式教学"失效或施展困难；它的理论基础是事物的对立统一规律，它的科学方法是差补它的思维方式是"用另类的"或者"还有没有更好的"等等。

（一）

"非式教学"的概念，曾受启发于 2003 年"非典"一词的诞生。"非典"，即"非典型性肺炎"的简称，也是由于对与正常的肺炎病不相同而又疑似相同却还拿不出准确说法时的临时替代说法。后来便"约定俗成"，流行而通用。我们教学也未尝没有碰到这些问题呢？也经常想到"非"和用到"非式思维"与"非式教学"等。我早在 1979 年教《李顺》一课时，事先布置课前预习，结果第二天上课进行检查时，却发现一半以上学生未预习，预习了的也效果欠佳，一了解才知道不会预习和缺乏预习工具书、预习时间和预习习惯的占了大多数。于是，我临时改变"常式教学习惯"，不上课，而是叫学生重新预习，进行"预习补火"，后来效果很好。这不就是一种"非常式"教学吗？后来还把它发展为"课堂预习法"，在国内许多地方推行呢！

"非式教学"，的意义，就在于使教学更加灵活，更加务实，更受师生欢迎，更能体现教学的机智、教学的优化和教学积极性，同时也体现着教学的创造性和教学多元化、多维性的现代教学理论。这也符合人们的认知规律和认知习俗。比如，民间流行的："此路不通，另走一条"，"东方不亮西方亮"，"退一步海阔天空"，"知彼知己，百战不殆"，等等。另外也体现了思维科学的规律，如："辩正思维"、"求异思维"、"逆向思维"、"灵感思维"、"批判思维"等以及思辨论。

非式教学是一种"无教育"之教育，即没有刻意追求与强加于人的指令性、训导性的"以教为本"的教育，它充分体现以学生为本的民主化教育。它尽可能不给学生直接的压力或指示，不用打击、伤害学生的灵性、天性和个性的语言与行为，不否定或忽略学生与生俱来的素质，也不否定或忽略学生已有的学习基础、学习经验与能力、以及学习需求等实际情况，不指按照教师过死、过全、过滥的预设来进行一厢情愿的教育。

用"非式理论"而产生的"非式教学"，可以说，是一种对"正式"教育、正态教育的换位思考与差补性行为，以求得对前者的补充与发展（姑且把我们过去所用的所谓正面的、顺式的、正常的教育称为"正式教育"）。这种"非式教学"，在某种意义上说，是对"正式教育"的扬弃，把目前进行得并不太理想或者高耗低效、或者过时甚至产生阻碍教育良性发展的教育，"扬弃"得更好、更成功、更有意义，也就是更完善些。因此，我们倡导"非式教学"。

有人问：非式教学是不是非正式教学？我说：既对也不对。非式教学并不全等于非正式教学，但二者有联系。可以说，"非式"中包括有"非正式"，"非式"还有比"非正式"更广阔的含义和功能。凡是与正式的、常态的、常规的、既有的等不同的且可以合理存在的，都可以称之为"非式"。世上的事物都如此，教学也是如此，而且具有很大的发展空间的非式教学将越来越成为一种教学新类型。

（二）

"非"，在《现代汉语词典》中有以下义项：①副词，"不"，非常，非凡；因为对一些概念表述拿不准或说不清以及教学过程不畅、教学方法不灵，教学效果欠佳的非常时期；②表否定，常和"不可"、"不行"配合，表"必须"的意思（非去不可，非去不行）；③动词，"不是"（判断－非驴非马）；④动词，责备，反对（非难，非议）；⑤不合于（非法、非分、非礼）；⑥名词，错误，痛改前非，分辨是非。

由此，我们结合生活实际而获得"非"的一些在使用意义上的特定含义。

"非"，并未完全与"是"相反或对立；更重要的，"非"包括有疑问的、困难的。那么要敢于克服这样那样含有疑问的和困难的"非"；"非"也包括"异"。"异者，不同也"，这就含有不一样的、独特的、个性化的。那么在教学中要尽可能教出这些不一样的、独特的、个性化的效果来。"非"还包括看不见的、摸不着的和不可言传的，但可以透过现象看到本质，可以意会那些不可言传的东西。有时候只是表不同类的、不一致的。有时候即使是表相反、相对，也不一定就是错误的，反动的；即使是错误的反动的也可以成为其"反面教员"，往往因反而返正，即因"非"而知"是"，因"非"而走"正"，因"非"而补"常"等。

另外，有时候"非"也就是"不"。那么"不"，也包括"非"，相反的、相对的。那么如果从相反或相对的方向与角度去看去想，就会有新角度、新想法。为此我们有必要学会教"不"。一是敢于教"不"，二是善于教"不"。让学生不要轻易说"不"，并不是不让学生说"不"，只是要求和鼓励学生正视"不"，该说的"不"，或者有了"不"，还不"不"就不应该了。因此，教师要树立"非式教学"的意识与勇气：敢于教"不"，为"不"而教。这是教学态度问题，也是一种全新的教学理念；善于教"不"，讲求方法，讲求效果，这是教学水平问题，也是一种教学策略与手段。一个学生走进学校，是带着求知的欲望，带着许多不懂的问号，本来就有许多不解的"不"，那么，我们教师既不知道学生的这些"不"，也不教这些"不"，当然就教不到学生的心坎上，所以教不到位。为此，我们说以人为本，就应该真正想到作为人的学生，想到他们还有哪些不懂的、不知的、不会的、不能的、不"是"的（不对的）等只有想到这些"不"才会有适应学生的"教"，也才让社会认为需要"教"。要教"不"，关键还要让学生知道"不"，然后才能立足于"不"，再鼓励学生努力攻"不"，化"不"不是"不"。其实"不"，是一总重要的思维品质。如大胆否定与扬弃，从否定中得到启发，从扬弃中得到发展等。为此，我们要建立这样的教"不"模式与方法：①不懂的，未知的——让学生学会；②有疑问的，有困难的——解学生之惑；③不一致的，不相同的——用心指导；④另类的，全新的——恰当鼓励与辨别。

从辩证法科学的层面来看，"非"与"是"相辅相成也可构成"非式"理论。如：①系统与非系统；②综合与非综合；③顺序与倒序；④模式与非模式；⑤重点与非重点；⑥可以与不可以；⑦指导与非指导；⑧命题作文与非命题作文；⑨选择题与非选择题等。在这里，我们着重讨论一下与"非"相对的"是"。首先必须充分肯定，有"是"才有"非"，有"非"便有"是"。这是构成"非式"的前提，须知要在充分展示和发挥"是"的作用下以及"是"未能"是"的情况下，才转为用"非式"理念与方法去认识和解决问题。另外，我们提倡追求"非"与"非式"思维和"非式"行为，意在用"非"来求"是"，这样，有可能使思考与行为更趋全面、完整、成熟。有一个成语叫"实事求是"，意思是指从实际性出发，不夸大，不缩小，正确地对待和处理问题。从中可以看出，它也是从"不"夸大、不缩小的"不"来表达"求是"的意义。这也就是从对面（非）

来思考和解释"实事求是"。这是人们在生活中和工作中经常习惯于正面结论，在直接的原因或途径（过程）中不能求取答案或结果时，则往往采用从反面、从对立面或非直接的间接方面去求取结果或获得结论（"是"）。这样也使未解或难解的问题也能获"解"，甚至更加全面、科学与准确，也更能激发人们思维的正确性、流畅性和敏捷性，进一步增加获取知识的途径与方法的可信性和完整性，以及教育教学的多元性和创造性。

（三）

为什么可以这样做？其理由是：当一种方法不能成功或收效不大的时候，如果换位思考，换方式方法操作，往往会收到意想不到的效果，从而达到另一种意想不到的最佳境界。这是真正科学意义上的"非式教育"的一种追求。它既有对前者肯定的意思，也对前者反思后排弃那些不必保留的东西再换另一种（非前者）方式方法。当然，这里就牵涉到一个重要的思维方法：取合、扬弃与选择。因此学会选择与扬弃，则成为运用"非式教育"方法的重要武器。

我们在教学实践中经常碰到这样的事：每当一个个问题被提问时，学生往往都回答说"知道"或者"懂了"。其实这里往往不是真话，因为学生的思维方法都是"顺式"的。回答"知道"与"懂了"的学生，往往是因为自我感觉已不是问题了，或者压根儿就不去思考或不想回答，到底自己知不知、懂不懂也并不知道。但是说"知道"与"懂了"，这就给教学常常带来障碍也带来教学效果与教学评价的失真。如果说，这也知道那也知道，一问就知道，那么给教学带来了一个危险的信号。教学问题便真正产生了：要么提问太浅、太没针对性，要么就是学生没在好好地学，学无所思，答非所问。这时候，我们如果采用"非式教学"方法，从反面或侧面来重新设计一些提问，或者用"不"的方式以及倒过来提问，调整学生的学习状态，或打破学生的思维定式，或适当提高提问的难度（深度、广度等），则可以改变先前的教学失效现象。大家还知道，当学生回答"懂了"与"知道"时，课堂上师生都容易出现一种满足感。教师如果不保持清醒的头脑及时调控教学进度和教学策略及方法，那就会让学生产生学习阻碍了。马上提问：到底懂了没有，还有"非懂"或似懂非懂的地方没有？等等。这时候，采用"非式教学"就很有效果。这样，教师不断激发、引导学生反思；用"到底、为什么""还会怎么样"之类的启发语来让学生继续更深入、更完善、更有效地学习下去，不断攀登新的学习高峰，那么教学就产生了更深远的科学意义。否则，那些"知道，懂了"就成为一些真正的"不知道，不懂"的潜在词，也意味着新的"不知道"和"不懂"的时候已经开始了，因为他们是在用"知道"与"懂了"来拒绝或搪塞新的知识学习和对新问题的思考及回答，产生再不想学习下去的惰性或者逆反学习心理。

确立与实施"非式教育"，还有一个理由，是因为学生的爱好、个性、兴趣、知识倾向、能力发展是多元的，由此使学生的聪明、智慧、智能也是多元的。那么，从某种意义上讲，学生都是平等的人，其才智与实力呈多元化地均衡着，其性格与志趣、爱好特长各异，这样给教师提出了一个严肃的问题：教师怎样正确对待一个个不同的人，怎样认识与发现他们不同的学习状况，从而用不同的方式方法教育与保护他们，使他们从各自不同角度成功与成才等，如果未发现甚至伤害、打击与扼杀了他们的聪明和个性特长，或者扶植（持）的程度不够，其结果则各个不同。所以，我们如果树立和运用"非式教育"，就可以放弃千篇一律的大一统的方法，给不同的学生以不同的教育方法（似乎有些"非式"），让每一个学生在不同的"非式教育"状态中学会换位思维、辩证思考，用不同类的另一种方法来学习，无疑，能激发他们的学习积极性和思维灵性，达到重新学好或学得更好的效果。

现在，我们不是盛行一种"教学反思"吗？其实，这就是一种"非式教学"的做法。对教学进行反思，其中就包括想一想教学中还有没有"非"的东西？即不足的、遗憾的、有缺陷的和有问题的地方，这些地方或问题需要值得改进和完善、提升等等。这些又何不因"非"而来？所以，教学反思也是一种非式教学。作为基于"非式教育"理念下的教学反思，更具科学：1.不仅对教学反思，更需用反思来教学；2.不仅反思教学，更需对为教学服务的"教学源"进行非式的反思，即要对引发教学或产生教学的主客观条件和主客观因素进行反思：到底这些教学资源对教学有利还是不利，甚至破坏等；3.既要对教学结果和教学过程做事后反思，更要学会将反思意识和反思方法、反思手段直接引进教学过程与结果，使教学过程与方法乃至结果本身就具有反思性，比如说：在教学过程中随时反思、随事反思、随机反思；在教学结果的总结时，有正面归纳与提升，也有反面剖析与另类评价——即两点论的辩证反思。这样就可以避免目前一搞改革就都是成功的，一搞实验就会有成果的现状。从未有失败的，难道这就正常吗？说到底，就是缺乏"非式教育"理论。

另外，国内外许多研究成果和教学成果，也无不证明或体现了"非式教育"。比如：美国人本主义心理学家长尔·罗杰斯首创的"非指导性"教学模式，也很注重让每一个学生都能有所学，都能得到个性发展，所以也就采取不相一致、不求一统的"非式教育"。我国也有浙江省江山中学郑逸龙老师的语文"非指示性"教育，他主张"二不"教学（不指示学习目标、不指示问题答案），也充分包含着"非式教育"成分。最近，《中国教育报》2008年8月4日报道的河南省三门峡市实验小学乔蔚所写的《"视而不见"也是一种教育》，"视而不见"其实也是一种"非式教育"：管严时不要严，盯得死时可不要"见"，看见了也"不"看。效果也很好。

（四）

下面再着重讨论用"非式教学"理念创立的一些教学模式与方法。

1. 非指定性教学

（1）"非指定性"教学，即指没有既定的教育教学计划和课程标准以及教师的直接教育教学行为，但又确实被"教学"所产生过如辐射、影响、熏陶和学生个体内化（如情感、意志、动机等内驱力）而给予的或者客观存在的教育作用，也称之为"间接教育"。如"校园文化""校内外实践活动""学生自主体验"。"指定"，据有关词典释义为：由权威部门、上级领导或当事人硬性确定。非指定教学，毕竟还是一种教学，不是不需要"教"，而是不要教得太死，太多，太统一，太包办，要让学生不感觉到你老是在约束他，在牵着他，尽可能创造一种宽松、自由、无压力的民主性学习情境，形成"非指定性教学状态"。非指定，一般有以下几种：一是不需指定，学生可自主、自觉、自能学习；二是不可能指定，特别是对一些不能作统一规定动作的学习以及学习内容和答案可以呈多元化和开放性呈现的时候，或者特别强调学生个体体验和个性化表达的时候，也不可能进行硬性指定和强加性指定；三是有指定，但很微妙或精当，让学生未感觉到，潜移默化。

（2）"非指定性"教学模式特点：①注意学生情感的发展、释放和情绪的表达，决不为任务而忽视情感，也决不为目标而压抑情感；②注重教学过程的主体性；③注重整体性效果，学生均能有所学；④注重个体充分发展。

（3）"非指定性"教学原则：①自主性；②多元性；③开放性；④适用性。

2. 隐意型教学

隐意教学，也叫"隐痕教学"或"无痕教学"。顾名思义，即在教学活动过程中巧妙地隐去或隐蕴着教学意图（教学立意或教学旨意），也隐藏着教学痕迹（所以也叫"无痕教学""零距离教学"，当然实则有痕、有距离，只不过是把教学之"痕"、之距离巧妙地隐藏着，让学生感觉不到而已）。这样，让学生享受到一种没有压力，没有指示或束缚的似教非教的教育。这种实为教而让学生感觉不到在教他的教育，是一种高度人性化、高度艺术化、高度教育化的"三高教育"。为学生构建了一种看不到指训、看不到"师压"、看不到伤害和有失公正和均衡化的轻松、愉快的学习情境，让学生不知不觉地完成学习任务。比如，背诵课文，通过一些有趣味的活动或游戏进行，就让学生背诵课文时不累不苦，效果也比过去好。

总之，这种"隐意型"非式教育，不是不要教育，也不是没有开展教育，而是让这种教育"看不到、听不到、感觉不到"，已经变"感觉"为"感悟"和"享受"的教育，就会让人宽松、有趣而无压抑和被强迫。正如苏联教育家苏霍姆林斯基说过："把教育意图隐藏起来，是教育艺术十分重要的因素之一"。这种教育，孩子在其中越少感觉到教育意图，它的教育效果就越大。

3. 分享式教学

也称"倾诉式教学"或"分享式告诉教学"。即指把学生视为平等的对象，把教学视为一件向朋友倾诉或交代的平常事一样，与学生分享自己的学习所得及感悟、看法等，使学生并无强迫感。这无疑也是一种"非式教育"。

分享，指"与他人共同享受、使用、行使分享大自然美景或一些食物和一些事情，让别人也感觉到自己的感受，或者同别人述说自己的感受"。教学之中的分享，还含有"倾诉、诉述、倾吐"，往往是带感性地陈述，将知识的"范围、特性、功能、方法"等一并予以述说，还把自己学习或研究结论的多样、可否、对错等一盘子端出来，由学生自己去各自思考判断。因为倾诉是能"把心里话全说出来"，所以我们赞赏的是一种"倾诉式分享"或"分享式告诉"。

"倾诉式分享"，即把知识、事情、体验，像说"掏心话"一样，向别人陈述，解说，或者阐明，或者渲染，或者表示对某种情况的实验结论的宣布等，从而使对方知道、明白其信息及道理。它是一种平等的对话方式、交流方式，是一种互动、合作的教学生学习的方式，使学生在教师的倾诉中自主探究、自动感悟，自我创造，同时告诉中也不会有告诉者（教师或学生）的主观体现、观点与看法。

"分享式告诉"，即"告诉式"教学，对于教学来说，已完全成为一种"非指示性"（指导性）的"非式教学"，即教师的指示味不浓。当然，告诉式教学者为了达到预期的目标和效果，也可能辅助运用启发、激发、抒发等手段，采用更加人性化、艺术化的技巧来使"告诉"的效果更好。其形式有：教师告诉学生，学生告诉教师，学生告诉学生；还有自己告诉自己、有同桌互相告诉、有小组告诉，有班级告诉，还有个别告诉。

4. "因果倒挂式"教学

我们在教学实验中还进行了一种较为成功的因果倒挂式的"非式"作文指导教学，它以"非式作文教学的辩证指导"为理念，以辩证统一为原则，以重结果而反促重过程的反促式教学为"非式"技巧，进行了一种作文目标、作文结果的开放性与作文过程、方法的放开式相统一的"放开式教学"写作训练。其做法如下：

①不是写趣，而是要有趣地写。即不仅写有趣的生活和人物、事物，而且是通过有趣的生活和个体体验，采用一种有趣的方法来学，以获得一种有趣的感受。

②不是写实，而是实写。即要有真情实感地写、实事求是地写。即不仅写真实的东西，而且是要真实地写，用"反思性互促"的方法写，用真情地写，着实地写，以形成一种"反思性感悟"，来克服过去假大空的"学生腔"。

③不是写生动，而是要求陌生地写、生动地写。即化被动为主动，从静态中写出动态，让学生自主介入写作活动和思维活动的全过程，让生活进入学生的写作活动过程，生动地表达生活，多维地享受美好的习作过程。

5. 非对称（异类）教学

这是指不一定相对等、相平衡、相对一的教学，可以打破原有定势和原有结论，单有方法的局限，而采用另一种相错落、相差异的思想与方法来开展教学。比如，我们在进行语文读写一体化的研究与实践中，运用"事物都是一分为二"的哲学观点，也对读写提出了"非一体化"的思考与尝试。我们认为，读写的一体化与"非一体化"均相一致地存在和作用于整个语文教学之中。我们在倡导语文一体化时并非否定"非一体化"，强调"非一体化"也丝毫没有降低或排弃一体化，尤其是在当今一体化不足而"非一体化"有余的情况下，更没有理由排弃一体化。我们的口号：在认识上，一体化与"非一体化"并重；在操作实践上，一体化与"非一体化"相一致（也并不是人们平常所喜欢说的"××相结合""××并举""××相协调""××相等"等。我们特别强调的是"相一致"）。读写，可以一体化，但也有"非一体化"的时候，因此读写一体化与"非一体化"的一体化，才是语文读写教学的新思路。综合而非结合，相一致而非相等。

6. 矛盾协同式教学

语文教学还可利用矛盾的对立统一规律而构成一些最为理想的辩证化非式教学模式。比如：

（1）在教材上语文学科的无序性（学科知识的非系统性）与语文教学的有序性（人的认知规律的有系统性）之间如何统一。

（2）在教学目标上，提倡既要从最好处努力设想，但也要从最坏处积极着想。让学生对"好坏"一并想到，这样即使学习目标不实现也有心理准备，不至于患得患失、自暴自弃。

（3）在教学过程中，如果碰到"只可意会而不能言传"时，教师要学会变"不能言传"为既"可意会"也"可言传"。如果还不行的话，就让学生独立"意会"，不搞教师替代言传，或者教师就用打比方、举例子来举一反三、触类旁通的方法，也就是非式的"另类言传"方法，以达到将不可意会的言传出来的效果。

（4）用"非式"理论还可以解决一些带抽象的从主体上无法突破的问题。如强调"智力因素"的同时关注"非智力因素"，讲"素质教育"时要了解"非素质教育"，搞"有序教学"时也可用"非序教学"（插序教学、倒序教学、变序教学、变式教学等）。这样就等于建构了"一体两翼、一树两枝、一枝两叶"的"完整教学场"，在发挥"一翼""一枝""一叶"作用的同时也不忘另"一翼"、另一"枝"和另一"叶"的作用。正如人用了左脑还用右脑，用了右脑还用左脑，这样就等于多用了一个脑。这种神奇的"非式教学"为何不可推广呢？

为此，我们可以运用对立统一理论提出语文教学的 A 与 B、A 或者 B、A 还有 B 等"非式教学"的一些模式与方法。如：① A 与 B 在"A"不成的时候，不要不想到用 B；②当用 A 有效时，也不能不想到 B 会更有效；③当共用 A 与 B 时，不能只想到是 A 的作用，是否还有 B 在起了的作用等。

（5）运用辩证扬弃理论提出语文教学的"可以"与"不可以"。如：①语文教学可以综合一些，但不可以杂乱；②语文教学可以"人文"些，但不可以缺少"器用"性（语文特质的完整性）；③语文教学可以模糊些（给师生留有一定的独立思考空间），但不可以糊涂与放任自流；④语文教学可以减少专业术语，但不可以削弱语文专业倾向，降低语文专业价值和专业化水平；⑤语文教学可以淡化文体，但不可以不要文体，写记叙文还得像记叙文写议论文还得像议论文，读文学作品还得按文学作品的文体特点去读，去鉴赏；⑥语文教学可以激情投入和激情发挥，但不可以不要脱离文本，不要过度理解和任性发挥，一定要有的放矢，客观实在，理性操作，等等。

（6）运用"非式教学"理论开展语文阅读教学的"三文三教"：①长文短教，短文长教；②浅文深教，深文浅教；③繁文简教，简文繁教。

总之，非式教学因非式理论而生，尤其是在教学活动中非式思维、非式策略、非式方法、非式行为等的理论不可忽略与或缺，随着人们对科学常识的普及和对客观事物认识水平的提高，非式教学将越来越被广泛认可与运用。因此，我们认为"非式教育"应该大有可为，也可大为。

（本文写于 2001 年 3 月，补充修改于 2013 年 5 月，曾为学术讲座稿）

对创建"绿色课堂"的再认识

一、关于"绿色课堂"的提出

绿色,《现代汉语词典》释义为:像小草和树叶茂盛时的颜色。那么由此可见,绿色是象征生命,象征茂盛,象征祥和。具体地说,它具有宁静而不乏生气蓬勃,茂盛而不乏流畅和机敏的气质和特色,它能够让百草争长、万木争荣却又显得那么和谐与得体……

这就是"绿色"留给我们的思考与启发:我们的课堂教学难道就不可以是这样的么?答曰:完全可以。

于是,创建"绿色课堂",便成了我多年以来的热情探索。其成功实践完全证明:"绿色课堂",也就像车路上的"绿灯"一样,为越来越多的行人畅通无阻地走向远方提供了方便。所以,"绿色课堂"的第二种含义就是"绿灯课堂"。"绿灯"本指"在交叉路口指示车辆可以通行的绿色信号灯光",在这里喻指"过程流畅、通行无阻"。

从本质上说,"绿色课堂"就是一种绿意课堂和绿质课堂。所以,"绿色课堂"既是一种绿意盎然、生机勃勃,呈现一片鲜花盛开,春意盎然的课堂学习生态,也是一种在绿灯指引下,呈现因为有规则、有秩序而一路走来无障碍、能自主、好畅通的课堂学习过程。"绿色课堂"呈现一种过程流畅、通行无阻,状态自然、轻松和谐,结果充实、灿烂甜美的生命舒展的课堂,是一种无人为障碍的通畅和谐的"自然自语"课堂。

总之,"绿色课堂"的基本特征就是生命性、自然性、通达性。

二、绿色课堂的伟大意义

(一)绿色课堂的生命性,呈现一种生命的呼唤和对生命的关爱

众所周知,教育的本质就是对"人"的学习与发展的教育,是对人的生命的成长的关怀。在我国,以孔子为代表的儒家教育就已经成为重视教育的情感体验和生命感受的典范。在记载孔子教育言行的著作中不难发现,孔子在教学中并

不把理性当作抽象的意思，而引起学生在日常生活和伦理情感之中，并让学生在一种"和合"的轻松的现世人生里获得抒发和满足。但是随着科举制度的兴起和汉代儒学被歪曲以后，中国的教育就被各种"功利主义"和"理性主义"的观念所主导，最终使得我国现在的教育无论从理念上，还是从实践中都已经很少感受着以人为本的思想，于是，学校是"教书"的，教师是"教书"的，教书已成为教育的代名词。这里的"教书"，就是指的已经完全缺失了"生命体验和灵活传授"的教学活动。这样的教学，势必在一种"理性主义"的束缚下，在一种"功利主义"的诱惑下，在一种"科学主义"的误导下，变成一种缺乏人性、缺乏生命、也缺乏生气的令学生厌学、教师难教、学校难管、社会难办的"灰色教育"或"黑色教育"。于是，教育课堂上的"蓝天绿水"现象渐渐淡去。人们也渴望教学上的"环保"与"绿色"，克服一切教学上的"非和谐"、"非流畅的杂色现象"。

"绿色课堂"，是不仅具有生命的课堂，更是促进生命健康发展。学生学习和谐、自然的发展，学生学习的轻松、愉快、人性化的发展。总之是一种完整、完美、畅通的教学生态，是一种"生命体"的科学与艺术的综合展示。

具有生命性的"绿色课堂"，是一种生动的课堂、生活的课堂。生动，即生气与灵动，并非五花八门的乱动、躁动；生活，即生态与活泼，并非简单而表面上的热闹、活跃、嘻嘻哈哈的课堂，而是充满生活气息、生气勃勃、师生都在寻找人生价值和实现人生价值的场地，是学生常学常新，永不厌倦的知识殿堂。所以，"绿色课堂"往往是学生自主、自为自重的课堂，使教师组织、帮助、引导学生学习与发展的现代教学模式的体现，即师生互动，教学相长的地方。

（二）"绿色课堂"的自然性，让"自然而然"成为我们的一种教学追求

1. "自然而然"是"绿色课堂"理念的核心

什么是自然？这里取其五种意义：一是"天然，非人为也"；二是"不做作，不拘束，不呆板，非勉强的"。如：态度自然，表情自然，文笔自然，动作自然；三是"人或事物自由发展变化，不受外界干预"。例如顺其自然；四是指"道"。三国魏何晏《无名论》："自然者，道也。"五是指"人的自然本性和自然情感"。与名教相对。三国魏嵇康《难自然好学论》："六经以抑引为主，人性以纵欲为欢。抑引则违其愿，纵欲则得自然。"

什么是自然而然？这里是指"按事物内部规律发展变化，自由发展，必然这样"。也指"非人力干预而自然如此"。如：顺其自然。那么，"绿色课堂"，就是以自然而然为核心，以"自然自语"为主轴，展开顺其自然的教学，从而构建绿意盎然的课堂生态。"自然而然"是"绿色课堂"理念的核心，也是区别于目前其他课堂教学模式的主要标志。

2. 着力打开通往丰富多彩的自然情境与语境

追求"自然而然"的少包多放、少限多导、少牵多扶、少评多议的自主、自动、自会的学习状态，从而为"自然性教学"的常态化、实效化而扫清障碍。教学的自然性，即尽可能寻找内容上开放的多元性、结构形式上展示的多样性，让整个教学过程都在无拘无束、自由自如、自然而然的非指令性教学之中，在全员开放、全程自然展示中让学生说实话，抒真情，充满童趣和童心，最终实现读开放书、说开心话、学开巧知识的最佳境界。"少题限、少要求，多情境、多语境"等"两少两多作文训练"等，尽可能创造一种少限制、无束缚、大自由的开放性作文情景与语境。

这种自然性教学，可以实现"童心童教"。即教师的教学因开放而在"童心"中走向与学生"同心"，让学生因学习的自然真实而与课本内容发生会心、同心的感知与共鸣。因为我们坚持：对青少年学生是搞"成为人"的教育，而不是搞"成年人"的教育；更是教他们作文时说"童话"、写"童言"，激"童趣"、表"童情"，现"童心"、保"童真"。

3. 从表象的"自然性"走向深度的精神层面的本质性

"绿色课堂"，是一种教学创新的课堂，是一种学生发展的课堂，是以"生活之情"作为主线，教学生以沟通而发，处理问题，分析问题，解决问题，并呈现探究的学习过程与方法的思想碰撞，观点讨论，信息交流，真理不断发展而使的课堂。那么，就要从表象的"自然性"课堂走向具有深度的精神层面的内涵发展型课堂，这才是自然的本质性的一面。

这种课堂的一大重要特点就是研究性。只有通过研究，构建一种从表象式到抽象的自然性的探究思考，对表象的自然作出去粗求精、去伪求真、由表及里的科学性处理，才会让课堂发展呈现真正的自然性。具体研究方法是"三从三走向"："从形式上的外在的开放走向内容上的深度的开拓，从粗放的片段的观察走向集约的系统的发现，从教师单一开导走向师生共同的自由绽放"等，从而使教学走向了敢于开放、善于开放的课堂快乐与自由。这也可以克服因"放胆"而变成"滥开放"的伪自然即随意性、任性化，以求得合理、恰当的"自然度"。

（三）绿色课堂的一大重要方式——通达性教学

1. 通达性是绿色课堂的一大重要特征

"通达"，主要是指"通"与"达"的组合，当然也包括"明白（人情事理）"。"通"即指"没有堵塞""连接""通顺"；"达"即指"通""达到""懂得透彻"。通达性即指课堂呈现内容明白、程序流畅、状态连贯的特性。

我们所追求的绿色课堂，将致力于具有深度的和较高层次的通达性教学境界，着力于实现课堂上内容和形式的多元化、整体化、简约化的通达性。也就是说，在追求通达性教学的发展理念下，注重从粗放型到集约型，从零散型到系统型，从片段型到主题型，从而达到"集优"和"通达"的教学效果。我们曾经用"真情表达，想说就说，想说能说"作为通达性课堂的教学尝试，取得了明显的效果。

2. "绿色课堂"的实例探讨：在"真情表达"中彰显绿色课堂教学的魅力——朱月云老师的作文指导课《父母的爱》

陆河县河口小学朱月云老师的作文指导课《父母的爱》，就是按照这样的理念而进行的一种有效尝试。

朱老师事先布置学生回去进行观察，寻找有关父母的爱的音乐、图片、文字等，从中让学生去多方面细致地感知生活故事和轨迹，去触摸生活中真实存在着的点点滴滴父母之爱，然后再回到课堂重写，结果看到了学生有突破性的表现，都能说出生活中父母关爱自己的那些真实故事和动人情景……于是真实体现了这次的教学主题："真情表达，想说就说"。所以，这堂课用"真情表达，想说就说"作为主题进行教学，让学生终于在"真情表达"中写出了那一篇篇充满自信的感人习作。

从整堂课来看，如行云流水般地给我们展示了一堂有一定深度的"主题型的通达性"作文教学研究课，实现了课题研究预期的目的，其基本特点就是在"真情表达"中彰显了作文教学的通达性。概括起来主要有"三个注重三个彰显"。

第一，注重用"真情表达"作为通达性的开放作文教学的主题，彰显了通达性开放作文教学内涵的深刻性，让学生从以前在教师心理压抑中走向精神上的开放，变得能自主地表达和自由地表达。

过去，我们发现开放作文教学中的一个误区，就是一讲开放就把学生带到社会上，带到生活实践活动之中。当然，不可否认，这是一种可开放性的形式而无通达性的途径，如果用多了或者只停留于这样的一类活动方式，那么也未免显得太粗浅了，效果并不理想。同时，这种带着学生走向"课外"的所谓课堂开放活动也不可能天天搞。那么，追求有更深层次的更有意义的通达性的开放教学，已成为不可回避的新课题。特别是要注重思想意识上的通达性开放，注重由形式走向内容的通达性。内容上的通达性开放往往要靠内容的拓展与主题的确立，才能让开放性得以寄托于一个载体和落到实处，这样才显得更有针对性和深刻性。这堂课的主题就是让学生对父母的爱"感知→感悟→感恩"。对于这样的主题，如果不让学生自主地感知感悟而由教师想当然地牵着走，那么学生的思维就绝对放不开、通不了，其感受父母之爱的程度就无法加深，或者用教师说教的统一性套话来导出的习作绝对是一种"普通话"，则无学生的个人感受。因此，具有一定深度内涵的通达性开放作文教学，是需要真正意义上的通达性开放性。尚未完整地具有开放性教学思想的人才有通达性，恐怕一时还难以理解并看出来——这也是作文教学的通达性吗？

我想，为什么不是呢？从教师的束缚、限制（牵）下解放出来，由学生自主地叙说各自父母所给予爱的动人故事或感人情景，让他们来一次尽情地表达对父母之爱的体会之情的写作，不是一种很有意义的"精神开放"和"心语奔放"吗？从当时学生的踊跃发言中，我们可以感知到，学生讲述父母关爱孩子的一个个故事是满怀真情的，如"下雨送伞""千里迢迢赶回家护送孩子看病""省吃俭用买书包""检查与辅导孩子做作业"等等，均让我们都领会到了"真情表达"的感动。

第二，注重用"真情表达"作为通达性开放作文教学的主线，彰显了通达性开放作文教学过程的流畅性，让学生在教师富有开放质量的指导过程中顺畅地真实地表达通达性。

这种指导过程，应该说与过去非通达性开放作文教学的过程是有本质区别的。朱老师的指导过程主要是有以下两大开放特点：

一是创设了能够让学生"有话就说，无话不说；想说就说，实话实说"的自主想象、自由表达的通达性开放作文的情境与通达性语境。切勿让学生感到痛苦、无奈，好像是面临干一件大事情时的紧张与压抑。

二是精心设计并流畅地展开了围绕"真情表达"这一主线的三个教学环节：①触摸真情——让学生看画、听歌和回忆已读课文，以激发学生"睹物"思情，触摸到父母之爱的"情愫"。②感悟真情——让学生闭目想象和小组交流，来进一步感受与感悟到父母的爱是伟大的爱，是人性固有的爱，是更值得珍惜与珍重的爱，是应该值得报答与感恩的爱。③释放真情——让学生把心中积聚的爱和由此产生的感悟化成一种不吐不快的冲动与释放，于是便产生水到渠成的写作活动。这里主要采用了口头述说、笔头抒写和习作展示等方法，使通达性开放性作文教学达到了最理想的高潮。

第三，注重用"真情表达"作为通达性开放作文教学的主元素，彰显了通达性开放作文教学方法与技巧的有效性，让学生在教师教学的"非指示性"动作和"非指导性"语言所创造的"自然而然"的状态和语境中，展开更无拘束、更能自由展露的写作活动，从而说实话、述真情，既能自觉领会父母对自己的关爱之情，也能自如地表达自己对父母之爱的感悟之心和感恩之心。

这里的"自然而然"，则巧妙地体现着一种特殊的只可意会而不能言传的开放教学。比如，亲切、自然、平易近人的教态，和蔼、信任和期待的眼神，平等、协商、对话式的语调，以及用一些能激发真情和自然流露真情的话语、动作，来使学生不紧张，无拘束，放开胆子，放开思维，尽情抒写。特别是在学生已积聚了一定的"真情"之后，让学生闭目想象，引发回忆，是绝妙的"通达性"动作。并马上把活动推向高潮，深情地说："生活中你能体会到爸爸、妈妈对你无微不至的关爱吗？想一想在你的生活中哪些事给你留下最深的感受呢？"于是又展开让学生从回忆到述说的教学环节。在同学们"述说真情"的高潮快要结束时，教师又马上用了一段激发性的话："还有许多同学要说，是吗？好吧，那就请你们提起笔，无拘无束、自由自如地写下你认为印象深刻的，爸爸妈妈爱自己的一件事，或者发生在自己和爸爸妈妈之间感人的一件事。体裁不限，怎么想就怎么写，做到写真话，吐真情。"

这一段话，可以说也是本堂课"通达性开放"的高超之处和精彩之处。教师首先用和蔼的语调让学生毫无压抑以外，更重要的是把非常严肃的写作要求而变得非常轻松、自然的作文引导或点拨。它包含了这样一些意思：①既然大家那么样想说，那就拿起笔来说吧，顺理成章地转入下一个教学环节。②写作内容引导：两种事都可以写，一种是单纯性表述父母关爱的事，一种是自己与父母之间感人的事。③关于写作体裁的要求：不限。④关于写作的语言表达要求："怎么想就怎么写"，"写真话，吐真情"等。其实，这都是作文"要求"，本来是带有约束与限制的，但是一经过"开放处理"，就显得大不一样，学生易于理解，在潜移默化中接受了教育，将"要我写"变成了"我要写"和"非写好不可"。这就是开放性通达性作文教学的魅力。而且，这种通达性开放作文教学是一种具有较高层次的精神享受上的"深开放"与"隐开放"。这样的通达性开放作文教学，才是我们今后所需要继续追求的和期待的。

总之，朱老师这堂课给我们打开了通达性开放作文教学的另一扇"窗子"，发出了另一种信号乃至深思：作文开放教学原来还可以这样教的，以"通达性开放"为特色的绿色课堂，已成为开展"创新发展"新课堂研究的重要成果，值得总结与推广，也值得以此为起点，让我们的课堂教学做得更好，更有成效。这也就是我们对"绿色课堂"所产生的一份再认识。

（本文写于 2008 年 6 月，在汕尾市陆河县"开放性课堂"教学研讨会做过讲座发言。）

课改新期待：为大气课堂而教

——构建以核心素养培育为指向的发展型课堂

目前，深度课改的一大重要标志，就是强调学科教学的基本任务是培养学生的学科素养，那么作为核心素养培养的基本载体课堂，则应推出必要的教学形式，提出必要的教学战略。为此，本人认为，以创建高品质课堂为主轴、以基于学生的学科素养全培养为己任的课堂转型，已成为今后高品质办学的最重要的条件之一。从目前普遍流行的"高效课堂"走出来，以创造一种"高质课堂"，将成为目前我国基础教育课程改革深入推进的重要主题。而"大气课堂"则是一种成为"高质课堂"的最为理想的课堂教学形式，是一种深度课改的新期待。为此，用"大气课堂"新思维重建课堂教学新体系，用"大气教育"的办学理念打造课堂，形成一种"大气课堂"文化，使学校从狭窄、单一的学科素养训练走向学生学科素养全培养的课堂转型找到新的路径，为学生成为有完整学科素养的大气之人、大器之才而奠定良好基础。

德胜学校胡华生校长提出了"大气课堂"的教学理念，并为此在全校推广。本人受嘱而展开了有关研究，现汇报交流如下。

一、为大气课堂而教：其本质是教出"质""效"统一的核心素养培育的发展型课堂

1. 大气课堂，是一种"质""效"统一的课堂

大气课堂，是指在追求"大气"教学上下功夫，营造大方、有气度、有意义的高端发展的，既求效更求质的"质""效"统一的课堂。它力求让每一堂课在目标上不谋小利，在内容上不琢小器，在过程上不求小计，努力营造大方、高雅、厚重、深远的"高效＋优质"课堂。

可以说，大气课堂是一种有气度、大手笔的发展性课堂。大气课堂，旨在培育既有大气的课堂份量、又有大气的课堂质量，既有大气的视野、又有大气的品质的新课堂生态。

大气的课堂份量，不在于课堂知识的容量，而在于更注重课堂知识的份

量，即更趋宽广、新颖、扎实的核心知识，和更能起建设性作用的有价值的关键知识。

大气的课堂质量，不在于课堂知识的"有效"传授，而在于更注重让课堂知识与学生发展的前瞻性、创新性、个性化进行"有机"内化，从而促进学生未来发展、深度发展。

大气课堂的教学主张，是"三个坚持三个反对"。坚持以学为本，为学而教；坚持个性化发展，因材施教；坚持未来发展，有质执教。反对应试教育，为考而教；反对形式教育，为教而教；反对随意教育，为我而教。

大气课堂的建构，在于让教师提升高瞻远瞩、充满自信、大开大阖的教学素质，养育哲理纵驰、智趣横生、一气呵成的教学智慧，打造张弛有度、精细紧凑、轻松自如的教学风格；让学生在大气课堂中获得比考分更多更好的才能、素质、智慧与发展空间。

2. 大气课堂，是使学生的学习与发展得到整体、高效、优质的锻炼和提升的学习型课堂

为了让课堂成为学生确有多才能、高素质、大智慧的收获，就必须有匹配的课堂载体，而大气课堂则完全可以实现这一目标，使学生的学习与发展得到整体、高效、优质的锻炼和提升。它可以体现在以下几方面：

（1）突出了以学生发展为本的教学目标

坚持以学生发展为本的教学目标，不仅关注学生的考试分数，更关注学生体魄的健壮、情感的丰富和社会适应性的提升，从知识和技能、过程和方法、情感态度和价值观等方面促进学生个体的全方位发展，使获得知识与基本技能的过程同时成为学会学习和形成正确价值观的过程。这与低效、无效教学不同，大气在于特别注重教学目标和学生发展的全面性、整体性和协调性，使教学目标价值的实现统一于同一教学过程中，从而充分实现教学的基本价值，促进学生全面和谐的发展。

（2）立足于学生的进步和发展是否通过教学获得

学生的进步和发展是通过合规律、有效果、有效益、有效率、有魅力的教学获得的。大气教学，主要看教学是否合规律，即教学的效果和学生的进步、发展，不是通过加班加点、题海战术得来，也不是机械训练或挤占挪用学生的自主学习时间和其他学科教学时间等损害学生可持续发展的途径取得的，而是立足于学生，从教学规律出发，科学地运用教学方法、手段和策略实现的。这样，通过大气教学，给学生带来的进步和发展，不仅要看教师的教学行为，更要看教学后学生所获得的具体进步或发展。同时，不仅要求教学有效果，而且要求教学效果

或结果与教学目标相吻合，与学生一生幸福的教育需求相切合，让学生的学习收益不仅是"眼前的分数"，而且学到的是终身受用的知识、能力和良好的非智力因素。大气教学是展示教师个人魅力，能给学生带来愉悦的心理体验，能吸引学生继续学习，自觉地去预习、复习或者拓展加深的最优化教学。

（3）实现以教学进步和发展的基本内涵为主要目标

整合、协调地实现教学的"三维目标"，全面提升学生的学科核心素养，是学生进步和发展的基本内涵。学生的进步和发展并不只是传统教学强调的知识和技能的掌握，而是指学生在教师引导下获得全面、整合、协调、可持续的进步和发展，是注重全面教学目标的进步和发展。如果背离或片面地实现教学目标，那么教学就只能是无效或低效的。

为此，大气教学要科学处理预设与生成的关系，即充分预设与动态生成的辩证统一。大家知道，教学是有目标、有计划的活动，预设是教学的基本要求，但课堂教学如果只讲"预设"而无"动态生成"，不能根据教学实际作出灵活的调整和变化，就很难以满足学生的学习需求和促进学生的发展。所以，大气教学必定是预设与生成和谐、辩证的统一，而且更看重有价值、有意义的动态生成。

为了正确处理预设与生成的辩证关系，务必做到：一是精心预设，为各种可能的生成做好准备；二是立足学生发展的重点、难点而进行生成；三是为学生当好课堂智慧生成的"助产士"和"导购员"，不让学生迷失于"课堂生成"或走进不必要的"课堂生成"，为机智地把握课堂中的动态生成而及时、灵活地调整教学策略。

（4）以教最有价值知识为最高追求

教学实践表明，教学的最大成就取决于教学的有价值知识量。大气教学的追求，是在教学中教学生真正理解并有助于其发展的核心知识、关键知识，有人称为"有效知识"，其实还不全对，应该是"有意义知识"。教学知识的有效性是保证课堂教学有效的一个十分重要的条件。任何知识，就其存在的价值，从发生学意义讲，都是有效的，有价值的，但是，从教学论意义讲，教学知识可分为有效知识和无效知识两大类。科学的教学内容如果传授方法不当，不能与学生的认知结构发生实质的、有机的联系，教学的效果仍然可能很差甚至出现负效。教学效果取决于教学的有效知识量，而不是教学传授知识的多少和教学时间的长短。否则，再大的效果也为零，再如何正确、科学的教学内容和方法也缺乏意义。

（5）以学生发展为取向的教师教学行为

大气教学，要求教师改变传统的以教师为中心的教学行为模式，代之以学生发展为取向的教师教学行为。一是由"牵"学生走变为"让"学生走；二是把思维与习得过程"还"给学生，不能用教师的探究代替学生的探究、以教师的思维代替学生的思维、以教师的活动代替学生的活动，真正把课堂学习的权利还给学生，把本属学生的思维过程还给学生，把本该学生做的还给学生做；三是把对学生的学业发展的单向评价改为多元评价，引进学生的自主学习评价机制，充分发挥学生的自我学习评价作用，促进学生的进步和发展。

3. 大气课堂，是力求将"和谐而平衡"列为课堂新生态

当代教育生态学研究表明，只有当整个教学生态系统处于动态和谐和平衡时，教学才能高效优质地实现。大气教学主要追求：

一是教学方式结构的和谐而平衡。如：接受学习与探究学习，个体独立学习与小组合作学习，内化学习与外化学习，自主学习与制度化学习等多种教学方式有机结合起来，且形成一个开放、动态、和谐、平衡的教学方式结构，从实际出发的一个开放、动态的平衡系统，而不是把各种教学方式割裂开来，或者只是简单的机械的相加。

二是教学思维结构的和谐而平衡。大家也知道，任何教学内容都是通过一定的教学思维进行传授和学习的。大气教学讲求教学思维清晰、结构合理、辩证全面，科学地把逻辑思维与直觉思维、演绎思维与归纳思维结合起来，使教学思维清晰有序、和谐平衡，改变教学思维方式单一片面的现象，反对教学思维方式的单向性和片面性，以及缺乏清晰、合理和平衡的结构。

三是教和学的和谐而平衡。大气课堂既有赖于教师的优教，又有赖于学生的优学，而且二者和谐。这样，就要求教师主导作用与学生主体作用的辩证统一，要求教师教学过程与学生学习过程的和谐平衡，要求教师的教是为了促进学生的学，学生的学需要教师教的帮助，要求教师专业成长与学生发展的和谐平衡。可以说，大气教学过程，既是一个教会学生"学会学习"的过程，也是一个教会教师"学会教学"的过程；大气教学既要靠"大气教师"，又要靠"大气学生"。因此，大气教学不但要求学生学有收获，学有发展，而且也要求教师大胆探索教学互促的教学思路，通过学习、实践、反思而相应提升其专业成长水平。事实上，没有教师的专业成长，学生的大气学习也是很难实现的。

四是课堂环境的和谐平衡。大气课堂环境包括物理环境和心理环境，是教学生态的重要组成部分。大气课堂环境和谐平衡就是指课堂的物理和心理环境能增进学生良好的情感体验，使师生处于一种相互尊重、友好合作、充满人性关怀和具有较高心理安全感、舒适感、归属感的氛围中。

二、为大气课堂而教：其意义是用"大气"教育的理念育"大器"之才

当我们用第三只眼睛看课堂教学的时候，才猛然发现：当今的教育太闹、太俗，也太畸形、太功利，导致当今的课堂教学普遍是"考、讲、练，再考、再讲、再练，还考、还讲、还练"，这是一种最典型的将人训练为"考试工具"的应试教育型的工具化教育的课堂，也就是一种目标短视、内容狭窄、形式单一、功利浅近的浅层性学习的小气课堂。这也当然会引起人们对此产生改革之心，越来越向往和追寻更为理想的课堂。可以说，这是一种课改新期待。于是，我们为这种课改新期待追求一种"大气课堂"，为大气课堂而教，教出大器之才。

"大气"教育，是指一种"大手笔"教育，也叫"大器"教育。即区别于"小器"教育而言。"小器"教育，是指一种"小器皿"教育，也叫"小气"教育。即小作坊、小动作、小回报的"短平快"教育，把学生只进行一种重复制造、批量生产的短线产品教育或低端产品教育甚至"山寨版"的仿制品教育或复制品教育。综观目前国内愈演愈烈的应试教育（分数教育）、畸形教育（乱象教育）和"伪改革"教育（形式教育），都无不就是这样的"小器"教育。

"大气"教育，大就大在从单一重复型的加工批量生产的制造型教育，转变为面向一个个真实生命的个性化的"私人订制"式的创造型教育。大家知道，冯小刚导演的喜剧片《私人订制》，由愿望规划师、情境设计师、梦境重建师与心灵麻醉师等组成的"私人订制"公司，以"替他人圆梦"为自身业务，专门为不同客户量身订制"圆梦方案"，无论客户的梦有多奇葩、要求有多严格，但这些"圆梦师"都做到来者不拒，甘愿满足和实现他们各自的任何需求。这个"私人订制"公司的口号是"成全别人，恶心自己"，而我们倡导的个性化创造型的"私人订制"教育，也要有一句口号："成全学生，开心自己"。这是一种敢于走出急功近利，回归人性化，为学生实现其人生梦想而设计，而铺路，而助力的"正"教育。它在把学生培养成为有思想、有道德、有智慧的学者、领袖和优秀公民，不再让学生成为当前的应试机器或高分低能的书呆子。让学生成为一种新的"四不会"、"全人"，即面对应试不会输，面对困境不会垮，面对世界不会怯，面对未来不会懵。那么，我们的这种"大气"教育，就完全可以从"中国制造型"走向"中国创造型"。

"大气"教育，大就大在它的高起点、大尺度、远目标、多元化；大在它像一个"上市公司"，像一艘航空母舰，既有规模又有气势，还有系统代运作

平台、机制等。其特点是：淡化考试分数教学而更注重综合素质培养，坚持全面发展而更注重个性成长，立足起步过关而更求未来成才。《老子》有言："大方无隅，大器晚成。"而"大器晚成"，现常指能担当重任的人物要经过长期的锻炼。当然，较晚能成就为大才者，固然可敬可学，但是科技日益飞速发展的今天，要求快出人才、早出人才，出大才、特才、怪才，那为什么不可以"大器早成"呢？而为了"大器早成"，尽管是"千里之行"，但务必始于我们当下所倡导的"大器"教育。

"大气"教育，大就大在为找回教育真意义而敢于正本清源，为寻找教育本真而敢于舍末求本。打个比方，教育就像种树，面对的每一位学生就像一棵小树。"小器"教育只是关注这一棵树上局部的树叶、枝丫、花果，于是也就只拿教育的一枝、一叶、一花、一果，来教育这位学生，乍一看去有直观感、有成就感、抢眼球，但这是小部件教育；而"大气"教育则反之，注重"全树"（就学生而言是"全人"）的生长、生态——我们称之为"种树"教育乃至"种一棵树"教育。这种教育才是最真实的教育，也就是最大气的教育：不仅看到表面的局面的零散的枝叶花果，更关注支撑枝叶花果的主干和地下的根。因为主干和根为上面的枝叶花果输送养分、支撑、呵护。这种着眼于主干和根（本）的教育，无疑要显得整体、大气、重要得多——可能比"小器教育"的急功近利来得慢，但"大气"教育的长效性、隐效性和主效性则无可相比：因为我们关注的是学生的全部，是学生的一生成长、未来发展、个性化才能和领袖型品质，再不让学生当应试的工具和分数的俘虏，而让学生以综合素质和个性化才能的一体化成长为"大器之才"。那么，我们的教育就完全可以从"中国制造型"走向"中国创造型"。

三、为大气课堂而教：其特质在于教得理性、辩证、真实、和美、精致

有人说：当一个人不愿意接受教育时，落后就开始了。此话没错。但是，当一个人接受不正当的教育时，那么，这个人比落后更糟糕——因为这种教育只给了学生一大堆知识概念、死记硬背的方法和应试后的分数单，却把学生的聪明、智慧、灵性灭了，最终把学生的一生毁了。我们倡导大气课堂就在于"教育因发展学生而改变，课堂因学生发展而转型"。

1. 激情而不见浮躁

大气课堂一定是以激情投入与沉着铺展相融为主要特质，坚持教学理性与教学激情的统一，既讲究天马行空、挥洒自如，又注意脚踏实地、不浮不躁；注

重培养"感性＋理性"的复合性教学性格，以尽显大气而庄重的教学风度。

2. 放开而不会放任

大气课堂教学在民主的旗帜下，放开课堂，彻底解放思想、放开学生手脚，尽显大气的风范。充分挖掘和合理利用情境、表演、游戏、比赛、实践活动等因素，使课堂成为学习共同体和充满乐趣的"百草园"，始终充满和谐的张力、磁力和活力，让学生在轻松的情境中，学会自主建构、学会交流共享，实现"玩中学、做中学、思中学、动中学"。但是，民主并不是一味地迁就，自主也不等同于放任自流，放开更不是放纵。致力于营造彻底解放老师思想、放开学生手脚的开放课堂，才能构建尽显"大气"的理想课堂。

3. 大方而不可粗放

大气课堂倡导从容自如、精致大方、丰富多彩、优效实用的课堂风气，让师生实现真正的互动探究、教学相长，既有紧凑而流畅的教学结构和教学环节，又有精细而不粗放的多元交流、展示与点拨、引导。做到教之有物、教之有理、教之有序、教之有悟，做到让学于生，有扶有放、从扶到放、扶放结合，尽显大气豪放的教学风景与气韵。

4. 简约而不能简单

"大道至简"，追求更高层次的简约求实，做到"简洁、灵动、和谐"，尽显大气的境界。大气课堂在战略上追求简约，即具有一定高度一定内涵，但在操作上要讲求战术——不简单的课堂。既有简明、简略、简洁之意，做到"简洁、灵动、和谐"。力求避繁就简，能简单的不必复杂化。如：教学目标去繁就简，授课重点明确、精当，教师语言简洁明了，教学手段恰到好处；教师情感丰富，学生积极参与，师生多面交流；突出学生主体与教师主导的和谐，突出教学的理性与激情的统一。从感性到理性、从简单到复杂，无疑是科学的进步。但再从复杂到简单却是全方位的升华，是大气教学的最高境界。

5. 大方而不失精致

大方，常指"不俗气，不做作，不拘束，堂堂正正"，也指"大方之家"，即"懂得大道理的人，后泛指见识广、有学问的内行人"。精致，即"精巧细致，细密"，也指"有情致、情趣、美好的意思"。课堂教学非常注重这二者的相辅相成：大气必须体现在精致上，没有精致的实践，任何大气都只能是空怀抱负，而精致又必须着眼于大气，在大气下的精致，在精致中见大气，否则只是埋头拉车没有抬头看路，或者是盲人摸象、坐井观天。这样，"大方＋精致"便最终造就教学上的"大方之家"。

四、为大气课堂而教：其功夫要下在敢于用"不要"来"纠偏"

1. 目标：不要太"近"

这里的"近"，就是指教学目标过于急功近利，用近视的眼光来定位教学价值取向。大气课堂则要求：不再把应试的分数教育作为唯一目标或第一目标，把眼光放高放远，盯准学生的未来发展，着眼于学生的综合能力、整体素养和个性化、大气型人才的培养。

2. 内容：不要太"土"

这里的"土"就是低俗、浅薄和粗放而尚未精选的精致的教学内容：凡考必教，不考不教；好教的就教，不好教的就乱教；感兴趣的就猛教，不感兴趣的就避教。大气课堂则强调：凡是有利于学生发展的促进学生素质成长的都要教，教出高质量、高水平。

3. 形式：不要太"花"

课堂教学要讲究必要的形式，但不能设计过多的情节、过滥的花样。因为头绪太多，形式太"花"，使教学无法清晰、明快、集中、深入。因此，大气课堂倡导教学环节宜粗不宜细，让学生在一种粗线条的"导学轨道"上自主学习、自主探索，就可以从不同的途径寻求答案，可以不受拘束地充分表达自己的想法。

4. 问题：不要太"烂"

教师提的问题一定要有意义，不要过于肤浅、过于表面、过于狭窄，过于偏激。教师要提出适宜的问题，富有思考的价值，体现思考的难度、坡度，尽量减少显而易见的提问、一问一答式的提问。否则问题太"烂"，让学生失去思考兴趣和思维空间。

5. 效果：不要太"俗"

这里的"俗"，是指教学评价多以分数论人的单一评价的低俗做法，片面追求过于分分计较的低俗效果。大气课堂则强调发展性评价、过程性评价、多元化评价和个性化评价，在评价方法上改"百分制"为"等级制"，实现量化评价与描述评价相结合、笔试与面试相结合、学科闭试与实践考查开放评价相结合、师评与学生评相结合。

五、为大气课堂而教：教最能发展学生、最适合学生核心素养培育的内容

1. 要坚持以学生核心素养和学科核心素养为基本内容的教学观。

在这里，大气课堂务必解放师生的手脚，抬起头来看路，既能整体把握学生素养发展方向，又科学把握好学科核心素养和附着内容的关系，理清其"一线穿珍珠"中的"一条线"知识和"多珍珠"知识之间的知识体系（也叫"知识场"），然后学会扬弃和取舍，做到有所为而有所不为，坚持"五教五不教"：

（1）教最能起建设性与建构性作用的核心知识，不教无法产生发展能力的小气知识——抓大放小；

（2）教最有意义的"内涵式发展"的关键知识，不教无法形成知识结构的浅陋知识——去粗求精；

（3）教最有发展深度和促进素质提升的创新知识，不教学生已会或自己能学会的重复知识——登高望远；

（4）教最简约的"牵一发而动全身"的重点知识，不教一叶障目的鸡毛蒜皮的枝叶知识——去伪求真；

（5）教最灵活应变、最能提升智慧的"活"知识，不教无志趣、无启发、无思考价值的平庸知识——激趣启智。

2. 为每位学习者的学习、成长和发展而设计大气课堂教学，使教学成为学生在教师指导下进行的自主学习活动。

在大气课堂教学中贯彻落实自主合作探究学习方式，把组织学生的学习作为教学设计的基本线索，使课堂教学成为学生在教师指导下进行的学习活动，丰富学生学习经验，促进学生自我建构。

配合课程安排及教材的内容，开发丰富多彩的各类学习活动，以产生一批促进学生个性化发展或深度发展的辅助性、拓展性、探究性的微课程。

在教师指导下的学习活动，要以学习过程为线索来组织学习资源，开发与建立相应的学习资源库，确保学习活动的有效性。

六、为大气课堂而教：其结果在于考量教得"值与不值"

大气课堂的评价，总体出发点是：教师到底教得值不值，学生到底学得值不值；教师还能教得更好吗，学生还学得更好吗，等等。这是学校课程实施中应包括教学和评价两方面所必须建立及遵循的理念。为此，我们为推行大气课堂而注重两大价值取向：

1.突出学生发展的核心素养，追求以基于"学"的发展状态为大气课堂教学质量的表现标准（"状态化"）。

大气课堂教学质量的评价，反对过去那种由静态的学科知识或课堂教学要素来展开评价，注重基于"学"的发展状态及以学科核心素养培育的价值取向，因而走向一种用质量标准的本质表现来制订大气课堂教学质量表现标准。这种评价标准，要围绕学生发展的核心素养来制订。学生发展的核心素养，是一个全面系统地衡量学生学习表现及变化的综合性评价指标，以学科知识、生活体验、文化教养为基础，以审美情趣、思维品质、情感态度价值观为导向，以发展学生能力和学科能力为核心。大气课堂质量表现标准，围绕核心素养的这三个层面制订每学期的相应指标及评价方法，作为规范教学和评价的依据。

也就是说，基于"学"的发展评价（所谓发展就是变化，就是状态化，即基于"学"的学生在学习、在发展的状态），"学"的发展又往往取决于以下三方面的变化："学"的状态变化，导"学"的过程变化，课堂所透射出来的最为本质的课堂因素变化。

2.大气课堂的评价内容：重在"五看"学生的核心素养发展

（1）看教师是否有了大气的品质和行为，看教学是否真有意义、有真价值，不为急功近利的应试教育、形式教育或随意教育所绑架；

（2）看学生是否激发了学习兴趣，能让学生愿学、乐学，形成良好的学习习惯，为学生成为大气之人而奠定了良好基础；

（3）看是否在为学生的未来发展而教，是否让学生获得有价值的知识、技能、方法和素养，学生的潜能和个性化发展是否获得最大限度的发挥；

（4）看是否为学生的能力培养和后续发展而选教更有用的"高端"知识，即核心性、建设性、关键性知识；

（5）看有多少学生在多大程度上实现了有效学习，取得了更长远、大气的进步和发展，以及是否引发了学生继续学习的愿望。

（本文写于2013年11月，系为学校教学改革与教学督导专题研究稿）

我对大气课堂的再理解

胡华生校长提出并推行"大气课堂"以来，作为督导员的我，有责任对"大气课堂"进行再认识、再理解，以便更进一步提高推行效果。

一、对大气课堂的三个基本理解

（一）对大气课堂内涵的理解

大气课堂的教育理念、教学主张是什么？就是以学为本、为学而教，着眼人的发展，关注核心素养。

大气课堂就是"大道至简"的课堂，用最简约的手段和方法，教最核心的知识和技能，培养核心素养，实现学生的深度发展、个性化发展、未来发展。概言之，大气课堂就是核心素养培育的主阵地。大气教学，就是一种核心素养的教学。因为它在理念上更多地着眼于整体、着力于全局，致力于关键与细节，成就于突破与精致。

因此大气课堂要求学会选择最有价值的主干知识、基础知识和关键知识来教与学，因为这些知识能支持学科知识结构的形成，对培养能力起建设性作用。这样，就必然要对知识进行取舍和扬弃，把最核心的知识教到最极致，把不需要或者学生能自己学会的则大胆舍弃或者整合，以集中精力教集约性内容，尽力减少头绪和负担。

（二）对大气课堂特质的理解

可以说，大气课堂是在宣扬一种教育理念、教学主张，并不在于寻求某种教学模式，硬是要凑几个步骤、几个环节，恰恰是用多样化的教学手段和方法，来达到大气的最佳境界和效果即可。当然，在具体的学科课堂操作中，为基于"大气课堂"的教育理念和主张而采取一些恰当的教学程序、教学方法，还是很有必要的。所以，提出这样的大气课堂，它是最具有创造性、实效性和个性化特色，也因此最能够推广应用，给师生留下更为广阔的发展空间。也就是说，大气课堂既有高大上的理念，又有最接地气的教学过程与方法及策略。比如说，极大地解放教师思想，树立"学生在学，教师在导"的教导型教学状态意识，放开学生手脚，用引导、点拨、促进的方法，导学于教材研读之中，让学于学生自主探究、创造之中，做到导学自然，收放自如，把自己的教巧妙地"藏"起来，把学生的学科学地"导"出来——该出手时就出手，不该出手时绝不出手，即让学生学会，更要让学生会学。为此，务必做到以下几点：（1）教师只搭学习平台，绝不包办、代替地去演戏，或"独角戏"；（2）只点燃学生学习的激情之光，不去代替"燎原"之后；（3）教师少直接提问题，只创设问题情境，激发学生提问，鼓励学生"问倒"老师，并评选"问倒老师"最佳奖、"最有价值问题奖"；（4）对任何知识的教学，教师先不抛结论或答案、而让学生多思辨、多追问、多探讨，鼓励不同的声音（不同看法、结论）；（5）教师有时装做不懂或答错，故意引导学生深入争辩，产生课堂学习高潮，再像学习小结，既总结知识，又总结学习方法、经验。

（三）对大气课堂评价标准的理解

大气课堂的评价标准，主要是以人为出发点，基于"人"的发展，改听课为"看"课（故称观摩课）。评价标准分成三个板块，即用"三看"来评价课堂教学：一看学生，着重看学生的学习发展状态；二看教师，着重看教师的教学过程；三看透视课堂之后的师生，着重看其教师的专业素质、学生学的效果和良好的师生关系。（详见附录2。）

二、对大气课堂的若干问题的解答

1. 到底什么是大气课堂？

大气课堂，是指通过抓大放小、务本抑末、有主有次，来获取课堂教学的最大值即最大空间、最大效益、最大意义的大气特性和大气精神的课堂。也就是通过立意高远（大目标）、内涵卓越（大设计）、过程开阔（大情境）、技法灵活（大方法）的大气之教，培育大器之才，以求得学与教大于原来的效果，构建在目标上不谋小利、在内容上不琢小器、在过程上不求小计的课堂教学新秩序、新机制、新常态。

2. 怎样理解大气课堂的标准？

这里分两个层面来回答。

首先，说说一般意义上的"标准"。标准是指"为了在一定的范围内获得最佳秩序，经协商一致制定并由公认机构批准，共同使用的和重复使用的一种规范性文件"。它"以科学、技术和实践经验的综合成果为基础，经有关方面协商一致，由主管机关批准，以特定形式发布，作为共同遵守的准则和依据"。我们认为，一般可包括以下几个方面：概念标准、内容标准、行为标准、方法标准、质量标准。我们学校的大气课堂标准已基本上涵盖了以上内容。

注：标准宜以科学、技术的综合成果为基础，以促进最佳的共同效益为目的。①"标准"是衡量事物的准则；②本身合于准则，可供同类事物比较核对的事物；③指榜样，规范。规范是指明文规定或约定俗成的标准，具有明晰性和合理性。合理，是指"合乎道理或事理"。

达尔文曾给科学下过一个定义："科学就是整理事实，从中发现规律，做出结论"。达尔文的定义指出了科学的内涵，即事实与规律。所以，标准是基于"事实与规律"，也就自身体现着科学性和可实践性。

然后，再来说什么是"大气课堂"标准。即指关于大气课堂的实施标准，也就是在推行和实施大气课堂的过程中务必遵循的基本规矩和共性要求而所形成的规范性文件，将成为我校实施大气课堂的统一准则和依据。

3. 大气课堂标准有什么特征？

第一，就标准本身而言，都具有以下的共同特征：规范性、普适性、导向性、强制性、权变性。

第二，我们学校的大气课堂标准，除了具有以上五大共同特征外，还具有其自身不可替代的个性特色的特征：一是有明确的教学主张，即"以学为本，为学而教"；二是有鲜明的内涵发展特质，即"大道至简，"在于实现课堂转型，提高课堂效率。即为彻底改变目前课堂低效高耗现象，摒弃"师讲生听、为教而教"的陈旧教学理念，向"以学为本、为学而教"的现代教学理念转变，努力构建基于"学"的大气课堂，多些减负、提质、升级，少些急功近利；让学生在自主学习、动态生成中获得更全面、更长效、更深远、更具个性化的特色发展。

4. 怎样才能正确理解标准的推行？

一是希望出现不同学科、不同课型、不同风格和不同水平层次的教师，对大气课堂有更多、更好、更新的理解，创造不同特色的大气课堂。

二是处理好怎样标准与各学科具体实施细则之间的关系。目前，要我们各学科根据标准再制订各自的具体实施细则，即基于学校大气课堂标准下的学科操作层面的具体内容、方式及注意事项，而不是把现行标准修改后再制订出各学科的标准。这份细则，可以定名为《××系大气课堂实施细则》，一般包括：理念的解读、方法的实施、措施的安排等，但必须结合本学科的实际和学生的学情。

5. 怎样认识标准执行既有行政性，更有专业学术性的关系？

标准一旦发布就不能改动或者不执行，但在具体操作上却有无限的发展空间、创造空间，尤其在课堂教学处理上，注意不要违背其学科专业学理特征和学生认知规律的大气课堂，否则，课堂是大气了，却又出现了其他问题。

6. 怎样处理大气课堂的共性标准与一堂课如何体现大气课堂标准之间的关系？

（1）整体上的大气课堂全部标准不一定在每一节课都要体现和落实，但在一堂大气课里，必须具备大气的精神和基本理念；（2）大气课堂标准与目前各地流行的一堂好课的标准是不等同的，因为角度不同；（3）凡冠以"大气课堂"的课，一定要有能够足以反映"大气"元素、特质的东西，不能凭感觉，只贴上"大气课堂"的标签而已。

7. 怎样理解标准与评价表之间的关系？

评估标准不能全等于评价表。评估表是对标准执行的一种评估时的重新制订的量表，只有首先要掌握标准（学习和理解）、才可能运用标准（实践操作），然后用"评价表"去对掌握和运用标准的情况及其效果进行评价。目前关于大气课堂的评价表，其实仍在讨论之中，尚未公布，当然会以去年发布的讨论稿作为基础，再次修改并经学校审定后即行颁发。要知道，我校曾先后出台了几个评价表，这就需要整合和统一，以确定一个科学 、通用、相对稳定的权威的评价表。

8. 怎样整体地理解和掌握标准与有创造性地运用和落实标准之间的关系？

既要对十条标准作出完整理解，又要对标准中一些核心理念和关键内容要落实到位。比如，"以学为本，为学而教"，这是核心理念，必须坚持的；在教学内容上的"五教五不教"，在教学策略和方式上的"十二字原则"（抓大放小、务本抑末、有主有次），在教学结果上的"三维十一项"评价指标（三维：以学为本、为学而教、课堂透视；十一项：情绪状态、思维状态、觉悟状态、目标达成状态、目标导向、内容处理、环节组织、策略使用、教学准备、基本素质、师生关系）。

所以，我们要坚持讲究"课前三思"和"课后三想"。课前三思：想一想本节课怎样体现大气课堂的主张，想一想本节课的内容怎样呈现大气课堂的精神，想一想本节课的教法怎样实现大气课堂的特质；课后三想：想一想我的课教出了大气的品质没有，想一想我的课能让学生学得大气没有，想一想我的课到底离大气课堂标准还有没有差距。等等。

9. 怎样理解大气课堂的标准并非"高大上"，而是更加具体、明白、可操作，更加追求解决目前应试教育、乱象教育的实际问题？

这与我们过去传统意义上的"灌输课""满堂练""重复用力"等相距较大，要求高了，难度大了，做起来跟不上去，所以才让大家感觉有点"高大上"。可以说，这是一种课堂教学转型，那么，既然是课堂的转型，则无疑且必须会引发一系列随之而来的相关转变，如：观念转变、内容转变、方法转变和评价机制的转变，当然也包括管理的转型，领导的意志和言行也要转型。否则又会演变成为一场"新瓶装旧酒"的闹剧，热闹一下即过；或者又变成再一次"穿新鞋走老路"，费力不得好，所以关键是你要对"鞋"与"路""新"与"老"等诸多矛盾真正处理好。

10. 怎样理解大气课堂与目前国内流行的"绿色课堂""高效课堂"之间的关系？

可以说，这些课堂的出现，无疑是一种既是百花齐放又是各显特色的共荣关系，彼此没有对错和好差之分，只有是否更适合、更有价值的选择和发展。我们的大气课堂就是在博采众家优势而摒弃不足而发展与构建的，同时也符合我们这种高起点、高规格、高品质办学的特定需要，办大气教育，育大气之才，怎么离得开大气课堂？

11. 怎样理解大气课堂标准与其它好课标准之间的关系？

关于一堂好课的标准，目前较有影响的是华东师大叶澜教授在厦门一次研讨会上所提出的"五实"标准（扎实、充实、丰实、平实、真实），另外还有许多标准，比如"五字"标准（新、趣、活、实、美）等。恕我直说，这些标准更加抽象、空泛，表面一看似乎很好，但仔细琢磨起来、真要拿来操作就傻眼了，句句都是模糊的，字字都是难以捉摸的，真可谓"看得见而摸不着"。比如"新"，理念新、方法新等，提法确实不错，但一问：到底是什么样的理念、什么样的方法才是新的，又"新"到了什么样的程度才算新了，等等。结果导致评课意见不一样，各有一套且各有其理，表面上是气氛热烈，实际上对"好课"越评越糊，难得结论，于是离"好课"也越走越远。究其原因，主要是从外延角度用形象描述甚至比喻性方法来制造概念和下定义，而缺乏从事物本质内涵角度出发，缺乏对其自身必有的基因及其构件或元素特质进行分析而下定义的方法。我们学校的大气课堂及其标准与之相比，不说堪称完美，但确有明显的进步和发展。

三、上好一堂大气课的五个关键词

大气课，是一种立体的、动态的"优质＋高效"课堂，是规格高、境界高、效能高的素质课堂。能够上好一堂大气课，既要有教师的素养、功夫和自信，有执教者的感悟和智慧；也体现教师先进的学生观、人才观和教学价值观，即从学生出发，以学为本，为学而教。

在这里可用以下五个关键词来展开描述。

（一）视野

我以为，一个教师的视野应该开阔，要手中有书、心中有人、眼中有大世界，为此要多读书、常读书、读好书和好读书，要多交往、多观察、多倾听，要多思考、多研究、多总结和多做资料积累，还要精准备课、常出创意，这样上起课来如鱼得水，左右逢源，轻松自如，不大气才怪呢。真可谓：视野开阔，"一览众山小，我教全世界"。

（二）激情

面对情感丰富和朝气蓬勃的学生，手捧充满正能量的教材，我们的课堂是需要激情和正能量的。我们常听人说，有的老师往台上一站，举手投足之间就像一个老师。这里面恐怕跟激情有很大的关系吧。那么，大气课堂的激情是什么呢？我以为，为自己寻找课堂的激情，从教材内容引发激情，从他人状态感染激情，从自我信心与能量养育激情。实践证明：有了激情，就有了正能量，有了积极向上的心态，就有了使不完的劲，用不完的力。

首先，培养阳光教态。老师那满含的微笑，那信任与鼓励的眼神，那会说话的手势，那忘情的、会心的、痴迷的投入……

然后，打磨特色语言。老师那幽默风趣的语言，那脱口而出富有才气的谈吐，随时注意自己的手势与肢体，让它来丰富自己的课堂情态。满怀激情地赞美学生，对学生精彩发言做激情评点。

再次，创造教学高潮。教师的教学激情，还在于能够精心地为自己的课堂教学设置一些教学高潮，用一波三叠富于动感的课堂来展示教学全过程，体现教学的表现力和吸引力，用精心设计的高潮迎来学生情感的抒发和对教学内容的理解与巩固。

（三）简约

凡大气者往往是既实在又简约，要不然就大气不起来，或者大气了却很空冷、不实在，不接地气。一堂课的大气，主要体现在：既有大容量，也有小细节，还要简呈现，这就要对教材进行再创式的技术处理，多而不滥，小而有精，简而有序。

（四）机智

大气课堂呼唤教师的教学机智，教学机智，是指"教师面临复杂教学情况所表现的一种敏感、迅速、准确的判断能力"。往往是教师在教学过程中面对特殊的教学情境最富灵感的"点睛之笔"，即临时发挥的急中生智，显示教师的课堂调控能力，俗称课堂的"随堂机智"。随堂机智，可以是巧妙地智慧地进行对话，无痕地设置过渡与引领，聪明地处理课堂偶发事件。这样的教学流程，很少出现繁杂堆砌、不便操作的现象，这里体现的教学机智、自然，是指时间的分配合理，过渡无痕引领，各块知识间自然融合。更是指教学板块的推进应符合学生的认知心理与阅读期待。

让学生在一个既熟悉又捉摸不定，既清晰又有点朦胧的师生情感过程中生态地前行，让师生情感出现疲劳症状的时候不妨搞点情感保鲜。

（五）创新

大气课堂之所以能大气，还有一个重要因素就是创新。如果缺乏创新的设计、创新的内容处理、创新的教学过程与方法、创新的策略和手段，再怎么样也上不出大气的品位和特质。因为它已经将过时的、落后的，低俗的教学内容和方法在一个系列"创新"过程中不断去掉，而换来的是精致、新颖、有潜质和适应学生发展的知识技能和方法，让学生学到的都是精华，都是为未来发展更对路的知识，即使教学内容大致相同，但是顺序一变，便更能符合学生的学习心理，更能教得自然，学得轻松。

附录1：

德胜学校大气课堂实施要求

一、了解大气课堂的标准设置

德胜学校大气课堂标准的设置，依据国家教改政策和课程标准及有关先进教学理念，立足于学校改革发展需要，从"教师教学"和"课堂"基本要素出发，特设置10项标准（教师教学表现6项，学生课堂表现4项），可以作为教、学、管、评共同的统一标准。与其说德胜学校大气课堂标准，不如说就是"德胜课堂标准"，具有"德胜特色"的课堂标准。

二、懂得大气课堂的构建意义

在于实现课堂转型，提高课堂效益。即为彻底改变目前课堂低效高耗现象，摒弃"师讲生听、为教而教"的陈旧教学理念，向"以学为本、为学而教"的现代教学理念转变，努力构建基于"学"的大气课堂，多些减负、提质、升级，少些急功近利；让学生在自主学习、动态生成中获得更全面、更长效、更深远、更具个性化的特色发展。

三、理解大气课堂的基本概念

大气课堂，是指通过抓大放小、务本抑末、有主有次，来获取课堂教学的最大值（最大空间、最大效益、最大意义）。也就是通过立意高远（大目标）、内涵卓越（大设计）、过程开阔（大情境）、技法灵活（大方法）的大气之教，培育大器之才，以求得学与教大于原来的效果，构建在目标上不谋小利、在内容上不琢小器、在过程上不求小计的课堂教学新秩序、新机制、新常态。

四、明确大气课堂的基本主张

"三个坚持三个反对"——坚持以学为本，为学而教；坚持个性化发展，因材施教；坚持未来发展，优质执教。反对应试教育，为考而教；反对形式教育，为教而教；反对灌输教育，为书而教。

五、注重大气课堂的过程与状态

（1）看教师是否有了大气的品质和行为，看教学是否有了真价值，不为急功近利的应试教育、形式教育或随意教育所绑架。

（2）看是否在为学生的整体发展而教，是否让学生获得有价值的知识、方法和学科素养，学生的潜能和个性化发展是否获得最大限度的发挥。

（3）看学生是否激发了学习兴趣，能让学生愿学、乐学，形成良好的学习习惯，为学生成为大器之才而奠定良好基础。

（4）看是否为学生的能力培养和后续发展而教起建设性作用的知识和技能。

（5）看学生在多大程度上实现了有效学习，取得更长远、大气的进步和发展，是否引发了学生继续学习的愿望。

六、贯彻大气课堂的教学原则

（1）因材施教，个别辅导；（2）先学后讲，精讲巧练；（3）举一反三，触类旁通；（4）学思结合，践行有为；（5）合作探究，互动交流。

七、注重大气课堂的教学策略

（1）坚持总体定向与个体发挥相统一。有大气的基本要求与规范，但不作求统一的教学方法或模式，也不拘泥于传统的局部经验或技能，鼓励百"师"争鸣，百"法"齐放。

（2）坚持宏观战略与微观战术相统一。在战略上追求大气、简约，头绪少、途径宽，易于理解、适于思维；在战术上注重精细、实微，讲究难易兼之，宽窄协调，整散结合。

八、全面把握大气课堂的结果评价

主要是追求发展性评价和多元化评价，即基于"学"的发展变化评价和个性化成长评价。这种评价取决于以下两大变化：教师导"学"的内涵发展变化，学生"学"的课堂状态变化。

九、研制大气课堂的学科教学规范

（1）每个学科要注重研制不同学段（初中、高中）、不同课程领域模块、不同课程项目（含校本课程），如何实施"大气课堂"教学的操作策略及评价方法等，要形成相应具体的大气课堂理念及内涵式发展主张。

（2）每个学科要研制不同课型（如新授课、复习课、讲评课，概念课、练习课、实验课或实践课，阅读课、写作课等），与"大气"课堂相适应的操作标准、方式、方法。

十、落实大气课堂的行动要求

（1）各学科应根据本学科特点和实际情况，制订有关贯彻落实大气课堂标准的实施细则及操作办法；探讨深化大气课堂建设的经验与问题。

（2）各位教师应积极推行、落实大气课堂标准，努力形成并展示"大气"课堂理念下的大气教学特色、效果及其经验。

附录2：

德胜学校大气课堂标准

一、有鲜明而先进的教学主张："以学为本，为学而教"，促进学生的"四个发展"（全面发展、个性发展、创新发展、未来发展）。

二、有充分而自信的教学准备："厚积薄发，不预则废"，熟悉学情，明了教情，备课充分，教案具有科学性和可操作性；心态良好，情绪饱满。

三、有明白而发展的教学内容："抓大放小，务本抑末"，根据学情科学引导学生对学习内容（"学材"）进行加工、深化、拓展；能抓住和呈现有意义、有助于学生构建最近发展区的关键知识，为促进学生学科能力、学科素养和综合发展而教起建设性与创新性作用的核心内容。

四、有简约而机动的教学过程："大道至简，气韵畅达"——灵动、精细、紧凑、流畅；能根据课堂实际及时做到调控有度，机智应变，有利于学生的学习进步及思维发展；组织教学合理，活动开展有特色。

五、有灵活而得体的教学方法："教无定法，贵在得法"，倡导启发式、讨论式、探究式、参与式教学；教学策略与方法符合学生的认知规律，教学艺术精湛而务实；导学活动及提问、答问具有较强的启发性、趣味性、通俗性和针对性；板书得体，多媒体辅助手段得当。

六、有轻松而高雅的教学语言："悦耳、激情、生活化"，口头语言规范、精炼、幽默，肢体语言亲切、和谐、自然；体现学科语言特点和教育诱导的言语艺术特色，符合青少年学生身心特点的语言风格。

七、有为学而转型的课堂结构：将教师、学生、教材和教学媒体四要素相互联系而形成新的课堂结构——"学、导、思、练、综"的课堂新常态；推行"自学式""合作式""导师制"教学，让学生自主、自觉，养成良好的预习、反思、调控、质疑、感悟、总结的习惯。

八、有导学而启智的课堂环境：尽显大气境界——民主性、合作性，开放性、生活性，愉悦性、活力性，凝聚性、自律性，舒适接纳性，生命性。师生关系平等、紧密；课堂管理井然有序，流程优化；构建或营造让学生自主参与、激发想象、开放而舒展的课堂情境，让课堂成为创造性、探究性的学习共同体。

九、有因学而和谐的课堂状态：课堂气氛民主、活跃、和谐；学生兴趣盎然，学习精力集中，热烈讨论，能总结当堂学习所得，课堂练习成功率高，实现有更新的或个性化的发展目标；全员参与，互动交流，勤于思考，敏于思辨，善于聆听；由"要我学"变为"我要学"，既"学懂、学会"又"懂学、会学"。

十、有促学而多元的课堂效果："立德树人、大智成才"得到全覆盖。每一位学生都有相应发展和进步，其学习能力和思维品质有明显提升；思维有广度、深度、灵敏度和批判性，有一定程度上的独到见解；教师取得多层面、多维度、多元化的教学质量，且教学相长，术业发展，教学风格日趋成熟，产生令人期待的教学魅力。

附录3：

课堂教学评价表（试用）

序号：_____　　评价人：_____　　____年____月____日

执教教师		学科		班级			
	评价项目	评价要点			权重	得分	总计
以学为本	情绪状态	学生是否思想集中，是否兴趣盎然、积极思考、踊跃发言、热烈讨论。			10分		
	思维状态	学生是否敢于质疑，是否有一定程度上的独到见解；学生思维是否有广度、深度、灵敏度和批判性；课堂上是否有创造性学习场景呈现。			10分		
	觉悟状态	学生学习是否有目的有计划，是否自主、自觉，有良好的学习反思、调控习惯及学习觉悟水平。			10分		
	目标达成状态	学生预习是否到位，是否能总结当堂学习所得，课堂练习是否成功率较高，是否实现有更新的或个性化的发展目标达成。			10分		
为学而教	目标导向	是否明确提出基于"学"的恰当的教学目标；教学目标是否贯穿于教学的全过程，教学目标是否能够转化为学生的学习行为及效果。			10分		
	内容处理	是否根据学情而科学引导学生对学习内容（"学材"）进行加工、深化、拓展；是否明晰线索与思路、是否抓住或呈现具有高端发展价值的核心知识和关键知识；是否教书育人、立德树人。			10分		
	环节组织	教学环节是否流畅、高效、大气；是否体现思辨与创新；是否能根据课堂实际及时做到调控有度，机智应变，有利于学生的学习。			10分		
	策略使用	所用教学策略与方法是否符合学生的认知规律；是否具有较强的启发性、趣味性、通俗性和针对性，教学活动是否实用与适用。			10分		
课堂透视	教学准备	透视课堂，看教师课前是否了解学情、研究学情，是否为课堂的高效优质而进行了认真的准备，备课是否充分、有意义。			7分		
	基本素质	教师的教学语言是否精炼、规范，板书是否精要、清晰；多媒体辅助手段是否恰当有效；教态是否亲切、庄重、自然。			7分		
	师生关系	师生之间、生生之间的交流是否频率较高、合作友好；教学氛围是否民主、和谐。			6分		
特色描述				评定结果			

几点说明：

1. 为彻底改变目前课堂低效高耗现象，追求由"师讲生听、为教而教"的陈旧教学理念向"以学为本、为学而教"的现代教学理念转变，本评价表基于构建"学"的大气课堂而提供一个促进条件或平台。既然新课改倡导"以学为本、为学而教"，我校要打造基于"学"的高效课堂、大气课堂，那么，除了要有理念和做法以外，还要有相配套的教学评价才行。

2. 本表立足于从现象到本质的完整的课堂要素出发而设置评价内容项目，共分3类11项。即：一看状态（主要看学生学习状态，有4项）；二察过程（主要考察教师教学过程，有4项）；三析课堂（主要是透视其对课堂本质规律的认识及重要要素的达成水平，有3项）。

3. 本表中的"课堂透视"，既取《透视课堂》中的精神，又借绘画法理论术语中的方法。"透视"一词原于拉丁文（看透）。最初研究透视是采取通过一块透明的平面去看景物的方法，将所见景物准确描画在这块平面上，即成该景物的透视图，在此是透过前面"学"与"教"的两大现象并综合分析，从而看到其本质规律或起决定性作用的内涵发展的东西。

4. 本表依据于以下四大理论作为其学术理论基础及专业支撑：一是"以学生为本"的新课改理念；二是关于"现象与本质相统一"的唯物辩证法哲学理论；三是关于"学什么、为什么学、怎么学"以及"以学论教""以学评教"等方面的学习科学理论；四是关于"透视课堂"的现代教学理论。

（本文写于2015年3月，系为学校推行"大气课堂"的教学改革和教学督导而写的专题研究稿）

对课堂教学"效"与"质"的哲学思考
——"质效课堂"的构建与实施

随着课程改革的不断深入，教育观念、教学方式、学习方式、评价方式都在发生着令人欣慰的质的变化。但是，如果人们对课堂的思维定式、教学习惯乃至评价标准还停留于"效"而不是"质"的话，那就说明课程改革还不彻底，还不到位，还会是"穿新鞋走老路"。那么，追求一种课堂的"质"与"效"相统一的真实教学，以至形成一种"质效课堂"——开展对"质效课堂"的构建与实施，则是我们走在课改深水区对课堂教学的崇高追求。

一、"质效课堂"构建：是基于发展性教学的理性思考

（一）质效课堂的概念定义

首先要弄清楚什么是质效？概言之，即指办事的质量和办事的效率。那么，什么是质效课堂？这里的"效"是指课堂的效果、功用和效率等，"质"是指课堂的本质、性质和质量等。可以说，前者是标，后者才是本；前者是结果、是状态，后者才是过程和途径。

实现课堂教学具有真正意义上的高效，还必须追求课堂教学的优质，以形成课堂的"质"与"效"相统一，质中求效、有质才有效的真实教学，从而使课堂不仅有效、高效，而且是更有品质、更有价值、更有意义的效率、效益、效能的课堂，这是深化课程改革、进一步实施素质教育的新希望。

（二）质效课堂：它需要的"课堂"形态和特质

（1）应该要构建一个完整的"三维一度"要素评课系统（也就是三个维面和一个程度），即"教师维、学生维、教学维和教学效果度"。

（2）课堂应该是流程清晰、明白、简约、扎实，头绪少、途径宽，易于理解、适于思维的一个流畅过程。

（3）为唤起学生的学习兴趣，结合学生的生活实际，适时创设围绕实现教学目标的情境，提高学生发现与解决问题的能力。

（4）在教学策略上通过教大的而知小的，通过教远的而知近的，通过教"牵一发而动全身"的来解决局部的零散的。

（5）既当教师又当导师，既教书又育人，既教知识概念又教知识产生的过程与背景，既教识记、理解与应用又教探究、思辨与实证。

（6）虽然说对于一堂课，不同的人从不同的视角去看，会"仁者见仁，智者见智"，但要对一堂课做出恰当合宜的评价。

（三）质效课堂：它与其他"课堂"相区别的优质性在于以下四点：

（1）质效课堂：一定要有自己坚定的教学主张并来源于科学而强大的理论支撑背景：知道为什么要这样教和为什么不要那样教——做明明白白的老师，教明明白白的书，干明白之人使人明白的事。

（2）质效课堂：教学主张是只求"真教育"而不要任何口号下的畸形教育、变态教育和变味教育，用"最教育"（最具有教育特质、最符合教育规律、最能

实现教育目标）的意识、内容、策略、方法和评价来重建已经失效、失质、失范的课堂，以打造少一些"外貌控"而多一些"潜力股"的内在品质高的课堂。

（3）质效课堂：发展学生；追求水乳交融的教"学"机制，即追求一种基于"学"的以学为本、为学而教的学习型教学的科学体系，把教成有学的教和教的学，教在学中、在学中教。

（4）质效课堂：对教与学之间的关系，没有时间上的先后次序，而只有事物发展上逻辑上的前后顺序；没有谁比谁更重要和不重要的硬比较关系，只有谁比谁更适合课程发展和课堂推进的互载、互动、互为的关系。不拼凑绝对的几步教学法，不搞硬性的时间分割术。

二、课堂教学：要坚持"效"与"质"的统一

最为理想的课堂教学，应该是一种"效"与"质"的哲学反映，它的结果其实是一种"质效应"教学。课堂教学"质效应"可以描述为：单位时间内学生真正学到的知识和提高的能力，或单位时间内学生信息库能力库的增量。也就是说，学生通过课堂的教与学，真正学会了知识，学会了真正的知识，也真正会学知识——掌握了学习方法、增长了学习能力、优化了学习习惯和提高了学习兴趣和创新素质。

课堂教学的"质效应"，需要相应的质效课堂的构建。真正的质效课堂，其实就是要教会学生养成一种良好的习惯。只有学生学习能力以及主动性、积极性和创造性的充分发挥，即内因（学生）起决定性作用，才能保证"学"的质效。所以，我们的教学应以尊重与指导学生的学习为出发点和立足点，充分调动他们学习的积极性、主动性、创造性，培养他们的学习兴趣。

质效课堂教学，更注重知识的学以致用和拓展延伸，关注于能力的培养，关注学生的生活实践，真正做到以人为本，以学生的发展为本。同时，只有充分调动学生思维，引导和鼓励学生大胆质疑、创新，我们的教学才会生动活泼，我们培养的学生才会富有生机和创造力。同时还应鼓励学生从不同的角度思考问题，体现课堂的"开放性"，注重培养学生的发散思维、自主学习的习惯，使他们悟出学习的方法，从而养成科学地创新地学习的习惯，实现教是为了不教的根本目的。

三、质效课堂的教学意义

（一）质效课堂是为学生的高质量学习而构建

教学的意义在于对学生课堂生活的改造，教师责任在于帮助他们建构生活。课堂应该把培养优秀的人性、培养有质量的生命放在第一位。

因而，课堂是作为对于现存生活做出某种批判和反思的意义而存在的。教育者要深入体会课堂的使命：学生的民主意识有待提升，自由独立的思想有待引领，人的缺陷呼唤教育去补救，生活的体验要转化为知识和技能。教育者有责任和义务用智慧、善良、美德、正义等人类最高尚的价值观去引领学生完善人格，让课堂的价值得到不断地放大，使"质效课堂"在真正的效率中发挥其应有的作用。要深入思考课堂深度变革的相关要素，让这些要素能够有利于学生的生命发展和成长。教育应该为学生提供更多的了解、体验，参与一些可以带来轻微沉醉活动的机会，而课堂往往是他们最好的舞台。

当我们真正理解了学生是课堂的主人以后，学生生命发展的可能才真正实现。是更新课程观、学生观、发展观、教师观的重要载体，它凸显和甄别课堂教学中的"问题"及"问题意识"，把课堂教学的诸因素有机地整合，以发展学生的生命、提高学生的学力为重要使命，达到课堂变革的目的，使学生作为教学的出发点，让学生作为一个生命来培育他们的伦理本体和情感本体，让他们成为真正的人、完整的人。

深入思考课堂深度变革的相关要素，让这些要素能够有利于学生的生命发展和成长。教育应该为学生提供更多的了解、体验，课堂是他们最好的舞台，学生生命发展的可能才能真正实现。

（二）质效课堂是为高质量地解决教与学问题而构建

教学问题是"教"与"学"综合因素的核心问题，"问题"意识很重要，是课堂教学的一个重要基本要素。有效地利用好"关键问题"，对于推进课堂教学深度变革，提高课堂教学的效率，促进学生思维发展和生命成长都是非常重要的。

在充分考虑学生问题如生活经验、知识基础与认知冲突、学习动机与兴趣点等方面后，产生的课堂统领性问题，它最能体现以学科知识为基础、学生疑难为起点、教学意图为指向的课时教学方案设计导向。这里特别要提出的是这样的问题必须是以学生对教材的理解，在拥有一定的自学体验和知识建构的基础上产生的，可以通过学生的思考筛选出来。

现在流行的一种教学现象是老师出示一个问题，然后让同学们进行小组讨论。分组讨论是一种非常好的教学方法，生生讨论，师生讨论，各自发表自己的见解，既合作又交流。但是，在一些公开教学的课堂，我们看到的往往是"做样子"。老师把讨论的话题出示以后，让学生讨论不过一两分钟，就停止了讨论，开始交流反馈问题。这种短时间的讨论效果到底有多大？有多少个学生从中受益？有多少个学生吃透了问题？我想，"讨论"背后的"问题"还是值得深思的。

课程改革进入"高原期"以后的一种课堂深度变革，是课堂教学改革发展的需要，是实现学生个性发展的需要，也是师生生命主体生长的需要。

（三）质效课堂是为真正解决当今"无效"教学实际问题而构建

在当下的课堂教学中，无效教学的表象却还普遍存在，主要有以下一些表现：

1. 课堂教学要素不统一，诸要素没有形成合力。在课堂教学中，存在着学生、教师、环境、资源（含课本）、方法等各个教学要素各自为战，不能很好地协调统一的问题。如教师在情境设置上与教学内容不一致，在教学方法的设计上与教学内容不融合，教师的"教"与学生的"学"是两张皮，学生的课堂学习得不到有效地指导。

2. 课堂中的问题往往单向来自于教师。从课堂教学来看，教学中的问题应该首先来自学生，是学生主动学习后的困惑、疑问，是学生知识建构和生命成长中的重要节点。但是，在现实的很多课堂当中，问题往往首先来自于教师，教师由于有了中心统领意识，上课之初就会抛出一个话题或问题，让学生按照教师的问题牵引进行学习。这样，学生就失去了学习的自觉，只能按照老师的套路走。学生的思维被老师的问题"框框"所束缚，无法纵横驰骋。因而，这样的课堂就完全是老师自己的课堂，是老师主宰的课堂，而不是学生的课堂。

3. "满堂问"所带来的课堂表面繁荣。"满堂问"是课堂教学中学生被教师牵着鼻子走的又一种被动学习现象。有的教师特别善于连续追问，往往就一个学习主题不断深挖。课堂一问到底，学生小手如林，课堂热热闹闹。表面上课堂繁荣，实际上学生一头雾水。教师好像没有提问就不是教学，好像没有了提问就无法进行教学。这样的教学我们姑且叫做"问答式"教学。"问答式"教学表面繁荣的背后是学生主体的缺失，是学生课堂生命发展的缺失。教师这边发问，那边提问，学生没有思考的时间，没有思维整理的时间，没有语言组织的时间，完全是被动应付。试想，这样的"满堂问"又能达到怎样的教学效果呢？

四、质效课堂的本质特征

评价课堂教学质效，非常需要理性回归，抓住课堂教学本质，突出求学者的核心诉求和本质诉求。在新课改的研究探索和实践中，许许多多的"新概念""新理念""新模式""新理论"层出不穷、天花乱坠，有可能迷了我们的眼，糊了我们的脑，乱了我们的脚，加大了新课改的社会成本。我们的事业需要我们清醒头脑，擦亮眼睛，找准方向，坚定新课改的探索和实践。我们有必要寻找机会"抽出时间"跳出教育圈子用新视界审视教育，来一个旁观者清。在对待探究课堂教学质效本质特征时，有必要梳理出条理清晰、逻辑生命力强、能代表课堂教学本质的质效特征。

我认为，定义课堂教学质效本质特征应具备三个条件：

课堂教学质效的本质特征之一是：课堂教学参与者主要是"教者"和"学者"为达到课堂教学目的所展示出来的人的行为方式和效果。狭义的"学者"是学生，广义的"学者"还包括教师甚至课堂教学的旁观者，也就是"教学相长"的含义，其中心是学生。

学生求学的核心诉求之一是增长知识。其知识内容可以是教材安排的，教师设定的，学生追求的或在教师激励下产生的等。而最直观的表现是学生当堂学习，当堂理解，当堂检测，当堂掌握。这里的"学生"概念是泛指，理想状况是全部学生；学生求学的核心诉求之二是增长能力。含动手动口等技能，可从教学过程中技术技能技巧是否得到训练并检测过关，非智力因素是否有训练，智力因素是否得到开发，学习能力、学习习惯、学习方法是否得到培训等方面去考察。除当堂检测的内容外，能力增长的标准不是整齐划一的，而是因人而异，其结果也不可能直观显示出来。学生在课堂教学过程中自控意识强、注意力集中、学习热情高、自我激励、自主学习的表现，这就显示出学生的学习能力、智力因素和非智力因素都得到了训练和强化。但没有，也不可能通过某种物理结果呈现出来；学生求学的核心诉求之三涉及道德品质、思想观念等。

课堂教学质效本质特征之二是：人与课堂教学资源的关系，我们追求高质效的课堂教学，必须追求课堂教学活动参与者之间的平等、民主、协调、互补和亲密、互动、共鸣、和谐的关系特征。师生的教学地位是互为主体："教"是为了"学者"学得更好、学得更多、学得更快、学得更实。"学"的质效依附于"教"的价值释放。在"教"引、导、培、育的关系中，教师是主体，须充分发挥"教"的主观能动性；"学"既需要"教"的引导、点拨、指导、激励，更需要有自身的求知欲、学习能力以及发挥主动性积极性和创造性，即内因的决定性作用，才能保证"学"的质效。所以在"学"的关系中，学生是主体；两个主体间，"教"为"学"服务，"学"接受"教"的指导，构成"教""学"间的互动关系。师生的课堂教学关系可从教师与学生在课堂教学活动中的行为、语言、表情、时间空间信息上的配合协调共鸣等现象中直接观察到和感受到。由于教师是"教"的主体，是教学活动的策划者、设计者和创造者，所以是否创设出有利于提高课堂教学质效的师生关系和生生关系，能检验出教师的教育观念学生观、质量观、教学价值观等、教育素质、教学业务能力和教学艺术修养等。

课堂教学质效本质特征之三是：课堂教学过程中，教学活动参与者信息交流和情感交流的方式、程度和效果。学生上学校进课堂，除了求学求知外，还追求人与人的交流和相互理解信息和情感交流的方式、程度和效果，对提高课堂教学质效有相当大的作用。教师须注意的是正确对待和及时处理学生输送出来的信息，应对此保持相当高的灵敏度和感知度，以及有较强的处理能力和处理艺术，这是真正求得课堂高质效的必由之举。情感交流是在信息交流的过程中一并实现的。课堂教学中教师要自始致终有饱满的热情和昂扬的激情，创设从容宽松积极和谐有趣的教学氛围，关注每一位学生的学习状态、学习进程和课堂表现，激励和调动学生的学习积极性主动性，提高学生的注意力和参与度，指导和容让学生相互交流互助学习。培养学生健康的情感，指导帮助学生克服不利自身健康成长的情绪。教师的情感情绪表达还要多元化、层次化，利用语言、表情、肢体语言等去强化信息交流的效果和效率，帮助学生使用多种身体器官手、口、耳、眼、脑、心……参与学习，提高学习质效。

综上所述，我认为，表达课堂教学质效本质特征的三大要素中，学生学到真才实学是课堂教学的根本目的，是学生到学校求学求知的核心诉求；课堂教学中人与人之间的教学关系是表述课堂教学质效的基础特征，离开了人与人的关系就没有课堂教学活动，没有和谐的师生课堂教学关系，也不可能有课堂教学的高质效；课堂教学中的信息和情感交流是课堂教学的最显性特征，交流顺畅共鸣共振有效，是课堂教学质效的强力保证。一句话：创设和谐的课堂教学关系，开展顺畅有效的课堂教学交流，让学生学到真才实学是课堂教学质量和效率的本质特征。

五、质效课堂：从"效"到"质"的教学追求之点

（一）三个关注点：从教的第一念头开始到最后一句话都在乎学生的学

1. 关注学生的求知欲望。求知欲是学习起点，思维培养和能力提高的内在动力，是激发创新思维、开发智力的催化剂，是非智力因素的重要组成部分，可以说，没有求知欲的学校不叫学校，没有求知欲的课堂不是优质课堂，要十分关注学生变"要我学习"为"我要学习"的良好学习状态的培养。

2. 关注学生的特定需要。随时关注学生的需要，尤其是个性化需要。要根据他们的需要调整教学，别希望学生配合教师，别希望自己有精彩的表现，而把他们不需要的东西硬塞给他们，导致学生主体地位不到位，因此优质课堂呼唤"大气"之师，把学生的需要置于教师的需要之上。

3. 关注学生的各项表现。学生在课堂上的表现，不仅反映了他们对学习内容的参与度与接受度，还反映了他们的思想动态和品德表现。教师要尽可能地关注学生在课堂的全面表现，不能只专注他们是否答对，还更要用心观察和调控学生的学习态度、人生气质，充分挖掘学生的个人潜能，指导学生的发展方向，用教师的大气养育高素质。

（二）四个突破点：敢于对现有"教"的扬弃而发现有"质"的教

1. 敢于摆脱现有教材的束缚。

教材为教师的教学提供了向导，但并不等于铁定要按教材按部就班地教。为了实现学生的发展而走好处理教材的"三部曲"："教教材"→"用教材教"→"玩教材"。

2. 敢于摆脱外来教参（辅）书的束缚。

教辅书是某些人所进行的教学设计或指导，不全对也不全合每个教师个体的需要和自己学生的实际，因此要及时地取舍或调整，敢于跳出别人现成的"圈圈"，用挑战的心态和行为重构具有自己特色的教学方案。

3. 敢于摆脱原定教学习惯和经验思路的束缚。

不要对以前的成功经验过度怀旧，敢于用大气的胸怀反思原有的课堂思路和教学习惯。不要在课堂上自觉不自觉地或过急地把学生往自己想好的思路上引，不让学生说还没有说完的话，以绑架了学生的思维，扼杀了学生的灵感。因此，优质课堂则要求为了顺着学生的学而让教于学，改变原有的教，创造新的教。

4. 敢于摆脱目前应试分数教学风气的束缚。

目前在中国的学校，可以肯定没有一个学校不采用应试教育。以把少数人从多数人中选拔出来送进高一级学校为目的的教学模式，采取单一的评价方式，把"成绩搞上去"当作唯一要求，使学生深感挫败。现在，这种教育制度还流行于东亚地区，如中国大陆、中国香港、中国澳门和中国台湾，韩国，还有东南亚的新加坡等。大气课堂则反对这种填鸭式的、死记硬背的教育，摒弃这种片面注重知识及重点记忆和灌输，及在教育的过程中普遍不注重学生综合能力培养的教学风气。

（三）十大关系：给课堂带来有"质"量的科学处理

1. 主导与主体的关系；

2. 教材与生活的关系；

3. 知识与智力的关系；

4. 理解与应用的关系；

5. 记忆与表达的关系；

6. 举一与反三的关系；

7. 预设与生成的关系；

8. 保底与提升的关系；

9. 学与考的关系；

10. 活与实的关系。

（四）五个改造点：让课堂更具有"质"的变化

1. 改造教学目标：从形式走上本质

（1）不仅有教学的三维目标，更要讲求三维目标的科学整合，三维目标不等于三类目标或三种目标，更不等于三个目标，而是指在设计教学目标时需要从三个维度来思考；

（2）不在于目标过大过宽，也不囿于目标短浅近利，而是着眼于目标远大、减负增效；

（3）少一点近视，多一份坚守——实现让学生学会学习、促进发展的终极目标。

2. 改造教学过程和方法，让质效课堂是：

（1）既当教师又当导师，既教书又育人，既教知识概念又教知识产生的过程与背景，既教识记、理解与应用又教探究、思辨与实证。

（2）课堂应该是流程清晰、明白、简约、扎实，头绪少、途径宽，易于理解、适于思维的一个流畅过程。

（3）为唤起学生的学习兴趣，结合学生的生活实际，适时创设围绕实现教学目标的情境，提高学生发现与解决问题的能力。

（4）在教学策略上通过教大的而知小的，通过教远的而知近的，通过教"牵一发而动全身"的来解决局部的零散的。

3. 改造教学手段来看，让质效课堂是：

（1）围绕教学目标、教学内容和教学过程的科学呈现与恰当展示而采用教学手段，手段越简洁越好，使用手段的方法越得体越好，可操作性越强越好。

（2）充分而恰当地发挥视觉、听觉、触觉等感官的刺激作用，形成一种"传统＋现代"相结合的多媒体教学课堂。

4. 改造教学语言来看，让质效课堂的教师语言是：

总的要求是：规范、准确、典雅、生动、风趣、幽默。同时要产生以下质效价值：

（1）教师要形成以言简意赅、准确直白、通俗幽默而富有哲理的教学语言为特色的优质教学言语；

（2）教师坚持学会与运用具有民主、互动特征的对话语言，不包办说该由学生说的话，鼓励学生愿说话、说心里话、说好自己要说的话；

（3）教师用充满信任的鼓励的语言，多说引导的话、点拨的话和示范性的话及有激情的话；

（4）教师要用好亲切得体的肢体语言，形成与学生交流的第二语言优势。

总之，质效课堂，不是结果上的"效"与"不效"来区分和界定，而是以在性质上、过程上和理念上的共同融合而形成的完整意义上的课堂来决定，这无疑给我们在课堂教学改革与创新上带来许多新的机会，以产生新的想法，走出一条新的路子。

（本文写于 2013 年 10 月，系为课堂教学研究专题稿）

第九章　教学方法法求"真"

方法，古指量度方形的法则，现指为达到某种目的而采取的途径、步骤、手段等，泛指"手段与行为方式"，关于"解决问题的门径、程度等。但是，一物降一物，一事对一法，关键在于不是法的好不好，而是法的对不对。这就是教学方法求真的主要内含。真，指与客观事实相复合。所以，追求教学方法就是在追求其方法是否与教的客观事实相一致。

在老师的教学中，大家探求最多的是教学方法。但是，问题出得最多的也是教学方法。为什么？问题主要是出在所求之法是否求于"真"。是否与你此时的教学相匹配。主要是对教学方法缺乏真正的全面的研究和了解，对真实的有价值的适合自己的学生和教师自身特点的教学方法知之不多，也就是"用法"随意、盲目、跟风，结果用错了导致教学效果不好，还错怪方法不好。为此，我们特对教法来一次求真大探究。求真，就是探求、寻找科学合理的教学之法。

教学方法：既要运用也要研究

一、为什么要把教学方法作为课题来研究

1. 由于21世纪的现代教育发展，随着社会发展和科技进步，又出现了许多新的情况，也伴随一些学生新的学习问题，那么以学生的学习出发点的教学及其方法，无疑也受到了挑战，也应该得到发展与进步，于是如何开展对教学方法的研究，也就自然显得很重要了。同时，教学方法本身也在不断发展、进步，也随之经常产生许多更加先进、科学的教学方法，因此，很有必要接受新的教学方法与技巧，也有必要对教学方法进行专题研究与实践探索。

2. 在当今的教学实际过程中，我们发现，理论上的教学方法与实践操作中的方法之间的矛盾也经常产生，如何使二者化为一体，也必须引起研究与实验。特

别是现今课堂教学的现状不尽如人意，直接影响提高教学质量，也迫切需要产生突破性的研究成果。

3. 随着当今社会关于人才培养，人才需求的层次的不断提高与多元化的形势的发展，广大教师的专业化发展水平普遍提升，于是对教学方法的认识也在不断提高，对教学方法的选择与运用也在不断进步，因此也有必要开展有关课题的研究。

二、研究什么样的是教学方法

我们认为，教学方法的研究，主要在于以下三个方面：

1. 如何将优秀的传统教学方法继承与发扬的研究。我国自古至今的教育教学工作，都创造并积累了许多优秀的教学方法，给人类的教学发挥了重要作用。但是，它们毕竟因时过境迁，需要与时俱进的地加以发展和创新，那么保留其合理、优秀的部分，去掉过时的内容，也就成为我们开教学方法研究的基本内容。如：因材施好，循序渐进、启发式教学以及各种读书方法的教学法等。

2. 国外优秀的教学方法，也大大影响我国教学，在具体实施中往往会现"水土不服"的问题，那么如何做到"洋为中用，他为我用"，也的确值得研究。如：发现教学法、探索教学法、建构主义教学法等。

3. 结合教学实际，不断总结和自创的教学方法，也需要进一步论证、求准、完善、提升，所以也必须研究。

另外，关于教学方法发展的趋势——现代教学方法体系的构建，即"多维性、多元化、系统性、科学性"教学方法。我们认为，教学方法体系初建如下：

（1）常规教学法：指教学过程中的各课、上课、作业、复习、考试等方法；

（2）常用教学法：谈论法、提问法、讲座法、总结归纳法、实验法等；

（3）最新教学法：自学辅导法、学导式教学法、尝试教学法、情境教学法等；

（4）学科教学法：语文教学法、数学教学法、英语教学法、物理教学法、历史教学法、体育教学法。语文学科教学法中又分识字教学法、阅读教学法、写作教学法，写作教学法又分记叙文写作教学法、议论文写作教学法等等；

（5）电信息技术类教学方法；

（6）教学技巧类教学方法；

（7）学法指导类教学方法。

以上七种方法的组合，形成一种扩大了的更趋全面、实用的教学方法定义，并且构成了一种教学法体系。

3.此外，还要进一步开展认识教学方法特征的研究

（1）科学性（进步、发展、合乎学理规律等）；

（2）实践性（可操作性）；

（3）艺术性（灵活、生动、新颖、熟练）；

（4）综合性（整体、系列）；

（5）针对性（有效、务实）。

三、怎么样开展教学方法课题的研究与实践

1.提高认识，明确目的，端正态度，树立课题意识；

2.努力学习，既掌握教学方法，又懂得课题研究方法；

3.搞好调查，认真分析学生现状，有针对性地选择教学法的子课题研究项目（包括上报课题，写好课题计划、方案、落实实验对象、时间、重点、难点和成果预测等）；

4.在开展学生学习情况调查时，要特别注意：

（1）既要调查学生的现在，也要分析他的过去与未来；

（2）既要总结他们的学习成功的经验，也要认真分析与查找他们的学习问题和学习失败的原因；

（3）既要调查分析学生的学习结果，也要调查分析学生在学习中的过程与具体的方法、思路以及各种干扰因素；

（4）既要调查分析学生的学习问题，也要调查分析学生的学习目的、学习态度、学习习惯、学习智力因素与非智力因素的配合问题等；

（5）既要进行调查数学、事实的统计，更要进行调查结果的分析和对策的思考等；

（6）在调查时，既有问卷调查，也要有座谈讨论、观察、查阅资料等；

5.在开展课题实验时要特别注意：

（1）要先总结自己的教学经验，最好在已有的基本经验、体会的基础上来选题，比那些盲目、胡乱地选题要有效得多；

（2）要选具有发展前途和代表一定方向的课题来进行实验，不能人云亦云，老在放"马后炮"；

（3）要最好参与本地区、本学校的几项重点实验，以形成集团优势，还要过于分散和"孤军作战"，避免重复和人为的困难；

（4）实验时，要有始有终，不管有再大的困难也要克服，条件再差，也要

创造条件上，敢于当无私奉献者，并耐得寂寞；

（5）要虚心学习，善于向一切内行的人请教，取长补短，并扬长避短，积极参加一切课题活动；

（6）经常总结实验情况，及时写好"教学实验"笔记、日记或"教后感"，并把这些文字不断深化后形成实验报告、论文，向上级汇报或荐评、发表；

（7）各级领导要为教研课题创造条件，支持一切有志之士投入课题研究活动，从时间、经费、设备和精神上教要给予保证、鼓励和特殊优待，有了成果要给予表彰。

（本文系 1997—2010 年在汕尾参加广东省十五规划科研课题《教学方法与技巧的研究》的系列成果之一）

试论教学方法的发展

一、教学方法概念的发展：趋向整合

"教学方法"这一概念发展的轨迹是"广→狭→综"。首先，它从广义的教学方法中分离出来，即与原来包括教学原则、教学组织形式等在内的教学方法相区别，确立了一种比较狭义的，有一定稳定性与可操作性的教学方法，并直接作用于诸如讲授、实验、练习、演示之类的课堂教学过程。然后在具体运用中又形成多种多类"综合"的态势。教学方法的本来含义就是，教师指导学生为完成教学任务而进行理论和实践的认识活动的途径，是包括一定的教学程序、方式、手段与艺术的总和。随着人们对教学方法的认识与理解日益清晰，教学方法步入了新的发展层面，即教学方法是"为达到教学目的实现教学内容，运用教学手段而进行的，由教学原则指导的，一整套方式组成的，师生相互作用的活动"。（见《教学论稿》王策三）

教学方法自身的整合、几种活动方式之间的整合等，为教学方法概念的发展提供了更为广阔的空间。如：近十年来盛行的学法指导，开始不少人把它与教学方法对立起来，结果效果很差。现在我们把它纳入教学方法的范畴，作为其中一种类型的方法，其效果就大不一样了，同时也为学法指导找到了合"法"的地位。这可以说是对教学方法概念体系的突破。这不仅仅是一种理论上的刻意求新，也实实在在地改变着一种教学观念。以前，在学法指导方面普遍存在着三种倾向：①不相信学法指导；②撇开教法一味搞纯学法知识的理论说教，结果"热"了一阵后陷入困境；③重视学法指导，但没有处理好它与教学方法的关系，致使形成对立概念。现在仍有不少人说"在研究教法的同时要开展对学法指导的研究"。（不少领导和专家学者也如是说）这种说法表面看也不错，但仔细探究，它已经将二者互相割裂、对立起来了。我们认为，目前的学法指导，不能与教法相脱离，而应该成为教学方法的有机组成部分，并作为体现最新发展的现代教学方法体系中的重要部分。教学法，就是教学生如何学习的方法。将学法指导融入教学方法之中，不仅丰富与扩大了教学方法的内涵与外延，也使一度由"热"变"冷"的学法指导找到了自己的位置。

二、教学方法特征的发展：趋向明晰

对教学方法特征的研究，目前国内的权威著作虽然没有太多的专门文字表述，但从字里行间可以看出，教学方法所表现出来的特征已经越来越明晰，也越来越深刻地被人们感受到。

第一，实践性。由于教学方法是教学过程中实施教学内容，指导学生认识客观事物的具体途径，所以它首先必须具有实践性。缺乏实践性的教学方法是纸上谈兵，是理论游戏，严格说不成其为教学方法。实践性表现在两个方面：一是最基本的形式是活动，每一项教学方法都是每一项教学活动的具体展开；二是最大标志的可操作性，即好不好用，能不能用。如果不好用，很复杂，操作起来不简便，那么再"好"的方法也只能成为一种橱窗中的摆设品。

第二，发展性。由于教学方法是教师指导学生不断认识客观事物、获取知识与技能的特点。目前流行的对教学方法评价的话题是，"教学有法"，但"教无定法"。这里，"教无定法"的一层重要含义是，教学方法不是一成不变的，更不是固守在某一个模式或原有水平层次上的，它往往受制于教学内容、教学环境与条件、教师和学生的不同情况，而有所变化、改进和完善，以确保实现教学目的，完成教学任务。

第三，二重性，即辩证性。马克思主义唯物辩证法告诉人们，事物都具有二重性。同理，教学方法也具有二重性。从某个角度看教学方法的二重性，我认为一个重要的体现就是，教学方法有科学性和非科学性之分，有优越性和局限性之分等。当然，其中的非科学性和局限性，只是一个相对的概念，意思是显得不太科学，或者已经过时了。必须承认这样一个现实，以前是科学的，现在被更新或更科学的所替代；以前是很优秀，现在因形势变化而显出一些局限，不能在更大范围内被更多的人所接受与运用。所以，国内外许多成功的教育家和优秀教师，都提出了不少新的教学观点与主张，创造了不少新的教学方法。这些都是根据教学方法的二重性特征，不断追求科学、剔除浅劣的创举。现在大家常说改进教学方法，正确选择与运用教学方法，这实际就是运用二重性原理，在探求教学方法的科学性，摒弃其非科学性。只有这样，教师运用教学方法的能力和教学效率才能真正提高。

第四，相对独立性。由于教学方法是相对于一项项教学活动而展开的专门性方法，每项活动的方法有各不相同的特性、功能和适用范围，所以它自然地呈现出一种独立性的特点，尽管这种独立性是相对的。首先，它是与具体的学科教学内容相结合的，所以它带有学科的相对独立性；其次，它是与一定独立的教学组织形式相结合，与教学过程中的不同阶段以及教学环节相结合的，所以它又带有过程的相对独立性；再次，教学方法操作主体是由教师与学生共同构成的，他们各自具有不同的个性特征、爱好、志趣和不同层次的文化背景、文化素养等，在操作过程中必然渗透着具体的人为因素，这些人为因素也就自然地具有主体行为的相对独立性。人们常说，一把钥匙开一把锁，一个方法解决一个问题。这道出了教学方法的相对独立性。我们知道这种相对独立性以后，就会在教学实践中科学地处理和发挥各种教学方法的独特优势，提高选择与运用各类教学方法的科学性与自觉性，就不会把阅读的教学方法随意搬到写作教学中去，也不会把写作的教学方法不分青红皂白地拉到阅读教学中去，或者把适合甲班学生的方法硬搬到乙班学生中去等。

第五，相融性。教学实践证明，教学方法虽然具有相对独立性，但操作起来又往往带有互相渗透的相融综合性。一是教学方法在运行中要与教学原则、教学组织形式、教学手段等交织在一起，形成一个教学综合体，各部分在这个综合体中整体地发挥教学作用，不可能再截然分出哪是教学原则，哪是教学方法等；二是在使用一种教学方法时，另几种教学方法又自觉不自觉地被"融入"进来。如：使用讲授法往往夹有谈话法、演示法（教具直观法、板书法、图示法）等，使用练习法常常伴有实验法、讲授法、点拨法等。不过要明确一点，使用时必须有一种是主体方法，其他为辅助性方法；三是一法多能，即用一种教学方法起到多种教学功能的综合作用。例如讲授法，如果教师用灵活、多变、生动、有趣且情绪激昂的方法进行具体讲授，就跟机械的讲授效果大不一样。尽管都叫讲授法，但具体运用起来不一样，前者带有多维性、多融性，而后者表现为单一性、机械性。

第六，艺术性。教学方法的运用一旦达到较娴熟、有特效的佳境，就不仅是一种科学性的体现，还具有艺术效果了。新颖性、创造性和生动、熟练、完美的程度，正是教学方法艺术性特征的表现。大量事实表明，教学方法的成功运用，与其说是让学生在听讲，不如说是让学生在接受一种艺术的熏陶与享受。例如：一位教师上作文公开课，上课铃响了，这位一向认真、守时的模范教师竟还没到堂，搞得课堂上先是寂静，然后是一阵骚动，学生和听讲教师都在张望、议论、焦虑……三分钟过去了，这位教师急匆匆地赶来，在讲台上一站稳就气喘吁吁地说："同学们，真对不起……今天的作文课开始了，题目就叫《当老师迟到的时候》。先提几点要求：把当时等老师的场面，你的心理活动，老师进教师时的神态等写清楚；……这时，全场爆发出掌声，包括学生、听课教师，都叹服其独特的设计。这样设置作文情境和制造悬念的教学方法，颇为绝妙。

当然，教学方法的特征，用发展的眼光看还不止这六个方面。特征的各个方面越来越被人们所认识，且这种认识变得不断深刻起来。这种深刻的认识将促使广大教师更加准确、科学、自如地去选择和运用教学方法，去发展和创造教学方法。

三、教学方法分类的发展：趋向丰富

教学方法产生与发展的轨迹显示，教学方法的分类，正随着人们对客观事物认识的角度、层次和方式的不断拓展而愈加丰富，也随着人们对教学方法分类水平的不断提高而愈加科学。

怎样的教学方法分类才是比较正确、合理的？我认为《教学论稿》中的提法，即先从宏观上确定"八类法"，是比较恰当可行的：（1）讲授法；（2）谈话法（含讨论法）；（3）读书法；（4）演示法；（5）观察法（含参观法）；（6）实验法；（7）作业法（含练习法、实习法）；（8）评价法（含考试、评讲）。（参见《教学论稿》第254页王策三著）

当然，这只是宏观上的基本分类。"类"中还有"项"，"项"中还有"点"……如此第二层级、第三层级逐级中观、微观起来。这样不断科学地"类"分下去，教学方法才能成为看得见、摸得着、可操作的东西，才有利于教师更好地掌握与运用。譬如：谈话法属于"类"的方法，"类"中还包括激趣谈话法、问题谈话法、开场白谈话法等许多"项"的方法，而激趣谈话法中又有设置情境激趣谈话法、制造悬念激趣谈话法、先抑后扬激趣谈话法、欲擒故纵激趣谈话

法、正话反说激趣谈话法等若干个"点"的方法。这样分类下去，才具有教学的实际意义。

另外，教学方法的分类，着眼于不同的角度有不同的分类方法。比如从功能使用范围上，可分为"常用型"（即普遍共用的基础教学方法、常规教学方法等）和"特用型"（即在某种特定条件下出现的特殊教学方法）两大类。从使用形式上，可分为"一般型"和"个案型"两大类。一般型，指交代要领、指出步骤及注意事项之类的方法，如教学生怎样读一本书、怎样解答阅读题等，常伴有怎么样、如何等标志词；个案型，指一个个结构完整、要素完备、有操作细节，且带一定技巧性、艺术性的"好法子"，如目标教学法、协同教学法、发展教学法等等。

（本文系 1997—2000 年在汕尾参加广东省教育科学"十五"规划课题《教学方法与技巧的研究》的系列成果之一，发表于《广东教育》2000 年 10 期）

试析教学方法的"三大误区"

众所周知，课堂教学是学校教育的基本形式和主渠道，课堂教学的方法与技巧，又是保障课堂教学过程畅通，学生学习质量提高的关键之一。然而，尽管大家都在讲，都在用教学方法与技巧，但从目前调查所得的反馈情况来看却并不令人满意，无论在对教学方法的认识、运用和研究等方面，都出现了不可回避的严重问题，概言之，即为教学方法的"三大误区"。现试析如下。

一、思想误区：对教学方法的认识——仍然是"雾里看花，糊涂一片"

这些年，我们在课堂教学改革中，坚持以改进教学方法、提高教学效率为主旋律，下了不少功夫，但由于教学方法问题而引起的长叹短议也确实不少。下面便是四种最典型的看法。

一些老教师说：我们都教了三十多年书，要算教得最苦最累的，恐怕就是现在了，真的，没办法，是越教越不会教了。

一些年轻教师都认真地说：我确实用了好多方法的，可就是教学效果上不去。

也有教师不解地问：听某老师说，他没用过什么教学方法，而教学效果总是好，又是为什么。

甚至，还有一些教师不以为然地说：你说某某的教学方法好，有教改意义，但是我总看不出来，学不到。

……凡此种种，虽然只是一些人在说，但它却代表了一种思潮、一些倾向，由此反馈出这样一种结论：目前教师对课堂教学方法的思想认识仍然是比较模糊混乱，陷入了一种无可名状的"误区"，确实值得我们反思。

其一，是"老革命遇到了新问题，老教法碰到了新挑战"。大家知道，我国20年来的改革开放，使祖国各行各业发生了日新月异的变化，学校教育乃至课堂教学也无可例外，而且时代的发展进步对学校教育乃至课堂教学提出了更高的要求，也使课堂教学必然会产生许多新的教学方法。假如以教学经验丰富自居的老教师只凭原有的教法理论和经验，不更新知识，不研究新问题，也不接受与探索新的教学方法，那么就必然会出现"新办法没影，老办法不灵"而不会教的尴尬局面。

其二，是"法不对路，教不得法"。现在，青年教师一般工作热情高，但缺乏经验，缺乏自己的教学方法，结果在一股脑儿搬用别人的教法时陷入盲从，与自己的教学实际（包括教材内容、学生现状、教师个性特征等）不对路，当然没有好的教学效果。同样的方法，在人家课堂里也许是最好，但对于具体的"你"来说，就不一定是最好、管用的了。同时，如果仅仅只有好的教学方法少而没有好的教学环境、好的教学管理，课堂经常受到干扰，那么，再好的方法、再高明的教师，也未必能教出好的结果。

其三，是"身在法中不识法，用了好法不知法"。"方法论"告诉我们，任何事情都是要有方法的，只是你感觉到和没有感觉到而已。同理，我们的课堂教学也是如此，也有它应该有的教学方法。那些教学成功的教师，如果说没有运用好的教学方法，除了他为人谦虚、治学严谨以外，那么就是他没有总结、发现、提高而已，但是好的方法当然还是客观存在的，教学方法的应有作用也不可能因此而被否定，只是他缺乏这种感觉。另外，也可能是由于教学成功的因素是多方面且融为一体的缘故，使这些老师没有从教学管理、教学条件与环境等因素中跳出来而对教学方法的作用产生独特的感受。

其四，是"大事做不来，小事又不做"。这些人又分三种。一种是怕麻烦，怕担风险，认为没有必要也不愿意在教学方法的改革中花功夫，原来怎么教就怎么教；二种是不虚心学，对人家的成功教法采取"不承认主义"，对当前轰轰烈烈的课堂教学改革缺乏理解；三种是不相信，自己曾经为之奋斗过，而一旦看到人家成功了就显得心理不平衡，这样反而成为先进的教学方法研究成果推广的阻碍。

二、行为误区：对教学方法的运用——基本上是"滥种薄收，粗放型"

教学方法上认识问题的出现，在某种特定环境下自然会给教学方法的运用带来不良影响，由于对教学方法的运用带来不良影响，由于对教学方法认识的模糊、浅陋，就必然会引起在运用教学方法时简单、粗放、随意和落套等，用一句话概括，就是"粗放型"。那么，"粗放型"的教学方法运用误区，又有哪些主要表现呢？调查情况告诉我们：

第一，到目前为止确有30%的教师，还在用"念读课文，照搬'教参'，喊喊闹闹，灌述到头"等这样一些简单的教学方法进行课堂教学。用这些低层次的教学方法进行教学，其教学效果肯定也是低层次的，近几年我市高考、中考的成绩也说明了这一点。

第二，到目前为止，仍然有45%的教师，在教学方法的运用上缺乏系统性、科学性，想当然地今天用这个方法，明天用那个方法，管它有用无用，只凭当时的"心血来潮"，结果这种太随意的行为，使本来很好的教学方法也变得没用了。

第三，到目前为止，还有60%以上的教师，既没有好好地用过别人的教学方法，更没有认真分析、研究过自己的教学实践活动，并从中总结出符合自己教学实际与个性特征的教学方法。要知道，缺乏针对性和实效性的教学方法的课堂教学，尽管学生也许会学到一些知识，但是他们学得艰难，很不轻松，而且学得死板，很不活跃，这样贻误了他们终生。

最近，省教育厅对我市进行教学、教研、科研三项检查中，有一项评价是既令人痛心也催人清醒的。他们说：这几年全市尽管对教学方法的研究与改革有了好的开端，有些还出了成果，但从所听的课来看，基本上教学方法还是陈旧的，教学手段还是落后的……

面对如此严重的教学方法行为误区，你为什么不采取一些走出误区的行动呢？

1.当你在辛辛苦苦地备课时，请你想一想，你是否真正了解了学生，是否为学生设计了最好的学习方法；你将采用什么样的教学方法，是科学先进的，还是陈旧落后的……

2.当你走进课堂刚刚开始教学时，请你想一想，你是在教书，还是在教学生掌握读书的方法；是教学生被动接受一项知识的答案，还是指导学生尽力懂得获取这项知识的过程与方法，而这些指导方法的方法又是什么……

3. 当你在教学过程中，从一个知识点教学到另一个知识点、从一个问题导入另一个问题、从一个环节过渡到另一个环节的时候，请你想一想，是否运用了最恰当的教学方法，使学生学得轻松、自然、和谐、实在……

4. 当你发现学生学得很苦、很累的时候，请你想一想，是不是教学方法不对头，要不要换一种更好的教学方法，或者采用几种教学方法相结合的办法……

5. 当你确实用了许多好方法而教学效果还是不太好的时候，请你想一想，这些方法在运用过程中是否受到了干扰，保证这种方法顺利实施的相关环境、条件、管理等是否都跟上去了，并且相互融洽得如何……

6. 当你发现学生学得轻松愉快、教学质量上升很快的时候，请你想一想，这是不是教学方法的成功？是哪种教学方法，是怎样成功的，是否值得总结与推广……

总之，要认定一条：凡教学有成者，必须教学有方；教学有方者，必须是在运用教学方法的实践中付出艰辛的劳动，尤其是在研究教学方法的实践中敢于打破常规，走出误区。

三、课题研究误区：对教学方法的探索——往往是"蹲在蛋壳里，突不破"

从教学方法的"误区"中走出来，重新获得对教学方法的良好认识和科学行为，更重要的是在于对此不懈的探索与有价值的思考，不断地对教学方法产生新的认识，产生新的行为。怎样才能做到这一点呢？国内外的众多教改实践经验告诉我们，积极开展对教学方法的专题研究，系统学习，科学运用，重点尝试，不断创新与发展，是课堂教学改革所赋予我们每个教师义不容辞的责任。

为此，汕尾市做了不少工作。首先，由市教育局副局长林焕章亲自负责，由市教研室具体主持，申报并获准了一项广东省"九五"教育科研课题，即"教学方法与技巧的研究与实践"，然后推出一本理论专著《教学方法与技巧》（北京教育出版社，1996 年 10 月版），再在全市展开各项实验，现在申报子课题 110多个，其中有一批来势很好，取得了可喜的阶段性成果。但是，从反馈的情况来看，仍然存在不少问题，概括起来有如下几个方面：

1. 尚有 50% 左右的课题单位，其研究实验流于形式，疲于应付，写个实验方案，或者上了一二堂公开课，就叫做搞了课题研究，还说已经出了成果。更有甚者，仅仅填了个申请表，连课题方案也没有，或者很简单，实验活动也不正常和规范。

2. 有 35% 左右的子课题项目，由于教研条件不好，人员素质较差，教研经费和时间也很难到位，得不到领导和同事的支持、帮助和理解等原因，中途停止或时断时续的现象十分严重，有了成果也得不到承认和推广。

3. 尚有 40% 的课题研究实验人员，工作热情高，但由于教研水平低，缺乏指导，无法将课题研究继续开展下去。

4. 尚有大多数课题项目的管理跟不上，基本上没有建立课题管理机制（如课题指导、课题阶段评估、课题汇报、课题交流、课题经费使用等），一些好的课题成果也得不到总结推广，甚至不会总结，总结不出来。

这些问题的出现，正好说明了汕尾市教育科研的整体水平不高，对怎样搞好"教学方法与技巧"这样的课题研究，很难取得突破性的进展与成果，看来还有必要做一番深层次的探究。

1. 为什么要把教学方法作为一个全市性的重点课题来研究？

第一，由于当今社会的飞速发展对人才需求的层次不断提高，这无疑要求对人才培养的主渠道——课堂教学，同样应该采取相应不断提高的教学方法，才会使这种新型人才得到成功的培养。而积极开展对这种需要"不断提高"的教学方法的研究，就显得很有必要了。

第二，由于教学方法本身也在随着社会的进步发展而在不断丰富、完善与创新，于是，许多新的更加科学和先进的教学方法也相继产生，因此，如何接受与掌握这些新产生的教学方法与技巧，也就成为一个新的课题了。

第三，由于广大教师学识水平和自身业务素质在不断提高，对教学方法的认识、选择、运用、总结和评价的水平也在不断提高，哪些教学方法好，哪些教学方法不好，哪些可以全盘套用，哪些可以结合起来用等等，都值得研究、尝试和思考。

第四，由于现存的新创造的教学方法，都已经是通过理论概括而升华了的，而我们要接受与运用这些教学方法时，又要将它从理论的殿堂上"请"下来，如何使它尽量具体化、简便化、可操作化，与自己原有的教学方法和谐地融为一体，这也很值得研究一番，更何况对人家任何一种新的教学方法，也必须进行必要的印证、实验甚至再创造。

第五，由于汕尾市课堂教学的现状确确实实不尽如人意，其教学方法陈旧落后，直接制约着教学质量上不去，这也十分迫切需要我们来思考、研究、改进教学方法，提高引用先进科学的教学方法的自觉性和能力，以充分发挥教学方法在提高课堂教学质量上的应有作用。

2. 怎样才算有效地开展教学方法课题的研究与实验？

（1）在选报教学方法课题时，要体现四条标准：①是否有针对性。即是否针对汕尾市教育实际而提出的重大问题和带倾向性问题。②是否有科学性。即指所选课题是否在理论上有科学依据，是否符合教育教学的规律，是否有研究意义和推广价值等。③是否有可操作性。即指课题研究的实验过程是否有具体、完整有序的操作步骤、操作方法。这些操作过程是否简便、易学。④是否有可行性。即指在实验研究活动中是否有能满足研究的各种客观条件，如教研时间、经费、人力、环境以及领导、同事的支持等，研究者本人的素质、能力和工作态度等是否适应该课题的研究等。

（2）要进一步准确把握教学方法课题研究的内容范围。

由于教学方法目前发展的趋势呈多元化、大方法化与现代化，我们认为作为较广义的现代教学方法新体系的构建，是研究与实验的中心。为此，我们写出了《教学方法与技巧》一书，作为对这种现代教学方法新体系的初步探究，也是作为全市课题研究的内容范围，它包括以下七个方面：

①以教学过程"五环节"为主体的常规型教学方法（如备课、上课、作业、复习、辅导等）；

②以课堂教学必用的最基本的常用型教学方法（如讲授法、谈话法、讨论法等）；

③以国内外最新发展、或创建而尚待实验推广的探索型教学方法（如单元教学法）、目标教学法、情景教学法、自学辅导教学法、发现教学法、愉快教学法等）；

④以学科知识和学科特点为载体的学科型教学法（如语文教学法、数学教学法、英语教学法等）；

⑤以现代技术的电化教学为手段的现代化多媒体教学法（如幻灯、投影、录音等）；

⑥以教学技巧为核心的技巧型教学法（如言语技巧、板书技巧、提问技巧、仪态表情技巧等）；

⑦以指导学生如何学会学习为主题的学法指导型教学法（如学法指南、学法交流与总结、学法误区矫治等）。

（3）开展教学方法课题实验的基本操作过程与方法：

①确定实验研究类型：即运用哪种教学法或哪几种教学法，在对某一门学科中的整体实验还是单项实验，是在某一类知识教学中实验还是在整个学段教学中实验，另外，还要考虑实验周期多长，实验目的如何，实验背景怎样等。

②加强教育科学理论的再学习，尤其是对《教学方法与技巧》一书的系统研修，以提高教学方法和研究方法的理论修养，为课题实验研究做好理论准备。

③搞好调查分析，找准教学中的问题，从而有针对性地制订课题方案，并确定好实验重点，分析实验难点，确定实验方法，安排实验时间、内容、步骤等，并认真思考实验过程中会可能出现的影响实验效果的其他因素，以及设想一些排除干扰因素的办法等。

④在实验过程中，要经常总结分析情况，作好资料收集、整理、归档工作，每进行一次实验活动（如研讨会、试教课等）都要做到"前有准备，后有总结"，每搞完一个阶段实验以后，一定要有阶段性成果总结与汇报，写出教研体会或实验报告。

⑤要树立实验研究是一种科研活动，而科研是艰苦、长期的创造性劳动的思想，因此一定要有崇高的思想觉悟和无私奉献的精神，要有克服困难、不怕吃苦、不计名利、甘于寂寞、实事求是的科研态度，为探寻最佳的教学方法，获取最优秀的教学效果而不懈地努力奋斗。

综上所述，本人虽然对目前教学方法的认识、教学方法的运用和教学方法的课题研究等三个方面情况所形成的误区进行了分析与思考，但这些分析与思考还是仓促的和初步的，也许是不太准确的，还有待于同行批评指正，也有待于我们对此作出进一步探索。

（本文系 1997—2000 年在汕尾参加广东省教育规划课题《教学方法与技巧的研究》的系列成果之一，发表于《广东教学研究》2000 年 5 期）

由"启发式"教学得到的启发

一、启发式还必须发展与完善

启发，最基本的意义是阐明事例，引起对方联想而有所领悟。启发式教学也就沿用了这一意义而创立形成了一种教学方法。它在教育教学中的确发挥了巨大的作用，但是由于使用者各不相同的水平和手段，结果使启发式教学所产生的效果也各不相同，甚至有的还将启发式教学走进了误区，这必须引起我们高度警醒，要站在发展与完善的角度给予积极的反思。

事实的确如此，我听过许多课，甚至有不少还运用"启发式"教学。"启发式"教学，是历年来人们公认和推崇的最优秀的教学方法，此次为什么在"启发式"后面还加上一个"讨论式"呢？我感觉到它加得很有道理，很有针对性和科学性。实践告诉我们，随着素质教育的不断推进和人们认识水平的充分展示，人们已经看到"启发式"教学的另一面——不足。

第一，从概念的成立上看。"启发式"教学，实质上还是以"教"为中心，还是站在教师为主体的角度，以教师如何启发为基本思路的一种"教"的方法。当然尽管不采用"灌输"，但它终究还是用来展示"教师主体，学生受体"这一越来越被否定的过去模式的教学方法。尤其是与当今推进素质教育要求充分注重"以人为本、以学生的发展为本、以学生为主体"的新的观念难以吻合的。

随着人们认识的不断深入，大家知道，素质教育的主阵地是课堂，课堂是一个生态环境，学生是一个个活生生的生命体。在课堂教学中，当教师反要教学的内容（即学科新知识）"教"出来，但与学生头脑中原有的知识和经验无法接轨而不能产生融洽关系时（即在原有知识基础上发生联系），那么这时候的启发就叫"启而不发"了。为什么启而不发？除了上述教师教的新知识与学生已有旧知识之间没有产生联系而无法接轨以外，还有一点就是学生的主体作用尚未得到充分发挥，也就是说学生还是在被动地接受教师的知识教学，未能积极主动地学习，未能主动参与教学过程，没有用自己内心的体验与创造去进行学习。也有人说，启而不发难道就不可以再启发吗？不错！可以再启发。但是这种"再启发"，是否对原来使用的所谓"启发式"是一种否定？要么不是启发式而冠名之，要么就是不会运用启发式等，可以说一旦被认定为真正科学意义上的"启发式"教学，应该是"启而得发"的。如果还不能，就说明任何一种方法确实不是万能的。"启发式"也同样如此。"启发式"也同样存在蛇的不足与遗憾，也同样应该值得完善与发展。还有，笔者常常看到许多教师的"再启发"，往往是借助于打比方、作比较、因果推导、讨论交流等其他一些方法，那么这就超出"启发式"作为一中教学方法本身的含义和功能的范畴，因为它已经变成一种复合型的"方法群"，或者一种教学思想了。所以笔者产生一种新的想法，"启发式"教学必须有它新在涵义与发展。（1）它既是一种教学方法，也是一种融多种方法于一体，共同作用于教学教程的教学思想；（2）"启发式"教学不是万能的，它还须与"讨论式"等其他教学方法结合起来，共同作用于素质教育的课堂教学；（3）"启发式"教学的内涵必须扩大，操作机制必须改进，必须尽力体现"教师主导，学生主体"的课堂教学新模式，充分注意学生的主体参与，激发他们积极主动地学习，尽力用自己内心的体验与创造去学习，这才符合素质教育的特点和需要。

第二，从实践的操作上看。由于素质教育的不断推进，大家对课堂教学方法的改革也引起了重视，都纷纷从过去满堂灌的"灌输式"教学中走出来，积极尝试"启发式"教学等新的教学法，还把自己的教学也总结为运用了"启发式"教学法。对此我们应该充分肯定，无可置疑，但是不能不看到所存在的问题和误区。这里集中说两点。

一是将"满堂灌"变态为"满堂问"。据上海教科院副院长顾泠沅先生所提供的资料表明：上海有一名文科教师一堂课提问达 80 多个，一名理科教师一堂课提问达 108 个，连这位上课教师事后也不相信，待把录像带一放，他才相信了。笔者也在汕尾听过这样的课，有位教师一堂总共有 5 组提问，每组提问 7—10 个不等，每组里的提问都是连珠炮式的，中间没有让学生思维的空隙，这种被称之为高密度的"问题链"。我们并不反对这种提问形式，而是不敢恭维其中的提问内容，有些由于谈不上一共多少个提问，未能形成"问题链"，因而降低了"提问"而使这每组中 7-10 个提问之间，其中有价值的不多，大多只能让学生只能被动地作机械式的"认知性回答"，（如："是什么"或"表态性"答案："对""不对""好""不好"等）；另外，还有提问方式也不科学，如：齐声回答的占 40% 左右，答后教师都称"好，不错，对，真聪明"之类的绝对肯定的约占 70%，中间不按教师提问要求或不符合教师预定答案而被随时打断的占 25% 左右。这种一问到底的"满堂问"，也曾经被称之为启发式教学，其实它与"灌输式"教学又哪有两样？怎能称之为"启发式"教学？

二是将"启发式"变味为"交代式"。我在汕尾经常听到这样的课。试举一例。某教师教高一语文。他上课就交代：同学们，今天我们学习《为了六十一个阶级弟兄》……然后就让同学们翻阅第 67 页最下行："北京的心，平陆的启心……"这里很重要，尤其是借代手法……接着又说，翻阅 68 页……又接着说翻阅 70 页……翻阅 71 页……等，一边请同学们翻阅，一边交代同学们其中有哪些地方重要，有哪些知识要考试等等。这种教学法，是谈话法吗？不像！是讨论式？也不像！是启发式、是点拨式，是自学辅导式？都不像！后来我戏称为"交代式"。我说：你这是一种向学生交代学习什么的方法，当然比"灌输式"和"满堂问"进了一步，毕竟没有去包办，但均由学生自学，还是一种不负责任的消极的"规定型"的"灌输式"教学，使主观愿望上的"启发式"而变味为一种笼统的"交代式"。由此可见，这种课堂教学实践由于理论的模糊，也与"启发式"相差甚远。这里就进一步说明"启发式"教学，有待于理论上的发展完善和实践操作上的创新，力求使"启发式"教学不断趋向科学性，尽力不要变态变味。

二、"激发式"教学——启发式教学的一大发展

（一）"激发式教学"的概念

激发：本来词义是：①刺激使其奋发；②使分子、原子等由能量较低的状态变为能量较高的状态。这里是合取以上两项意义而赋予教学以一种特定型即发展了的启发式教学即"激发式"教学。它主要是指通过学生受到积极刺激而兴奋、学习能量状态发生由低趋高的变化，产生自我不断激发的学习行为和学习效果的学导型教学方法。它是在启发式的基础上发展起来的，是进一步体现启发式教学的又一具体的教学方法。

"激发式"教学，并不是要否定启发式教育，而是为了实施素质教育，充分注重以人为本，以人的发展为本，光靠启发式已不行了，它还必须激发学生主体作用来充分发挥（强调学生的参与），尽力激发学生用内心的体验与创造去学习。因为课堂是一个个生态环境，学生是一个个活生生的生命体。当教学内容（新知识）与他头脑中原有的知识和经验无法接轨产生融合，也就是在原有基础上找不到发生联系的对接点（或者叫启发点），如果教师尽管采用启发式，但是学生仍无动于衷而未能被启发到，那么就要改变做法，采用比启发式更启发的激发式，来促发学生用换形式、换方法、换问题的办法，以极大地自我激发求知欲，保持旺盛的学习热情和学习状态，重新产生学习能量，多方激发、调动他们原有知识与经验的储备仓库，让其尽力与新知识接轨，发生联系。当然，这种联系必须是合理联系、流畅联系，或者是通过变式训练的特殊联系，使其学会知识。

我们认为，在启发式教学中启而不发时，千万不要放弃，但也不要埋怨和责怪学生，倒是需要我们及时反思，学会再启发。可以说，这种"再启发"，就意味着已超出"启发"本身的含义和功能向更好更新的方法发展了，于是便产生了相应的"激发式"教学。实践证明，这种"再启发"中的很多办法、手段，实际上就已经成为"激发"式教学的范畴而变为"激发式"教学了。

（二）"激发式教学"的特点

1.是实施素质教育、坚持以人为本、促进人的主动、积极发展的一种教学方法。大家知道，素质教育推进的基本理念是以人为本，以人的发展为本。因此我们的教育就不能退到被动的位置，要配合这个"本体"，施以教育的特有功能与特殊手段，使这个本体又在"受教育"中得到发展与完善，光靠以教师为主体的"启发式"不行了，因为教师经常遭到"启发启发，启而不发"的尴尬局面。可

以说，它是弥补"启而不发"的不足，因为学生已成为学习的本体，容易被激起而自发地学习。"激发激发，一激即发"，这是自然规律。

2.它为"启发式"教学的发展与完善增加了除智力因素以外的非智力因素。因为激发式教育不仅有学生本体激发智力因素的发挥，还使学生在学习动机、学习情绪、学习态度、学习习惯等非智力因素方面产生自我激励作用，特别是通过学生受到积极刺激而兴奋、能量状态发生由低趋高的变化时，则大大可以激发学生的学习目的（动机），可以激发学生的学习兴趣，可以激发学生的学习意志，而启发式教育就难以做到这一点。

3.它是实施创新教育的重要手段，是创新教育的使然。因为"激发式"教育已成为一种融古、今、中、外之优质教育方法于一体的复合型教学法。

（三）"激发式"教育的基本过程与类型

点拨提升。

学导激趣：从学生学习的角度来引导激起学习兴趣，让学生感知到学习的意义，增加学习的自尝性。

它的具体操作类型有以下几种：

1. 自主式激发。

2. 互动式激发。

3. 发展式激发。

4. 评判式激发。

5. 问题式激发。

6. 理想式激发。

7. 比较式激发。

8. 差异式激发。

9. 情景式激发。

总之，启发式还必须发展与完善，既有待于理论上的发展完善和实践操作上的创新，使"启发式"教学不断趋向科学性，尽力不要变态、变味。同时，还可以发展而形成更新的教学方法——"激发式"教学。

（本文系1997—2000年在汕尾参加广东省教育科学规划《教学方法与技巧的研究》系列成果之一）

由"简单教学法"走向"简单法教学"

一、简单是一种境界，也是一种方法

"简单"，有汉语词典释义为：①结构单纯，头绪少，容易理解、使用或处理；②平凡。由此可见，"简单"并非一味被看成贬义词。我认为，在如此越来越纷繁复杂的大千世界里，在随着科技发达、思维发展等越加快速与完善时而引起许多为操作程序严、头绪多等所产生的忙乱、耗时、低效、重负等尴尬局面里，向你大喊一声：还是简单好！

简单自然包含有简约、简明、简便、简化等。简单不仅是一种结果，更是一种境界，但又不仅仅是一种境界；更重要的是一种思想（理念）、一种过程、一种手段与方法。同时，简单还是一种艺术。如何化繁为简，真正实现简单地教学和教学简单，确是一种高超的教学艺术。

简单还是一种态度、一种能力。比如，将一篇5000字的文章压缩成1000字，这肯定首先无疑是一种概括能力，但更是由于一种"要简单"的态度和"能够简单"的自信和"如何简单"的能力。又如，将一个复杂的文学故事和文学人物，用几句话或一段话或一个成语等非常准确地概括或清晰地描绘出来，这也同样需要一种简单的能力。还如，汉语简略语，也称"缩略语"，它也是一种简单的产物。即运用简单这一手段与方式，将现实生活中的若干较长的词语、句子简化成为简单的词语或句子。如："三个代表""中国""人大""初中""两会""课改""高考"等。

简单更是一种人生状态，更是人们为追求卓越、追求成功的高尚品质。有时候"简单"化为一声赞叹时，整个世界都精彩了。有人几下就勾勒出一幅画，有人用一句话或几个词就讲明一个观点或道理。也有人用一些似乎机械、单一的表情和动作来表情达意，却让人感到特大气、潇洒与睿智，甚至幽默。还有人因繁杂繁忙而忽然改用"简单法"，也格外感到舒畅、得意，享受着成就感。简单，这时候便成为一种大度与高水平！因此，凡是教学有成的优秀教师，都有说话精练、办事干练的特质。这种特质就归因于"简单"和"简单化"。

简单，有时也成为一种干脆利落的作风，说话简简单单，做事简简单单，接人待物也简简单单，但效果就是不简单，效果格外的好，因为用节省了的人力、物力、脑力和时间而获得更多更好的效果，所以简单更是一种效率，更是一种财富。

无数教学实践也充分表明了这一点：学生最不喜欢说话啰啰唆唆，老半天也说不到点子上的教师，也不喜欢下课拖堂、加班加点、题海训练、多种考试等频繁、烦琐的教学，因为这些教学是费力费时而无高效的"非简单"教学。所以，凡是想对学生负责任的教师，凡是想在教学上有所作为的教师，还是要树立简单法教学的意识，积极打造简单法教学的作风和能力。在此，我想到我们的语文教学，也深有同感和鼎力疾呼：把语文教得简单些，简简单单教语文。

二、关键在于：让简单不简单，让此简单非彼简单

目前，语文教学因"繁"而"烦"的现状，让每一位语文教师内心都产生一种改革的冲动，也是新课程改革为实践科学发展观而让语文教学返璞归真的理想追求：让语文成为一种本色语文，成为一种本真语文，成为一种简朴语文。那么，这种改革的关键是什么？我认为，许多事还真不在于想法（理念），而在于做法（实操）；要学会将简单的境界与状态衍化成可操作的技巧与方法。于是，我就提出了"简单法教学"。

"简单法教学"，即指用"简单"的思想和方法来为越来越繁的语文和越来越烦的语文教学来松绑解困。换一句话说，用简单法教语文，使语文变得简单，也教得简单，恢复语文的本来面目和自然状态。这就是我们所倡导的"简单法教学"的基本内涵，它既辩证，又完整，也易于理解和操作。

在这里特别值得一提的是，我们不是搞"简单"教学法，而是搞"简单法"教学。这二者虽只有一个字序的改变，但其内涵和意义则大不相同。前者在于追求一个静态的教学模式，后者在于追求用一种动态的教学过程与方法来实施语文教学。我们所追求的也是大家所需要的，应该是后者——用简单的理念、法则、模式与技巧进行教学，在简单了的方法被得到运用的过程中进行教学。

可以说，这样的"简单法"教学，既简单也并不"简单"。简单的是状态与过程方法，但不简单的是其教学的意义深远、技巧高超、手段娴熟、过程流畅，如果对"简单"还未真正理解到位的，是并非所有的人能够完整理解和科学把握以及有效操作。为了让它得到广泛运用与创新发展，我们在此首先对它作出一些独特而深刻的理解，然后进一步认识和把握好"简单"的意义与功能。

三、简单法教学的简单介绍

到底怎样进行"简单法"教学呢？下面特简单介绍一些基本思路与方法。

1. 用简单法展示教学目标，使教学目标简明，展示有序，力避虚化；
2. 用简单法呈现教学内容，使教学内容简朴，安排合理，力避繁化；
3. 用简单法展开教学过程，使教学过程简化，追求流畅，力避泡沫化；
4. 用简单法选用教学方法，使教学方法简约，讲求得体，力避模式化；
5. 用简单法优化教学手段，使教学手段简便，注重恰当，力避滥化。

总之，用简单法教学，并不象征草率与鲁莽，也不代表粗糙与应付，而是更加负责任地寻求更方便、更科学、更有效的方法，来纠正因繁杂而导致的许多错误或问题。因为，无数事实和成果表明，越科学的、越有效的东西往往是越加简单、越加方便和适应性广泛的。在教学中，尽可能减少头绪，优化程序，强化科学性，就能使教学简单化。语文教学中的"单元教学""一课一得"和"长文短教""深文浅教""繁文简教"等，都是我本人多年为之探索的结晶。当你在教学中遇到繁杂或不顺时，请你想一想和用一用简单法教学吧！

（本文系 1997—2000 年在汕尾参加广东省教育科学与规划课题《教学方法与技巧的研究》的系列成果之一）

"思辨型"的课堂提问是一种创新型的教学法

一、对"课堂提问"的再认识

从教学活动过程的一般定义出发，课堂提问本身并不完全是教师的一种教学方法。它是一种在课堂教学活动中展示教学图表和内容、展开教学过程、运用教学方法、完成教学任务而采取的最常用的教学基本手段或教学形式。他也是一种学生用来向教师请教、向同学讨论、合作、探究中的这种不可忽视的学习方式或学习方法。当然，从某种特定意义上说，它实际上已经起到了融教学方法中的"讲授法""谈话法（讨论法）""练习法"等多种方法于一体，最终促使与贯通教学过程顺畅进行、教学任务圆满完成的一种特殊的教学方法的作用。因此，人们称它为一种多元多次组合的"泛教学法"。事实确是如此。

然而，正由于它具有一种特殊的"泛"化，所以有的教学操作起来当然也就方法不一、效果不同。有的"泛"而有趣，其课堂提问广征博取而酿成精华，每一个提问让学生都听之有味、受之有效；而有的"泛"而无序、无理，其课堂提问粗放、简单，结果渐渐"贬值"，终而使学生陷入迷茫、无获之中。这种现象的产生主要有两方面的原因：（1）对"课堂提问"缺乏理性思考，使用随意、主观，于是出现了许多空洞、泛滥、搪突、茫然却无意义的提问。这些提问不但不能为实现教学目的服务，反而还从某种程度上束缚或伤害了学生的思维，破坏了学生的智力发展。（2）由于适应改革过去满堂灌的课堂教学的需要，竟然把"课堂提问"也改变成了一种教学过程，从过去严严实实的"满堂灌"变成现在热热闹闹的"满堂问"。于是，这部分教师课堂上的整个教学过程也就是"一问到底"。这样实际上就改变了"课堂提问"作为一种教学手段的本来属性。据调查，有位教师在一堂课上几乎每句话都是问，结果竟提问了108次，使学生在整个40分钟里都紧张得喘不过气来。这样以提问为主线构成的教学过程，并非改革之举，它既曲解了课堂提问作为教学手段的本来功能，又把学生推到了被审判式的"非主体"位置上，一问到底，岂不成了一种变相的"满堂灌"，甚至给学生造成了更为严重的学习压抑和负面影响。为了改变这种局面，我们要给课堂提问以一种全新的认识与探索。

世界著名教育家蒙旦，有一个至今仍有影响的教育观点，即提倡读书要"思辨"。他认为教学"不是要学生知道多少知识，而是使学生成为更好更多地判断知识的人"。他这个观点与我们今天推进素质教育、开展创新教育是多么惊人的相似。素质教育的核心是培养创新精神与实践能力，而课堂提问是实施这一教育的具体形式与手段。那么，我们的课堂提问，就要求学生接受一种具有科学性的提问。这种科学性的课堂提问，往往富有一种理性的思辨，让学生在回答提问时马虎不起来，随意不起来，当然也并不感到害怕而答不出来或者答不好。这种科学性的课堂提问，让学生回答后觉得有一种求知欲的"解渴感"和满足感，有一种特殊的沉甸甸的收获，这种收获不是以前一般意义上的不加思考的"是""不是""对""不对""嗯嗯"等之类的简单而粗浅概念的机械反应，而应该是一种对知识不断作出判断和深化的较高层次的理论概括或者解释。因此，努力建立和实现一种带"思辨"性的课堂提问，力图让学生学会判断知识，灵活运用知识，逐渐具有"思辨"特性，具有一种能展开思辨、善于思辨的品质，最终成为一个用思辨去发展、去创造的人才，可以说这将成为教学方法运用过程优化与创新的关键。

那么，到底什么叫"思辨型"的课堂提问？笔者初步认为是：（1）教师所提的问题必须能引起学生思考的，而且值得思考或辨析的；（2）教师所提的问题，能揭示或符合知识自身产生和发展的规律，或者能体现知识发生的过程与方法，并能给学生以正确、周密的思维导向和产生判断行为；（3）能够优化学科教学过程，营造一种积极向上、思维活跃的课堂气氛。总之，它是一种以使学生学会学习与创造为出发点，以"思辨"为核心，组织能引起思辨、开展思辨、不断作出知识判断和产生创新"火花"（灵感）的发展性提问，旨在使教学方法运用不断优化和不断发展。

二、"思辨型"的课堂提问在教学方法运用中的特征

"思辨型"的课堂提问，不仅以培养学生创新精神和实践能力为宗旨，充分体现"以人为本，以学生发展为本"，更是使教学方法的运用不断发展与创新，具有创新的显著特点和实践意义。

1. 讲求发展价值，给人以思考意义。即提出的问题不论深浅难易，不论属于哪种类型，都是富于思考性的，都能启发学生通过思考获得价值的知识和增长智慧；同时，启发性还体现在对多提问题的方式方法也是启发性的，即引导学生不断探究问题，在探究问题中又发现问题和分析解决问题，又在发现与解决问题中去探究新的问题，以致来理解获取知识的学习过程和正确结论。

2. 讲究发展内涵，给提问以富有可持续性，也就是系统性。即指所有的提问都放在一个特定的系统内进行设计与实施，凡与当时教学内容相关的所有提问，都不能彼此毫无关联，而必须成为一个有一定结构关系和逻辑联系的整体（即"问题群"），并随之产生相应的"群式突破法"。其理由是：

第一，课文本身就是一种结构体，具有内在的逻辑联系。文章、文章，既有其"文"，也有其"章"，这里的"文"与"章"，即指行文的规律、章法和文脉及气韵等。作为汉语学科的文章，虽然是由一个个汉字巧妙的排列组合皆成文章，但其内涵和形式却是极其严谨和自律，都必须讲求上下衔接，彼此关照，所以课堂提问也自然呈现这种规律，表现出这种关联性。

第二，在教学中每一堂课都有一个教学重点或训练主题，为解决这个重点或主题，还会相应配套或辐射而引发出一些次要问题，或者是一个问题的几个方面、几个层次等，而这些主要问题与次要问题之间、一个问题的几个方面几个层次之间，都自然表现出某种必然的关联性。

由于这种关联性，所以"思辨"型的课堂提问至少有如下三种表现形式和"群式突破"程序。

A、层进式：

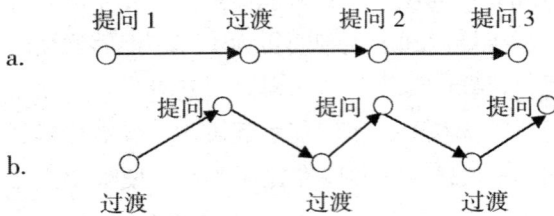

B、多向交流式：

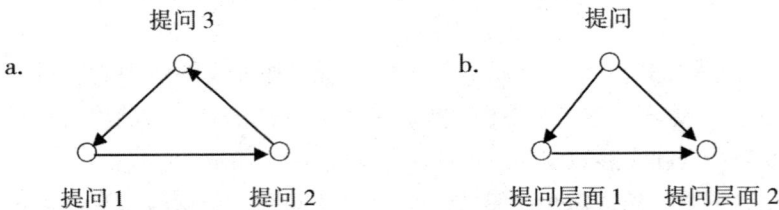

C、循环辐射式：

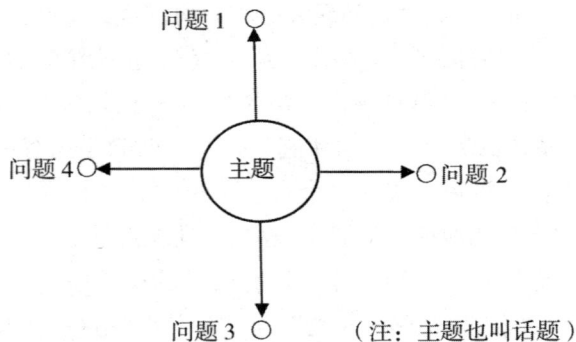

（注：主题也叫话题）

3.注重发展实践，给提问以可行性与有效性。

可行性，就是说对所提问题是关于某一对象（或事实），那么这一对象（事实）必须存在，不仅能引起学生思考，也使学生思辨后确实可以找到肯定的或否定的答案（因为答案终究是学习所追求的结果），否则，这种提问虽有一定的意义，但只是相对的，最终是不可行的。造成这种不可行的提问的原因有两方面：一是教师对有关知识内容没有完全掌握好，也就是没有吃透教材，因而提不出合理的问题；二是过分强调思辨而忽视了提问手段与语言表达上的准确度或严谨性，用不良的语言表达习惯和提问姿势，也往往削弱提问效果，或者引起学生的误听而无法答问，引起学生讨厌、反感而中断思维等。

三、"思辨型"的课堂提问在教学方法运用中的具体内涵与操作

（一）"思辨型"的课堂提问分类

按照其内涵表现形式和功能分类，我认为能体现科学的逻辑联系而又有创新意义的，应该是如下四种基本类型。

1. "是什么"型

这种"是什么"的提问，虽然表面看去简单，但由于在"思辨"理论指导下所设计的问题却是特殊的，它着重解决对教学内容的认知、理解问题，要求学生在认知、理解的基础上作出肯定或否定的回答。这是培养简易判断知识能力的提问。

2. "怎么样"型

这种"怎么样"的提问，尽力发挥它本身就具有思辨性的作用，有目的、有层次、多角度地进行比较，再对因有关教学内容而设计的提问，进行分析和评价方面的思辨，既巩固与发展前面对知识的认知和理解阶段的能力，又进而分析课文，鉴赏其中的特点和精髓，并从中获得某种启发，获得相应知识和能力上的营养。

3. "为什么"型

这种"为什么"的提问，一般起点较高，往往在前面有一个铺垫或预备性提问，它的思辨性更强，必须通过思辨才能正确地回答问题。它着重训练学生的论证、运用能力，要求学生：①在理解、分析、评价的基础上论证有关课本内容中的观点，或者提出自己的不同观点，并进行各种形式或角度的论证，以提高和完善原文的观点；②将原文的内容或观点迁移运用到其他学习内容或另外的学习过程之中，如由读到写，由甲课文到乙课文，由甲知识点到乙知识点。

4. "综合"型

这种"综合"性的提问，一是指对教学内容的综合；二是指对课堂教学提问的形式的综合，例如对一个教学内容的连续几个提问，其中既有"是什么"，也有"怎么样"，或者还有"为什么"。它着重对学生逻辑思维能力的全面训练和检验，或者是对学生各种能力的综合考察，例如"现代文阅读"中，对一篇文章既有"是什么"体裁的提问，又有"为什么"按照这种体裁写，还有按照这种体裁特点写得"怎么样"的提问等，这种提问就更带有综合性。这种综合型提问，

还体现在将口头提问与书面提问结合起来（以前我们没有把书面提问看成是课堂提问的一部分，没有把它当成是一种练习作业，这显然是片面的说法）。

上述四种提问类型，从思维方法和逻辑发展轨迹上看，都具有一定的科学性，也比以前任何一种分类有所突破和创新。由于它们的功能和适用范围、适应对象、适用环境不同，我们在使用时一定要讲求策略，根据不同的教学需要、学生程度和当时训练的条件而恰当选用。例如：①在内容处理上可采取"浅题深问""深题浅问""一题多问""多知一问""难题拆开问""易题合并问"等提问法。②在提问对象处理上，对基础差的学生和性格内向害羞的学生，尽力把提问放简单些带基础性一些，也尽力多用"是什么"，少用"为什么"；对成绩好的则可问得深一些和广一些，可多用"怎么样""为什么"；对上课不用心、开小差的也可采用"串问"的形式，以检测他的学习情况（"串问"，即将"是什么""怎么样""为什么"等连起来问）。③在教学环节与程序处理上，上新课时可多用"是什么"，上复习课时可多用"怎么样""为什么"或综合型；每篇课文开头或每节课开头时，可多用"是什么"，到结尾时可多用"怎么样""为什么"或综合型。

（二）"思辨"型的课堂提问操作上的"思路指导四步法"

"思辨型"的课堂提问，当然其核心是思辨，那么这种操作方法的关键又是什么？笔者认为是思路。有人说：思路，思路，思辨之路。这确实有道理，因为它是一种思辨的过程和途径。由于思路的畅通、正确与敏捷，是保证思辨顺利与成功的关键，所以进行"思路指导"，又是发展与落实"思辨型"的课堂提问的好方法，而且显得十分必要。下面便是我们所探索出来的一条成功的"四路指导法"。

1. 接通思路——当一些学生答不出来或者不敢答的时候，教师除了从心理上加以指导，提高答问的胆量和积极以外，还要注意一个重要因素——及时帮助学生找到回答这类问题所思考的方向、路线以及"切入口"（即"入题口"）等，即所谓帮学生接通思路，这尤其在教师讲授或演示教学以后要进行提问，或者从这一个提问过渡到另一个提问的时候，更要恰当、及时地启发学生把思路接通，不要陷入茫茫思绪之中。

2. 拨正思路——当一些学生答得不对甚至完全相反或者答非所问的时候，教师就要及时反思自己的提问是否有问题，除此以外就要帮助学生准确把握教师提问的内容与要求，把思路拨正，弄清楚提问要求回答的是什么，要用什么方法回答才正确。

3. 深拓思路——当一些学生对问题的回答虽然也不错，但欠深刻，缺乏独立见解，或者空洞浮泛的时候，教师首先要指出其原因是对问题的理解表面化，思路陈旧保守，只求过得去而不求过得硬，只有一般性思维而无发展性思维，更无创造性思维；然后具体对怎样的题目要进行怎样的思维的启导与训练，学会透过事物的表面现象看其实质，揭示事物的内在联系与特征，使学生对问题的理解达到应有的深度。例如有一个教师向学生提问："你们读了这篇课文，受到了什么样的教育？"而学生的回答是："我们受到了深刻的教育。"这个让人啼笑皆非的答案看来确实是不深刻。对于这样的回答，我们就要给予"是什么样"的深刻教育，"在哪些方面的深刻教育"，甚至"为什么会受到如此深刻的教育"等多类型提问的思路深拓的指导。

4. 广开思路——当一些学生回答不全面、不完整的时候，教师就要加强学生思维辐射、思路开阔的指导。指导学生思考问题时不仅有求同思维，还要有求异思维；不仅有形象思维，还要有抽象思维。思考时尽力多找几个立足点，多换几个侧面、几个角度，正面思考了再从反面思考，顺向思考了再逆向思考等等。

（本文系 1997—2000 年在汕尾参加广东省教育科学规划课题《教学方法与技巧的研究》的系列成果之一，并获全国一等奖）

关于"案例法"教学创新中的探究

一、什么是案例与案例教学

为了弄清这个概念，先不妨了解"案例"产生的背景。"案例"尽管在人们的生活和社会发展中无处不在，但是概括与利用起来形成一种特定概念，据目前可靠资料来看，最先提出并运用的还应该算作是在美国的法学、医学界。早在1869 年，哈佛法学院院长兰革载尔首先倡导用案例来进行分析、讨论，第二年就在该校使用案例对学生进行职业训练，然后，20 世纪美国几乎所有的法学院都在教学中采用了案例。

1. 案例，是指对实际情况的叙述和叙述后多形成的故事

"教学案例"则指发生在教学过程中的一个个故事或事例。它包含两层意思，一是指专用来进行案例教学的"案例"；二是通过教学并加以研究后所形成

结果的一个个"案例"，特指教学后所得到的课例、故事、情景、特写镜头、片段或活动项目等。

它必须具有以下条件：①有一定的特定教学背景，即特定的教学目标、理念，教学环境与设施，有相应的教材，有教师的教与学生的学等；②是教育研究者经过整改、总结、提炼与理性分析；③以书面（文字）如报告、经验总结、访谈、实录），或软件（影碟）以及现场示范交流等形式呈现出来。

2. 教学案例具有以下两类层次

（1）课例。即指发生在教育教学中的一个个事例（例子）。可以是一堂课，或一堂课的一个片段，一个环节；也可以是教育教学活动的一些故事，一项活动等。凡教师只要从事教育教学工作就有课例。

（2）范例。是在课例的基础上经过典型化和优化后而形成的典范性教育教学案例，可为其他教育教学作为借鉴、参考或者研究重要实例等。它具有示范性和经典性。它一般是在大量的教育教学课例为基础上经过反复打造即探究、尝试、实验、概括提升等，而最终产生的优质课例。

二、教学案例创新的研究意义

1. 由"教学案例"演绎出"案例教学"，这是将"案例"运用于教学的一种借鉴与创造

目前，还有一个与"教学案例"不同却有关联的概念，叫"案例教学"。它作为一种教学方法，就是将"案例"运用于教学之中，即用"案例"进行教学。现在，之所以在课程与教学改革中看重和推行案例，就因为是它在发挥了一种教学方法的作用。

"案例教学"，即指按照一定的教学任务与计划，以采用一个个实际情境或故事、活动才来叙述及展示其教学内容、教学过程且实验其教学目标的教学活动及其方式，概言之，就是用案例来进行教学。

因教育科学研究的契机，"教学案例"又发展了新的含义，产生了案例的另一翼——案例教学。由"教学案例"而演绎出"案例教学"，可以说，这是将"案例"运用于教学的一种借鉴与创造。它用案例的理念，共同构成了"教学故事"与"教学方法"这"两个翅膀"比翼齐飞的新格局，这样才能使案例的科学性和教育性整合起来，更加符合事物发展规律、符合人们认知与实践的特征。对于一个教育研究者，能如此创立一个新观点（即新理念），将是一种重要收获或更大突破。

实践表明:"教学案例"与"案例教学",二者同样是推动教学改革与发展的助推器,对教学规律的发现与解释,对学生学习的指导与促进,都发挥了不可替代的作用。尤其在"理念过多,案例太少"的当今,更加需要涌现一批优秀教学案例,更加呼唤产生一批批优秀的案例教学的成果。

2."案例教学",是目前教学改革中所盛行的一种教学方法

(1)课程与教学创新的"案例"特征:

①案例在于创意,除旧布新;

②案例在于典型、个性化;

③案例在于有启发性、借鉴。

(2)由"案例教学"所给人们带来的教学启示:

①案例对于教学创新将带来无限的功能与意义;

②案例对于教师专业成长和提升教研水平又有了一次进修的机会;

③案例教学对于现代教学论的发展与创新,具有推进性贡献和广谱性影响。

(3)教学创新"案例"产生的一般过程:

①"案例"意识培养——树立案例意识,学会案例总结及教学;

②"案例"的教学运用——组织教学案例进行实践操作,并随机发现、搜集、整合、提高;

③"案例"的发展性总结与撰写——总结梳理,反思筛选,借鉴创新,写出具有新颖和价值的优秀案例。

三、教学创新中的"案例"研究的过程及做法

1.以创新为背景,大胆进行教学尝试,获取案例

(1)产生一批教学案例,体现其创新性。

①总结案例,撰写案例或案例报告,推出优秀案例(展示与评价);

②探究优秀案例产生的背景及过程与方法(探究过程介绍);

③运用优秀案例的效果(创新价值与教学效果)。

(2)研究案例,提升其创新价值。

①展示案例(推行了何种新理念……);

②分析案例(关于创新成分与创新意义的比较分析、验证分析、对照分析);

③完善案例(指出创新的发展方向及更有创新表现的内容等)。

2.创新"案例"的研究方案设计

(1)研究名人名家:世界都在展示新的,以新代旧,以新挤旧,人们在趋

新、喜新，用新生活发展。我们没有理由不去创新，不给社会生产出新的东西。即成功案例展示，以强化学生创新意识，树立创新信念（理念），明确创新意义。

①著名科学家、发明家的创造发明成果的研究过程与结论（是怎样提出问题、分析研究和最后解决问题的）；②这些发明创造成功产生的基础与背景及其所揭示的规律、方法、经验等。③对后来的世界发展有什么作用和对我们有何启发？

（书本展示、现场展示、专题讲座报告展示等）

（2）研究事理、事因：懂得与掌握创新过程。即组织"多问为什么"的学习研讨活动。

①全面阅读《十万个为什么》等书；

②思考、讨论社会、自然界的"为什么"——设计一批问题进行思考、讨论；

③自己大胆质疑、向人们、向社会、向自然界多提出一些"为什么"？

（3）研究的方法与实践活动。即组织学生开展"怎么样"创新实践活动，直接培养学生的创新能力与创新精神。

（本文写于 2003 年 4 月，系学术会议交流和讲座稿）

教学用语也要讲究方法
——课堂优质教学用语例说

教学用语，即教学语言，是教师用于课堂教学的工作用语。它受着教学内容、教学任务、教学对象、场地、时间等多种因素的制约，同时还直接受到教师思想、品德、学识、审美情趣及语言能力的影响。这种语言是书面语和优化口语的结合，它以有声语言为主，辅以面部表情、手势、体态。因此，教学语言既有通俗晓畅的长处，又具有书面语典雅蕴藉的优点，还具有规范、科学、教育、综合的特点。

课堂教学实践表明：目前在新课程改革中，许多老师不仅注重课程内容的改革和教学方式的改革，还特别注意教学用语的改革，让教学用语也能恰当地为新课程理念服务，即尊重学生的、富有启发性的、既专业又通俗的精炼、简约、优质的教学用语，让人一听就感到如沐春风，如饮甘露，学生学习的自信心与自觉性无疑得到保护和培养，这样，学生学习积极性也得到充分调动，效果也就自然好得多。因为大家都明白："良言一句三冬暖，恶语伤人六月寒"。可见好的教学用语的确力量无穷、妙用无穷。

　　下面就是一些广为传播的精彩的课堂教学用语，在国内不少老师的教学实践中发挥了很好的作用，特转发以资分享。

一、关于"听"的教学用语

1.谢谢大家听得这么专心。

2.大家对这些内容这么感兴趣，真让我高兴。

3.你们专注听讲的表情，使我快乐，给我鼓励。

4.我从你们的姿态上感觉到，你们听明白了。

5.我不知道我这样说是否合适。

6.我不知我说清楚了没有，说明白了没有。

7.我的解释不知是否令你们满意，课后让我们大家再去找有关的书来读读。

8.你们的眼神告诉我，你们还是没有明白，想不想让我再说一遍？

9.会"听"也是会学习的表现。我希望大家认真听好我下面要说的一段话。

10.从听课的情况反映出，我们是一个素质良好的集体。

二、关于"说"的教学用语

1.谢谢你，你说得很正确、很清楚。

2.虽然你说得不完全正确，但我还是要感谢你的勇气。

3.你很有创见，这非常可贵，请再响亮地说一遍。

4.某某同学说的还不完整，请哪一位再补充一下。

5.老师知道你心里已经明白了，但是嘴上还说不出，我把你的意思转述出来，然后请你再学说一遍。

6.说，是用嘴来写作，无论是一句话，还是一段话，首先要说清楚，想好了再说，把自己要说的话在心里整理一下就能说清楚。

7.对！说得很好，我很高兴你有这样的认识，很高兴你能说得这么好！

8.我们今天的讨论很热烈，参与的人数也多，说得很有质量，我为你们感到骄傲。

9.说话，是把自己心里的想法表达出来，与别人交流。说时要想想，别人能听得明白吗？

10.说话是与别人交流，所以要注意仪态，身要正，不扭动，眼要正视对方。对！就是这样！人在小时候容易纠正不良习惯，养成好习惯。

三、关于"读"的教学用语

1."读"是我们学习语文最基本的方法之一，古人说，读书时应该做到"眼到，口到，心到"。我看，你们今天达到了这个要求。

2.读得很好，听得出你是将自己的理解读出来了。特别是这一句，请再读一遍。

3.读的要求应该分出层次。首先是通读，将句子读顺口，不认识的字借助工具读准字音。对于这一点，我们同学的认识是清楚的，态度是重视的，做得很好。

4.听你们的朗读是一种享受，你们不但读出了声，而且读出了情，我很感谢你们。

5.默读时，贵在边读边思考。现在我们将默读的思考心得交流一下。

6."读书百遍，其义自见"，我请各位再把这部分内容多读几遍，弄懂它的意思。

四、关于"问"的教学用语

1."学贵有疑"，问题是思考的产物，你们的问题提得很好，很有质量，这是善于思考的结果。

2.我们同学的思想变得很敏锐，这些问题提得很好。

3.今天我们提问已大大地超出了课文的范围，反映了我们同学学习的积极性及强烈的求知欲望。

4.有些问题我们可先问自己，自己有能力解决的，就不必向别人提出，让我们试试看，刚才新提出的问题，哪些是自己有答案的？

5.我从同学们的提问中，看到的是思维的火花，非常灿烂，与其说是我在教你们，不如说是你们在教我，你们的学习能力是在提高。

五、关于"写"的教学用语

1.同学们养成了良好的学习习惯，作业本很干净，书写也端正。我很高兴，感谢大家。

2.写文章的目的是与别人交流，将自己的感情和思想用文字表达出来，让别人了解。我们的作文也应该有读者，有读者群。我建议大家互相交流。看完后将自己的体会，用一两句话写下来，目的是互相鼓励。

3.优秀的作文是全班的财富，应该让大家来共享，请大家出出主意，如何使这些财富充分地发挥作用，让每一位同学受益，特别请这些财富的创造者出出主意。

4.用自己的笔写自己心里的话，这一点很重要。我们班某同学做得比较好，他的作文虽然也有缺点，却给人一种真诚的感受。

5."有纳才能吐"，有积累才能够表达。我们有些同学作文中的词语是丰富的，看得出他们课外有较大的阅读量。

（本文根据对国内多位优秀教师的课堂教学用语及网络上流行的教师用语案例等综合整理而成，在此不一一列名，谨致谢意。）

第十章　教学智慧更见"质"

作家张子往在《智慧说》中说："智者明法，慧者通道。道生法，慧生智。慧是千万智，道是万法生。智慧，道法也。"智慧是一个质点系统组织结构合理、运行程序优良以及产生的功效较大的描述。任何物体组成了体系都有智慧。教学也是如此。高质量的教学，高品质的教学，是用智慧教，用心去教，而不仅是用知识去教，用方法去教，用感性去教。教学智慧，是知识经验、能力、技巧、观念、方法和审美等集大成者。有名言："智慧总是优于实力""智慧意味着以最佳的方式追求最高目标"。我们的教学，应该是这样充满智慧，而不是只靠现有的知识和实力，因为"哪里有智慧，哪里就有成效"。只有智慧之教才见真品质，才显真价值。

但是，教学智慧也需要有智慧地表现与达成，这就是智慧与"质"的关系，要追求教学智慧运用与创造中的质量。又由于"质"的一个重要含义是指"本体、本性"。也就是说，教学智慧也要讲求基本性、本体，不是离奇与怪异。

教学智慧："技术＋艺术"的综合体现

无数教学的成功实践表明：教学是一种综合实力的体现，除了科学性以外，还表现在既有技术，也有艺术，二者是"技"与"艺"相结的"术"，所以，如何科学而综合地体现这二者，做到教学技术与艺术的有机整合，发挥其特别的作用，则显得十分重要。那么就要靠另一种特别的"结合"因素，那就是教学智慧。实践证明：教学有了好的技术，如果不会艺术的展示和运用，效果也不太好；如果光有好的艺术，而缺乏过硬的技术，也会让教学效果大打折扣。所以，追求有智慧的教学，才是更有"质"量的教学。

作为一位有思想有作为的教师，一定是具有创新精神和有职业追求的高品质教师，在教学中不仅有丰富的教学方法，还会将教学方法和教学艺术相整合，且形成一种更为科学与娴熟运用的教学技巧。这种形为技巧实为智慧的教学，就是我们教学所追求的最高境界。实践证明：只有具备教学智慧的教师，才能成为大气、精致、轻松、自如、自信的风格型教师，走出盲目、随意、粗放、高耗的教学误区，否则，只能当一名让自己永远教得很累、学生学得很苦的高耗低效型教师。有一句土耳其名言言："一个智慧的头脑，能够拯救成千个头颅。"也有人说：学会教学，就等于学会"偷懒"，学会"偷懒"，其实就是具备了教学智慧。你如果要教得富有风格和特色，那就请当一名"智慧之师"多一点教学智慧吧！

一、有一种教学智慧，叫如何用好教学技能

关于智慧的定义，还有一种直白的说法，即指"对事物能迅速、灵活、正确地理解和解决的能力"。平时，我们对教学的方法、技能都有显性追求，深知它们的重要性，但是却很少有人去思考：怎样用好这些教学的方法、技能，也就是在使用教学方法、技能时的迅速、灵活与正确，也许这就是一种智慧的体现，是教学智慧的使然。所以，掌握技能不如用好技能。

从心理学定义说，技能是顺利完成某种任务的一种活动方式或心智活动方式，是"掌握和运用专门技术的能力"，但它又不完全是能力，而是介于知识与能力之间且运用知识完成一定任务的活动方式。而技巧呢？则是这种活动方式的自动化与熟练化。技能大致可分为动作技能和心智（智力）活动技能两种。如：写字、绘画、演奏、开车等是动作技能，阅读、默算、构思、作文、下棋等，是心智（智力）技能。

教学技能，则是指顺利完成教学任务的一种教学活动方式或心智活动方式，是掌握和运用如何进行教学的专门技术的操作能力。一般包括：（1）了解学生的技能；（2）熟悉教材、教法的技能；（3）教学设计的技能；（4）实施教学过程的技能；（5）写"三笔字"和板书的技能；（6）语言的口头表达和书面表达的技能；（7）多媒体教学与课件制作及实验操作的技能；（8）教学管理的技能；（9）教学总结、研究的技能；（10）教学评价的技能。

对于这些教学技能，如何使用才有效果，却也是大有学问的。有人无奈地说：我也了解了学生，也钻研了教材，也进行了教学设计，但就是效果差，学生也累，我也越来越痛苦，连一点自信都没有了。为什么？有一个重要原因就是：有技能而不会用技能，用了方法而未用对方法，教了书并未教好了书。而这里的"会用""用对""教好"才是关键，在于你如何娴熟而巧妙地运用这些教学技能，

以实现教学上的最佳效果。要靠什么来解决这个"无奈"的问题呢？那就是"教学智慧"。只有教学智慧才会让你教得轻松自如，富有灵感。

二、教学智慧：让教学技能得到再加工

1. 教学智慧不同于教学技能，也不同于聪明。

简单地说，教学智慧就是指一种巧妙而娴熟的教学技能。它是集教学方法、教学艺术、教学手段等多方面于一体的最优组合的精细化、自动化与熟练化的教学体系。智慧，可以让人可以深刻地理解人、事、物、社会、宇宙、现状、将来，拥有思索、分析、探索真理的能力。最终使我们做出导致成功的决策。所以智慧往往带有神奇、魔力之感。智者在教学中往往就是在"玩"教材、"玩"教学，而不是当"教奴"、当"长工"。

有些人把它看成与"教学艺术"相同。其实也不是一个概念，但由于二者各自的内涵与外延在不断扩大发展，又加之操作者缺乏理论上的辨析与思考，结果被视之为大同小异。当今，国内外专家把教学中的"艺术"一般认作为"富有创造性的教学方法和技巧"。如果承认这一种说法的话，那么，"教学艺术"也就成为"教学技能"中那"富有创造性"的部分了。可见，把"教学艺术"与"教学技能"如何科学地整合与运用起来，达到了运用上的巧妙与熟练，甚至带有一定的创造性和哲学的深刻性。这就是教学智慧的体现，也只有具有智慧的教师才可为之。

教学智慧与教学聪明的区别：聪明是一种生存能力的体现，智慧是一种生存境界的体现。聪明多数来自先天智慧更多靠后天修炼。聪明让人获得更多知识，智慧让人更有文化。聪明者改变世界，智者则顺其自然。聪明人能把握机会，知道什么时候该出手，智慧的人则能调控机会，不仅知道什么时候 该出手，还知道什么时候该放手，放得下者即大智慧。教学智慧就是该放则放、该收则收、收放自如、道法自然，一切以学生学会了、学会了为最高境界和终极目标。

2. 教学智慧有其特定的意义

实践告诉我们：在教学指导上能教给一些教学原则与方法，但不能直接教给教学智慧。这也只能通过自己在实践中反复训练感悟、习得后才能达到。当然，没有相应的教学技能与技巧，也不可能形成一个人的教学智慧。

所以，凡是一个在教学上获得成功且深受学生欢迎的教师，总会形成某种教学特色或者教学风格，就像人们所评价的"他就是会教书"。这实际上就是一种"教学智慧"，即巧妙地运用教学技能、教学方法、教学手段和教学艺术，经过一种创造性融合后所形成的神奇。因此，现在越来越多的教师都在

原来已学的教学原则与方法的基础上，加强对教学技巧的自我修炼与反复培训，在巩固与发展提高教学基本功、追求教学成果上而形成新突破，这就是教学智慧的获得。

3. 教学智慧的表现形式

由于教学智慧自身的表现形式与表现角度的不同，它所表现出来的类型也有不同；也由于人们对它认识与总结的方式和角度不同，它所表现出的类型也不同。下面将从教学技能的基本内容中所产生教学智慧和教学技能自身操作过程中所产生的教学智慧等两个方面来分类。

（1）内容角度

①织课堂教学管理的智慧；

②处理教材、选择教法的智慧；

③展开课堂教学过程的智慧；

④教学语言智慧；

⑤课堂板书智慧；

⑥使用教具和有关现代化教学手段的智慧；

⑦讲究教学仪态、表情的智慧；

⑧如何进行教学研究与教学评价等方面的智慧。

（2）形式角度

①常用性智慧即在教学过程中所形成的较为完整和常模操作的教学智慧。它具有一定的目的性、预测性和程序性，教师事先可以设计出其基本轮廓或思路，如"怎样组织好课堂教学""怎样开头、怎样结尾、怎样过渡""怎样用美的语言进行教学"等。

②随机发挥性智慧。即在教学活动进行的过程中，突然面临某种教学问题或现象而需要解决所产生的有奇特效果的"神来之笔"。它一般是教师在教学中随机应变而急中所生的"智"，可预见性小，灵活性大，有独立性但缺乏系统性，来时无因，去时无果，当场生效，往往是教师教学特种智慧的结晶，是教学中追求成功而反复刻苦训练后所达到的境界。这种教学特种智慧又被称为"教学的小火花"。目前全国流传有不少这样成功的特例，如"霍老师教'聪明'""线圈的'冷酷'与'无情'""周老师教'画风'"等。

三、教学智慧：一种超越专业水平的教学深加功

一般来说，教学智慧是教师不能直接学习而获得的，它必须是通过教师在

教学过程中的反复学习感悟与修炼后所形成的，所以，这种过程就是一种追求教学智慧的过程。所以说，追求教学智慧就是一种超越专业水平的教学深加功的修炼。深加功，就是一种体现教学智慧的深层次教学功夫，是做一名智慧之师的应备功夫。

（一）教学深加功的五大智慧修炼点

1. 教出科学性

就是指教学合规律性，体现学理性，不要因猎奇而故意违背客观规律或社会常理。它不论怎样"机巧智趣"，都不能离开知识的真理所在，不可违背学生的认知规律。须知，青少年学生在心理、生理和阅历等方面均处于不成熟阶段，在学习上主要是接受人类积累下来的经验和知识，其学习过程也是由浅入深、循序渐进的，等等，这都需要在教学过程中所要特别表现出应有的教学智慧，千万不可妄为和随意。

2. 教出创造性

创造即创新，创造性是教学智慧的重要特征之一。没有创造性也就无所谓教学智慧，也就很难取得特殊的教学效果。创造，就是比原来的更新颖、更巧妙。比如将各种教进行改换角度、形式，改变数量、时空的关系，或者是将几种教学方法与手段进行"杂交"组合，产生新的面目和功能；或者是根据自己的经验进行琢磨，刻意探索出一套符合自己个性和体现自己特长的教学"绝技"，以表现其创造性。

3. 教出灵便性

即教学上的灵巧、简便，大道至简，大气磅礴，无复杂、玄乎之感，易于操作。教学智慧本是看不见摸不得着的，往往是在教学过程中随机出现的，不可能首先进入教师的"预料"或"准备"之中，即使事先有所思考与意向，但往往会在发展过程中发生变化，这就需要一种"教学机智"，形成灵活多样的教学行为风格；又由于机智性的东西往往具有简单方便的特点，所以在追求教学智慧时一定不要误为"越复杂才是越有智慧，越玄乎才会越高雅"。须知，缺乏灵巧性、简便性的教学智慧，是缺乏生命力的。

4. 教出情趣性

一般来说，教学技巧由于有新颖、奇特的特点而一定会引起学生的浓厚情趣。善于使用教学技巧的人一般也往往是机智、富有幽默感的人。可以说，教学技巧的实施，也就是一种幽默感的造化，是一种教育机智的成熟的体现。它之所以能吸引学生，调动学生的学习积极性，提高学习效果，除了它本身富有情趣以外，还在于使用教学技巧的人在操作过程中的仪表、语言、手段和方法也同样是具有情趣的，让学生在一种轻松、清新和幽默的氛围中进行学习。

5.教出可操作性

教学智慧虽然显得灵活机智，但一旦被捕捉或反复修炼后所形成的技巧，也还是有比较稳定的操作程序的，也还可以对别人有所启发，或供别人创造性地模仿与借鉴。所以，任何一种让人拍案叫绝的教学智慧，既不能死搬硬套地模仿，也不会不从中受到领悟，活用于自己的教学实践之中，如果加以改造、变换和渗透，并精心安排其操作步骤，边尝试边补充提高，那么在自己的教学实践中就会产生特别作用。

（二）教学智慧的五大作用点

教学智慧的作用发挥，往往是在教学全程中充分体现，但还是可以在以下几个作用上爆发出你的教学智慧：

1.教学准备上；

2.教学组织的上；

3.教学气氛的创造与教学节奏的调控上；

4.教学管理上；

5.教学效率上。

对这些教学技巧的再修炼、巧掌握和妙运用，是一个从合格的"能任"的标准层教师走向成熟的"胜任"的高素质教师的必经之路。

总之，教学智慧并非是高不可攀、变幻莫测的"魔术"，而是从宏观的整体高度出发，寻求微观上的教学"捷径"与"绝技"。它通过一个个"小点子""新花样""活法术"，并化作一个眼神、一件道具、一席话语、一种态势、一种情境、一项动作、一种场面、一个特写镜头等，使听课者在或默化、或共鸣、或会意、或顿悟的惊喜与清新之中豁然开朗，化难为易，化险为夷，化繁为简，化抽象为具体，化呆板为生动。

当然，教学智慧的获得也不是一日之功、一蹴而就的。它必须经过对现行的教学理念、教学内容、教学形式、教学方法、教学原则、教学手段等进行科学性的排列组合，以产生教学灵感和教学创意，直至在过程中产生创造性地特殊发挥的效果，这才能成为一种科学上的"制胜法宝"和"秘密武器"。所以，对教学智慧的再修炼、巧掌握和妙运用，则应成为教师专业化成长的重要内容之一。

教学准备：最能体现"特质"的是教学智慧

教学准备，是指为成功的教学打下坚实基础所进行的准备活动。也叫"准备性教学"。它虽然是一种体现教学常规性和基本功的活动，也同样能体现和发挥教学智慧，而且为后边的正式教学埋下了智慧的种子，期待教学智慧的开花结果。它主要是体现在：课堂教学目标定位、课堂仪表、课堂语言、课堂板书、使用教具、处理教材和选择教法以及课件制作等。对这些准备工作，如果仓促、马虎，或者只满足于一般化，缺乏策略，缺乏技巧，缺少智慧那么也同样无法达到应有的教学效果。俗语说：磨刀不误砍柴工。这里的教学准备上的智慧，就是一种教学智慧的初期展示。到底要形成怎样的智慧，又怎样才能形成？下面将在"教师专业特质"（含课堂仪表、课堂语言、课堂板书）和"教学设计特长"（含处理教材、使用教具、选择教法）等两个方面分别进行讨论。

一、让教师"专业特质"再加点"智慧分"

（一）要强化教师职业特点的教学性形象

当你第一次走进教室的那一刻，数十双闪亮的眼睛会同时投向你，那么，你首先赋予学生的教育功能，便是服饰、仪容、神态、表情等给学生留下的第一印象。这第一印象往往强烈进影响着学生，给学生以潜移默化的导向作用。因此，如何讲究仪表，充分发挥课堂仪表为提高课堂教学质量服务的特殊功能，是一项十分重要的技巧。作为教师的课堂仪表，一般包括仪态、眼神、手势和表情等，它不仅为形成第一印象产生决定性作用，而且在课堂教学的全过程中都随时产生着暗示性功能。

1.要有像教师的仪态——即仪表神态，一般指穿着打扮、举止风度和精神状态等。这是教师内在的思想品德、感情修养的外观表现，也是学生感知教师年龄、性格、修养、气质、经验和爱好追求及感情态度的重要依据。

（1）要根据自己的体型、肤色、性格、修养、所处场合和自感舒服、方便等综合因素来进行穿着打扮。作为教师来说，只要穿戴得体、清洁、整齐就行，不必过分讲究，以免分散学生的注意力。当然也可以利用穿着来表明：穿中山装、西服的是庄重、严肃；穿"T恤"的是平易、随和；着时装、饰物的是新潮、富有等。

（2）要练好"台风"。"台风"，就是反映在讲台上的举止风度。"台风"不正就会影响课堂教学。要求教师有良好的"台风"，也就是指在讲台上端庄文雅，和蔼可亲，从容镇静；同时，也包含教师在教室里可适当变换位置，与学生进行非言语交流，但不要随意走动，走动时姿态得体，不要随便摇摆晃动或大步流星。另外，还要注意不在讲台上斜歪着身子，或伏在讲桌上。还有，要尽力去掉那些不良的习惯性动作，如动不动就抠鼻子、挖耳朵、耸肩膀、跺脚板等，甚至一张口说话就大声大气，如雷贯耳，缺乏亲切、细腻之感，或者动不动就吹胡子瞪眼，或者老板着一副面孔，或者未等学生的情绪和自己的情绪稳定，一进教室在讲台上还未站稳就讲起课来了，等等。

（3）要保持良好的精神状态。精神状态，除了与仪表风度有关以外，更重要的还在于精神面貌本身。有的教师，虽然其貌不扬，甚至平时还是病恹恹的，但一上了讲台就表现出一种别样的神态，马上是神采奕奕，朝气蓬勃，充满青春活力，病态也不见了，俨然判若两个人，听课的学生也为之振作起一种奋发精神。实际上这是强打精神上讲台。为什么呢？是故意做作吗？不是！这是他在表明：我忠于职守、热爱教育、热爱学生！这是他用一种对教育的责任感和坚定信念，来努力取得学生的信任，让学生集中注意力，激发学习情趣，最后达到提高教学效果的目的。但是，有的教师并不注意这些，往往精神萎靡，表情冷淡，使学生一见就厌烦，心里早就凉了半截，哪还有心思听课呢？对学习开始所拥有的一切美好理想全被"冷"掉了。

2. 要有做教师的眼神——即目光神态，它是很会"说话"的。之所以大家看重眼神的运用技巧，主要是因为许许多多的文学家、教育家和广大高水平的教师都对它有成功的体验和精辟的见解。人们都说："眼睛是心灵的窗户"，事实确是这样。我们有时候碰上用言语无法或者不方便表情达意的，就马上用眼神来表达：有的向对方眨眨眼，递一个眼色，送去一种让对方心领神会的意思；有的突然定睛凝视，以表白自己的某种心思与意愿；有的是因为靠语言讲过多次而无效果时，则采取改用眼色示意，让对方接受教育等。所以，有不少优秀教师总结道"上台全凭眼"。完全妙用眼神来表达自己的思想感情，来检查教学效果，来引导学生的学习过程，来调节课堂气氛。那么，具体地说，到底怎样妙用眼神来进行教学呢？

第一，一上台就以炯炯明亮、热情友善、充满智慧和自信，而且坦荡敏锐的眼神告诉学生，你是怎样对待自己的工作，怎样对待自己的学生以及你满怀信心与激情来上课的。

第二，要用眼神的变化来表达自己内在的丰富的思想感情。在教学过程中，教师的思想感情总是随着话语的内容不同而起伏变化的，而每当思想感情发生变化的时候，你应该尽可能地伴以相应的眼神变化。只有这样，你才能更好地启发学生去理解你的话语，感受你的思想、态度和感情。例如：表达兴奋时，似可瞪大眼睛，放出兴奋之光；表达哀伤时，你可以让眼皮下垂和眼光呆滞；表达愤怒时，你可以把眼睛睁圆些，让眼珠固定，并且射出逼人的光芒；表达愉快时，则可以松开眉眼，让眼神尽可能充满喜悦之采；假如有学生注意力分散或碰到重点难点内容需要特别强调时，你可以突然停止讲课，默默地注视着学生，眼神里尽力放出一种督促、期待的神采，或者稍作"静场"处理后又马上扬起铿锵有力的话声，再配上一些恰当的姿势或动作。

第三，视线的流转要灵活、自然，要讲求分寸感。视线是眼神的外露形式，具有传情达意的多种作用。课堂上教师的视线，通常有三种流转方式：环顾式、专注式、虚视式。

▲环顾式，即视线在全场环顾流转。教师在刚上课、下课和一个知识与另一个知识转换的关键时刻都可以运用，使学生感觉你是在对每一位学生讲课，对每一位学生都寄予了尊重与信任。这样就使学生自然集中精力，振作精神，增强学习的动力。

▲专注式，即视线平直、专一，眼光只停留在课堂上的某一个角落或某一特定点的学生身上或学生的某一特定部位上。这是在与学生交流中最富有内涵，最有实效的方法。它可以对学生进行仔细的心理调查，了解情绪变化，帮助学生集中精力听讲与思考；它还可以赞许、鼓励学生，或者制止学生的分心、躁动、不认真的现象蔓延。例如，有一位津津乐道的教师讲课戛然而止，大家才发现他的视线是专注在第三组第三座上的学生放在抽屉里的手，于是所有的视线都随之而去，把那位同学的脸"烧"红了，结果那只正在玩把戏的手也缩回来了。

▲虚视式，即视线模糊，"焦距"不准，似看非看。具体地说，是样子上像看而实际上什么也不看，只在表明让学生知道老师"看"了他，实际上却在另外思考问题。这显示了一种心理变化流程。教师在碰到一个难题或一个新的知识点还拿不定主意如何讲解的时候，巧妙地采用这种方法来缓和场面、稳定情绪、寻思答案，好让学生也进入思考天地而不至于"塌场""砸锅"，以保证教学活动正常进行。

但是反过来说，如果视线的变化失之自然，如环顾失控，或专注某一学生或某一部分过久过激，或视线流转忙乱，就会产生副作用；有的学生过分紧张、害怕或者厌烦，也有的学生被盯得太死会感到压抑与不安，还有一些女学生或个性内向的学生会产生逆反心理，越盯越不听话，也还有那些不常被盯着则放任自流，认为不被教师喜欢和看重而产生失落感或者是幸灾乐祸。

第四，运用眼神时还要注意：①要使自己的眼光与学生的眼光对接，否则就实际上无法沟通沟通感情。②要自觉赋予眼神一定的内容，明确用眼神的目的性，如果目的不明，内容不清，就反而会引韦许多不必要的麻烦和误会。③要克服不良的用眼习惯，如老爱眨眼、老爱皱眉头，或者才爱把一只眼半闭着，斜着眼看人说话，让人讨厌。这不能说是因为个人爱好或者风度，而固执己"用"。

3. 要有用来起到教育作用的手势——即指教师在课堂上以配合讲课而用手自然展开姿势的辅助性教学手段。我们不难发现，大家在进行语言交流时，除了用眼神以外，还大量地使用手势。在课堂上，我们虽然不完全造成教师轻易地手舞足蹈，但对打打手势之类的辅助性动作，认为是很自然也是很必要的教学行为。因此，有时候手势并不比眼神逊色，它也在巧妙地教学：或表态、或强调、或补充、或渲染、或指示……一个手势就往往把学生叫醒过来，发出号召，引导到你的教学内容中去，使你的课教得更明确具体，更形象生动，使你的教学语言更富有情感和表现力。但是，运用手势一定要坚持：①目的明确，切不可漫无边际；②恰到好处，既不可死板呆滞，像木偶似的一动也不动，也不可泛滥平庸；③自然清新，即不要模式化或有不良的习惯，尽力体现自己的个性特色，讲求特殊效果。

（4）表情——即面部表情，指脸的各个部位因感情作用而引发的种种动作和状态。这对于教师的课堂教学来说也是十分重要的。因此，凡是成功的教师都很注意用表情来显示自己的教学魅力。假如说脸上无任何表情，学生就难以接近你，你的课讲得再好也是枯燥无味的，因为学生由于你那板着的面孔而全无学习兴趣了。当然，表情不是一种单独行为，而是要与语言、手势、眼神等相结合后产生的整体表现，尤其是喜、怒、哀、恶，更需要上述四者的协同配合才能实现。表情与仪态相比，其不同之处是：仪态是静观的外貌，而表情是动态的行为。

教学姿态，是动作和仪态的综合体，是表情的重要方式。通过一定的姿态进行教学，有助于集中学生注意力，提高学习的理解能力。什么样的教学姿态才会是一种技巧型的教学姿态呢？一是要显得精神抖擞，成竹在胸，有条不紊；二是把目光始终投向学生，并通过眼光的变化使师生感情融为一体；三是在教室里要适当走动，显得轻松、自然，以不分散学生注意力或增加心理压力为宜；四是要落落大方，机智沉着，充满信心，表现出有能力随时应付课堂上可能发生的一切，突然碰到问题时也心不慌不乱，及时妥当地处理；五是力戒一些不文雅、不端庄、不必要的和故意做作的姿态出现。

（二）要美化具有教师职业特色的教学性语言

这里的课堂语言，主要是指教师在课堂教学中从口头直接发出来的有声语言。如何使用好这种语言有不少技巧。因此，作为教学技巧中的课堂语言，必须是规范、清楚、流畅、简约、鲜明、生动和幽默的，富有情感和教育性的，并具有内在的逻辑力量和感染力、吸引力的。课堂语言的分类，按它的形式与功能角度可分为平语、缓语、亮语、激语、沉语、绵语和俏语等七种。追求课堂语言的使用技巧，除了对语音、语义的自身探究以外，还要在声音的运用、停顿的恰当、语调的高低、节奏的快慢和绘声绘色的色彩的显示等方面下功夫。下面将从如何表达语言、如何运用语言、如何发展与创造语言等三个方面分别进行介绍。

1. 如何表达语言

（1）会不会用声，是课堂语言美不美的基础条件。用声的技巧是什么？首先就是发音准确，吐字清楚；其次就是善于控制音量、音高、音速，善于选择重音的位置等等，如果老是高声大气，或者老是低沉轻细，或者拖声拉腔、忽高忽低，或者过快过慢，或者老是一平到底、没有起伏等，都是不会用声的表现，学生听起来也非常讨厌，说它像是"催眠曲"。具体地说，用声时需要注意哪些问题呢？

第一，以情发声，用声传情，以教学内容和感情的实际需要为出发点。就是指说话时哪些该说高，哪些该说低，哪些该说响亮，哪些该说轻细，都要以表情达意为基础。例如，在强调重要的内容观点和表达激动的情绪时，加大音量，提高声调，巧用"激"语；反之，就收小音量，降低音高，巧用"缓"语；在一般性地介绍事物、说明问题时，就把音量变适中、音高变柔和与平稳，巧用"平"语等。

第二，把重音用在关键处，用出神韵来。这里所说的重音，不是语法中对一个词或词组发音的轻重方式（如"我们""他们"等），而是指根据表情达意的需要，有意地突出或调一句话中的某些读音，这些被重读的读音部分，可以是词，是词组，甚至是句子，以引起听者的注意，给予一种启发，或者加深某种印象。例如：3+5=8

3+5=8（是 3 与 5 相加才等于 8）

3+5=8（是加上，而不是减、乘、除）

3+5=8（是 5 与 3 相加才等于 8）

3+5=8（提示：表明 3 加上 5 以后将会出现结果 8 了）

3+5=8（强调结果是 8，而不是其他数字）

第三，保护嗓音，节约声源。教师在使用嗓音时，不要狂喜、暴怒而不加节制地大喊大叫。为保护嗓音平时也不要饮食过量，宜少吃或不吃刺激性强的食物，还不要因其他过量活动而导致精力不足，损害身体，否则，会造成喉肌疲劳，喉音沙哑。因此，讲课开始时声音宜平缓、清亮，然后才使声带慢慢松开，扩大音量，提升音高，并注意声音的起伏变化。如果一味追求大声量、高嗓门来镇服学生，其实是损人害己的蠢办法，学生没有被镇服，反倒自己说话声音越来越小，喉干舌燥，苦恼极了。怎样才能控制好气息呢？首先，深吸一口气；然后，结合言语的实际音量，控制好气门，让其慢慢地平稳地压出来，不要吸一口气只说半句话，因为频繁吸气，就会使喉嗓干燥，声源不足。另外，恰当的姿势可以帮助发音顺畅，恰当的板书也可以减少啰嗦重复的语言发出，恰当地喝水与休息也可以保护嗓音和节约声源。

（2）会不会停顿，也是课堂语言美不美的重要标志。学会停顿的技巧，就会使语意清楚、明确，并能显示出课讲得有条理、有节奏。学会停顿的技巧，就会使学生调整思维，促发思考，加深印象。但是，有些教师并不懂得停顿的作用，更没有学会怎样停顿才使语言表达好的技巧。比如，有的教师讲课过快，每句话之间缺少必要的停顿。每个环节、每个问题之间也没有必要的停顿。讲课的人上气不接下气，听课的人也喘不过气来。有的教师向学生提问，话音还没落下就指定学生站起来回答，其实学生们还没有听清楚是个什么样的问题，也来不及思考和理解它。尤其是语言中的停顿，不仅需要有停顿，而且是要注意停顿恰当，否则产生许多歧义，反而让人更加不好懂。例如："广州市第二中医院"，到底是"广州市 / 第二 / 中医院"，还是"广州市 / 第二中 / 医院"？两种停顿就会产生两种不同的意思。可见停顿失当确实有碍于课堂语言的正确表达。

语言表达中的停顿技巧可分为三类：语法停顿、逻辑停顿和心理停顿。就说语法停顿吧，它是按照句子的语法结构关系来处理停顿的。一般来说，一个句子有"主、谓、宾"三大件，所以，我们也习惯地把一个稍长的句子通常停顿为三大块，也有的是为了突出某部分而在某部分的前面或后面稍停顿一下，还有的是在较长的修饰语（如状语、定语）与中心词之间也停顿一下。另外，在复句中一般是讲求分句间的停顿，在分句里头也有一些小停顿。例如：

A、谁 / 是我们最可爱的人呢？

B、我们的部队，/ 我们的战士，/

C、我感到 / 他们是最可爱的人。

另外，以语法停顿为基础的其他停顿，都要因人、因时、因境、因意的不同而选择运用，不可脱离实际而胡乱地停顿一番。比如，逻辑停顿，既要抓住事物间发展的相对独立环节之间的停顿，又要抓住归纳、演绎两种推理方法中的"分总""总分"之间的停顿。还有生理停顿（如喝水等）、心理停顿（如情感变化之间的停顿等）。

（3）学会沉默，也是表达语言功能的一项技巧。这种沉默，虽然也是停顿，但有区别，一是它比停顿的时间长、空间宽；二是它在一句话或一段话之后才作停顿，不像"停顿"主要是在句子中间体现，而且次数较多，较频繁，而"沉默"则不宜太多、太滥，一定要在关键时刻才突然降低音量，然后停顿下来，形成肃静的气氛，发挥这种"沉默"的技巧作用。

例如：

A、在讲到关键词句或精彩场面时，将声音逐渐放低，像小溪里的流水一般轻轻地流淌出来，慢，再慢，再慢……然后就留下许多沉默的空间，这样越慢就越清晰、越传神，让学生陷入一种对刚才精彩场面的回味、思索、遐想之中，然后爆发出一种共鸣。

B、在提出一个问题以后或者讲完一个重点或难点以后，先略作停顿，再轻声细语地重复一遍刚才所讲的内容，再做一个较长时间的沉默，实际上是叫学生进入思考问题和理解重点、消化难点的思索之中。这种沉默，虽是无声胜有声，是表达语言的最佳境界。

C、在发现学生注意力分散、课堂上有纷乱现象的时候，教师就要将话声戛然而止，形成师生眼光对视、神情严肃的"沉默"氛围，再将对准某些发事部位的眺移向全场，在一段足够时间的"沉默"之后，缓缓地发出由低到高、由慢到快的讲课声。有时候还可以在"沉默"之后结合教学内容，巧妙地说几句批评性的话，但一定要委婉含蓄，不可太多太露，宜"点"到为止。

2. 如何运用语言

（1）要亲切热情——就是指说话有亲切感，不做作，时有激情产生；还要对学生多鼓励、少批评，总是要满怀一腔热情，寄予成功的希望，即使学生答不上题或者做错了事，也要用和蔼可亲与充满信任的语调来鼓励学生。

（2）要词准意切——就是指说话中的措词必须确切明了，绝不含糊；对知识中的问题，更要注意概念准确、判断明确、表达精辟、叙述连贯。

（3）礼貌文雅——就是指使用语言时有礼貌，要提倡"礼貌用语"，反对"忌语"（即粗鲁、低级、庸俗、啰唆、废冗的话）；还要注意使用具有高尚品位和文彩的词语、名句、格言、典故，使学生感到这位老师既谦虚认真，又知识渊博、文雅不俗，以致油然而生敬意，激发向老师学习知识、学习语言的积极性。

（4）生动有趣——就是指在讲话中多用笑话、趣语、幽默语，多用那些出于意外而又在意料之中的且经过修饰的比喻句、排比句、反问句、设问句，多用长短句相间、骈散句相夹的变化丰富的句式等，以此拨动学生的心弦，激起他们学习的兴趣。例如，有两位教师都教《晋祠》这篇课文，甲在开头时说："同学们，今天我们学习一篇说明文《晋祠》，现在请打开书，第52页，这篇文章是写于……"而乙则不同，在开头时这样说："同学们，你喜欢游览祖国的名胜古迹吗？噢，喜欢！那好吧！现在就请同学生们和我一起去游一个特别优美的风景点——晋祠。晋祠在哪里？在山西太原市郊区。不，在我们今天所要学的语文课本第52页，大家快翻开来看吧！"这二者一比较，当然是后者比前者生动有趣得多了。

（5）富有哲理——就是指用一些激发聪明智慧和蕴含分析辩证、思维深刻的人生道理的语句，来帮助学生在学习过程中有所领悟，获得非同一般的知识与能力。

3. 如何发展与创造语言

这里的主要意思是，教师在课堂上说话不要常说一些老掉牙的话，要时刻根据时代的进步与社会的发展而改变自己的说话习惯，丰富语言词汇，提高语言质量。也就是说，本来这样说的话，通过改造和发展，创造出一种新的说法，变成了另外一句话，这样就新颖、别致，富有活力，使学生在一种新的语言环境中常听常新，收到特殊的教学效果。例如：

（1）当学生回答问题的时候，一般人常常说："你错了！""不对！"等等，这也未尝不可，但老是这样说效果不一定好，假如换上一种新的说法，效果会怎么样？请你试一试：

"来，再做一次，让我们都看看你为什么会遇到了麻烦。"

"我知道不容易，不过你会答对的。"

"哎哟，你差点儿全对了，再想下去吧！"

"嗯，还未绝对完美，但已非常非常接近了。"

"这，不太像，但不过……"

"是，是……，就这样下去，肯定会全对的。"

"还让我给你一点小小的提示吗？"

"呵，我还有一个绝招未传给你，难怪……"

"唔，我觉得还有一个方法比这个好，"或"我觉得这个方法（即要出示的）可能比较好些。"

"你还记得我们上次是用什么方法居功的吗？"

"你一定会知道，下一步该怎么了！"

"我们能不能用另外一种方法，请你试试看。"

（2）当学生在课堂上不用心听讲或做错了事如吵架之类，一般人就容易生气、发火，语言也往往就不文雅了："你混账""你笨蛋""滚出去"、"出你娘的丑"等。但是，心平气和地换一种说法，只就事论事，不要随便与学生的人格、家庭甚至隐私联系起来，即使动怒，也只表露其真情，即使要攻击也只能攻击所出事情的本身，而不是学生这个"人"和他以外的"人"。如果改用"我认为不妥""我感到懊恼""我觉得吃惊"等之类的话就会有效，就会避免冲突，增加安全系数。曾经有位教师去上课，发现课堂里乱糟糟的，书本扔了一地，他走上讲台行礼后，说："看到书本扔在地上，我真有点痛心，读书人将书放错了地方。我觉得，书应该是放在课桌上的，我相信你们以后不会再做出这类不是读书人所做的事了。是吗？反对的请举手！"肯定不会还有人回答"反对"，这样，教育效果不就达到了吗？

（三）要优化显示教师智慧的教学性板书

板书，就是指在黑板上写字和绘画。也包括现在流行的"课件"等。作为一种教学性语言，它是无声的；作为一种教学手段，它是直观的；作为一种教学技巧，它是精美的。其实，最终都是一种教学智慧。会不会使用板书，可直接影响到教学效果。会用板书的，就可以使教师讲课明确、简洁，重点突出，思路清楚，引发学生兴趣，活跃课堂气氛；一个不易把握的知识点或问题，一板书便明白易懂；一个音节咬不准的，一板书就不会让学生发生误会；一堂课的内容繁杂纷沓，一板书就脉络清楚，易于理解掌握；一些需要特别强调的重点内容或概念，一板书就会给学生打下烙印；一些抽象的、陌生的新知识或新事例，一板书就被表达得淋漓尽致，收到立竿见影的效果等。这些都是得益于会用板书的技巧。怎样才能学会板书、掌握板书以体现教学智慧呢？

1.要进一步认识与把握板书的特点。据目前的研究资料表明，课堂板书至少有如下五个方面的特点：①目的性，即所板书的内容要体现一定的教学目的，要体现当堂课教学的需要，要体现当堂课的内容特点与学生实际程度；②概括性，即要把繁冗复杂的教学内容高度浓缩在一个相对有限的板书框架里，首先要吃透课本，把握全部内容，然后排选出关键词句，以表现出当堂课的重点、难点及精髓；③条理性。即要清晰、明确地揭示示课本内容内在的结构关系和事理间的逻辑联系，体现教材编写的思想脉络和知识脉络，再确定教学的板书思路，以便于学生记录、记忆和理解；④计划性，即板书内容的主次、先后、详略，板书符号的选用，板书位置的确定，板书时粉笔字的形体、大小、颜色等方面的调配，都要有周密的安排；⑤活泼性，即所采用的板书形式活跃，既美观大方，又新颖别致，能给人以一种美的享受与熏陶。

2. 要科学、全面地掌握课堂板书的基本步骤。

第一步：钻研教材，明确该堂课的板书设计目的；

第二步：抓住教学内容的特点和重点、难点，明确该堂课板书的整体构思与方向，并确定拟出板书的结构与形式；

第三步：先概括拟写相应的词句，来组成板书的基本框架，再挑选或组写有关中心词句，——"喂"进板书的结构之中，一步步地显示教学内容，体现教学重点；

第四步：反馈检查，倒回头审视板书设计是否科学、完整、有用和可操作，不断补充完善与提高。

3. 要根据不同的教学需要而采取不同的板书形式，极力寻求板书的最佳效果。

板书形式，不同的角度有不同的分类，也有不同的教学效果。比如，从发生行为上分，可分成"即兴式"与"预构式"（即兴式，随机板书；预构式，预先设计构成的板书主件）；从内容上分，可分成"问题式、专题式、综合式"等；从结构上分，可分成"并列式、递进式、对比式、演绎式、归纳式和总分总式"等；从形式上分，可分成"文字式、表格式、图解式、图表结合式"等；从功能特征上分，可分成"提纲式、扇形式、辐射式、条幅式、金字塔式、波浪式、流程式、填充式、箭头式"等若干种。一个好的板书，往往是多种形式的综合。现摘录几例如下：

教学板书的类型设计选例

下面教学板书设计的几则实例，均选自秦安兰、袁利的《教学心理学丛书·课堂教学设计》一书（人民教育出版社出版，2011 年 8 月 9 日），以及陕西西安铁一中语文组龚少华老师整理发布的《语文教学板书设计举隅》，足以表明他们在教学板书设计上的无比智慧与匠心。现摘录如下：

1. 提纲式板书：《峨眉道上》

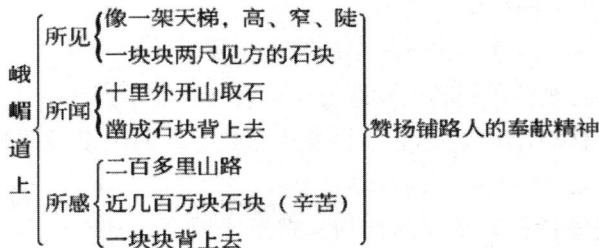

$$
峨嵋道上 \begin{cases}
所见 \begin{cases} 像一架天梯，高、窄、陡 \\ 一块块两尺见方的石块 \end{cases} \\
所闻 \begin{cases} 十里外开山取石 \\ 凿成石块背上去 \end{cases} \quad 赞扬铺路人的奉献精神 \\
所感 \begin{cases} 二百多里山路 \\ 近几百万块石块（辛苦） \\ 一块块背上去 \end{cases}
\end{cases}
$$

2. 表格式板书：《要是你在野外迷了路》

时间	天然指南针	准确的方向
晴天的中午	太阳	树影正指北方
黑夜	北极星	北极星指北方
阴雨天	大树	树叶稀的一面是北方
积雪的冬天	沟渠里的雪	积雪融化得快的是北方

3. 词语式板书：《颐和园》

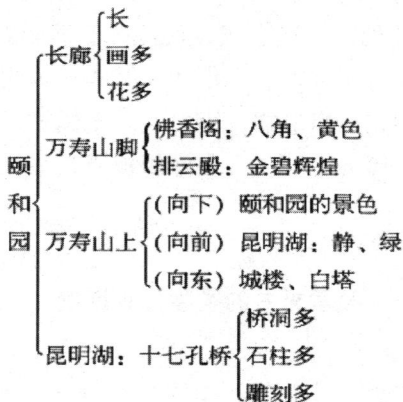

$$
颐和园 \begin{cases}
长廊 \begin{cases} 长 \\ 画多 \\ 花多 \end{cases} \\
万寿山脚 \begin{cases} 佛香阁：八角、黄色 \\ 排云殿：金碧辉煌 \end{cases} \\
万寿山上 \begin{cases} （向下）颐和园的景色 \\ （向前）昆明湖：静、绿 \\ （向东）城楼、白塔 \end{cases} \\
昆明湖：十七孔桥 \begin{cases} 桥洞多 \\ 石柱多 \\ 雕刻多 \end{cases}
\end{cases}
$$

4. 图解式板书：《一分试验田》

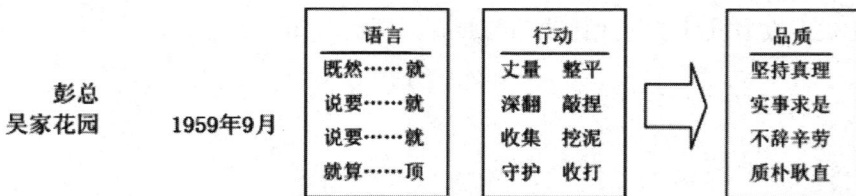

彭总
吴家花园　　1959年9月

语言	行动		品质
既然……就	丈量　整平		坚持真理
说要……就	深翻　敲捏	⇒	实事求是
说要……就	收集　挖泥		不辞辛劳
就算……顶	守护　收打		质朴耿直

5. 对比式板书

（1）《司马光》

别的小朋友（慌）{ 叫 喊 跑   司马光（沉着）{ 举 砸

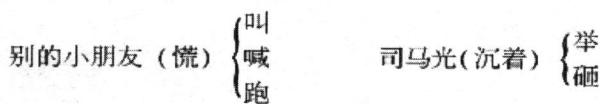

事件：小朋友掉进缸里—缸破—得救

（2）《从百草园到三味书屋》

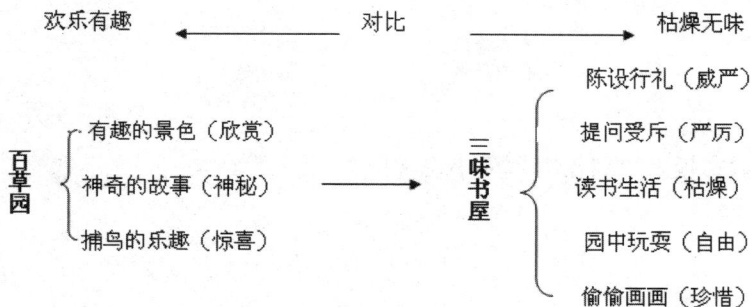

欢乐有趣 ←——— 对比 ———→ 枯燥无味

百草园 { 有趣的景色（欣赏）
神奇的故事（神秘） ——→ 三味书屋 { 陈设行礼（威严）
提问受斥（严厉）
读书生活（枯燥）
园中玩耍（自由）
偷偷画画（珍惜）
捕鸟的乐趣（惊喜）

6. 问题式板书：《群英会蒋干中计》

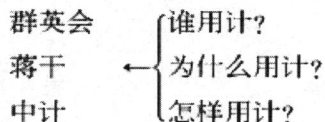

群英会
蒋干 ← { 谁用计？
为什么用计？
怎样用计？
中计

7. 流程式板书：《月光曲》

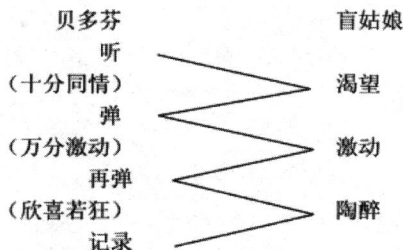

贝多芬   盲姑娘
听
（十分同情）   渴望
弹
（万分激动）   激动
再弹
（欣喜若狂）   陶醉
记录

8.箭头式板书：《行路难》

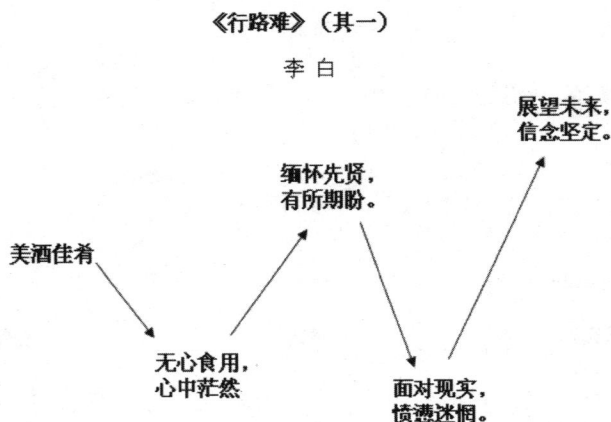

9.辐射式板书：蒲松龄短篇小说《狼》

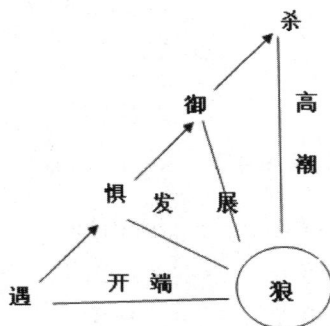

10.图形式板书
（1）《陋室铭》

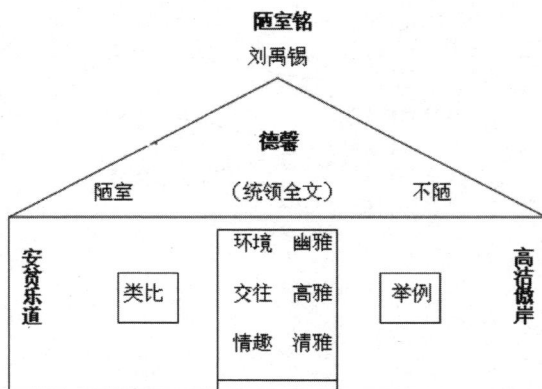

（2）《爱莲说》

（3）《安塞腰鼓》

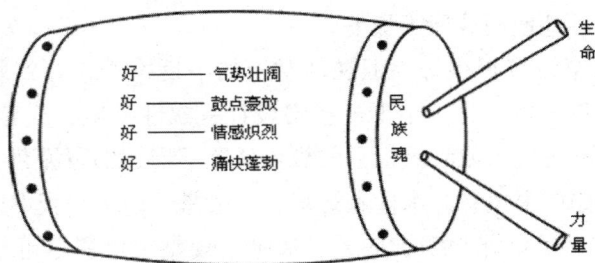

（4）《卖油翁》

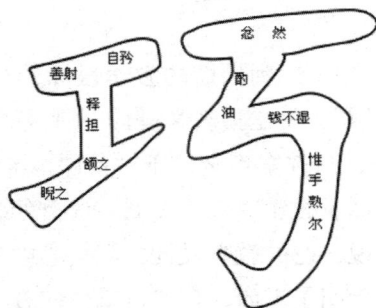

（5）《口技》

说明：以上板书是按事情的发展顺序，循着作者的思路紧扣文章的中心设计的。这样设计，可把作者、教师、学生的思路融为一体，脉络清楚，一目了然，既便于教师析解课文，又利于学生领悟文章的内容，从中学习按事情的发展顺序记叙事情的方法。

4. 要科学巧妙地使用或展示板书

有些人的板书设计得很好，但在课堂上的不良操作，导致效果欠佳，并未能发挥相应的作用。如：把一节课的板书设计一次性抛出，或者上完课才补出，或者说话与板书不对接，或者黑板上的板书位置不当、书写潦草、颜色过于复杂等。看来如何用如板书也有艺术性和智慧。一般是：内容与板书同步展开，讲与写同步进行；板书尽可能简明、摘要、清晰、规整；色彩尽可搭配恰当、不花梢、不影响内容展示等。

二、让教学设计再多点"智慧素"

课堂教学设计，是指为了达到预期的教学目标，对教学活动进行系统的规划。我们平时所论的"备课"，就是指教学设计；所说的"教案"，也就是一种教学设计的书面结果。但是，写教案不全等于"备课"或"教学设计"。教学设计的水平高低，直接影响着课堂教学效果的高低，优秀的教学设计，也同样倾注着教师的教学智慧。也就是说，好的教学设计，就会心中有数，课前有谱，为成功的课堂教学提供了条件，指明了方向，自然也就会使教学成功了一半。怎样才能获得这种优秀教学设计呢？

（一）要带着思想和创新理念进行教学设计

教学设计，不仅是一种教学技术，而且是体现教师整体专业水平、教学理念、教学智慧和方法技能的综合性行为。一份好的教学设计，无不体现着教师的思想、设计理念和智慧。设计，本身就是一种创造，就是对教材的灵活处理与教学过程的科学安排，比如：教什么、教多少、先教还是后教，教到什么程度，教的速度怎样，问题怎样设计、怎样启发学生思维、怎样激发兴趣、怎样让学生既学会又会学还轻松等。

教学设计的智慧素，主要是体现在"有个性化的创意设计"，不搞重复的简单再现式设计，即在集体备课的基础上注重个人的二次备课，再创性设计。

（二）教学设计的四大智慧

1.教学目标的精准设立

教学目标的确定，要在充分分析教材内容和教学对象以及教学条件的基础上，把握课堂标准在本年级、本册教材和当堂课中的具体要求，把握本堂课的基础知识、基本技能的要求，以及思想教育和学科素养发展的要求。

编写教学目标要坚持目标的完整性即"认知——行为——情感"等三位一体，还要坚持目标的系统性即"方向性目标"和"行为性目标"两结合。方向性，即宏观性的基本教学目标，虽然不能直接出现在每一堂课之中，但它比较综合、全面，有导向性，指导着每一堂课的教学目标的制定；它一般在学年目标、学期目标或一定学段目标中得以体现；行为性，也叫实践操作性，微观性，可供在每一堂课中操作、实施的具体教学目标。另外，编写教学目标时要注意准确表述各种目标的不同要求与程度，如："记住、熟记、背诵、默写"等是对"识记"的不同要求；"了解、理解、掌握、知道、懂理"又是对"理解"的不同区别等。

2.教学内容的精当处理

一定要围绕本堂课的教学目标来确定和组织本堂课的教学内容。怎样确定和组织好教学内容呢？（1）要注意掌握好本堂课内容的容量、深度、广度以及分布，并注意由知识内容转化为能力培训的程度和着力点；（2）抓住能体现教学目标的主要内容及重点、难点，进行教学时间、精力与容量上的统筹安排，要以主要内容带动次要内容，以抓关键（重点）带一般，以破难点为手段等；（3）在教材的细微处千方百计寻找问题，并将一个个问题精心设计为一个个有层次性的"问题链"，以作为教学内容的组织结构。

3.教学方法和手段的精确选用

这里要注意三点：（1）教学方法和教学手段是受一定的教学目标与教学内容所制约的，因此，所选择的教学方法与手段都要跟相应的教学目标与内容相结合，才有针对性；（2）在采用教学方法和手段时，要坚持以一种为主，多种结合，将多种教学方法和手段互相渗透、互为补充，形成最优性；（3）所采用的教学方法与手段，一定是教师十分熟悉的、学生能接受的，也是当时当堂课的教学条件与环境所能保证实现的，一句话，就是要有可行性。

4. 教学形式与顺序的精巧展开

不同的学科和不同的课型，有不同的课堂形式结构。就是不同基础的学生和不同性格特征的教师，也同样会需要不同的课堂教学模式。尽管目前所出现的教学新形式越来越多，但都必须符合下面三条才是最优秀的：（1）体现学生是课堂学习的主人；（2）有利于学生充分地动脑、动口动手积极参与学习；（3）促使学生生动、活泼地学习。

此外，课堂教学设计还包括布置作业与课外辅导、课外活动的安排等。这些也同样需要教师有智慧地为做出有创意的安排与策划，体现其科学性、合理性和可行性。

组织教学：更能让人受用的还是教学智慧

组织教学，是一项复杂的需要有高度技艺技巧的教学管理活动。它主要是将教学设计，付诸教学实践活动的关键部位，它也同样需要都是有智慧地开展，即通过教师的组织才能和教育机智来实现。

一、用超常的智慧教学常规

1. 要巧妙地抓住"第一"或"开头"。

教师每接手教一个新班，每个学期任教的第一堂新课，每堂课的第一个环节，往往要特别注意加强组织教学的管理工作，以建立必要的课堂教学常规为中心契机，培养学生良好的学习习惯和学习上的自控、自律能力。这就叫做形成"第一印象"。实践证明，凡事每一印象给人的影响与引领显得十分重要。这就是一种"智慧"性组织教学。

要清楚地向学生讲述在课堂上的基本要求，包括起坐行走、说话、敬礼和学习准备事项等。比如，教师走进教室上课，学生必须起立致敬，而且要求姿势端正、全场肃静。师生对视以后，教师方可还礼，让学生坐下。同时，教师所喊的一声"上课"，一定要特别响亮有力，庄重严肃，切切不可漫不经心或有气无力，也不能不管学生站不站好就随随便便地叫他们坐下去；对一时注意力尚未集中的学生或一时闹哄哄的课堂，则要采取特别提醒的办法，如敲一下讲桌，或指定一名学生发起带领全班学生齐唱歌曲、或朗朗诗文，或要求全班学生齐喊某句有鼓动性作用的口号等。

2. 树立"常规"要"常"抓的意识，重头还要顾尾。

建立课堂教学常规，注意抓"头"是技巧，但是抓"尾"，抓"中间"也很重要，也有智慧与技巧。抓尾，就要注意克服前紧后松的学习现象，就要在结尾时再回顾教学常规是否落实，总结学习任务是否完成，检查学习习惯是否形成。抓中间，就是在课堂教学过程中每一个环节与步骤的展开之中，都要渗透一些学习常规的内容，与本堂课的知识学习结合起来，使学生易于接受，并渐渐形成习惯。

二、用创新的智慧提升课堂领导力

1. 创建"一年早知道"管理机制

展开学习目标与要求，让学生对学习结果"早知道"，以激励学生学习的积极性和主动参与性，做好学习的有关准备。

老师开始上课，除了必要的常规训练以培养学习习惯以外，还要注意马上转入向学生说明教学的内容、意义和目标要求等，这是组织课堂教学的积极手段。实践证明，只有当学生明确了学习目标、知道了学习的预期结果之后，也才能使他们产生实现学习目标的需要（即动机）。而满足需要的渴望，能使学生对学习产生浓厚的兴趣和强烈的责任感，进而变成学习的一种推动力。学生对学习目标明确得越早、越清楚、越深刻，其学习兴趣也就虎巩固，也就越有效地利于教师组织好课堂教学工作，提高教学的主动性和实效性。

我是多年运用"早知道法"开头，以激发学生兴趣，强化学生主动自觉学习的意识。"早知道"，是指教学计划、目的、要求与内容的"一年早知道""一期早知道""一册书早知道"和"一个单元、一堂课早知道"，就是说上课一开始，教师通过教"序言"、教"说明"、教"目录"等形式为契机，向学生进行教学计划上的总"预告"，包括教学的内容、要求与讲课的时间安排与方法，并告诉他们与学习这些知识的关系如何等，让学生心中有底，学有劲头，从而使他们产生由"要我学"变为"我要学、我想学"的主动自觉精神。

2. 创设"常学常新"的课堂教学情境

创设有利于学生集中注意力，保持正常心理状态的课堂学习情境，使组织课堂教学落到实处。

课堂学习环境的创设，一定要坚持自然环境与人文环境相结合。（1）自然环境方面，要求教室的布置大方、得体，不要太鲜艳、太花样，要尽力与学生的年龄、心理特征相协调，与他们当时的知识层次、阅历相结合。如果能建立与具体的学科知识和课外活动内容相配套的"特色教室"（即"特色课堂"）就更好。（2）人文环境方面：一是要处理好师生之间、学生之间的关系，建立一种团结、紧张、严肃、活泼的和谐气氛，既竞争又合作；二是教师要树立良好的职业道德，养成高尚的心理品质，不论高兴时还是不顺心时都不能情绪反常，过喜过悲，一定要理智地自我控制情感，不要高兴时就在课堂上大开"新闻发布会"，烦恼时就把学生当"出气筒"，要不然，学生就无所适从，到底是跟着您欢喜还是烦恼？你的"新闻"与"出气"到底与他们学习有何关系？因此，教师在上课前最好照照镜子，调理仪态，看看教案，喝喝开水，或哼一哼小调、听一段音乐，积蓄精神，平定情绪，以不慌不忙、从容自信的神态出现在课堂上，给学生以一种振奋、必胜的印象，从而带动学生创造良好心态进入学习。

3. 创立"绿"色课堂生态

坚持劳逸结合，张弛有度，千方百计地保护好学生的学习积极性，使他们始终保持旺盛的学习精力，保证课堂教学井井有条地顺利进行。

由于积极和谐的课堂学习环境，激发了学生的学习热情，这样较长期地延续下去，又会出现另一种现象：学生学着学着，反而兴趣渐渐降低了，注意力也分散了，再接着就是疲劳厌倦，最后竟学不下去了。我们特称之为生理与心理上的"学习病态"。因为心理学研究成果表明，少年儿童聚精会神地集中注意的时间，7—10岁时平均为20分钟，10—12岁时平均为25分钟，12—15岁时平均为30分钟。年龄越小，注意力越不易稳定。所以学生的学习热情不可能较长期地保持下去。为了克服这种"学习病态"，我们就要学会适时变换教学方法与手段，改变一下环境气氛，让学生有劳有逸，忙中偷"闲"，恢复体力和精力，再投入紧张有序的学习。有人总结说"学就学得认真，玩就玩得痛快"也就是这个道理。比如，当一些"好动"的学生在学习一段时间以后稍有挪动身子、做些小动作时，只要不影响学习，也就不要太过分强求一律，稍微提醒一下即可，如果发展到有较多的学生做小动作了，就索性停下课来让大家活动一下，或穿插一个小游戏、讲一个小故事，以减少疲劳，驱除紧张感，再集中学生的注意力。这样虽"玩"去了几分钟，但效果会好几倍。另外，上课不要"拖堂"，学生是最讨厌"拖堂"的，下课铃声一响，学生注意力就分散了，他们早就把心思转向了走廊、操场和卫生间，所以你不必再辛辛苦苦地讲课，那样是费力不得好的。

4. 创造有效的课堂教学控制技巧

加强课堂教学控制，最大限度地发展学生的智能，推动课堂教学组织的科学化、高效化。

从信息和控制理论的角度来看，知识就是一种信息，教师与学生的相互关系，则是控制论中常见的"闭环控制"关系。控制，并不等于限制，而是一种科学的思维与方法。课堂教学控制，就在于教师全面控制学生的学习情况，最大限度地发展学生的思维空间和智能领域。许多成功的教学经验表明：任何过高或过低的教学目标与要求，任何抽象艰深或贫乏、枯燥无味的教学内容及教学方法等，都会使学生产生畏难情绪或无所谓情绪，给学生带来"吃不下"或"吃不饱"的学习困苦。所以，教师一定要强化课堂教学的控制意识与行为，特别在知识上、思维上、操作上加强控制。

（1）知识的控制。主要包括知识数量的控制、知识难度的控制和知识传输速度的控制。学会控制，首先就要学会精讲。即：要求加强知识浓度与密度，并不要求在时间上讲得久，在数量上讲得多，而是要集中于知识的重点和关键，着力抓住中心内容，有助于知识迁移转化为技能。有的教师在一堂课里并不讲得太多，20分钟左右就够了，但句句讲在点子上，效果很好，其原因是善于控制与精讲。学会控制，还要学会处理难度。一是要把握知识难度控制的基本准则，即知识的难度略高于学生的认识水平，知识教学才具有意义，才产生力量，这是现代心理学研究成果所证明了的。有了这种控制准则，教师就不会因过分迁就学生和造就自己而放低教学目标与要求；二是要采取多种方法，尽力稀释知识难度，化解知识深度，使学生感到接受知识是一个既紧张辛苦却又轻松愉快的劳动过程，从而增强学习的自控力和创造力。学会控制，还要学会对知识传输速度的控制。最理想的控制是教师传输知识的速度与学生接受知识的速度同步。要做到这一点，就必须及时从学生那里获得反馈信息，来调节传输速度。及时反馈的方式就是提问、练习、测试以及调查、讨论、征答等。

（2）思维的控制。青少年学生由于思维活跃，往往不够自觉，也缺乏规律性，因此要加以控制，并结合培育和训练，才能达到锻炼思维、发展思维的目的。

控制思维，首先就要设置一个思维的"最近发展区"，这个"最近发展区"要比学生的现有思维水平略为超前，因此，教师对学生思维的控制，应该使学生处于思维的"最近发展区"之中，促使学生的思维向更高的层次发展。由于思维有一种不自觉性特点，所以要控制思维，教师就必须事先设计好各种有利于发展学生思维的问题情境，还必须探索将学生思维导入问题情境的途径和方法。例如：是顺向思维还是逆向思维，是求同思维还是求异思维，是抽象思维还是形象思维等。我们并不是要想否认其中哪一种，而只是根据当时的人和事以及具体情景来选定，最好是多种思维方法相交叉地结合进行。不论怎样思维，都一定要坚持有合理的"思"路，切不可胡思乱想。

（3）行为的控制。这里是指教学过程中的行为操作上的控制，即不断变换、调整教学行为对学生刺激的不同角度与程度的动态性控制，这样就能把学生始终置于一种学习欲望强烈、学习兴趣高涨、学习效率提高的动态管理之中。这里，人们运用最为成功的控制方法与技巧就是制造悬念和组织讨论。制造悬念，就可以设置提出问题的"特定情境"，让学生学有情趣，在解除一个个"神秘"中获取知识；组织讨论，就可以设置解决问题的"特定情境"，让学生既获得学习结果，又掌握了获得结果的过程与方法，还得到了学习中讨论行为的能力的锻炼。

三、用特别的智慧处理课堂教学的问题

1. 要掌握处理课堂纪律问题的特殊智慧。

伦敦大学教育专家们就如何处理课堂纪律问题所提高的八条建议，实际上就是我们处理课堂纪律问题的特殊智慧。

（1）将问题苗子消灭在萌芽状态，防患于未然。对正准备恶作剧的学生，可以通过警告加以制止。

（2）经常注意课堂中的小群体动态，如发现有已经在结伴闹事的人，要立即找出领头的，并马上分散原有群体结构，如改变学生座位布局及有关活动小组等。

（3）事后，主动找学生谈话，帮助违纪学生分析原因，认清危害，限期改正，尤其对那些"老犯毛病""犯老毛病"的特殊学生则更应采取综合治理与强化训练的措施。

（4）对学生提出一时难以证实的借口，如头晕等，又没有发现相关的其他苗头，可暂且相信他们，可准其在课堂上或离开教室休息。

（5）对潜伏的危险局面，可以用开玩笑的方式加以缓解。

（6）注意控制自己的情绪，不要个人感情用事，以免作出过分激烈的反应。

（7）如果非得采取强硬措施不可的，则应根据自己的职责，将其控制在一定范围内，不要轻率地将事态扩大。

2. 要学会对课堂偶发事件的"妙"处理智慧。

偶发事件，就是指对干扰课堂教学而偶然发生的非正常性事件，它不一定

全是纪律问题，更多的是由课堂内外各种综合因素给课堂教学的顺利进行所带来的干扰。如果对此不及时地巧妙地进行处理，其危害性不小。下面的三种处理措施都会有一定的实效性。

（1）"静"处理。偶发事件一出现，课堂上往往是闹哄哄的，所以必须采取"以静止闹"的办法，以达到较好的处理效果。比如，学生们正在聚精会神地听课时，教室外面突然响起了吆喝声或锣鼓声，或者从室外闪进一个陌生的人影，这种意想不到的强烈刺激使学生的注意马上发生了"位移"，使课堂"闹"成一片。这时候，有经验的教师将立即停止讲课，这种突然停课的现象又变成一种偶发性，反使学生受到了一种"静"的突然刺激，结果在一片"静"中使学生醒悟过来，又集中注意力，投入了下阶段的学习。有的教师这时候还故意问一句："同学们，刚才我们学到哪里了？"以此来引起学生的追忆，激活学生的思维，重新进入奋发的学习状态。

（2）"冷"处理。当偶发事件发生以后，有的教师并不急于去训斥学生，也不去评价当时所发生的偶发事件，而是好像无事一样地让它"冷却"下去，仍然兴致勃勃地讲他的课，不过总会巧妙地结合讲课内容，把刚才发生过的偶发事件联系起来，和盘托出自己的看法和处理意见，使学生在潜移默化中不知不觉地接受了教育，认识了偶发事件的性质，并产生了主动克服缺点、消除干扰影响的新行为。有些教师做得更巧妙，结合教学内容向刚才发生过偶发事件中的当事者提问，要他在回答问题的过程中认识错误和恢复集中听课的注意力。这些做法，既和风细雨圆满解决了偶发事件，又体现了教师的聪明智慧，普遍赢得了学生的崇敬和佩服。

（3）"热"处理。就是在偶发事件发生以后，有的教师避开矛盾冲突的锋芒，不搞"硬对硬"，当即用"软对硬"的办法进行"热处理"：倾其满腔热情、操尽一片热心，用招呼呼的话语感化学生，用理解、尊重，合作的真情使学生受到感动，许诺盲动。这样，再调皮捣蛋的学生也不会乱动了。实践证明这种"软教热育法"效果十分好。下面就是一个生动的例子。

某中学杨老师给初中某班上第一堂课时，一向调皮捣蛋的李某某同学突然站起来发表声明说："杨老师……我落后生李某某借贵班一块宝地，落脚谋生，还希望你今后多多照应。"另几个后进生也呼应道："好说，好说。"顿时，课堂哄然大笑。这时候，杨老师既不发火，也不震惊，不慌不忙地一转念之后，语重心长地说："我知道，你李某某同学在小学是三好学生，脑子反应快，很聪明，如果把这股聪明劲用在学习上，是会很快进步的。"然后又深情地说道："在前进的道路上，人总是有犯错误的时候，我就犯过不少错误，何况你们青少年？问题是如何对待错误。我对每位同学都是向前看的，过去落后，现在变好了，就是进步，就应该受表扬。后进只是相对的，后进是可以改变的。李某某同学认为自己是落后生，但只要努力改正缺点，是可以赶上先进的，这对于每一个同学都是一样。"这一番情真意切的热心话语，无不打动了全体学生的心，特别是温暖了那几位后进生饱受创伤的心，一时混乱的教室变得鸦雀无声了。这就是"热"处理技巧的效果。

四、全程动态生成：让你的教学智慧发挥大效益

课堂教学过程的展开，主要是指在一堂里如何开头，如何结尾，如何过渡照应，如何进行课堂提问等方面的教学技术行为。一句话，就是上课的具体智慧。

1. 用巧妙的开场白去拉开课堂教学过程的序幕——开头要讲究技巧。

（1）用静待法开头，以集中学生的注意力。教师在开始讲课能前，要花几分钟时间让学生定下心来，静待着新课的传授。如果没有这一步，一开始就讲新知识，可能会使学生因注意力不集中而产生遗漏。

（2）用闲谈法开头，以消除学生的紧张心态。尤其是接教新班新学生更要这样。有一位新老师上课了，他这样微笑着开了腔："昨天我在车上，没座。有一个就像你们这么大的孩子见了我说：'喂，老头儿，你坐吧！'我虽然笑了笑坐下，可心里挺别扭。这小家伙，说他没礼貌吧，他还能给人让座；说他有礼貌吧，可张口就是老头老头。我也是有姓有名的人，你不认识，也应该用一个客气点的称呼嘛！对了，我就姓李，十八子李，你们就叫我李老师好了，咱们上课不要拘束。"闲谈的方法技巧还有很多，有的是讲一句笑话，有的是组织学生齐呼几声口号，有的是让学生举行"课前两分钟讲演"等，这些虽然有时与本堂课学习没有直接联系，但多半是为本堂课打下了思想上、方法上或知识上的基础。

（3）用温故法开头，以启开学生听课的思路。这也叫"复习旧课，导入新课"。因为科学知识是系统连贯的，新知识是在旧知识的基础上发展起来的。通过对旧课的温故，才会帮助学生对新知识的学习启开思路。"温故而知新"就是这个道理。

（4）用悬念法开头，以引发学生听课的兴趣。有经验的教师都会重视在开头时巧设悬念，让学生带着问题，兴致勃勃地去听课。例如，有一位小学教师教"三角形的认识"一节课。他先用课前备好的两根木条，把它们各自的一端钉

在一起，可以张开、合拢，拨成各种角，如锐角、直角和钝角等。紧接着他又添上一根木条，让学生注意他慢慢地把口封闭，构成三角形，然后问学生；"这是什么形状？"学生齐声说："三角形！"接着他又问："什么样的图形叫做三角形？"有学生答道："有三条线的图形叫三角形"。也有学生答道："有三个角的图形叫三角形"。针对这两种答案，老师在黑板上绘出了这些图形。而后指着图形叫学生回答是不是三角形，学生看了图形都笑了，明白了刚才自己的答案不对，于是又有学生举手回答："三条边连接起来围成的图形叫做三角形。"老师说："对！我们今天就来学习三角形。"

当然，开头的方法与技巧，还远远不止于这些。这里仅是从几个不同的角度，提供了一堂成功的课堂教学如何开头的实例与思路，还有许多更好的开头技巧，掌握在第一线老师手中。

2.用精彩的结束语为课堂教学过程的尾声画一个圆满的句号——结尾同样要讲究技巧。这里要追求的是一种"课教完，学犹在""结而不尾，尾有余韵"的高境界。而这种"高境界"的结尾技巧又该怎样掌握呢？

（1）归纳式结尾。即引导学生以准确简练的语言对所教内容进行总结归纳，并概括出本堂课的知识重点与学习后的体会等。

（2）自然式结尾。即把教学内容一讲完就戛然而止，不拖泥带水，干脆利落。

（3）自然式结尾。即与本堂课开头语中的某些部分内容相呼应，或回答在开头语中所提出的问题，或圆结开头语中所造成的悬念，或莱阳证开头语中所提出的观点，或对开头语中所提出的教学的目标、要求与方法加以深化、升华或者强调与重申。

（4）发散式结尾。即在本堂课教学内容快要结束时，又"节外生枝，借题发挥"，提出一些与本堂课内容相关的新问题来组织讨论，让学生再一次爆发创造性思维的火花。这种结尾又称"扬新式"结尾。

（5）迁移式结尾。与"发散式"不同，它是通过对教学内容的总结归纳以后，再拿出与之相关、相仿的训练材料（如练习题等），让学生举一反三，在通过对新练习（这类练习一般有点难度）的学习中巩固所学知识，并促进知识的能力转化。

（6）问题式结尾。即在教学结束时故意留下或者重新挖掘出一两个疑难问题，让学生思考与解答。有的是只提问题，不给任何提示；有的是只抛出若干有对有错的答案，要求学生从中发现问题，辨析正误，进一步提高分析判断能力。这又叫"存疑式"结尾或"发现式"结尾。

3.用富有启发性的提问来促进与贯通整个课堂教学过程的顺利进行，即如何从开头走向结尾的过渡照应——课堂提问的技巧。课堂提问是一条绳，串起整个课堂教学的全过程，从开头直至结尾；课堂提问又是一把锄，挖掘知识中的每一个重点、难点；课堂提问又是一座桥梁，既沟通师生之间教与学的关系，又使知识变为能力、"高原"（疑惑）变为"坦途"（即解疑释惑）。下面所提出的课堂提问的"四环节""五原则"和"四排障"便是许许多多教师经常用到的技巧。

（1）课堂提问的"四环节"

①备问——就是在备课时或课堂上即兴提问之前，一定要认真思考，做好充分准备。要首先"问住"自己：这是一个什么样的问题，值不值得提问，学生答不答得出来，用什么方式提问，提问后课堂上会出现什么情况，自己怎样应付，万一学生答不对，自己又将如何收场，等等。

②发问——就是向学生正式提出问题的实际操作过程。这里又分三步：第一步，用简练明确的语言和富有希望感的语态，把问题以及答问的要求提出来；第二步，提问后一定要稍停片刻，不要求学生立即回答，要想方设法为学生创造一个思考问题、组织语言的时间和空间条件；第三步，指定学生回答，教师可再一次交代回答问题的要求，并对被指定的学生满怀亲切与信任的眼光。

③答问——就是学生根据教师所提的问题进行回答。这里一是要求根据自己的思考认真作答，尽力答圆满，答准确，并要注意答问时的语言要简练、清晰，声音嘹亮，答问时姿势端正，有礼貌，不紧张，不拘谨；二是要求教师要认真倾听学生作答，不要分散注意力，不到学生答不上而确非需要提示时，不要随便打断学生的答问，更不能在学生还没答完时就武断地妄加评论、判断，更不能用讽刺挖苦或"罚站"的方式来处理答不对的学生。

④理问——就是在学生回答问题后所要做出的有关处理工作。这里包括：A、根据自己的教学进度并征得学生本人的同意，改叫另一名学生回答问题，尽力不要为难学生；B、对学生所答要及时地作出评判与分析，并提出正确作答的思路与方法，还要注意及时让学生回坐到座位上，不能一时谈兴发作而忘记了还在站着的学生。

（2）课堂提问的"五原则"

①全局性——即提出问题要面向全体学生，要使全体学生通过思考后都能答问，或通过提问与作答后都能受益。特别要注意别让少数尖子生独霸回答问题的课堂。

②针对性——即提出问题要紧紧围绕本堂课的教学目标、要求和教学内容，要充分体现本堂课内容中的重点、难点，要符合当时学生的学习实际水平和接受能力，一句话就是要抓住关键、切中要害。

③层次性——即提出问题要有深有浅、有点有面、有易有难，且形成循序渐进的"问题链"，一环扣一环地由浅入深、由点到面、由易到难、由单一到复杂综合，并且包括根据学生中的不同程度而设计不同层次的问题，让不同层面的学生都能在回答问题中得到锻炼与提高。

④启发性——即提出的问题不论深浅难易，都应该是富于思考性的，都是能启发学生通过思考获得有价值的知识和增长智慧的。同时，启发性还体现在对所提问题的方式方法是启发性的，即引导学生不断探究问题，在探究中现地发现问题与分析问题。此外，启发性还规定了所提出的问题一定要有价值，有份量，不能太"白"、太"俗"、太"滥"了。如有正经教师动不动就提"这是什么？""是不是？""懂不懂？"等近乎"口头禅"之类的毫无思考价值和知识意义的问题。可以说，这是染上一种有事无事总爱来个"什么"之类的"提问恶习"。

⑤趣味性——即所提出的问题和提问的方式方法，一定要有情有趣，有血有肉，不是干瘪瘪的可怕的，要让学生乐意回答你提的问题，在回答你提问时不感到是痛苦、是受罪，而是一种美的享受，是一种能充分展示自己聪明才智的好机会，从而提高学习积极性。趣味性，还体现在所提的问题有一定的哲理性、时代性和幽默感，生活气息浓厚，能与身边的人和事联系起来，倍感亲切自然。

（3）课堂提问的"四排障"

有不少教师，尤其是缺乏教学经验的教师，虽然懂得了课堂提问的一般步骤与原则以后，却还仍然不能在课堂提问中操作自如，尤其是当学生回答问题时不愿回答、不知道如何回答和答得不够全面、深刻、正确甚至答非所问、错得可笑而弄得学生很尴尬时，老师也大为恼火，甚至也很尴尬。这种"障碍"如果不及时排除，就会使教学步骤被打乱，教学进度受影响，教学过程也就难以顺利正常地发展下去。怎么办？这里介绍四种排障技巧。

①接通思路——有些学生答不出或答不对，甚至茫然无知，其实并不是他们没有学会而是没有找到回答这类问题的方向、路线和"入题口"。遇到这种情况，教师应立即指给思考的方向与路线，接通学生的思路，并指导学生以后要注意用心听讲，及时跟上老师所提问题的思路和方法，及时理解消化当时所学的知识内容，这样就会慢慢地适应，很快地找到思路的"接口处"。

②拨正思路——有些学生答得不够正确或者答到相反方面去了，这主要是对提问的要求与内容理解不准，思路偏离了方向。遇到这种情况，教师应该帮助学生及时拨正思路，指导学生再一次认真"审"题，弄清题目要求回答的是什么，用什么方法去回答才正确。思路对头了，也就流畅了，答案也自然正确了。

③深拓思路——有些学生对问题的回答虽然也不错，但欠深刻，缺乏独立见解，或者空洞浮泛，这主要是对问题的理解只浮于文字的表面或浅尝辄止，疏于深探细究。有一个小学教师问学生："你们读了这篇课文以后，受到了什么样的教育？"

④广开思路——有些学生对问题答得不全面，不完整，主要是思路不开阔。遇到这种情况，教师应该加强广开思路的指导。广开思路，就是教学生思考问题时要多找几个立足点，多找几个侧面、几个角度，正面思考了再从反面思考，顺向思考了再逆向思考等，这样就会使学生对问题理解全面，答得准确而完整。

教学创造：让教学智慧大展神威

课堂教学效率的提高，除了熟悉常规、掌握基础性的技巧以外，还应在改善师生关系、突出教学重点、突破教学难点、调整教学节奏等发展性智慧上下功夫。

一、重塑新型的师生关系，创造良好的课堂教学气氛

课堂气氛，也受班集体人际关系状况的制约。班集体的人际关系主要是师生之间的关系和学生之间的关系。师生关系融洽，教师热爱和信任学生，学生尊重和敬仰教师，往往导致积极、健康、活跃的课堂气氛；学生之间团结、友爱，才会在课堂上互相尊重、体谅、友善和公平竞争。这里特别强调教师的以身作则和主导作用：

1. 要对每一个学生都洒向爱。即使处罚犯了过错的学生，也仍然要爱他，因为厌恶的是他所干的错事，而不是他这个人，千万不要在你认为他值得爱的时候才去爱他，要在他不被人看重而痛苦时去爱他，这种爱才会产生力量与价值，也才有教育的功能。

2. 要给每一个学生以充分的信任。即使再忙，也要用心听取学生对你说的话，千万不要边走边听，不要边听又边和别人打招呼，这样学生才会真正认为你是信任他的，他才会彻底地跟着你，向你学习。信任学生，还要不欺骗他们，尤其是学生向你请教问题时，一定要认真思考后才回答，一时拿不准的宁愿说"还

不懂得",也不可胡乱地哄骗他们。

3. 要给每一个学生都送去温暖。即使是骂过你、得罪过你的学生,也要送去一份同样的温情,让他在内疚与痛悔中向你起来,以至真正成为你的学生。要想尽一切办法,挖掘和寻找一切积极因素去赞美他们,鼓励他们,使他们感到能成为你的学生是一种荣幸,是一种骄傲,与你走到一起是一种缘分。这样,你的课堂教学便有了成功的基础。

4. 要给每一个学生获得成功的机会。即使所面对的学生是个毫无作为的人,也要认为他是个有价值的人,有出息的人,帮助他去发现他自己的积极因素、个性特长和才能,寻找能获得成功的"突破口",即创造各种机会让每一个学生都能参与班内、校内的一切活动,锻炼自己,提高自己。不要认为他们是无药可救的孩子,那样将会使他们更加自暴自弃。当他们完成一件作品时,就要鼓励和表扬他们,虽然不是"好"作品,但却是他们自己劳动后的作品,得到了肯定与鼓励,会更加激起他们学习的积极性,更加珍惜未来的学习机会。

二、重建核心素养的教学理念,提升课堂教学品质

1. 核心素养培育在于突出重点知识

突出重点,就是抓关键、抓中心,就是分清主次,以主带次,通过对重点问题的解决,使其他问题都随之迎刃而解。这样坚持下去,当然会促进教学效率的大大提高。

突出重点,首先就要懂得什么是重点,怎样确定教学重点。这对于一般教师来说还不是很难的,但怎样突出重点,并为产生教学效果服务,则不是一件容易的事了,必须掌握一些特殊的方法。

(1)要及时交代重点问题并指出其意义,引起学生重视。学生知道了重点,就会更加努力学习。

(2)讲重点问题时,要调动一切手段与方法,把"重点"讲深讲透,使学生饱含兴趣地积极思考,使重点问题落到实处。

(3)对重点问题要重点讲、重点练,做必要的巩固性强化练习。

(4)对重点问题要带着感情讲,带着兴趣讲,讲到关键的时候,要提高嗓音,加重语气,吐字清晰,有时还可反复强调,以加深对重点知识的理解。

(5)在突出重点时还要带动一般,带动了一般,实际上也是突出了重点。带动一般,就是在突出重点的同时不能忽略一般知识。有些略讲;有些与重点结合,渗透于重点之中讲。

2. 核心素养培育还在于突破难点知识

突破难点，比突出重点更难，因为"难点"的含义比较广阔和活跃，因此所采取的办法也必须更具有技巧性。要突破难点，首先要研究分析难点，要弄清楚学生为什么会感到难，难的焦点在哪里；然后根据难点问题之所在，有针对性地去解决难点。下面将从难点的形成与突破办法等两个方面进行探讨。

（1）由于知识抽象而造成的难点——要多联系学生所熟悉的实际事物，用活生生的实例来讲解抽象的东西，或以形象的比喻方法，在一定形象基础上加以类推突破；运用板书、挂图、电化教学手段等直观教具进行讲解，化抽象为具体；组织学生参观或通过现场教学，在实际体验中理解其抽象知识。

（2）由于缺乏基础知识而造成的难点——要求从获得新知识的目的出发，但又立足于必要的知识基础，坚持由浅入深、由近及远、由已知到未知等这样的一种理解程序。如果发现对获得新知识所必需的知识基础没有打牢或造成缺陷时，教师就要马上回过头来指导复习补充一些相应急需的基础知识；有些新知识是由于学生阅历短浅、知识面狭窄，使学生感到过于陌生而造成了学习困难。这时候，教师应传授一些虽然也是新的但比较浅显易懂的有关的基础知识，以形成梯度，使学生顺利地渡过难关。

（3）由于缺乏学习新知识的思维过程与方法而造成的难点——要求加强学习方法的指导与运用，提高释疑解难的能力。有些学生并非缺乏知识基础，而只是对已学过的知识记得不牢，或者不会拿来迁移到学习新知识的过程之中。遇到这种情况，教师应立即"磨刀"，加强学习方法、技能的指导，如何记忆、如何迁移、如何联系、如何"温故而知新"、如何表达意见等，以"不误砍柴工"。

（4）由于是内容相近、相似，易误解、易混淆的新知识使学生认识模糊、理解困难而造成的难点——要求从分析比较中辨别正误、区别各自的特征及细微差别，以"吃透概念，把准内涵，抓住特征，着眼于微观事例，尽力对比类推"等全程式方法，从"相近、相似"的误区中走出来，减少用主观想象来代替理解学习所造成的失误。

（5）由于知识的错综复杂使难度很大、难题很多而造成的难点——要求从策略上采取综合性的知识与方法去分析解决，从技术上采取分散难点、稀释难点、化解难点的办法去突破。对这类问题，既要从整体上去综合分析，抓住主要矛盾，抓住关键问题，重点攻关，又要抓住构成整体的各个具体因素不放，一个一个地分化瓦解，以减少心理压力，又培养一种分段成功、分点获胜的信心，并积累相应的经验，达到最后突破难点的目的。

三、讲究有旋律的教学，追求更有意义的教学高智慧

世间一切事物的运动，都有一定的规律和一定的节奏，并且表现为一定的旋律。课堂教学也是如此，经过有智慧的艺术化处理，形成有组织、有节奏的教学序列。并且还有其自身的不可替代的节奏调控方法与技巧，使课堂教学效率不断提高。可以说，教学智慧的最高境界，是创造性地教出课堂的美妙旋律，让教学富有音乐美、愉悦感。实践证明，让师生享受一种有旋律的课堂教学，那才是一种幸福。

节奏，是指一定数量的音节，按照说话的高低、强弱、轻重、抑扬、长短、快慢与顿歇等的关系，做有规律的交替重复，从而形成声音上的或强或弱、或抑或扬、或轻或重、或快或慢、或停或连、或紧或松的种种变化。怎样把握和调控好课堂教学节奏呢？主要是要抓住三个受动因素：教学内容，教师的感情态度、学生的文化基础与年龄及性格特征。在具体调控时，要注意掌握以下技巧：

1. 节奏表现的基本类型与方法

（1）轻快型——声音上多扬少抑，多轻少重；话语多连贯而且紧密；声音的转换和基本语气都偏于轻快。

（2）凝重型——语势平稳，声音强而有力，一般都降抑，话语的音节不多（即短句多），连贯也比较疏松；声音的转换和基本语气都比较凝重。

（3）舒缓型——语势多上扬，声音较高而不着力，气流偏长，话语偏疏但停顿不多；声音的转换和基本语气都比较舒展。

（4）紧张型——声音多上扬，话语与轻快型的相比连得更紧更密；声音的转换和基本语气都显得急促与紧张。

（5）高亢型——声音高亢而且强，语势向上，更显昂扬之势，声音的转换与基本语气都趋于高昂、亢进。

（6）低沉型——声音偏低、偏暗，句尾音比较沉重，话语多呈下行之势，声音的转换与基本语气都有沉重、缓慢的感情色彩。

2. 教学节奏的科学运用

（1）充分发挥节奏内含的停顿、重音、语调等主要因素的作用，把握好停顿、重音、语调的运用技巧，为节奏的整体表现处理好各自之间的协同关系。至于停顿、重音、语调的运用已在"课堂准备的基础技巧"一章中做了介绍，可参照使用。

（2）根据不同的教学内容，巧妙地处理好节奏的变化。比如：

①讲述教学中的重点、难点和需要给学生打烙印的内容，应当以凝重的或

者缓和的节奏来表达，才有利于学生听、记和理解。

②讲述有趣的内容，表达愉快的情绪，应当运用轻快的节奏，把话说得轻松些、活泼些，好让学生发生兴趣，乐于接受。

③讲述属于揭露性、批判性的内容，抒发愤激的感情，应当用高亢的节奏，以加强语言的力度，激发学生产生同样的感情。

④讲述赞颂性、悲哀性的内容，抒发热爱、赞叹或怀念、悲痛的感情，可用凝重型、舒缓型节奏为基础，再加上变化，或者由轻、缓而至重、快，或者由重、快而至轻、缓，但又不能形成公式化。因为赞颂、热爱，既可以用轻且缓的节奏表达，也可以用重而快的节奏表达；而怀念、悲哀，则一般只用比较轻、缓的节奏表达。所以，在节奏技巧的运用中要注意从实际出发，从当时的情感需要出发，才显得恰当、自然，也才具有动人、感人的力量。

（3）要根据青少年学生的年龄、心理特征来运用节奏变化的技巧。比如，对高年级学生讲话，节奏一般宜轻快、高亢，因为青年人一般思维活跃，反应敏捷，易于兴奋，接受能力强；而对低年级学生，特别是对小学低年级学生讲话，除了描述急剧变化的场面和紧张的情节需要快节奏以外，其他节奏一般不宜过于急促、强烈，而应当比较舒缓、轻松、自由一些。之所以要这样，主要是考虑到少年儿童知识层次低、词汇量少，虽有好奇心和求知欲，但反应能力和接受能力都比高年级学生差，要不然，怕他们因接受不了而发急，或者失去听课的兴趣。

（4）适当提高课堂教学活动的频率，加快节奏的变化，以适应现代社会发展的需要。

现代社会随着科技进步的速度加快和信息流通加快，迫使人们的生活、学习和工作的节奏也随之加快，"高频率、快节奏"已成为现代社会生活的一大标志。提高课堂教学效率也同样如此。提高教学活动的频率，实际上是要求每一节课中包含尽可能大的信息量，并在教学程序上使节奏紧凑，而不是人们所指的那种一味追求快的"双高课""开飞车"课。

我们发现，有不少课堂的纪律不好，一个重要原因就是教师在一堂课里没有给学生多少有用的知识，不是陈旧、过时的，就是啰嗦、重复、"散装"的。也就是说，教学的信息密度不够，内容不新鲜、教学节奏不紧凑，课堂学习气氛不浓，缺乏合作与竞争机制。我们也发现，教学频率过高，节奏过快的，也会造成学生负担过重，患"消化不良症"，使学生害怕学习。我们还发现一种"虚假"的教学频率过高、教学节奏过快的教学现象，就是大搞"题海技术""加班加点补课"等。这并不是提高课堂教学效率所需要的。因为这种现象，导致课堂有效教学时间并未得到充分利用，并未得到较多量的新知识信息，即并不是放在教学新信息的不断传输之中，而是把大量时间花在为了"应试"需要对原有内容进行重复训练和反复操作之中（即"炒现饭"），并不能体现"知识与时间"同步增长这一效率的基本原理。简单地说，信息是人们原来不知道的东西，有时重复当然也是必要的，但第二次出现就不能算作信息了。所以，那种"补课""题海"等都不能算作"课堂效率"之内的东西。提高课堂教学效率，其重心就要放在对新知识信息的传输上，使学生学到尽可能多的知识。

3. 严格把握教学速度，讲究教学速度的科学性。

教学速度，与教学频率是两个不同的概念：前者是从教学时量上来表明教学节奏的快、中、慢，后者是从教学信息容量上来体现教学节奏的高、中、低。所以，二者是从不同的角度来共同为提高课堂教学效率服务的。

最佳的教学速度，应该是教师有条理的讲述与学生积极思维同步进行。据心理学研究结果表明，人们的普通讲话速度，每分钟200字左右，而学生在积极思维活动基础上的理解性听记每分钟是在100字左右。单就讲述教材的文字性内容来说，一节课的容量只能在3000字左右，这就要求教师必须根据教学内容的需要、表情达意的需要和单位时间内应传递信息量的多少，来决定教学速度的快与慢。同时，还要注意从学生听课情绪、学习效果等信息反馈中及时调整和改进自己的教学。尤其是新教师，往往讲课速度太快，学生跟不上，更应该注意加强自我修炼，积累经验，掌握最佳的教学速度。但有些老教师也因气力等原因使教学速度过慢，也往往不受学生欢迎。另外，性格内向、较沉稳的教师，也往往教学速度较慢；性格外向、较热烈的教师，都要扬长避短，都要注意根据教学内容的需要和学生接受能力的实际，适当调整变换自己的教学速度，不可因自己的个性特征，也不可因自己当时的心情好坏情况，而不管正常的教学速度。

另外，还要根据不同的学生来源和班级基础及不同的教学课型来确定教学速度。比如，对城市学生和山区学生的老汉速度就有区别：城市学生见多识广、接受事物快，故教学速度可快些；山区学生则不然，教学速度可慢些。对重点校、重点班与非重点校、非重点班也应有区别：重点校、班学生基础好，接受能力强些，要求教学速度也自然快些；非重点应有不同的教学速度：新授课要慢些，复习课要快些；基础概念课要慢些，总结、练习课可快些；基础年级课要慢些，毕业年级课快些等。由此可见，把握教学速度实在重要。

（本章写于1995年3月—1996年2月，修改于2004年6月，在汕尾市及省内外曾多次做学术讲座，散见于《教学方法与技巧》等书）

主要参考文献

1. 毛泽东，《毛泽东的五篇哲学著作》，人民出版社，2008年1月版；

2. [英] 罗素著，何兆武、李约瑟译，《西方哲学史》，商务印书馆，1977年版；

3. [英] 罗素著，《哲学问题》，商务印书馆，1986年6月版；

4. [法] 笛卡儿著，庞景仁译，《第一哲学沉思集》，商务印书馆，1986年6月版，见《汉译世界学术名著丛书》；

5. [美] 罗伯特·所罗门，《大问题·简明哲学导论》，广西师范大学出版社，2004年5月版；

6. 王德峰，《哲学导论》上海人民出版社，2000年6月版；

7. 周国平著，《思想的星空》，人民文学出版社，2009年5月版；

8. 中国社会科学院语言研究所词典编辑室编，《现代汉语词典》，商务印书馆，1978年12月版；

9. 周德义，《我在何方：一分为三论》，湖南人民出版社，2003年12月版；

10. [苏联] 巴拉诺夫、[苏联] 沃莉科娃、[苏联] 斯拉斯捷宁等编，李子卓、赵玮、韩玉梅、吴式颖等译，《教育学》，人民教育出版社，1979年7月版；

11. 欧阳云飞编著，《道德经的智慧全集》，中国长安出版社，2009年1月版；

12. 邵瑞珍主编，《学与教的心理学》，华东师范大学出版社，1990年10月版；

13. 张棣华编著，《陶行知教育名著选讲》，广东高等教育出版社，1991年4月版；

14. 张庆林主编，《当代认知心理学在教学中的应用——如何教学生学会学习和思维》，西南师范大学出版社，1995年12月版；

15. 孔子著、陈国庆注译，《论语》，陕西人民出版社，1996年2月版；

16. 联合国教科文组织、国际教育发展委员会编著，《学会生存—教育世界的今天和明天》，教育科学出版社，1996年6月版；

17. 王世清编，《中学生心理与调适》，西北大学出版社，1998年3月版；

18.《学习科学大辞典》编委会编，《学习科学大辞典》，新华出版社，1998

年 6 月版；

19. 燕国材著，《学习心理学》，警官教育出版社，1998 年 8 月版；

20. 林焕章、林惠生主编，《教育科研操作指南》，国际文化出版公司，2000 年 3 月版；

21. 中华人民共和国教育部制订，《全日制义务教育语文课程标准（实验稿）》，北京师范大学出版社，2001 年 7 月版；

22. 中华人民共和国教育部制订，《普通高中语文课程标准（实验）》，人民教育出版社，2003 年 4 月版；

23.《朱绍禹文存》，吉林人民出版社，2002 年 10 月版；

24. 顾泠沅等，变式教学研究（再续）[J]. 数学教学，2003，（3）

25. 倪文锦主编，《高中语文新课程教学法》，高等教育出版社，2004 年 11 月版；

26. 刘国正、毕美赛主编，《叶圣陶语文教育思想研究》，江苏教育出版社，1990 年 2 月版；

27. 赵福祺、刘冈编，《当代中国语文教育改革名家评介》，成都出版社，1993 年 11 月版；

28. 全国中语会编，《叶圣陶 吕叔湘 张志公 语文教育论文选》，开明出版社，1995 年 9 月版；

29. 吴发琄主编，《当代语文教法学法辞典》（修订版），广西教育出版社，1998 年 8 月版；

30. 张隆华主编，《语文教育学》，重庆出版社，1987 年 8 月版；

31. 周庆元著，《语文教育研究概论》，湖南人民出版社，2005 年 8 月版；

32. [美] 肯·古德曼著，李连珠译，《全语言的"全"全在哪里》，南京师范大学出版社，2005 年 8 月版；

33. 王尚文著，《走进语文教学之门》，上海世纪出版股份有限公司上海教育出版社，2007 年 5 月版；

34. 卫灿金著，《语文思维培育学》，语文出版社，1994 年 5 月版；

35. 章竞，《知识力：才能的内在本质》，中共中央《求是》1993 年第 16 期；

36. 陶春辉主编，《让素质教育进入课堂》，北京教育出版社，1999 年 6 月版；

37. 袁振国著，《教育新理念》，教育科学出版社，2002 年 3 月版；

38. 朱慕菊主编，《走进新课程——与课程实施者对话》，北京师范大学出版社，2003 年 6 月版；

39. 肖成全等编著，《有效教学》，辽宁师范大学出版社，2010 年 9 月版；

40. 刘桂秋，《有效教学概念新探——综合有效教学观之下的有效教学》《课程·教材·教法》2008 年第 9 期。

41. 张静，《关于现代化的概念》，《社会学研究》1990 年第 5 期；

42. 杨国枢，《现代化的心理适应》，台北巨流图书公司，1987 年版；

43. 刘微，《国际社会对 21 世纪教育的思考——访中央教科所副所长周南照博士》《中国教育报》1996 年 4 月 18 日；

44. 柳斌，《关于素质教育的思考》（之一、之二、之三），见《人民教育》。

45. 联合国教科文组织"国际教育委员会"报告：《学会生存——教育世界的今天和明天》，1987 年版；

46.《外国教育信息》，散见《中国教育报》《光明日报》。

47. 章竟，《知识力：才能的内在本质》，中共中央《求是》1993 年第 16 期；

48. 谢德民编，《论学习》，人民教育出版社，1992 年 6 月版；

49. 邵瑞珍主编，《学与教的心理学》，华东师范大学出版社，1990 年 10 月版；

50. 马千里编，《论学习科学》，高教文摘编辑部，1987 年 5 月版；

51. 施良方，《课程理论：课程的基础原理与问题》，教育科学出版社，1996 年 1 月版；

52. 胡春光，《课程衔接：含义分析、学理基础及主要问题》《武汉商业服务学院学报》（第 24 卷第 4 期），2010 年 8 月；

53.［法］帕斯卡尔，《思想录》，商务印书馆，1985 年 11 月版；

54.［美］布鲁克·塔埃尔·穆尔著，李宏昀、倪佳译，《思想的力量》，上海社会科学院出版社，2009 年 8 月版；

55.［美］理查德·保罗，琳达·埃尔德著，侯玉波译，《批判性思维工具》（原书第 3 版），机械工业出版社，2013 年 5 月版；

56. 张汝伦，《我国人文教育的现状及出路》，上海"世纪人文论坛"演讲稿，2009 年 10 月 28 日；

57. 秦安兰、袁利著，《教学心理学丛书·课堂教学设计》，人民教育出版社，2011 年 8 月版；

58. 徐传德，《教育转型期的抉择与行动》，商务印书馆，2007 年 6 月版；

59. 王建军、叶澜，《学校转型中的教师发展》，教育科学出版社 2008 年 8 月版；

60. 韩立福，《推动课堂教学转型新视角》，中国教育报 2012 年 4 月 5 日。

后　记

当一个人把自己想说的话说出来了，他无疑是很释怀的。我就是如此，把自己多年积累而想说的话，终于说在了这本书里的时候，我有了些许释怀，但并无快感，反而多了几分思索：主要是担心想要说的话到底说清楚了没有，所表达的思想能起点作用，特别是提出一些探讨的问题，至今不但没有解决，且有蔓延之势，怎不着急？这难免又让我又陷入了沉思。

（一）

2012 年 5 月的一天，德胜学校有领导找到我，说聘我来做学校的督导工作。在犹豫的我，一听是督导便来了点兴趣，于是冲着"学校督导"来到了学校。这几年，我以"学校顾问"和"教育督导"的身份，参与了有关教育教学督导工作，开展了远不限于此的教育思想的研究，着眼于更为广阔、更为深入的"全"教育的探索，重新审视了涉及中小学一线教育、教学、教研中的问题，加强了关于"教育需要思想"的具体教育教学问题的督导。如：关于提出了"教育需要思想"的理念，提出了"教育需要研究型老师""教师应该是一个思想者"的观点，提出了"为师之道：做一位有思想有作为的人师"等主张。

督导工作，我认为：督导，督导，先督后导，亦督亦导，督在导中，在导中督，这才是完整意义上的督导和辩证法下的督导。而且更注重于导，导才是最重要的，也是最根本的。督导的工作，表面上看去是督导教育教学日常工作，如：备课、上课、作业布置及批改，等，但更重要的是督导教师在教育教学中所带来的教育思想、教学理念、教学主张及教学专业基本功、教学态度和能力等，从而给导出一种新的思想、理论和方向，给予"把脉、诊断"和"开处方"，从而，导出一种内涵发展的品质。于是我常常根据"校情""学情"和"师情"等，认真开展了围绕"教育思想学"的创建和拓展的再度研究，按照"教育"和"教学"两个板块，展开了以突出"教育思想"在教育、教学中的创造性与发展性的督导工作。

几年的实践表明：给教育以正确、科学、合理的思想，让教师成为思想者，这才是教育督导工作主轴和关键，否则，便陷入技术主义或事务主义的泥坑，治标不治本，治表不治里。

几年督导工作的一条重要经验，就是为教育寻找思想。其中尤为要关注"寻找点"：一是要着眼于攸关教育关键的以下三大问题展开研究：理念的问题、策略的问题、方法的问题，因为这些问题才是解决目前教育改革发展的大问题、深问题和上位问题；二是要着力于当今普遍认为制约教育发展所出现的且被广泛认为难以解决的问题。比如说，应试教育指挥棒、教育畸形发展、教学形式主义、教育过于功利化和乱象化等。

我认为，教育缺乏思想的这些问题，之所以一时难以解决，就在于整个教育系统缺乏思想意识和关于思想的内驱力机制，更缺乏科学而先进的思想，缺乏远大而深刻的思想，缺乏与时俱进的新思想和活思想。因此，要从不同角度、不同程度地去回答和解决以下一些教育战略性问题：教育到底是什么、教育到底为什么、教育到底凭什么和到底怎么样进行教育的问题。当然，我为此努力过，但不一定回答得好，也不一定符合众人的胃口，但这毕竟是发出了我的声音，一个探究者的良苦用心和虔诚之意。

目前，我的努力仍处于"教育思想学"研究的初期阶段，即依据"教育思想学"的基本概念而开展应用开发型、实践操作型研究，突出"教育思想学"在教育教学活动中的实效性作用。我常常把处于这种领域或层面的研究，自趣地称为"亚研究"，其成果为"亚理论"。亚理论，并不等于不成熟的理论，而是基于教育哲学和教育问题而做出的二次开发与深层次的思索的研究成果，也就是"再认识""再理解""再构建"等。其实，人类的理论，大多数又何尝不是这种亚理论：继承中的发展，实践中的新知，基于性的创新。现在我能拿得出来的也就是基于"教育思想学"研究的下位性思考或拓展性探究的相关论文、讲座稿及研究报告等一系列化成果，形成了《为教育寻找思想》《让"研究"与教育同行》《"语文学习学"的研究与实践》《"语文哲学"的思考与应用》《"方法教育课"学导指南》等一套五卷本的教育文选。

（二）

记得十多年前的一次朋友聚会上，有人说：不当教书匠，要做教育家。又有人反驳道：教书匠有何不好，我就当教书匠好了。于是彼此还真争执不休，各说出各的一套理由。

事后，我也认真琢磨起这个问题来了。我想：我们不必纠缠于"教育家"与"教书匠"之间的讨论。因为二者可以融合：彼此的共同点是思想，彼此的融合点也是思想。如果没有鲜明而正确的教育思想作指引，谁也无法有所作为，更不能成为大智慧、大战略、大作为的教育思想家。无数事实表明：教育思想，既能成就教育家，也能成就教书匠。

我还认为，成家、成匠，都还要走一条共同之路，那就是研究。我常用一句格言自勉：研究是我的生活，学习是我的常态，思想是我的工作本钱，思考让我摆脱平庸。这是我为成家、成匠而走过且至今还在走的不懈之路。虽然我对当教育家与教书匠都没有那份野心，但我始终带着一种研究的心态去做好每一项工作，带着一种"实证＋思辨"的研究方法，去把每一件事情弄明白，把每一个工作都争取做到极致，而且形成一套一套的思路，形成特色与风格，当然最终有了成果：教育思想。

几十年从教生涯，我最注重的是研究。深深体会到：研究出思想，出见解，出主张。而且是构建思想体系和运用系统思维方法，才最有力量，最有份量。

目前，社会上对"教育思想"作专门探索的同类书籍还不是很多，作为"教育思想学"出版的专著迄今也尚未发现；用"再认识"作为论文标题的不少，但形成并提出专门"再认识论"的也还十分罕见。现在，我的研究并不表明我特别聪明，只说明我有对"教育思想"具有敏悟与偏爱之心，有对"再认识论"研究的执着而已。我一旦看准了，认定了，就充满自信，前进路上有多大困难、有多少不确定性，一如既往，能做自己所想做的事而无怨无悔，为"教育思想学"这一学术大厦增添一块砖瓦，或者做了一点奠基性工作，让"教育思想学"及其教育"再认识论"能走进新学科之林而献上微薄之力，则为我人生之大幸矣。

（三）

写到这里，还让我想起所有与我一路同行的诸君和亲友，包括养育我的、教导我的、帮助我的、反对我的和将要读我这本新书的，等等。现在谨向诸位深深地鞠上一躬：谢谢了！因为有你们，才成就了我，成就了我的思想。你们从不同的角度给了我力量、信心和思考，才让我有了思想，才有写出这本关于教育思想的书的可能。

本书的写作，吸收了国内外许多研究成果，引用了有关专家、教师的言论，因篇幅有限，不能一一列出，在此一并致谢。

本书有幸得到两位友人写序。一是著名哲学家周德义教授，他关于"一分为三论"的一系列哲学论述，对我影响很大。用哲学来琢磨教育教学问题，琢磨教师专业发展中的深层次问题，是我此生的一大特色；另一位作序者是胡华生，我现在就职学校的校长、中学高级教师，也是一位敢于改革与创新的新锐人物，常和我讨论有关教育思想的问题。还有林日新、朱耀杰等老师为本书核对助了一臂之力。还要特别感谢为本书出版而辛勤劳动、严谨务实的中国言实出版社的责任编辑。

在本书出版之际，我的确因为有了"思想"而激动地写下这些"后记"的文字，也在此衷心祝愿"教育思想学"及其教育"再认识论"能长成参天大树。

林惠生

2016 年 3 月